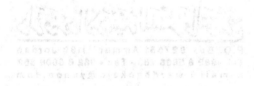

القضية الشركسية

- القضية الشركسية/ دراسة
- أ. محمد أزوقة / مؤلف من الأردن
- الطبعة الأولى 2010
- حقوق النشر والتوزيع محفوظة:

دار ورد الأردنية للنشر والتوزيع

P.O. Box 927651 Amman 11190 Jordan
Tel. +962 6 5606 263 - Fax + 962 6 5606 362
E-mail : wardbooksjo@yahoo.com

- الإشراف الفني : محمد الشرقاوي
- تصميم الغلاف : نبيلة فيصل ملحس
- لوحة الغلاف : الفنانة مكرم حغندوقة
- الأخراج الفني : سمير اليوسف

- رقم الايداع لدى دائرة المكتبة الوطنية 2009/8/3395
- ردمك ISBN 978-9957-455-89-7

تجدون كتبنا على الموقع التالي

www.darwardjo.com

محمد أزوقه

القضية الشركسية

WARD BOOKS

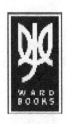

مقدمة

اتفقت جمهرة المؤرخين على ان الشراكسة قد أستوطنوا وبشكل مستمر، منطقة شمال القفقاس، وهي البلاد الواقعة الى الشمال الشرقي من البحر الأسود، منذ فجر التاريخ، بل يذهب البعض منهم الى أن بداية تواجد الشراكسة في القفقاس كانت مع وصول جيوش الفرعون المصري رمسيس الثاني الى بلاد القفقاس.

إلا أن ما يعنينا في هذا المجال، هو التأكيد على أن التواجد الشركسي في هذه المنطقة ظل ثابتاً ومستمراً منذ قرابة خمسة آلاف عام، وهذه حقيقة لم يظهر الى العلن ما يناقضها حتى يومنا هذا، فالآثار الباقية في القفقاس كثيرة ومتعددة، حتى الأساطير والحكايات الشعبية المتوارثة تشير الى استمرار الوجود الشركسي. كذلك يخبرنا التاريخ أنه تعاقبت على القفقاس عدة فتوحات وامبراطوريات ابتداءً من الفراعنة وحتى الروسية ومروراً باليونانية والرومانية والفارسية والتتارية والعربية - الأسلامية والعثمانية. لم تكن علاقة الشراكسة بأي من هؤلاء المستعمرين الغزاة سلمية أو ودية على الدوام، خاصة في التاريخ الحديث، فمنذ أيام القيصر ايفان الرابع الرهيب ومحاولات السيطرة على قبائل الشراكسة واراضيهم مستمرة، حتى أن ايفان الرابع تزوج الأميرة الشركسية كوشينيه كواشه تميروقه والتي عرفت، فيما بعد، بأسم الأميرة ماريا، عام ١٥٦١ في مسعى منه للتقرب من هذا الشعب المدافع عن نفسه.

لكن كتب التاريخ ملأى بحركات التمرد الشركسي والمعارك و المذابح التي اقترفها الروس ضد الشراكسة. لأنهم ببساطه لم يقبلوا بالحكم القيصري الذي ظل على الدوام حكماً عسكرياً مستبداً، لم يحاول مراعاة خصوصية الأوضاع الاقتصادية والعادات والتقاليد الشركسية، بما فيها القضاء العشائري الشركسي الذي ظل سائداً حتى أواخر القرن التاسع عشر، وعليه فقد كان أحترام الروس لهذه الخصوصية صورياً في أفضل حالاته، وفي الوقت نفسه،كانت عقوبات الروس على أصغر الجنح التي يقع فيها الشراكسة مثل سرقة حصان : قاسية ومبالغاً فيها، إذ كانت تشمل الاقتصاص الجماعي وفرض الغرامات القاسية على كل القرى، واحياناً كانت العقوبة تصل الى قصف القرى الشركسية بالمدفعية الثقيلة واحراقها،

ثم تسليط القوزاق ليقتلوا من بقي فيها بحد السيف، كما كان يحلو للجنرال ييرمولوف (الشيطان) أن يفعل.

احتدم الصراع بين الشراكسة وروسيا القيصرية منذ منتصف القرن الثامن عشر، وكانت له أسبابه التي من أهمها :

١- رغبة روسيا القيصرية في الوصول الآمن الى المياه الدافئة الجنوبية مثل البحر الأسود والبحر الأبيض المتوسط.

٢- طمع روسيا القيصرية في الامتداد جنوباً على حساب الامبرطوريتين العثمانية والفارسية لتهديد الهند -جوهرة التاج البريطاني- والضغط على بريطانيا، من تلك الزاوية.

٣- بدء حركة الإصلاح في النظام السياسي القيصري اقتداءً بديمقراطيات الغرب، والتي كان من أبرز عناصرها الغاء الرق وتحرير الاقنان، الأمر الذي أستدعى البحث عن أراضٍ زراعية لايواء الاقنان المحررين وأفضلها هي أراضي القفقاس.

٤- تطور القوة العسكرية الروسية القيصرية، ورغبتها في الظهور كلاعب أساسي في السياسة والاقتصاد العالميين أسوة ببريطانيا وفرنسا.

٥- رغبة القياصرة الروس في إعادة تنصير القفقاس أوفي حالة تعذر ذلك إخلاؤه من السكان المزعجين المشاكسين لايواء القوزاق المسيحيين المزارعين- المقاتلين مكانهم.

أدت هذه الأسباب وغيرها مما لايتسع المجال لذكره، الى قيام حرب استمرت زهاء مئة سنة بين روسيا القيصرية بجيوشها الجرارة ومصادرها التسليحية والبشرية الهائلة، وبين القبائل الشركسية المتناحرة والمتناقضة فيما بينها على كل شيٍ إلاكراهية " الجاور".

لكن النتيجة الحتمية كانت انتصار القوة الغاشمة على الشجاعة والإقدام، فبدأت بذلك حركة تهجير واسعة من جميع بلاد الشراكسة، دفعت روسيا خلالها بجموع الشراكسة الى الطرقات، خلال الغابات والبراري، بدون ادنى مراعاة للحالات الفردية والانسانية من أطفال وشيوخ، فمن سقط على الطريق، تركوه لمصيره ولم يسمحوا لاقربائه حتى بدفنه.

كذلك، فمن رفض النزوح، جرى تهجيره قسراً الى مناطق المستنقعات، أو احرقت قريته بمن فيها. جرى تجميع المهجّرين على سواحل البحر الأسود، حيث مات العديد منهم جوعاً وعطشاً أو ارهاقاً أثناء أنتظارهم للسفن التي ستقوم بترحيلهم الى " بيت الإسلام " تركيا العثمانية. فلما حضرت السفن، تبين أنها غير ملائمة لتحميل البشر، فغرق العديد منها في عرض البحر، وهناك قبائل فنيت عن بكرة أبيهم مثل الوبيخ، بينما تناقصت أعداد قبائل أخرى الى كسور ضئيلة من أعدادها الأصلية مثل الشابسوغ الذين هجّروا الى البلقان، فوصل منهم مئتان وخمسون الفاً عام ١٨٦٤، ساق العثمانيون القادرين منهم على حمل السلاح الى جبهات القتال، وجرى توزيع البقية على القرى الحدودية بين المسلمين والمسيحيين الصرب والبلغار، فلما انهزمت تركيا العثمانية في معركة بليفنا عام ١٨٧٨، لم يتجاوز عدد الشابسوغ الذين غادروا مع الجيش العثماني المنسحب خمسين الفاً.

إن السجلات والوثائق والكتب تغص بقصص المآسي التي تعرض لها المهجرون الشراكسة نتيجة القسوة الروسية والإهمال التآمري العثماني، لكننا نكتفي بالقول أن اكثر من نصف الأمه الشركسية تعرض للإبادة خلال سنوات الحرب والتهجير،وهذه من أعلى نسب الإبادة لأية أمة على مدى التاريخ البشري.

هناك سبب آخر لمأساة التهجير الشركسي لم يتم تسليط الضوء عليه بشكل كافٍ، هو الأطماع العثمانية في استمالة الشراكسة للهجرة الى السلطنة العثمانية، وذلك للاستفادة من قدراتهم القتالية في حروبها الكثيرة المستمرة، خاصة في بلاد البلقان، فالاتراك يعرفون شجاعة ومهارة الفرسان الشراكسة حق المعرفة، ويذكرون- مثل غيرهم- ما قالة أحد ابطال الحروب الروسية - العثمانية الجنرال م.د.سكوبليف " لايوجد على وجه الارض فرسان مثل القبرطاي".

فقد بدات السلطنة العثمانية، منذ أواخر القرن الثامن عشر باستقطاب الطلاب الشراكسة صغار السن للدراسة في مدارس استنبول الدينية، والتي غرست في عقولهم وافئدتهم الفتية مبادئ الفكر العثماني القائم على كون السلطان خليفة رسول الله (صلى الله عليه وسلّم) على الارض، وأن الحاضرة العثمانية هي دار الإسلام وأن على جميع المسلمين الإرتحال اليها لرفعة شأن الإسلام، فكان هؤلاء الشباب يعودون الى القفقاس ليعملوا أئمة في المساجد، يدعون المؤمنين الى "الهجرة" "لئلا يجبرهم الجاور على أكل لحم الخنزير".

يضاف الى ذلك ان السلطنة العثمانية كانت في حالة ضعف وأحتضار، تعمها الفوضى والمجاعات وانعدام الخدمات العامة، فكان مصير المهجرين اليها الإهمال الذي أودى بحياة الكثيرين منهم نتيجة الجوع أو الأمراض السارية مثل الملاريا والكوليرا والطاعون وغيرها.

لم يكن الذين بقوا وصمدوا في البلاد أوفر حظاً ممن هجروا، فبعد أن عانى الكثير منهم من فقدان اراضيه وموارد رزقه، تعرضوا للتعسف القيصري بكافة اشكالة ومن امثال ذلك، منع الشراكسة من حمل الأسلحة على الإطلاق، والسماح للقوزاق بحملها، الأمر الذي أدى الى تعريض الشراكسة للاستفزاز وانواع الاعتداءات التي كانت تصل الى حد القتل ونهب الممتلكات، بدون أن يتمكن الشركسي المعتدى عليه من الشكوى الى السلطة الروسية التي كانت تقف الى جانب القوزاقي في مطلق الأحوال، حتى قامت في بداية القرن العشرين ثورتان كان لهما تأثير عميق على الشراكسة سواء في وطنهم الأم أو في مواطنهم الجديدة. فقد قامت ثورة أكتوبر الاشتراكية في روسيا عام ١٩١٧، فاغرقت البلاد في الفوضى والجوع والرعب والحرب الأهلية التي عصفت بالبلاد ثلاثة أعوام طويلة أدت الى موت قرابة ثلاثة ملايين روسي، جلهم من الفلاحين والمزارعين وصغار الجنود، ولم يكن القفقاس استثناءً من هذه الفواجع، فصودرت املاك الناس بحجة الغاء الملكية الخاصة، واضطر الفلاحون الشراكسة الى تسليم قطعان مواشيهم واراضيهم الزراعية الى " الكولخوز"[(١)] أو " السوفخوز "[(٢)] الذي يفترض فيه إدارة هذه الأملاك، فوقع الشراكسة في ظلم وضنك عظيمين، خاصة عندما أقتيد القادرون منهم على العمل ليجمعوا في مساكن جماعية بعيدة عن بيوتهم الأصلية التي تركوا فيها المسنين والمرضى وغير القادرين على العمل، يعانون من الجوع والبرد، الأمر الذي اضطر بعض النسوة الشركسيات الى سرقة ماوصلت اليه ايديهن من طعام لأخذه الى والديهن، قاطعات عدة كيلومترات في ليل القفقاس القارس البرودة، حيث يصل أرتفاع الثلج الى أعلى من سقوف بعض البيوت شتاءً - والويل لمن يقبض عليها في هذه الوضعية الجرمية.

حصلت كل هذه المعاناة في ظل فقدان كامل للحرية الشخصية وأنعدام حرية الرأي، وتغلغل جواسيس السلطة بين الناس، فأصبح أقصر طريق للتقدم والنجاح هو التنكيل بالآخرين عن طريق الدسائس والخداع، والصعود على جثث الضحايا.

---

(١) مزرعة تعاونية.

(٢) مزرعة عامة تابعة للدولة.

كما تميزت هذه الحقبة بالتسلط على قوى الشعب العامل بتكليفهم بأعمال السخرة مثل بناء الأقنية والسدود ومشاريع الري والطرق التي هلك فيها الآلاف.

تبدلت هذه الأوضاع الى الأسوأ زمن "الحرب الوطنية الكبرى" وهي الحرب العالمية الثانية، والتي كانت كارثية بكل معنى الكلمة، فقد اعدمت السلطة العديد من نساء الشراكسة ورجالهم بتهمة الخيانة العظمى، مع أن "جرائمهم" لم تتعدّ في معظم الأحيان مبادلة الجنود الألمان الخبز بما نهبوه من بيوت الشراكسة الآخرين من سماورات وخناجر قديمة، أضافة الى بعض أدوات الزينة الفضية التي برع الشراكسة في صنعها منذ القدم واعتبروها تحفاً تراثية، كذلك فقد أستغل بعض الشباب دخول الألمان الى القفقاس، ووجدوا فيه سانحة للتخلص من التسلط الستاليني البغيض، وانقلبوا على السوفييت، فكان جزاء من يقبض علية الإعدام ونفي عائلته الى معتقلات الجولاج التي قلما عاد منها أحدُ حياً.

حتى الاسرى الذين شحنهم الألمان الى بلادهم ابان الحرب للعمل في مصانعهم الحربية، عندما وضعت الحرب اوزارها، وبدأت القوات السوفييتية تستعيدهم ضمن عمليات تبادل أو تحرير الأسرى، اعتبرهم ستالين جواسيس قد جرى تدريبهم واستمالتهم بعد غسيل ادمغتهم من قبل النازي، فامر بتصفيتهم بمجرد وصولهم الى الحدود السوفييتية.

هناك مجموعة من الأسرى الشراكسة، استطاع افرادها أن يهربوا من القطارات أثناء سيرها، بالقاء انفسهم من النوافذ والأبواب، فأصيب بعضهم أصابات بليغة، لكنهم تحاملوا على انفسهم وساروا حتى بلغوا نقاطاً آمنة، طلبوا منها اللجوء السياسي، وقد احضر بعضهم الى الأردن أواخر اربعينات وبداية خمسينيات القرن الماضي، مكثوا فيه عدة سنوات، ثم هاجروا الى الولايات المتحدة.

أما تركيا، البلد الذي يضم أكبر عدد من الشراكسة في العالم، بل اكثر من شراكسة القفقاس انفسهم بكثير، فقد عانى الشراكسة فيه من اهمال السلطنة المحتضرة التي سحبت القادرين منهم على القتال الى جبهاتها العديدة القصية، بحيث ظلوا في الخدمة العسكرية الفعلية طالما بقوا قادرين على القتال، فإما أن يقتل الفرد منهم على الجبهة، أو يطول العمر بالقلة منهم ليصبحوا جنرالات، ولم يتحسن الوضع في ظل الجمهوريةالكمالية، إذ خاض الشراكسة كافة حروب الاستقلال، ولما عاد من نجا منهم من القتل، وجدوا أن الجمهورية الفتية تمنعهم من التحدث بلغتهم علانية أو حتى حمل الأسماء الشركسية، وتمنعهم من تشكيل الجمعيات على أختلاف أنواعها وأهدافها.

أكثر من ذلك، فقد انقلب كمال اتاتورك، بتأليب من نائبه عصمت إينونو، على القائد الشركسي المبدع المقدام" شركس أدهم " الذي حقق أروع الانتصارات على المتمردين والقوات الحليفة الغازية، ونال شهرة عظيمة أوغرت علية صدر عصمت أينونو، الذي خشي ان يخلفه بعد اتاتورك، فزين لكمال اتاتورك قتله بتهمة الخيانة، الا ان الرجل تمكن من الهروب بفضل ضابط شركسي شاب، سمع حوار الرجلين، فركب حصانه طيلة الليل ليصل الى أدهم ويحذره.

أنتهى المطاف بأدهم في الاردن حيث اقام لدى عائلة خورما سنوات طويلة، حاول أثناءها التسلل للعودة الى تركيا، فوضع في الاقامة الجبرية، ثم أفرج عنه وتوفي في مدينة وادي السير.

استمرت معاناة الشراكسة في تركيا عقوداً طويلة، لكنهم حصلوا بالتدريج على الكثير من حقوقهم، فسمحت لهم السلطات التركية بعقد الاجتماعات وتأسيس الجمعيات الخيرية المتعددة. أما في سوريا والاردن، فقد عانى الشراكسة من ظروف الطقس المختلف كلياً عما عهدوه في بلادهم، لكنهم استطاعوا أن يطبقوا اساليبهم الزراعية ويستخدموا ادواتهم، فصنعوا لأنفسهم حياة كريمة واندمجوا مع إخوانهم العرب ليبنوا بلدين يفاخرون بهما الدنيا.

هذه المقدمة هي اللبنة الأولى في هذا العمل الذي احاول فيه أن اقدم للشراكسة بشكل خاص، ولكل الدول المضيفة للشراكسة حول العالم، ولكل الضمائر الحية في الدنيا، صورة لما يمكن ان يعتبر مقدمة عمل منظم، يكبر وينمو تدريجياً وبنهج علمي هادئ مدروس، هدفه الأسمى إحياء القضية الشركسية وابقاءها نابضة وتوكيد الحق الشركسي التاريخي في بلاد الأجداد التي لا تغيب عن ذهن اي شركسي مهما طال الزمان، وبعد المكان.

لعل شبابنا وشاباتنا يحملون هذه القضية ويسيرون بها الى نهايتها الحتمية التي تعيد إلينا حقوقنا السليبة في فردوس الأجداد. فيعود من يرغب في قضاء حياته وتنشئة ابنائه واحفاده في كنف " أوشحه ماكوه"[1]، ويحصل من يقرر ان يبقى في وطنه المختار على التعويض العادل عن واحدة من أسوأ مآسي التاريخ البشري على الإطلاق. لعلنا بهذا وذاك، نقدم بعض السلوى والعزاء لأرواح اجدادنا الذين قتلوا غيلة، " والذين اخرجوا من ديارهم بغير حق " فماتوا على الطرقات والشواطئ والبحار، وفي ديار الشتات، جراء الحسرة والمرض والجوع.

هي البداية : وأرجو من كل صاحب فكر وقلم، وكل اختصاص له مساس بقضيتنا، أن يكتب ويوثق ما يرى فيه اضافة بناءة لإغناء هذا العمل والاقتراب به من الفاعلية المرجوة خطوة بعد آخرى، والله المستعان.

المؤلف

---

(١) أعلى جبل.في أوروبا ، وله مكانة خاصة في أساطير النارتيين.

الفصل الأول

الشراكسة

الشراكسة، الذين يسمون أنفسهم " أديغه " هم السكان الأصليون للشمال الغربي للقفقاس
وهم أحد أقدم الشعوب في العالم وأحد أوائل السكان القدماء في أوروبا بلغة متفردة وثقافة
متميزة خاصة بهم. قدم العديد من العلماء مساهمة قيمة في تأسيس البدء الإثني للأديغه،
بعضهم هم:

بي، أية ريباكوف، أي.إم. كروبنوف. إم إم جيراسيموف، جي إيه مليكاشفيلي، آي. إم
دياكونوف. ش. دي. اينال - ايبا، جي ايه كليموف. زد. في انتشابادزه، في أي ماركوفين، إيه إيه
فوموزوف، في بي اليكسييف، إل. أي لا فروف، واي، اي كروشكول، أي إم دونايفسكايا، في جي
أردزينبا، في في ايفانوف، إن، في، انفيموف.

يتفق معظم الدارسين على ان الأديغه هم أحد أقدم سكان شمال القفقاس. يدعي البروفسور
إن. في. انفيموف أن الإنسان ظهر أولاً في شمال غرب القفقاس قبل أكثر من ٣٠٠,٠٠٠ سنة.
يحمل العديد من مواقع المخيمات الباليوليثية التي عثر عليها بمحاذاة سواحل البحر الأسود
وعلى المنحدرات الجنوبية لسلسلة جبال القفقاس" الشهادة على صحة ذلك، حسب رأي هذا
العالم المتميز فقد تحدر الأديغه من قبائل الماؤوت الذين سكنوا أراضي إقليم الكوبان، سواحل
بحري آزوف والأسود، وحوض الدون منذ حوالي القرن الثامن قبل الميلاد.

هنالك أدلة أخرى تشهد على وجود الأديغه في هذا الإقليم منذ الأزمنة ما قبل التاريخية،
مثلاً، تخبرنا اللوحة المأخوذة من مكتبة نينوى للملك الأشوري نارام سين في القرن السابع عشر
قبل الميلاد، أنه في عام ٣٧٥٠ قبل الميلاد، قام وور هاتو من الخاتيين (الحثيين) بحملة من شمال
القفقاس إلى أودية نهر الفرات وأنه أسس هناك الدولة الخاتية أو الأختية

(أتيخا). "لقد بنينا هناك مدناً، وبشكل خاص كارخيمتس". تؤكد النقوش على اللوحة الصلصالية المذكورة، كما يقول نوربي لوفباش" أن قبيلتين - الخات والأتيج (أتخ) عاشتا في شمال القفقاس في الألف الرابع قبل الميلاد.

يشرح إس. خوتكو المزيد عن العلاقة الخاتو- أديغه "يرجع تاريخ قمة الحضارة الخاتية (الحثية) إلى الألفين الرابع والثالث قبل الميلاد. كما يظهر عمل عدد كامل من علماء اللغة البارزين والمختصين في دائرة أقدم اللغات في آسيا الصغرى، أن لغة الخاتيين هي اللغة الأم لشعب الأباظه – الأديغه. لقد كانت قبيلتا الكاشك والأبيشلا القاطنتين على سواحل البحر الأسود تنتميان إلى الخاتيين. تشكل هذه القبائل شعباً واحداً مع الخاتيين من الناحيتين اللغوية والانثروبولوجية (علم الإنسان)، لكنها احتفظت باستقلالها السياسي لأنها كانت تعيش في الجبال. لم يخضعوا للخاتوس، أكبر مركز للدولة الخاتية. ومنذ القرن السادس عشر قبل الميلاد، شكلوا شعباً واحداً مع الخاتيين. عندما ظهرت الامبراطورية الخاتية، اتخذ الكاشك والابيشلا، مواقف عدائية منها على الدوام، فوسعوا غاراتهم لغاية البحر الأبيض المتوسط وسوريا، تكلمت الشراكة التاريخية والثقافية للخاتيين - الكاشك - الابيشلا اللهجات الابخازية - الوبيخ - والأديغية -، وفي الألف الرابع قبل الميلاد مثلت نظاماً متقدماً للحضارة تمكّن من إثبات هويته وحاول أن يعيد إنتاج الأشكال المتميزة لثقافته. سنسمي هذه المجموعة من القبائل الخاتيين مستقبلاً، توخياً للدقة والاختصار. لقد قدمت لنا أقدم النصوص الخاتية، والتي حفظت من قبل الأرشيف الملكي لخاتوس، الاسم الأصلي " خاتي " لهذا الشعب.

حسب رأي إس خوتكو، فقد كانت الحضارة الخاتية " أحد المهاد التي نشأ فيها المجتمع الإنساني" ويقول أن منطقة ثقافة مايكوب "هي تحديداً منطقة السند - الماؤوت في الأزمنة القديمة، وهي منطقة الزيخ - الأباظة في العصور المتوسطة المبكرة، ومنطقة الشراكسة في الأزمنة القديمة، الفترة النيوليثية المتأخرة، الألف الرابع قبل الميلاد، هي المرحلة المبكرة لانتشار النوع الانثروبولوجي البونتي في تاريخ الابخاز الأديغة في إقليم القفقاس الغربي. إن عناصر الأبخاز، الوبيخ، والأكثر أهمية: الأديغه، موجودة في لغات السفان، المنجريلية واللاز. في الألفين الرابع والثالث قبل الميلاد، وكما في الحقبة التي تسبقهما، شكل القفقاس الغربي بأكمله وشمال شرق الأناضول إقليماً إثنياً - ثقافياً واحداً، تكلم الناس ضمن حدوده بلهجات المجموعة الأبخازيه - الأديغه - الخاتية. (الهاتية). على أية حال، فقد بدأت ثقافة مايكوب

تنأى بنفسها عن القاعدة الأناضولية. سوف نتناول لاحقاً بمزيد من التفصيل البيانات التي تؤكد ان الشراكسة قد عاشوا في هذا الإقليم منذ أقدم الأزمنة.

اللغة الشركسية: يشار إليها أحياناً باللغة الابخازو - أديغه. هذه اللغة، مع لغات الابخاز والوبيخ، هي فرع من العائلة القفقاسية للغات، والتي يمكن إلى درجة ما نسبة فروع أخرى إليها مثل: الكارتفيلية (الجورجية، الواييناخية) (الشيشان - إنجوش) بالإضافة إلى القفقاسية الشرقية (الداغستانية).

موطن الشراكسة هو القفقاس: يمتد القفقاس من بحر قزوين العظيم إلى البحر الأسود، مشكلاً قلعة طبيعية هائلة بين القارتين، آسيا وأوروبا، وقد لعبت بهذا الشكل دوراً في تجاوز حدودها، وظلت على الدوام النقطة التي تلتقي فيها حضارات الشرق والغرب، وتختلط وتتبادل الأفكار والمعرفة والمنتجات.

هذا الموطن القديم للشراكسة مشهور أيضاً لأنه كان على الدوام موئلاً طبيعياً للجوء الشعوب المضطهدة. ولا شك في أن كرم الضيافة الشركسي التقليدي والتسامح قد ساهما في هذه الظاهرة المتميزة لهذه الأرض، والتي أصبحت وطناً للعديد من الجماعات الإثنية التي تتحدث فيما بينها بأكثر من أربعين لغة مختلفة.

الموارد الرئيسة والاقتصاد: بشكل رئيس، تحتوي الموارد المعدنية للقفقاس على النفط، الغاز الطبيعي، المنجنيز، النحاس، التنجستن والموليبدينوم، تربى الماشية على المنحدرات ذات الغابات الكثيفة، وتزرع الحنطة والشعير والذرة وعباد الشمس، والكثير من الفواكه والخضار في السفوح الشمالية للقفقاس، والحمضيات والقطن والشاي، في الأودية الأكثر دفئاً. يوجد العديد من المصحات الممتازة في جمهوريات الأديغيه، قباردينو-بلقاريا وقراشيفو - تشيركيسيا بالإضافة إلى الشابسوغ والجمهورية الابخازية.

التاريخ الشركسي القديم

التاريخ الشركسي التقليدي القديم، مثل تاريخ أية أمة أخرى، مسجل ومحفوظ في فولكلورها وأساطيرها، خاصة في ملاحم النارتيين، العائدة لها. تتشكل هذه الملحمة من ٢٦ دورة و ٧٠٠ نص، وهي تظهر الأعضاء الأكبر سناً من آلهتها الاسطوريين (نسران، تلبش) النارتيين وغيرهم، وهم يدخلون المعترك التاريخي للإنسان بحجم أكبر من الحياة قبل

العصر النحاسي - البرونزي. هذه الملحمة العظيمة، ربما هي الأقدم من نوعها في العالم، مشبعة بالرمزية والمعلومات التاريخية حول أسلاف الشراكسة.

يتشكل أعضاء الهيكل من أبطال نارتيين تنويريين من مختلف الأعمار، ابتداءاً من أبعد الأزمنة قبل التاريخية. منذ ذلك الوقت، نمت هذه الملحمة مع الأمة، وهي تتشرب الأحداث الجديدة: القيم، الأحلام وتطلعات مؤلفيها وتحتويها، وتحولها إلى الأجيال الصاعدة التالية بأسلوب بلاغي ساحر. ضمن هذه العملية، جمعت مخزوناً إلى الأجيال الصاعدة التالية بأسلوب الشراكسة وحفظته منذ الأزمنة الميسوليثية وحتى العصور الوسطى وأصبحت مستودعاً لقوانينهم الاجتماعية وقيمهم الأخلاقية.

أكثر من ذلك، تجسدت هذه القوانين المثالية في السلوك، الكرامة والكبرياء لدى قدماء الأديغه في الابطال النارتيين لهذه الملحمة.

لذلك، فإن أبطال هذه الملحمة، البشر من حيث الشكل والحجم، المتفوقون على غيرهم من البشر في قوة الإرادة، والتصميم والقوة البدنية، والذين لا أنداد لهم في الانجازات البطولية، كانوا في كل العصور حلم كل شركسي أن يقلدهم ويرقى إلى مستواهم. كذلك، فإن معايير السلوك السامية والقيم الأخلاقية العالية لهذه الملحمة أصبحت النواميس التي تنشأ عليها جميع الأجيال الشركسية الصاعدة خلال القرون التالية، وجهزت التربة لتكون مجال التنشئة للروح البروميثية، وشكلت فيما بعد " الأديغه خابزه " (التقاليد الشركسية) التي لايجوز الحياد عنها.

إضافة إلى ذلك، وبالتوافق مع مقولة جونسون "اللغة هي شجرة نسب الأمم" فإن الأديغابزه (اللغة الشركسية) التي انشئت بها هذه الملحمة، كانت على الدوام عنصر التوحيد لجميع القبائل التي تتكلم الشركسية والتي ظهرت في المعترك التاريخي في أزمنة مختلفة تحت مسميات قبلية مختلفة. بحسب المصادر فإن بعض الأسماء كانت: الميئوت، السند، التاوري، الكيركيت، الزيخ، الجينوخ، الدندار، التوريات، الأغريس، الأريش، التوبيت، الأوبيرياك، الدوشكي والكولشي.

ذكر قدماء الإغريق الماؤوت في القرن السادس قبل الميلاد أن "الاسم ميوتي هو اسم جماعي يضم عدداً من القبائل الصغيرة". كما كتب إن. في. انفيموف " على أية حال، فهناك برهان آثاري على أن ثقافتهم تشكلت في وقت أبكر بكثير، بين القرن الثامن والنصف

الأول من السابع قبل الميلاد، مع جذور ترجع إلى العصر البرونزي. " يقول إيه. شيوجين " يوجد افتراض بأن الأديغه (ما قبل الماؤوت) عرفوا بعض البلدان البعيدة جيداً، وقد قاموا بحملات إليها". كثيراً ما تذكر أغاني الأديغه وأساطير ملحمة النارتيين نهر الإنديل (الفولغا)، وبخارى، وغيرها.

نرى هؤلاء النارتيين يحضرون خاسا (مؤتمراً) في بيت أليج، في فجر التاريخ. عندما يتم استدعاؤهم، يحضر النارتيون من كافة انحاء ناتيا، من الدون، آزوف، وأقاليم البحر الأسود لبحث كل المشاكل الرئيسة وحلها، وبحث الاصلاحات الاجتماعية والمسائل الأخرى التي يتوجب على النارتيين القيام بها. ناتيا، بلاد النارتيين حسب هذه الملحمة، كانت تضم المساحة التي تحتوي عليها المنحدرات الشمالية للسلسلة الرئيسة لجبال القفقاس، الساحل الشمالي للبحر الأسود حتى مضيق كيرتش، الساحل الشرقي لبحر آزوف، نهري الدون والمانيش، نهر تيريك والفولغا الأسفل على بحر قزوين. إن ملحمة النارتيين مجرد جزء من الفولكلور الفني للأديغه، عبَّر جريكوف عن قناعته، وهو يتحدث عن مراحلها الزمنية، بوجود أناشيد "قبل النارتية" مخصصة لآلهة وثنية (مزتحه، تحاغالج، شيبله، تلبش) كذلك هي أغاني "الخوخ" (الفخر والمديح)، والأساطير والحكايات ذات الأصل الطوطمي والخرافي والتي دخلت فيما بعد وامتزجت في ملحمة النارتيين. يقول في. جي. بيلينسكي إن قصائد القدماء التي تبحث في نظرية نشأة الكون وأصل الآلهة تقف على درجات أعلى في سلم التطور، ففي الأولى يتمثل أصل الكون من خلال القوى البدائية، وفي الثانية، يتجلى تقسيم القوى إلى آلهة مختلفة.

تعكس الخرافات الشركسية، مثل الفولكلور الشركسي الغني، الكثير من التاريخ، والتركيبة الأخلاقية، الروحية والنفسية للأجداد البعيدين للأديغه. إنها تضم مجموعة من الآلهة الذكور والإناث الذين يمثلون نشأة الكون والأصل الشركسي، تعتبر الأولى منها أرواحاً قديمة لا شكل معين لها. بينما ترى الأخيرة وقد أعطيت ملامح حقيقية. لذكر مجرد بعضها، فإن الآلهة العائدة لنشأة الكون مثل تحه (تحاشخوه) بساتحه، واشخو، شيبله، تقف أقرب إلى الديانة "الطبيعية". بينما تقف الألهة المحلية مثل تلبش، مزتحه، تحاغالج، أقرب إلى الأنشطة العملية.

عبَّر العديد من خبراء النارتية عن قناعتهم القوية في حديثهم عن هذه الملحمة، عن أن نارت نيسرين هو النموذج الأولي لبروميثيوس في الأساطير اليونانية وأن نارت سوسروقه هو

النموذج الأولي لأخيل - تأليف هوميروس: وأن الإغريق استعاروا هذه القصص من القفقاس أثناء حقبة استعمارهم المبكر للساحل الشركسي، وأنهم صقلوها ودونوها على أنها ملك لهم، بينما بقي الأصل الحقيقي مجهولاً للعالم.

الحقيقة هي أن أسلاف الأديغه أوجدوا الجنين الرئيس لملحمة النارتيين قبل العصر النحاسي البرونزي بلغتهم الاديغابزه على شكل شعري عالي المستوى، مع اغنيات مصاحبة منفردة لكل أسطورة. السؤال هو كم من الوقت ظلوا موجودين كمجموعة إثنية قبل أن يبلغوا مثل هذه المرحلة المتطورة ثقافياً، وهذا الاتقان اللغوي؟

إن أداة القياس الموجودة لتحديد عصر هؤلاء الأسلاف البعيدين للشراكسة هي المعلومات الموجودة لدينا حول تطور الإنسان والمقولة المقبولة بشكل عام بأن اللغات تؤدي إلى ولادة الأمم.

حسب تاريخ تطور الإنسان فقد شهد "الإنسان الماهر" بدايات الكلام البشري والشعائر والفولكلور. بعد حوالي مليون سنة، حصل الإنسان الواقف على موهبة التعلم وتجميع معرفة من سبقوه وتخزينها، والتي قام بالزيادة عليها، أغناها ثم نقلها إلى أجياله الأصغر سناً. صنع أدوات حجرية ذات نمط أخيولي أفضل بكثير، وعاش في شرق وجنوب وشمال أفريقيا، آسيا، الهند، الصين، وجنوب شرق آسيا وكذلك انتقل إلى أوروبا خلال الفترات الدافئة عندما كانت أنهر بليستوسين الجليدية في حالة انحسار، وتعلم أن يسيطر على النار ويطبخ طعامه. قال الدكتور جيفري لايتمان، أستاذ علم التشريح في كلية الطب، جامعة جبل سيناء، " المرجح أن السيطرة التامة أو الفصاحة في الكلام لم تتطور حتى ربما قبل ٣٠٠,٠٠٠ إلى ٤٠٠,٠٠٠ سنة ماضية، فهل من غير المنطقي أن نعتقد بأن الأديغابزه التي أوجد أجدادنا ذوو الكبرياء بواسطتها الملحمة الهائلة "النارتيين" يمكن أن تكون على هذه الدرجة من القدم؟

ربما، هناك أمر واحد مؤكد، على أية حال. هو أن التقاليد الشفوية للشراكسة مثل تلك لدى أية أمة أخرى، نمت بشكل ملاصق غير قابل للفصل عن حياة شعبها. لن يكون من الخطأ أن نتذكر فيما يتعلق بهذا الموضوع كلمات جونسون "ليست هناك إمكانية لتتبع علاقات الأمم القديمة إلا عن طريق اللغة، لذلك فأنا أشعر بالأسف عندما تفقد أية لغة لأن اللغة هي مهاد الأمم".

الأدلة الداعمة

أساطير وخرافات الإنسان

تخبرنا خرافات وأساطير الإنسان أن القفقاس، الموطن الأصلي للشراكسة، هو موطن أفضل التقاليد لدى الجنس البشري،وموقع أكثر الحكايات الشعبية لدى الإغريق القدماء. بعض الأسباب التي تدعو إلى أن تعزى للقفقاس هي: يقال أن سفينة نوح جنحت هنا على قمة جبل البروز قبل ان تصل إلى مستقرها فوق جبل أرارات. ويقال أن بروميثيوس قد تم تقييده إلى صخرة على جبل كازبك لأنه سرق النار من الآلهة وأعطاها إلى بشر فانين. "من هذه الأرض الجبلية المسماة كولتشيس حمل الجزة الذهبية وميديا، إبنة ايثيس، ملك كولتشيس " لقد كانت قمة جبل شلبوز على حدود الداغستان، مجثم العنقاء، العقاب العملاق في حكاية الف ليلة وليلة "والذي حجب جناحاه الممدودان نور الشمس والذي كانت النسور والكوندور بالمقارنة له طيوراً طنانة". حتى السيمورغ، الطائر الخالد الذي يعشش في أغصان شجرة المعرفة، فإن ملك الطيور البعيدة - حسب منطق الطير" للفردوسي في كتابه " كتاب الملوك"، بنى قصره في جبال قاف... التي تزنر الأرض. وهنا في القفقاس حيث يمكننا من خلال غمام الأساطير أن نلمح دولة الأمازون الصغيرة، والتي تقول التقاليد أنها وجدت بين قباردا الصغرى وسفانيتي الى ان وقعت ملكتهم المقاتلة ماربيسا، في حب تولمي، زعيم الشراكسة. ولا تقل حقيقة اعتبار العرق الأبيض قد انطلق من هنا في القفقاس، ويسمى العرق القفقاسي، أهمية عن غيرها من الاعتبارات.

تنتمي بقايا عظام الإنسان الشبيهة بالقرد، والأدوات من النوع الأخيولي العائدة للعصر ما قبل الجليدي، إلى نهاية الحقبة التيرتيارية، كذلك تظهر لقى أثرية أخرى أنشطة للإنسان في القفقاس الشمالي الغربي خلال العصر الجليدي. حسب رأي إي. آي. كروبنوف، فقد ظهر الإنسان في القفقاس الشمالي الغربي قبل ٧٠٠,٠٠٠ سنة. اكتشف الفك السفلي لإنسان جاوه، الذي عاش هنا قبل ٦٠٠,٠٠٠ سنة، في كهف أزيخ في أذربيجان. وهكذا فإن استيطان الإنسان في القفقاس، موطن الشراكسة، يبدأ منذ ظهور إنسان جاوه "أقدم إنسان" هناك.

<u>أوائل الأمكنة السكنية:</u> للناس البدائيين في القفقاس، والتي تنتمي إلى الحقبة الباليوليثية المبكرة (السفلى)، اكتشفت من قبل علماء الآثار السوفييت في ارمينيا وابخازيا، وفي أوقات اقرب، في الأديغيه، على ضفاف نهر بسه كوبس، كذلك وجدنا هنا اطباقاً وفؤوساً نمطية عام ١٩٢٥. وفي قرية خاجيوخ، عثر على أداة حجرية من الحقبة الاخيولية (- ١٢٠,٠٠٠

٧٠٠,٠٠٠) على ضفة نهر بيلايا. واكتشفت لقى مشابهة على ضفاف أنهر فورتي بيانكا، افيبس، وبسه كوبس. تظهر لقى أثرية اخرى، أكثر من أن تذكر، أنه خلال العصرين الحجري والبرونزي، استمر نفوذ القفقاس الشمالي الغربي في النمو. كانت أنشطتهم تتزايد هنا، يحسنون أدواتهم وأسلحتهم، يضيفون تربية الماشية والزراعة الى الصيد وجمع الفواكه، واتقان مهارات تصنيع المعادن. فوق كل ذلك، استمروا في تطوير ثقافتهم بثبات، وتحسين بنيانهم الاجتماعي، وتأسيس معايير أخلاقية قوية في السلوك، وصقل آدابهم وبناء فولكلور غني والحفاظ عليه لنقله إلى اجيالهم الشابة.

العصر النحاسي - البرونزي: خلف العصر الحجري عند نهاية الألف الثالثة قبل الميلاد. يعود تاريخ الخاتم النحاسي الذي عثر عليه في واحد من ١٢١ قبراً في مقبرة نالتشك إلى ما يقارب نفس الوقت. من الممكن أن هذه اللقية تشير إلى بداية هذه المرحلة الانتقالية. تم الحصول على المعلومات عن هذا العصر بشكل رئيس من ركام القبور والقبور الحجرية (الدولمين)... امكنة الدفن المتميزة لهذه الفترة في بلاد الشراكسة.

ثقافة مايكوب: تعتبر انها ممثلة بركامات قبور مايكوب. قام بحفرها إن أي. فيسليوفسكي عام ١٨٩٧، وقد جذبت انتباه العالم بأكمله لوفرة اللقى فيها. رغم ذلك، فهي بعيدة عن كونها الوحيدة من نوعها في الاقليم. فقد اخرجت من ركامات ستاروميشاستسكي، ستانيتزاكازانسكى، بيلورشينسكي، مدينة ارمافير، وضاحية زيسرمان في اقليم الكوبان دفائن معاصرة لتلك التي وجدت في مايكوب. " لم تنتج منطقة أوروبا الغربية كلها للعصر البرونزي (ما عدا اليونان) دفينة في مثل غنى ركام مايكوب " كتب إي. آي. كروبنوف. " الواضح أن المدافن الغنية إلى حد الاسراف، في الكوبان، بأوانيها المصنوعة من الذهب والفضة، مظلاتها المزركشة، كانت تعود إلى زعماء قساة "، هذا ما كتبته جاكيتا هوكيس[١]، وهي تشير إلى هذه اللقى الأثرية.

حسب رأي إس. خوتكو[٢] "دأبت قبائل مايكوب على الاتصال بشعوب الهضاب، حملة ثقافة بيث ". وقد احتل " شعب البيث " الأراضي الواقعة على ضفاف الدون وبحر آزوف. كان ينظر إليهم في الأدبيات على أنهم ما قبل الهندو - أوروبيين. تقول الدفائن العائدة اليهم في اقليم عبر الكوبان، الكثير حول تفاعل قبائل مايكوب مع هندو- اروبيي الهضاب،

---

(١) جاكيتا هوكيس - تاريخ البشرية، التطور الثقافي والعلمي، المجلد ١، الجزء الأول - قبل التاريخ - المكتبة الامريكية الحديثة، نيويورك ١٩٦٥.

(٢) س.ك.خوتكو - تاريخ بلاد الشراكسة. سانت بطرسبرج، ٢٠٠١

كما تتحدث عن تقدم شعب المايكوب شمالاً نحو الدون الأسفل. هذا الأمر تؤكده التحفيات الأثرية لمستوطنة ليفينسوفسكي والتي اشبعت الطبقة السفلى منها ببلاط سيراميك من نمط مايكوب. يضيف خوتكو" أن الطرف الشمالي الأقصى لمستوطنة مايكوب مثبت على جزيرة خورتيتسا في الزابوروجي. أن تقدم قبائل مايكوب إلى القفقاس الشرقي، لم يسبب مجرد التفاعل مع السكان النيوليثيين في الجبال، بل أيضاً مع شعوب الهضاب، لأن المايكوبيين دفعوهم إلى خارج هضاب القفقاس الغربي. كشف جي. ايه. كليموف النقاب عن تشابهات متوازية بين نظم الأديغه الأوائل والهندو - أوروبيين.

في اقليم الشيشان، تقابل المايكوبيون مع تيار مقابل من قبائل مجموعات الكورو – أراكيان. كانت هذه القبائل من أقارب " الحوريت "، الذين تتشابه لغتهم بشكل خاص مع اللغة الناخية والداغستانية. أبعد الكنوز شرقاً من حضارة مايكوب - مستوطنة لوجوفو - تحتوي على خصائص كورو أراكية. كذلك تحتوي ركامات قبور باموت في اقليم الشيشان على آثار لشعب مايكوب ذي الوفرة. ظل اقليم الشيشان الحالي على الدوام مكان اختلاط مجموعات الأديغه والناخيين الإثنية خلال القرون اللاحقة: (أخذت قباردا الصغرى مقعدها في هذا المكان خلال السنوات الستمائة الأخيرة (لغاية منتصف القرن التاسع عشر)...

انقسمت مجموعة ما قبل الأبخاز الأديغه الاثنية إلى ثلاث مجموعات، الأمر الذي يمكن التحقق منه بدرجة كبيرة من الثقة على أنه الأبخاز، الوبيخ والأديغه عند نهاية الألف الثالثة وبداية الألف الثانية قبل الميلاد. بدأ الخاتيون بالاندماج بين الهندو - أوروبيون - نيسيت في نفس الفترة. فقدت ثقافة مايكوب خلالها صلاتها بخاتوسا تدريجياً. يمكن لهذا ان يكون سببه جزئياً تدخل ثقافة الدولمين، حسب رأي. في. آي. ماركوفين، فقد ضغط الدولمينيون على قبائل مايكوب من البحر الأسود الممتد من غيلينجيك إلى جارجا. إن كنوز مايكوب المتأخرة مفقودة من اقليم الدولمين، الاحتمال الأكبر هو ان البنائين الدولمين كانوا نفس شعب الجافيت، مثل الباسك، الخاتيين، وابخاز - اديغه. يمكننا ان نفترض ان عزلة الوبيخ عن الشعب قبل الابخازي بشكل عام مرتبطة باسلوب اندماج " شعب الدولمين".

"إن الرأي التقليدي حول التركيب الإثني للقفقاس الغربي عند نهاية الألف الثانية قبل الميلاد، يصل إلى حقيقة أن "المايكوبيين" هم الأسلاف البعيدون للأديغه، وأن دولمين هم أجداد ابخاز , يجب ان نلاحظ ان التفكير السطحي بهذه الفكرة غير عملي. فقط في حقبة الاباظه - الشركسية في القرون من الثالث عشر وحتى الثامن عشر الميلادي، تأرجحت

الحدود الشمالية (مع أن كلمة "حدود" هنا هي فكرة نسبية كلياً) للقبائل المتحدثة بلغة الابسوا، من انابا إلى بيتسوندا عدة مرات، إضافة إلى الصورة المعقدة لظهور واستيطان البجدوغ، السادز، الأباظه، والوبيخ. في هذا المضمار، فإنه يتم دراسة ثقافة مايكوب من قبلنا على انها الامتداد الابخازي - الاباظي الوحيد.

بدأ الاستعمال المنتشر للنحاس في بلاد الشراكسة عند نهاية الألف الثالثة قبل الميلاد. أكثر من ذلك، فقد ازدهر العصر النحاسي - البرونزي هنا خلال الألف الثانية وبداية الألف الأولى قبل الميلاد، عندما تم اتقان تقنية تحضير النحاس المحلية، ثم البرونز.

جرى تقسيم كنوز العصر النحاسي - البرونزي في الكوبان، وشمال القفقاس المجاور، عام ١٩٤٩ إلى ثلاثة ازمنة: الكوبان الأولية، الكوبان الوسطى، وثقافة الكوبان المتأخرة.

ثقافة الكوبان الأولية: وهي اقدم حقبة في العصر النحاسي - البرونزي ويرجع تاريخها إلى نهاية الألف الثالثة وبداية الألف الثانية قبل الميلاد. تشكلت هذه الثقافة عند فجر الحقبة البرونزية وانتشرت غرباً نحو شبه جزيرة تامان وشرقاً إلى إقليم الشيشان وإنجوشيا في الوقت الحاضر.

ظهرت دفائن الدولمين الجماعية لهذه الثقافة في المناطق الجبلية لشمال غرب القفقاس عند بداية الألف الثانية قبل الميلاد. وقد عثر عليها على كل من المنحدرات الشمالية والجنوبية لجبال القفقاس وبمحاذاة ساحل البحر الأسود. يمكن العثور عليها في مجموعات كبيرة في حوضي نهري اللابا والبيلايا، وتشكل مقابر قبلية هائلة. هناك أكثر من ٢٠٠ دولمين موجود في فسحة ديغواكسكي، ٣٠٠ في خاجيوخ، 350 على " طريق بوليرسكي " وهكذا. بعض الخرزات التي عثر عليها هنا يفترض أنها وصلت إلى الكوبان، من خلال بلاد عبر القفقاس بواسطة التواصل بين القبائل، من البلاد البعيدة في آسيا الصغرى، ما بين النهرين، ايران والصين.

ثقافة الكوبان الوسطى: وتمثلها مجموعة واسعة من الدولمينات وركام القبور، وهي موجودة عند سفوح التلال وفي شريط الهضاب المجاور. وهي موزعة بشكل متباعد عبر القفقاس الشمالي الغربي، وتضم حوض الكوبان إلى الغرب وتمتد إلى الشرق حتى اقليم داغستان الشرقي. تلقوا تأثيراً منظوراً من ثقافة الهضاب التي تعتمد سراديب الموتى، لكنهم مرتبطون جينياً بالنوع السابق لركامات نوفو سفوبودني ولديهم صفاتهم المتميزة

والخاصة بهم. يمكن رؤية آثارهم في الهضاب وعلى ضفتي الكوبان (منطقة بريوكومنسكي، روجوفسكي، كافكازسكي، وآخرين) وعبر الكوبان (أولياب، خاتاجوكاي، ستانيتزا كيليرميسكي، نيكراسوفسكي، نوفو لابيسكي، وآخرين) وتظهر انتشار المعرفة بالمعادن، وظهور ما يسمى " بمستودعات رجال المسكبة "، ووجود أدوات محلية لتصنيع النحاس.

ثقافة الكوبان المتأخرة: وتؤرخ من القرن الحادي عشر وحتى السابع قبل الميلاد. تحتوي هذه الركامات القبرية على القليل من الموجودات واللقى. بالإضافة الى الكمية الكبيرة من ادوات تصنيع المعادن المحلية والأسلحة المنتجة هنا في الكوبان. جاءت أدوات أخرى إلى هنا من ورشات أخرى لتصنيع المعادن، بداية من أقاليم كولشيدو- كوبان للقفقاس الأوسط وعبر القفقاس الغربي، من اقاليم هضاب الدون الشمالية - اوكرانيا والفولغا. من الناحية الأخرى، فإن أداوت النحاس والبرونز المصنعة في الكوبان ومناطق البحر الأسود لبلاد الشراكسة كانت تنتشر غرباً إلى شبه جزيرة القرم وجنوب اوكرانيا. واضح أنه تأسس تبادل واسع بين القبائل خلال هذه الفترة.

تقول جاكيتا هوكيس ان سكان العصر الحجري الأوسط في الاقليم البونتي كانوا كثيرين، فقد بدأت حضارات العراق وبلاد الفرس تصل اليها. تشير قبور جماعية هائلة على شاطئ بحر آزوف وفي وسط القفقاس الغربي إلى دعم اقتصاد منتج للغذاء. تظهر موجودات القبور والدفن الجماعي اشارات على التجارة مع العراق. مثل هذه الاتصالات اصبحت أكثر ظهوراً في الثقافة الأولية للكوبان، والتي كانت معروفة بشكل رئيس من القبور المؤثثة باسراف وثراء ومغطاة باكوام ترابية هائلة. تفيد هذه القبور الجديرة بالملاحظة أن وكلاء الحضارة الشرقية جاؤوا إلى هذه الاقاليم الغنية بالمعادن باحثين عن النحاس، الذهب والفضة لاشباع الطلب عليها من مدن ما بين النهرين.

كتب إيه. إيه ييسين، مشيراً إلى هذه الفترة: " في أزمنة لاحقة بفترة طويلة، وعلى نفس المنطقة، تشكلت قبائل الأديغه والأباظه، الذين هم بلا شك مرتبطين جينياً إلى درجة كبيرة بالسكان المحليين للماضي السحيق. أن الوحدة الثقافية لمجموعة الشمال الغربي للقبائل القفقاسية، والمعروفة لدينا في في الأزمنة الحديثة، قد ظهرت هكذا، كما هو واضح، في زمن لم يتأخر عن العصر البرونزي الأخير".

قبائل ثقافة الدوملين: لم تمتد ثقافة مايكوب إلى اقاليم الجبال. في ذلك الوقت (٢٤٠٠ - ١٤٠٠ قبل الميلاد) عاشت هناك قبائل أخرى، تركت خلفها ابنية دوملين مميزة. تدعى

هذه" ايسب أونا " من قبل الاديغه. ظهرت الدولمينات في اشكالها المبكرة في ضواحي مدينة مايكوب الحالية في نهاية الألف الثالثة قبل الميلاد. سار الحد الجنوبي الشرقي لامتداد هذه الدولمينات مع امتداد خط ايشيرا - تسيبيلدا. هذه المنشآت الفريدة موجودة فقط في بلاد الشراكسة وابخازيا. وتمتد على ساحل البحر الأسود من تامان إلى اوشام خيفاري. توجد الكتلة الرئيسة منها في الجبال فوق مايكوب. يمكن العثور عليها كمجموعات او فرادى في مناطق قرية خاميشكي، مستوطنة كامينوموستسكي، ابازيخسكي، ستانيتزات نوفوسفوبودني، في الضفاف العليا لأنهر فارس، خودز، بشيش، بسة كوبس افيبس، أوبين، ايلا، خابلا، انتخير، بوهجونديز وأبين. في فسحة بوغاتيرسكي، تم الاحتفاظ بـ ٢٤٠ دولمين. يمكن العثور عليها في ساحل البحر الأسود على الأغلب لغاية نهري طوابسه و زوابسة في الجنوب وفي الشمال لغاية ستانيتزا رايفسكي وشبه جزيرة تامان. وتقول ام.ايه كيراشيفا انه يوجد ٢,٢٠٠ دولمين في اقليم الكوبان.

ثقافة شمال القفقاس الأثرية: عاشت القبائل التي بنت الدولمين متجاورة مع قبائل ثقافة مايكوب. في منطقة الهضاب والجبال في الشمال القفقاس الأثرية بشكل رئيس في الألف الثانية قبل الميلاد، في منطقتي الهضاب والجبال في شمال القفقاس. مارست قبائل هذه الثقافة، والتي سكنت في قسم من الهضاب، حياة مستقرة، كانت تربية الماشية والزراعة والتعدين تشكل الجزء الأساس من اقتصادها. جاء نشوء قبائل الأديغه والأباظه، الذين يرتبطون جينياً بالسكان الأصليين إلى درجة كبيرة، في وقت لاحق نسبياً في نفس المنطقة.

المنطقة الجغرافية نفسها: تؤكد المعلومات التاريخية المحفوظة في ملحمة النارتيين ان منطقة سكنى ابطال النارت والقبائل التي تبني الدولمين كانت نفس المنطقة. نرى ذلك جلياً في الاسماء النمطية المذكورة في الاغاني الملحمية القديمة فهي ترينا النارت شيباتينكو يجري بحصانة - بشجاعة نحو النارتيين الذين عاشوا في عائلات منفردة بمحاذاة انهر تينا (الدون)، بشيزا (الكوبان)، انجيج، واربا،لابا، بشيش، في جبال القفقاس، بمحاذاة ساحل البحر الأسود، في مضيق كيرتش، وفي مناطق في ميوتا (بحر آزوف). عندما يقابل نارت تشيماخوج، فهولا يستفسر منه عن قرية أو بلدة (ربما لم يكن الانسان يمتلكها بعد). بل يسأله أن يريه "رأس الممر" المؤدي الى " بيت أليج القديم ". ندرك انه يسافر في عالم تسود فيه اقوى القواعد، حيث يسافر الرجال راكبين الخيل. مسلحي

ن بسيف او جريد (رمح قصير)، وحدهم، معتمدين على انفسهم، باحثين بشجاعة عن تحدٍ ومغامرة. هو الآن في أرض تريسا، التي تبدأ من المكان الذي يصب فيه نهر لابا، بنهر بشيزا وعند جبال القفقاس.

حسب عسكر حدغالة، في كل من نصوص الأديغه والابخاز النارتية الملحمية، فإن ستناي تغتسل في نهر بشيزا (الكوبان)، بينما يغسل نارت شيباتينوكو جياده في نهر واربا، نهر لاباهو الذي يظل النارتيون يعبرونه سباحة، وبشيش هو النهر الذي تدفع شقيقة شاوتشاس قاربها عبره. عاش بعض من شعب الناتخواج على ضفاف نهر نات. المكان الذي جمد فيه سوسسروقة الينج (العملاق) كان خي شوتسا (البحر الأسود) (خي فيتسا). المكان الذي يجيء منه السيتيموكوس هو اقليم طوابسه. المكان الذي تم تقييد نارت نيسرين فيه هو جبل القفقاس. والمنطقة التي تشملها الأمكنة المذكورة هي جغرافية ملحمة الأديغه (نارت) والقبائل المذكورة آنفا والتي تبني الركامات القبرية والدولمين.

الأدلة المكتوبة

المصدر الكلداني القديم والاسطورة: ما زال الغموض يحيط بتاريخ ذهاب الهاتون (الخاتيين) من القفقاس إلى آسيا الصغرى والاناضول بشكل دقيق. رغم ذلك، فإن اساطير أديغه مختلفة تقول ان قبائل اديغه قوية قامت بحملات من شواطئ البحر الماؤتي (آزوف) والبحر الاسود إلى آسيا الصغرى قبل آلاف عديدة من السنين، حيث استقروا لمدة طويلة. هذه الرواية مدعومة بدليل مدون. فقد كتب المصريون القدماء (من اناوريا) عن هؤلاء الهاتون عام ٤٠٠٠ قبل الميلاد. حسب هذه الرواية - فإن النقش "على حجر " عثر عليه في هيلداني (كلداني)؟ القديمة يؤكد أن وور هاتو، قائد الهاتون، افتتح بلاد هيلداني عام ٣٧٥٠ قبل الميلاد. حكم الهاتون منطقة واسعة جداً، تبدأ من جنوب القفقاس حتى شمال سوريا، بغداد، البصرة، (ولايات حلب، قونية، سبواسا، طرابزون، وأرض روم الحالية). مضى وقت وصلت فيه أملاكهم إلى حدود مصر.

نظرية جديدة عن الحثيين والاتيخا: ظهرت نظرية جديدة نسبياً بين المؤرخين الشراكسة وهي تدعي بأن الحثيين هم احفاد " الاتيخا " - الاسلاف البعيدين للاديغه.

حسب المدافعين عن هذه النظرية، فإن كلمة أتيخا، الاسم الإثني البدائي لأجداد الأديغه، نشأت من كلمة تيغا (الشمس) المرتبطة بعقيدة الشمس قبل حوالي ٦٠٠٠ سنة. ان التسلسل الزمني لفترات ظهور القبائل ذات العلاقة المقدمة من هؤلاء المؤرخين هي كما يلي: عاش الاختيون في الألف الثالثة قبل الميلاد. سمي الاتيخا هات، حسب رأي إن. لوفباستي، فإن الاتيخا، الهات، والكاسكيين عاشوا في القفقاس الشمالي -الغربي، توحدهم اللغة الهاتية (يبدو أن إسمي هاتي وخاتي تستعمل بشكل تبادلي للدلالة على نفس الشعب) في النصف

الثاني للألف الثالثة قبل الميلاد، انتسب الهاتيون إلى الاختيين والكاشك. في الألف الثانية قبل الميلاد، ورث الخيت الهاتيين وعاشوا في نفس الدولة. "هناك عدد كبير من مجموعات الكلمات" القريب والمشابه لفولكلور الأديغه في أيامنا، ما زال محفوظاً في نصوص ما قبل الخيت والهات الشعائرية، حسب آر. خواج.

حسب رأي ايه. اس. كلاين فان عودة الكاشك المتحدثين بلغة الهات من آسيا الصغرى إلى شمال القفقاس ووصول الهندو- آريين من أوروبا حدث في نهاية الألف الثالثة قبل الميلاد. يحتمل أن هؤلاء الناس هم الذين قادهم وورهاتو إلى آسيا الصغرى عام ٣٧٥٠ قبل الميلاد. هذا الرأي تدعمه حقيقة أن " قبائل الكاشك، الذين عاشوا إلى الشمال الشرقي من الدولة الخاتية والذين كانت لهم علاقة بقبائل الابخاز - أديغه، بدأوا يزدادون قوة عام ١٩٥٥ قبل الميلاد (فسيميرنايا استوريا المجلد ستة، عام ١٩٥٥ الصفحة ٣٧٥). واضح أن اسمي "هات" و"خيث" اعطيا أصلاً من أجداد الأديغه إلى مجموعات معينة من شعبهم في أزمنة متعددة، تدل على مهنتهم. في التاريخ القديم، عندما كان الناس يعتاشون على الصيد بشكل رئيس، فقد اشتهر أجداد الأديغه بتربية كلاب صيد ممتازة، ربما كان هذا هو الوقت الذي سموا فيه " حات " (مانح الكلاب) مجموعة من شعبهم، الذين يربون مثل كلاب الصيد هذه. ربما، هذا هو السبب في كون لغة الأديغه تحفل بكلمات واسماء، تبدأ بـ "حا" (كلب) "حات" أو "حاتي" (مانح الكلب) حاشه (ضيف) حاشيش (غرفة ضيوف) "حاتير" (احترام) حاده (جثة) حادش (جهنم) حافي (قرض) أو الأسماء الأولى: حباق، حنش، حاتيخون واسماء العائلات: حاتو، حاتي، حاتخي، حاغور، حاخو، حاتشاو، خاتيغو خاتيغوغو وما إلى ذلك.

بشكل مشابه، وفي وقت لاحق، اعطي الاسم " خيت " من قبل نفس الأديغه إلى مجموعة من شعبهم، كانت عبارة وا وخيت؟ أو خيت واشيش؟ تعني (هل انت خيت)؟. أو (هل أنت من الخيت)، في لغة الأديغه.

لاشك أن هذه النظرية بحاجة إلى المزيد من الدراسة والحقائق المتينة. رغم ذلك فهي تستحق الثناء لمحاولتها سد الفجوة القائمة حول أصل الحثيين، الذين "خاضوا حروباً ضد مصر وسوريا لألف سنة" والذين كانوا منافسين للفراعنة في السلم والحرب منذ السلالة الثانية عشرة وحتى العشرين "والذين" دفعوا المستعمرة كالأسفين نزولاً من سوريا وحتى الخليل ومصر" و"انشأوا لأنفسهم مسكناً في غوشين".

يجب أيضاً الإشارة هنا إلى أن الاسم الاثني " حثي " هو التحوير الانجليزي لكلمات هات، خات، خيت، كاسك، وهاتون. العرب يسمونهم الحثيين " أو " الحاثيين ". في كتاب العهد القديم يأتي ذكر الحثيين بأنهم " إحدى القبائل الأصلية في فلسطين لأنه " عندما دخل الاسرائيليون الأرض الموعودة، كانوا أحدى القبائل التي " تعيش هناك ". وقد اشترى ابراهيم كهف ميشبيلاه، قرب الخليل من ابناء هيث (سفر التكوين ٢٣) "تزوج عيساو زوجات حثيات (سفر التكوين ٢٦) " كانت اورشليم الابنة السفاح لعموري وحثيّة (حزقيال ٢٦ - ٣).

يرى بعض المؤرخين أن "أرض هاتي"تقع بشكل أساسي،في مرتفعات آسيا الصغرى،وعاصمتها في بوغازكوي، إلى الشمال منها. يدعي مؤرخون آخرون أن الحثيين كانت لهم في الواقع عاصمتان: كاديش على نهر اورونتيس، وكارتشيميش على الفرات.

يكتب أو. آر. جورني " أرض هاتي التاريخية هذه كانت دولة في الألف الثانية قبل الميلاد، واصبحت، فيما بعد،امبراطورية، بناها ملوك يحكمون من عمق الجبال.

أصبحت هذه المملكة ولغتها الرسمية معروفين بـ "حثي " ويجب الآن قبول هذا الاسم. لكن اللغة الحثية لم تكن متوطنة في آسيا الصغرى، وقد اعطي الاسم هاتي إلى البلد من قبل السكان الأقدم في الأرض، والذين نسميهم نحن الهاتيين. لقد فرضت اللغة الحثية الهندو - أوروبية على الهاتيين غير الهندو - أوروبيين من قبل شعب غازي ".

هذه هي اللغة السائدة والأسلوب الذي يطرقه بعض المؤرخين في شرح أصل ولغة الحثيين. على اية حال، فان الموضوع بعيد عن الحل. ما يزال أصل ولغة الحثيين غير مدروسين بشكل كاف وبحاجة إلى تحقيق أكثر دقة . إن هذه الحالة تعطي مزيداً من القوة للنظرية القائلة بأن الحثيين انطلقوا من اسلاف الشراكسة.

حسب رأي آر. آي. ماخوش، يمكن متابعة فكرة واحدة مركزية موثقة بشكل جيد في جميع الآراء والنظريات حول بزوغ ونشوء الأديغه: الفكرة القائلة بأن قبائل وشعوباً مختلفة (قبل السومريين، السند، قبل العرب، والآريين) حضروا إلى أرض القفقاس منذ أزمنة ما قبل التاريخ. حسب رأي إن. لوفباش، هؤلاء الكاوكاسيون (احفاد الاتيخا القدماء)، عاشوا هناك وقد قاموا " مثل فتحة، امتصوا فيما بينهم كل شيء غريب قدم إليهم، ودمجوهم بهم بينما بقوا هم على حقيقتهم بشكل رئيس". نكتشف هذه الصفة المثيرة للاهتمام لأجدادنا

القدماء، ونحن نقرأ عن رحلتهم الطويلة والشائكة. هذه بعض الاثباتات حول حقيقة ان الأديغه كانوا الساكنين في القفقاس لوقت طويل جداً:

عند فجر العصر البرونزي (القسم الثاني من الألف الثالثة قبل الميلاد) تشكّل اتحاد قبلي، كوّن أساسه الأديغه - الجبليون في القفقاس، كان الأعضاء الآخرون لهذا الاتحاد القبلي هم الهات الجنوبيون (الخات، الحثيون) من سومر والآريين الهندو- أوروبيين. أنضم اليهم لاحقاً الأيبيريون حاملو شعائر مدافن الدوطين. يسمي المختصون هذه الزمالة اتحاد قبائل مايكوب، وهذا اثبات آخر يدعم النظرية القائلة أن الأديغه كانوا القاطنين في القفقاس.

يقول إن. لوفباش أن المعسكر المحصن المكتشف على جبل " ناغيجيه " قرب مدينة مايكوب، بعد نهر بيلايا، كان مركز اتحاد القبائل. ويفترض المؤرخ نفسه أن مدينة هاتوسا ظهرت هنا والتي تكررت لاحقاً في آسيا الصغرى. يكتب " ام. آي. ماخوش " وجدت مدينة أخرى كبيرة بقدر واضح لفترة ثقافة مايكوب، والذي تمت حفرياته من قبل العالم الآثاري ام. كيه تيشيف " وجدت أيضاً في وادي نهر بسيناكو في منطقة طوابسه. المفترض ان هذه المدينة كانت تسمى تابسيك ".

باختصار، هناك رأيان، أو روايتان، حول من هم " الخات " (هاتي، الحثيين): تفترض مجموعة أن جميع ما قبل - الأديغه، الذين اسسوا أصل شعبنا، كانوا يدعون هاتي. بينما تعتبر المجموعة الأخرى أن واحدة فقط من قبائل ما قبل الاديغه، والتي غادرت القفقاس وقامت بالحملة إلى آسيا الصغرى، كانت تسمى بذلك الاسم.

توجد اثباتات أثرية ولغوية تشير إلى أن الأديغه، الابخاز، الباسك في جبال البيرينيه، والآريين قاطني وسط أوروبا كان لديهم نوع من العلاقات المتبادلة،ونقاط الاتصال في الماضي السحيق. ربما ذلك هو السبب في اقتراح ايه. اس. كلاين بان الاديغه قد تحدروا من الآريين في وسط اوروبا.

يشرح اس. خوتكو في كتابة " التاريخ الشركسي " باسهاب هذا الموضوع،ويضعه في إطار زمني " يتم اكتشاف مصادر قبل خاتية في الاناضول بشكل منتظم، المذهل فيها درجة قدمها: فبعضها يعود إلى الألف الثالثة قبل الميلاد. كل الاحتمالات تشير إلى أن الحضارة الخاتية كانت واحدة من المهاد التي بدأ فيها المجتمع البشري. حسب هذه الفكرة، فإن الابخاز -

الأديغه والخاتيين مثلوا الجناح الغربي المستقل من هذه العائلة الضخمة من اللغات. وإذا أخذنا بعين الاعتبار أن الإبخاز الأديغه، بالإضافة إلى الخاتيين، ينتمون إلى النمط البونتي من البحر الأبيض المتوسط وجنس البلقان الصغير (حسب التصنيف الروسي)، والذين اعتبروا على الدوام النوع " الأنقى "، فإن افتراق اللغتين قبل - الشركسية وقبل - الصينية يمكن إعادة تاريخه بالكامل إلى حقبة العصر الحجري الحديث.

يتفحص اس. خوتكو علاقات الخاتيين والابخاز- أديغه في كتابه " دراسات في تاريخ الشراكسة "، فيكتب: " يمكن البدء في قائمة المقارنات الاثنية بين الابخاز - أديغه والخاتيين من إسم واحد للكاسك - التسمية الإثنية " أبيشلا " - " أبيسيلا " الذي ذكر في نقش الملك الأشوري تيجلاث - بيليسير الأول (١١١٥ -١٠٧٧ قبل الميلاد). تجري مقارنة التسمية الاثنية هذه بالتسميات في القفقاس الغربي أثناء الحقبة الهلينية: "أبسيل" و" أبازغ "، وكذلك مع تسمية "ابشي "التي استخدمت في الأدبيات الكارتلية في أوائل العصور الوسطى للدلالة على واحدة من القبائل الابخازية.

لا يثير الربط الاثني بين الخات والكاسك مع الابخاز أديغه اية شكوك على الأقل من الناحية اللغوية للولادة الاثنية. يعتبر في. في. ايفانوف أن التوافق الصوتي لا يترك مجالاً للاعتراض على حقيقة أن اللغة الخاتية في مفرداتها هي لغة العائلة الشمال - قفقاسية القديمة ويكشف تشابها خاصاً مع اللغات القفقاسية الغربية. عالم لغوي آخر، هو آي. إم. دياكونوف، درس المشكلة وتوصل إلى الاستنتاج القائل أن اللغة الخاتية تظهر " نواحي معينة من التشابه مع اللغات الابخازية الشركسية. " أحد أحدث الآراء حول المشكلة عبَّر عنه العالم اللغوي البولندي يآن بروان " على كل أوجه تركيبها: الصوتي، التشكيلي المفرداتي، والتركيبي، فإن اللغة الخاتية تكشف عن تشابه واضح مع مادة المجموعة الشمالية - الغربية للغات البدائية للقفقاس ". لقد حان الوقت للبدء في دراسة مقارنية - تاريخية للغة الخاتية، من جهة، ولغة الابخاز- اديغه من الجهة الأخرى. من المستحيل التحضير للقواعد المعقدة، المقارنة - التاريخية للغات مجموعة شمال غرب القفقاس وترك الخاتية، والتي تشبه " السنسكريتية " بالنسبة للمجموعة اللغوية المذكورة. تظهر اسماء الأماكن الخاتية أيضاً درجة كبيرة من التطابق الصوتي مع مواد اسماءالمواقع للابخاز- اديغه. وهكذا، مثلاً، تبدو اسماء المركز الثقافي الخاتي ليشتسين مع المركز العقائدي لابخازيا في العصور الوسطى - ليخني.

تتشابه أسماء المواقع والأماكن لدى الكاسك والابخاز- أديغه صوتياً، حتى تبدو وكأنها

سميت من قبل مجموعة اثنية واحدة خلال حقبة تاريخية واحدة: غاغرا، اتشاندارا، باربارا، اتارا، داخارا، اتشيغفارا، سينوب، أريبسا، ابساريا، طوابسه، أكامبسيس، دوابزو، أخيبس، خيبس، لاشيبس، داغاريبش، رابش، سوبس، والكثير غيرها.

جذب جي. ايه. ميليكيشفيلي انتباه المختصين، للمرة الأولى،إلى " أحد أكثر الصدف التركيبية البارزة هو اللفظ " واشخو " فهو في مجتمع الخاتيين " واشاب " وعند الأديغة " اواشو " واعتبر هذه الميزة مهمة جداً لاثبات القرابة بين الخاتيين والابخاز - أديغه. كما لاحظ اش. دي. اينال. ايبا أن " أحد أكثر التشابهات بروزاً من الناحيتين التركيبية والتشكيلية بين اللغتين الخاتية والابخاز - أديغه هو التشابه التام في الشكل والمعنى لإسم الإله واشخوا، الصورة الدينية - الاسطورية القديمة، الذي كان معروفاً لدى سكان آسيا الصغرى الأصليين منذ الألف الثانية قبل الميلاد، والذي لم ينس حتى الآن في دائرة الشعوب الابخازية - الأديغية - في كل اللغات الابخاز - اديغه التسمية هي: ابخازية - واشخوا، الوبيخ، واشخفا.

الأديغه - واشخو، والقباردي - واشخواً فهي تستعمل، بشكل رئيس، كتعبير عن اصدق اشكال القسم والتأكيد، تستعمل بشكل أقل ترديداً على أساس " الرب " بين الوبيخ، و" رب القَسَم " لدى القباردي،" والسماء للأديغه إلى آخره. ونلاحظ في سجلات اللغة الخاتية لآسيا الصغرى، أن كلمة "واشخو" تعبر عن معنى الآله" أو "الرب" بشكل عام.

أن عدد المتوازيات المتشابهة تاريخياً - ثقافياً بين الخاتيين والابخاز - أديغه كبير ومتعمق، ومستشهد به في أعمال في. جي. اردزينبا." وهكذا، فإن المعلومات المذكورة أعلاه تسمح لنا بالتأسيس لوجود الحقبة الموغلة في القدم (والتي تسبق القديم جداً) في غرب القفقاس لشعب قبل الابخاز - أديغه. وقد احتلت مناطق شاسعة في منطقتي شمال البحر الأسود وبحر آزوف تحت "علامة " السيمريين، وجزء أكبر من (آسيا الصغرى) الاناضول، تحت " علامة " الخاتيين والكاسك. في القرنين الثاني عشر والحادي عشر قبل الميلاد، توقفت المقاطعة المحصورة في آسيا الصغرى، والعائدة للابخاز - أديغه عن الوجود. أسباب دمار المملكة الخاتية وقريبها اتحاد القبائل الكاسكي مرتبط في علم التاريخ بامتداد ما يسمى " بشعوب البحر " الذين لم تتوضح جنسيتهم حتى الآن. بعد وقت طويل، أي في القرن السابع قبل الميلاد، يصل تاريخ السيمريين إلى نهايته، ربما تحت ضغط السكيثيين. رغم ذلك، يعتقد بعض المؤرخين أن تاريخ السيمريين استمر حتى مسمى السند والماويين في القفقاس الغربي.

في الختام، هذه هي الآراء السائدة للمؤرخين والدارسين العلماء عن أصل الشراكسة، ولا شك انهم سيستمرون في البحث والتحاور حول الموضوع وبوسعنا الافتراض بثقة أن أسلاف الشراكسة كانوا هم الناس الذين أوجدوا ملحمة النارتيين الهائلة في فجر العصر النحاسي -البرونزي بلغة الأديغه، ذات التركيب والأسلوب الشعري المتقدم، والتي كانت المؤسسة المتميزة للتربية التقليدية، التركيبة النفسية والتطلعات الأخلاقية لأمة الشراكسة، ومستودع قوانينهم، أخلاقهم وسلوكياتهم:

الملحمة التي تعتبر مخزناً للمعلومات التاريخية بشكلها الخام منذ الأزمنة السحيقة، والتي أيضاً حفظت سيرة بعض أهم الأبطال والمعلمين الشراكسة، والذين حاولت الأجيال الشركسية اللاحقة أن تقلدهم على مدى الزمن.

السيمريون والماؤوت

السيمريون: هم الذين تقع بلادهم بمحاذاة الساحل الشمالي للبحر الاسود، بما فيه شبه الجزيرة التاوري. يعتبرون أحد اقدم سكان القفقاس الشمالي الغربي، يتشكلون من عدد كبير من المجموعات الإثنية والقبائل (الماؤوت، السند، الداندار، التوريت، وغيرهم). وقد أسسوا امبراطوريتهم قبل عصرنا بقرون عديدة. في أوائل الألف الأولى قبل الميلاد، كانوا يمثلون اتحاداً قبلياً قوياً،واحتلوا اقليم الهضاب التابع لساحل البحر الأسود، شبه جزيرة القرم والقفقاس الشمالي الغربي.

حسب المعلومات المستقاة من ألواح الفخار التي عثر عليها في نينوى، عاصمة آشور في القرن السابع قبل الميلاد، فقد أشاعت "بلاد جامير" الرعب في ولايات الشرق الأدنى وآسيا الصغرى.

وحسب رأي اس. خوتكو "كان الاختلاط والتبادل مع الهضاب عاملاً مهماً، على الدوام، في تشكيل التاريخ المطول لشعب الابخاز – أديغه الشعب الذي عرف أولاً في المصادر الأدبية أنه يقطن منطقة شمال البحر الأسود والقفقاس الغربي كان السيمريون. بأي شكل سكن السيمريون والجبليون منطقة القفقاس الغربي؟ هل سمي شعبهم المعاصر ذلك الوقت الابخاز - الاديغه القدماء، بهذا الاسم؟ وإذا كان السيمريون شعباً آخر، فهل كان الابخاز - اديغه جزءاً من قوتهم؟ يجب تفحص جميع هذه الأسئلة بهدف إعادة اخراج الصورة الكاملة لنمط الابخاز - اديغه التاريخي والثقافي اثناء النصف الأول من الألف الأولى قبل

الميلاد. لاحظ المتخصص، المعترف به، في مشكلة الانتماءات الاثنية للسيمريين إل. إيه. إلنيتسكي " ان الحديث عن الثقافة السيمرية، يستدعي أن نأخذ في اعتبارنا ثقافة حقبة العصر المعدني المبكر بشكل كامل في منطقة القفقاس الشمالي والغربي، والتي كانت مرتبطة بسفوح التلال في مراحل تحولية واضحة لثقافة سكيثيي اقليم البحر الأسود.

"إن إبراز الفترة القديمة في تاريخ الابخاز- أديغه مرتبط بقوة بضرورة تنظيم مفاهيمنا حول الماضي التاريخي للقفقاس الغربي ".

تقول مصادر أخرى أنه "ربما حدث الأمر في القرن السابع قبل الميلاد، حينما قام السكيثيون بطرد السيمريين من بيوتهم، افتتحوا آسيا الصغرى... نهبوا السرديين ودمروا ماجنيزيا، لكنهم فشلوا في محاولتهم احتلال ايفيسوس ودمروا من قبل اليات ليديا. وبما أن الماؤوت كانوا جزءاً من الاتحاد القبلي السيمري، فإنه من المحتمل تماماً أن هذه المعلومة تؤكد الذاكرة التقليدية للفولكلور الأديغي المشار إليه آنفاً.

حسب مصادر أخرى، فإن الفترة التي دفع فيها السكيثيون بالسيمريين خارج هذه المنطقة تعود إلى نهاية القرن الثامن قبل الميلاد. بعد ذلك يقال أن السيمريين تفرقوا إلى عدة مجموعات واندثروا. يقول الدكتور شوكت المفتي "وحدهم السند والكيميرجي، الذين شكلوا المجموعة الرئيسة، بقوا في القفقاس لكونهم شراكسة واستمروا في العيش هناك تحت نفس الاسماء وكقبائل مختلفة من شعب الأديغه "

الماؤوت: إن تسمية " المايث" و"الماؤوت " جماعية وتنطبق على العديد من القبائل ذات القربى، الذين سكنوا القفقاس الشمالي الغربي من حوض الكوبان. عثر على اسمائهم في المصادر الأدبية القديمة الاغريقية، الرومانية والشرقية. قدم هيكاتيوس من مابليش (القرن السادس قبل الميلاد) أولى المعلومات عن القبائل المايوتية. فيما بعد، كتب سترابو أن السند، الدنداري، التوريت، الأجري، الأراضي التاربيت، الاوبيدياك والدوشكي ينتمون جميعهم إلى الماؤوت. وتذكر نقوش البوسفور السند، الدنداري، التوريت البسيس، الفاتيان، الدوشكي بانها قبائل الماؤوت. وهناك نقش بيبساد، على أنه ملك السند وجميع المايت (الماؤوت).

يمكن العثور على تثبيت لاستمرار الماؤوت - اديغه في اللقى الأثرية، البيانات اللغوية، والاسماء الجغرافية، اسماء العائلات المذكورة في النقوش على مسطحات حجرية في البوسفور، ما زال العثور عليها ممكناً بين الأديغه: باغوش، دزارديو، بلبيبس وغيرها. اسماء

اخرى مثل: بساو، بسه خاكو واسماء الكوبان القديمة مثل: بسات، اوبيساس او بساتي تحتوي على كلمة الجذر الاديغه بسه (ماء)، أكثر من ذلك، فإن اللقى الاثرية التي اكتشفت في مواقع البلدات المايوتية في اقليم الاديغه. (تاختاموكاي، نوو - فوشيبسي قرية كراسني) اثبتت ان الثقافة المايوتية استمرت في التطور هنا حتى اوائل العصور الوسطى. لذلك لا غرابة، ان ينسب بعض العلماء السكان الماؤوت القدماء إلى شعب الأديغه.

المنطقة الماؤتية: يقدم الجغرافي القديم سيكلاك كوريندليان (٥٢١ - ٤٨٢ قبل الميلاد) ترتيب استيطان هذه القبائل المايوتية كما يلي:

١. الساوروميات - على ضفاف نهر تانا (الدون)

٢. الماؤوت: على سواحل بحر الماؤوت (آزوف).

٣. السند - احتلوا كامل شبه جزيرة تامان تقريباً، وساحل البحر الأسود وحتى مدينة انابا الحالية.

٤. الكيركيت سكنوا ساحل البحر الاسود من انابا إلى غيلينجيك.

٥. الآخيون - عاشوا بمحاذاة ساحل البحر الاسود الشمالي - الشرقي من غيلينجيك، كان الهينيوخ جيرانهم.

٦. الهينيوخ - تجاوروا في الجنوب الشرقي مع ديوسكوريا الكبرى.

٧. الكولشي - تواجدوا بين الهينوخ ونهر الفاسيس (فازيس - ريون).

حسب رأي سترابو " الكيركيت المدعوون ايضاً التوريت. هم شعب عادل، عطوف وذو خبرة عميقة في الملاحة ". تؤكد إف. شيربينا ان الكيريكيت هم بدون شك، الشراكسة المعاصرون وان التوريت - قبيلة مرتبطة بشكل وثيق بهم. وجدير بالانتباه هو الإستنتاج الذي خلصت اليه شيربينا جول "خلافة" الاديغة - ماؤوت "ان احفاد السند، الكيركيت" والثوريت هم الشراكسة، أو بشكل أدق قبيلتان منهم: الناتخواج الذين كانوا في الأزمنة التالية يشغلون سنديكا وجزءاً من ساحل البحر الأسود والشابسوغ، الذين امتدت املاكهم من الشمال عبر السلسلة وحتى غيلينجيك وتقع أبعد إلى الجنوب.

باختصار، فان اغلبية المؤلفين القدماء يضعون منطقة الماؤوت على السواحل الشرقية لبحر آزوف،وفي المصبات الوسطى والسفلى لنهر الكوبان. وبمقتضى البيانات الأثرية فإن حدود هذه المنطقة هي: بحر آزوف على الغرب، البحر الأسود في الجنوب الشرقي، و المنحدرات الشمالية لسلسلة جبال القفقاس إلى الجنوب. تجاور الماؤوت في الهضاب مع السارماتين في الشمال،ووسعوا منطقتهم إلى سهل ستافروبول في الشرق. وخلال هذه الفترة وصل الماؤوت الحوض الكامل لمصبات نهر الكوبان الوسطى والسفلى. وسكنت القبائل الأخرى ذات القرى على نهر اوروب وبمحاذاة نهر الكوبان.السند: احدى قبائل الماؤوت، اشتغلوا بالزراعة، وتربية المواشي وصيد الأسماك، كانت لديهم حرف متطورة، وينتجون الأدوات الحديدية والآنية الفخارية. كان الطلب على تبادل سلعهم ومنتجاتهم يتنامى، لذلك، كانت لديهم علاقات سلمية،وعلاقات صداقة مع المستوطنات الاغريقية في سنديكا.

•••

هكذا يصف سترابو الخارطة للقفقاس الغربي: "الجزء الآسيوي من مملكة البوسفور وسنديكا موجود بمحاذاة البحر: ويعيش الآخيون، الزيج – الهينيوخ الكيركيت، والماكوبوغون (اللحى الطويلة) خلفهم. فوقهم تقع مضائق فتيروفاغ (أكلة البراغيث). خلف الهينيوخ تقع كولشيدا..".

وهكذا، يقول إس. خوتكو، ومتحدثاً بشكل تقليدي، ان الكيركيت طردوا من القطاع السند - ماؤوتي للساحل الى القطاع الكولشيدي، "قبل سترابو، لم يضع أي مؤرخ الكيركيت في كولشيدا. اذا كانت معلومات اتيميدور من ايفيسوس وسترابو مؤرخي حروب ميترايداتوس، تعكس فعلياً التغيرات الحقيقية في مواقع قبائل القفقاس الغربي، إذاً يجب الافتراض أن شعوب ما قبل الابخاز - الاديغة قد طردوا من الشمال إلى الجنوب اثناء النصف الأول من القرن الأول قبل الميلاد. لأن كلاً من تهجر الكيركيت وظهور الزيج في موطنهم الطبيعي يحمل بشهادة قوية عليها. أكثر من ذلك، من هذا الوقت فصاعداً تظهر قبيلتان أخريان، ربما تكونا من أصل قفقاسي شمالي - الاباظة والابسيل - الذين احتلوا قسماً من منطقة الهينيوخ وقسماً من منطقة الكولشيد".

الماؤوت ومملكة البوسفور: الماؤوت، اجداد الشراكسة، أدوا دوراً مهماً في مملكة البوسفور التي تشكلت بعد سقوط الامبراطورية السيمرية بوقت قصير، حوالي ٧٢٠ قبل الميلاد، وذلك تحت وطأة هجوم السكيثيين، حتى ان بعض العلماء يربطون بداية التاريخ

القديم للشراكسة بهذه الفترة.

حسب رأي ديودوروس الصقلي، فقد حكم الامراء القدماء البوسفور اولاً من عاصمتهم فاناغوريا، الواقعة قرب تامان. كانوا يسمون الارخونت(ارخيوناكيتدس).خلفهم السبارتوك، المتحدين من نفس سلالة الامراء القدماء، واسسوا سلالتهم عامي ٤٣٨ -٤٣٧ قبل الميلاد.

يرتبط الامتداد العدواني لمملكة البوسفور نحو الشرق بحقبة السبارتوكيد الاوائل. إذ ترتبط محاولاتهم الاولية بساتير الأول، الطامح إلى ضم سنديكا فقد أسس مع قيصرها روابط اسرية بالبسفور.

ضمت مملكة البسفور سنديكا في القرن الرابع قبل الميلاد، تم اخضاع قبائل ماؤوتية أخرى من ساحل آزوف الشرقي وحوض الكوبان لاحقاً. نتيجة لذلك، يسمى ليفكون الأول قيصراً لسند التوريت، البسيس والداندار في بعض النقوش. وفي بعضها الآخر قيصر جميع السند والماؤوتيين.

رغم ذلك، فلم توضع منطقة نفوذ الماؤوتيين، بالمعنى الكامل، ضمن حدود مملكة البوسفور، حتى اذا الماؤوتون احتفظوا بحكامهم وقادتهم القبليين. وكما يشير في اي غايدوكوفيتش فإن خضوعهم للبوسفور كان فقط يعني انهم يعترفون بالسلطة العليا لملوك البوسفور، ويدفعون لهم الجزية، ويمنحون التجار، الصناع البوسفوريين الحرية الكاملة في انشطتهم التجارية على مناطقهم.

في الوقت نفس، فقد كان يجري سحب الطبقات العليا من زعماء قبائل الماؤوت نحو دوائر المشاريع التجارية في البوسفور، وبدأوا يشاركون فعلياً في حياتهم السياسية. مثلاً: عند نهاية القرن الرابع قبل الميلاد، شارك قيصر الفاتيين في الحرب الضروس بين ابناء بيريساد الاول، ملك البوسفور.

تدريجياً تحول سكان مدن البوسفور الذين كانوا في البداية من الاغريق كأغلبية إلى اغريق ماؤوت بشكل اساسي. حتى سلالة السبارتوكيد لم تكن اغريقية.

استمرت القبائل الماؤوت - سندية والسارماتية القاطنة حوض الكوبان وساحل آزوف الشرقي في القيام بدور نشيط في الحياة السياسية للبوسفور خلال القرون التالية ايضاً، بعد

وفاة ميثريداتيس يوباتور، في فترة تغيير السلالات.

اعتمد بعض الحكام مثل اساندر، ديناميا، اسبورغ، في صراعهم على عرش البوسفور، اعتمدوا على قبائل السند - ماؤوت، وبلغوا السلطة بمساعدتهم. في القرن الأول الميلادي أخضعت البوسفور مرة أخرى قبائل الماؤوت القاطنة حوض الكوبان،وساحل آزوف الشرقي، خلال فترة بداية ازدهارها السياسي والاقتصادي الجديدين. يقول النقش على العتبة الحجرية لتمثال القيصر اسبورغ مشيراً إلى هذه الحقبة: أنه يحكم على كل البوسفور وثيودوسيا، السند، الماؤوت، التاربيت، التوريت، البسيس، والتانايت. يحدث في هذه الفترة اختراق على نطاق كبيرمن قبل ممثلي قبائل الماؤوت - سارمات إلى وسط سكان مدن البوسفور والذي أصبح بموجبه تعبير "سرمته البوسفور" مقبولاً في الأدب.

خلال هذا الوقت، تكوَّن أساس اقتصاد القبائل الماؤوتية من الزراعة، وتربية المواشي، وصيد السمك والتجارة والحرف المتطورة. كان للتجارة وزن كبير فيه. ذهب الفائض الكبير من الحنطة إلى حكام البوسفور. يقول ديموستينيس (القرن الرابع قبل الميلاد)انه كان يصدر من البوسفور إلى أثينا ٤٠٠ -٦٠٠ ميديمن من الحبوب سنوياً، وما يعادل مليون بود. كذلك صدر الماؤوت منتجات حيوانية. بدورها، اخترقت مستوردات من اليونان القدماء (زيت الزيتون، الاسلحة والادوات الفاخرة) الى داخل الكوبان.

يقول تراخو يظهر التركيب الاجتماعي لامبراطورية البوسفور مستوى عاليا من التطور، بوجود ملكية مستنيرة، لامركزية إدارية، نقابات تجار حسنة التنظيم، مع وجود ارستقراطية تجارية ورسمية وسكان مزارعون اصحاء. لم تزدهر بلاد الشراكسة اقتصادياً وثقافياً أبداً كما فعلت في زمن السبارتوك في القرنين الرابع والثالث قبل الميلاد. لم يقل ملوك البوسفور عن غيرهم من الملوك المعاصرين في الحكمة والذكاء والثراء. كانت البلاد المركز الأخير للحضارة الايجبة في الشمال الشرقي."

كانت التجارة كلها في بحر آزوف وجزء كبير منها في البحر الأسود في ايدي البوسفور. كان بانتيكابيوم على مضيق كيرتش الميناء الرئيس للمستوردات وكانت فاناغوريا، مع مدن أخرى على الساحل الشركسي، موانئ تصدير بشكل جيد في العالم القديم، العسل،والشمع، والقنب، والخشب لبناء البيوت، والسفن السفراء الجلود الصوف، الخ. وكانت الموانئ الى الشمال من تسييمز تصدر بشكل رئيس: الحبوب،والسمك، ووصل معدل التصدير الى اتيكا ٢١٠,٠٠٠ هيلتو ليتر، أي نصف حاجتها من الحبوب.

مصدر آخر للثراء لشراكسة البوسفور من السمك، كانت توجد مراكز لتمليح السمك وتخزينه إلى الشرق من بحر آزوف.

"كانت الصناعة متطورة بدرجة مساوية، خاصة انتاج السيراميك، والطوب والبلاط. أما المستوردات من اثينا فكانت الخمور، وزيت الزيتون وادوات الزينة.

شدد نقش في شبه جزيرة تامان على أن بيريسادس حكم " جميع الأراضي بين حدود التاوري والأرض القفقاسية ". بكلمات أخرى، تشكل خلال هذه الفترة، السكان الأصليون لامبراطورية البوسفور من الماؤوت (من ضمنهم الفاتيين) والسند (من ضمنهم الكيركيت، التوريت، البسيس وآخرين)، وحدها القبائل الشركسية الجنوبية: الآخيون، الهينيوخ، والسانيج الذين عاشوا في المناطق الساحلية لم يأت ذكرهم في النقوش. على أية حال، فقد شكلوا هم أيضاً جزءاً من الامبراطورية في زمن سترابو، مع أنهم احتفظوا بأمرائهم "السكيبتوخ"، كذلك احتفظت قبائل شركسية أخرى مثل السند والدندار بأمرائها وحكمها الذاتي.

كانت لدى أمراء بلاد الشراكسة ذات الحكم الذاتي، إضافة إلى الملك أرخون، بعثة دبلوماسية في تانايس (عند مصب نهر الدون).

يقول إم. ارتامونوف وإي. كروبنوف " كانت سلالة السبارتوكيد التي حكمت مملكة البوسفور، دولة أديغه قديمة ".

سلم الملك بيريساد الخامس، آخر ملوك البوسفور، دولته إلى الملك البونتي ميثريداتس السادس يوباتور عام ١٠٩ قبل الميلاد، لعدم تمكنه من التصدي للضغط السكيثي المتزايد.

اتحادات قبائل الأديغه

الأديغه – ماؤوت القدماء

الكاسوغ - الاديغه - ماؤوت: كانت الأسماء القبلية لأجداد الكاسوغ - اديغه - ماؤوت (كاسكا، كيشاك، كاسكون) واجداد الأبخاز (ابيشلا، ابسيلا)معروفة لدى الآشوريين الحثيين والمصريين قبل الإغريق بوقت طويل، زادت قبائل الكاسكي (الواضح انها كاسكون) ضغوطها على حدود الدولة الحثية. في النصف الثاني من القرن الرابع عشر قبل الميلاد، حوالي ١٣٥٠ سنة قبل عصرنا. يجب أيضاً هنا ملاحظة أنه في القرن الحادي عشر قبل الميلاد، كانت الأسماء القبلية " كيشاك " و" أبيشلا " والتي كانت تعني أجداد الأديغة والأبخاز على التوالي، ما تزال مترادفة أي أنها أسماء اثنية متعادلة، وتلقي الضوء على الوحدة الإثنية للأديغه والأبخاز.

اتحاد الماؤوت والسيراكي القبلي: خلال القرنين الثاني والأول قبل الميلاد، اتحدت مناطق الهضاب الممتدة على الكوبان لغاية نهر المانيش، بما فيها الإقليم الشمالي لساحل بحر آزوف الشرقي، لتشكل اتحاداً قبلياً قوياً، يرأسه السيراك، التي كانت قبيلة سارماتية، ربما كانت بعض القبائل الماؤوتية لوسط حوض الكوبان جزءاً منها. اضطرت قبائل ماؤوتية عديدة لإعادة الاستقرار من الضفة اليمنى للكوبان إلى الضفة الأخرى نتيجة لضغط هذا الاتحاد القبلي السيراكي. ظل ماؤوتيو حوض الكوبان الغربي، وساحل آزوف الشرقي تابعين لمملكة البوسفور. عند نهاية القرن الثاني قبل الميلاد، فقد السيراكي موقعهم كحكام في هضاب القفقاس الشمالي- الغربي، وسلموا مركزهم إلى الآلان.

كتبت بي. يو. اوتليفا حول هذه المسألة " خلال عملية الفجر الإثني، اثرى ماؤوت الكوبان ثقافتهم الروحية والمادية عندما أذابوا قسماً من السيراكي بينهم ".

اتحاد القبائل الزيخي: الزيخ واحدة من قبائل الماؤوت، اجداد الأديغه، اختلفت تهجئة اسم " زيخياً " باختلاف مؤلفي الأزمنة القديمة والعصور الوسطى (زيخياً، زيلخياً، سيخيا، ساخيا، تسيخيا، جيجيتيا، وهكذا) يبدأ تاريخ زيخيا في القرن الأول قبل الميلاد عندما، كما يقول إس خوتكو " قام الزيخ الميالون إلى الحروب، والذين قدموا من المنحدرات الجنوبية للقفقاس (منطقة الأديغيه الحالية تقريباً) بغزو ساحل البحر الأسود، وهنا قام الزيخ بطرد قبائل الكيركيت، الآخيين والهينيوخ واستيعابهم ". في القرن الميلادي الثاني، أعلن ستاخينفاك، قائد الزيخ أن شعبه هم رعايا الامبراطورية الرومانية، رغم احتلالهم لمنطقة

صغيرة فقط بمحاذاة الشاطئ الشرقي للبحر الأسود، ما بين جاجرا وطوابسه. بدأ الزيخ، بمساعدة روما بالمطالبة بالسيادة على الأراضي المحاذية لهم، كان أول ضحاياهم القوط - التيتراكسيت، بقايا الاتحاد القوطي القوي سابقا، والذي سحقه الهون في القرن الرابع. بعد قرن واحد، انهى الزيخ الحرب بنصر على القوط ووسعوا أملاكهم لغاية غيلينجيك. وفي بعض الفترات وسعت زيخيا حدودها على حساب أراضي القفقاس الشمالي لغاية تانايس (الدون).

بحلول القرن الخامس، قام الزيخ والأباظه بابعاد القبائل القديمة كلها (السند، الكيركيت، الآخيين، الهينيوخ، الكولشيد، السان)، ولم يبق سوى زيخيا وأباظيا على ساحل البحر الأسود القفقاسي.

قدم إس. خوتكو التفاصيل المثيرة التالية حول الموضوع: عام ١٣١، كان فلافيوس اريانوس الذي سافر من طرابزون إلى ديوسكوريا، قد لاحظ ظهورالسانيج، والأباظه في كولشيدا (كولشيس) كتب مخاطباً الامبراطور هادريان: بعد اللاز يوجد الأبسيل، لديهم القيصر جوليان، الذي تلقى المملكة من والدك. الأباظه الذين هم جيران الابسيل، لديهم القيصر ريسماج: هم بدورهم اخذوا حكمهم منك، يجاور الأباظه السانيج، الذين توجد لديهم مدينة سيبا ستوبول: تلقى القيصر سباداج السانيجي مملكته منك. يستمر: من ماساينتيكي إلى اخيونت " النهر الذي يفصل الزيخ عن السانيج " المسافة هي ستون ستاديوم.

يمكن لنهر اخيونت ان يقتصر على منطقة سوتشي: زيلخيو اريانوس هم متطابقون مع زيجيي سترابو وزيخيي بطليموس، حسب رأي اريانوس، فإن ستاشيمفاك " هو قيصر الزيلخيين ".

سمى سترابو اليازيج "السارماتيون الملكيون"، لكن اريانوس سماهم "اليازيج الملكيون".

في رأي إس.خوتكو، يشهد دليلان على الأصل السارماتي للزيج: حقيقة كون بليني قد أشار إليها مباشرة، ووجود قبيلة أخرى بين السارماتيين، تسمى "اليازيج". هذا الاسم متطابق صوتياً مع التسمية الإثنية "الزيج" اضافة إلى ذلك، أحيانا ينسب مؤرخو العصر القديم "اليازيج" إلى السارماتيين، وأحياناً أخرى إلى الماؤوت. يضع "كلاوديوس بطليموس" قسماً من اليازيج في داشيا تحت اسم اليازيج - ميتاناست: فقد شكلوا معهم القبيلة الغربية السارماتية الأولى من الإقليم الواسع لساحل البحر الأسود، أو باستعمال التسمية الأصلية

" سارماتيا الأوروبية " والتي تترجم عن الإغريقية "مهجرون". يجب الملاحظة، هنا، أنه في القرن الميلادي الثاني تم استئجار ٥٥٠٠ فارس من " اليازيج - ميتاناست " في خدمة الامبراطور ماركوس اوريليوس وانتقلوا الى بريطانيا العظمى لحماية جدار هيدريان ".

يكتب إس. خوتكو " بعد خمسمائة سنة من الذكر الأول لنهر نيكوبسيس، يظهر مرة ثانية في المصادر الأدبية، إذ يذكر كونستانتين بروفيرجينيتس نهر نيكوبسيس فيما يتعلق بالحدود بين زيخيا واباظيا: "بعد تاماتارخا بحوالي ١٨ أو ٢٠ ميل، هناك نهر اسمه أوكروخ، يفصل زيخيا عن تاماتارخا، ولكن من اوكروخ إلى نهر نيكوبسيس، الذي يوجد عليه حصن بنفس أسم النهر، تمتد بلاد زيخيا".

قيَّم جورج كيسلينغ الانتقال القبلي العظيم في القفقاس الغربي، والذي ذكره بسيودو-اريانوس، كنتيجة لهجرات ضخمة للسكان عند بداية عصرنا، وخلص إلى استنتاج مفاده أن غزوة الزيج حدثت من المنابع العليا لنهر الكوبان، حوالي ١٠٠- ٧٥ قبل الميلاد، وحسب رأي كيسلينج، فإن الظرف الذي يذكره بليني "الأكبر" عن وجود زيجاي...

"زيجاي" بين القبائل السارماتية ما بين تانايس والمنحدرات الشمالية للقفقاس الغربي، تؤكد افتراضه. لقد تسببت غزوات الزيج في المناطق التي يقطنها الكيركيت، الآخيون، والهينيوخ، في تحركات هذه القبائل. واضح، ان قبيلتي الكيركيت والهينيوخ ظهرتا في كولشيدا الشمالية والجنوبية بشكل دقيق كنتيجة للتوسع الزيجي....

"كان انغماس الزيج في الحرب البيزنطية - الفارسية مشروطاً بحقيقة أن العمليات الرئيسة انطلقت من لازيكا المجاورة. يقول إس. خوتكو. تستمد الطبقة الحاكمة اللازية أصولها من الارستقراطية الزيخية (الكيركيت)، وقد وفر هذا الوضع حلفاء زيخيين يمكن الاعتماد عليهم للاَّز". تخبرنا مصادر أخرى أنه بين القرنين السادس والعاشر الميلاديين، غزا الزيخ ليس فقط مناطق القرم والقفقاس التابعة لبيزنطة، بل أيضاً ضمن حدود الأناضول (آسيا الصغرى)، والتي كانت مركز هذه الامبراطورية......على سبيل المثال، في سنة ٥١٥ وحسب " نشرة " ثيوفانو المعترف، فإن الزعيم المعروف باسم زيجيب، هو قائد جيش الزيخ – الآلان - الهون الذي غزا أرمينيا البيزنطية.

يرتبط تاريخ زيخيا في القرن السابع الميلادي بحوادث التوسع الخزري.

تقدمت في القرنين الخامس والسادس الميلاديين عملية توحيد الزيخ - الأديغه بشكل ملحوظ.

فقد وسع الاتحاد القبلي الزيخي منطقته، حيث أخضع القبائل الآخية وضمها إلى اتحاده، وضغط على القوط - التيتراكسيت حتى أخرجهم من أراضيهم في القرن السابع، واستولى على منطقة الساجين، بما فيها دلتا نهر الكوبان، حسب رأي بروكوبيوس القيصري (القرن السادس)، فقد سكن الزيخ من غيلينجيك حتى نهر بسه زوابا وكان لديهم قيصر باسم ستاتشيمفلاس، عيَّنه امبراطور بيزنطي.

باختصار، بحلول القرن الثامن الميلادي، كان أجداد الأديغه معروفين تحت الاسم الجماعي "زيخ" وكانت لديهم بلاد مهمة على الساحل الشرقي للبحر الأسود.

يستقي نيمان ولوباتينسكي كلمة "زيخ" من كلمة "تسيف" (انسان) الأديغيه، ويرى لوباتينسكي الاسم " دزيخ " في الابخازية " زوخوتي " - الشركسية آزخ - وا - شراكسة. سواء كانت هذه هي الحالة أم لا، فإن الأسماء القبلية العديدة التي وجدت سابقاً في القفقاس الشمالي الغربي، اختفت فعلياً من المصادر الأدبية بحلول القرن الثامن الميلادي، فيما عدا الاسم "الزيخيون". سرعان ما خلفه الاسم "أديغه". في رأي إس. خوتكو، فإن تسمية أديغ قد انطلقت من الاسم "يازيغ".

يشير كونستانتين باغريانورودني (القرن العاشر) إلى مجرد شعبين كبيرين، الزيخ والأباظه، على الساحل الشرقي للبحر الأسود. يدعي بأن نهر اوروخ (الظاهر أنه واحد من روافد الكوبان) يقسم زيخيا من تاماتارخا. يذكر المسعودي (القرن العاشر)، الشعب الكاماكيت (الزيخي). بحلول القرن العاشر، كانت الأراضي التي استقر فيها الزيخ محاذية للبحر الأسود، ابخازيا، سلسلة جبال القفقاس وآلانيا. امتدت منطقتهم لمسافة ٣٠٠ ميل بمحاذاة ساحل البحر الأسود، من مصب الكوبان في تامان حتى نهر نشه بسيخو، الذي توجد مدينة نيكوبسيا على مصبه.

يعكس التوسع الاقليمي الكبير للزيخ، بوضوح، عملية توحيد قبائل الأديغه المحلية على ساحل البحر الأسود. حسب رأي إس. خوتكو "أصبح الاتحاد الزيخي أساس تكوين أمه الأديغه".

الاتحاد القبلي الكاسوغي: بعد الاتحاد القبلي الزيخي، والذي فشل في توحيد كامل سكان القفقاس الشمالي الغربي، ظهر اتحادان قبليان آخران: الكاسوغي إلى الشمال في مناطق الكوبان الداخلية، والأباظي في الجنوب الشرقي.

أول ذكر للكاسوغ (الروايات: كوسوغ، كاساخ، كاشيك، كاشاك، كاسوغد، كاسوز، ألخ) يرجع إلى القرن الثامن الميلادي. حسب بعض المعلومات، فقد أعطى الآلان هذا الاسم إلى الأديغه، بحلول القرن العاشر، وصلت "بلاد كازاخيا" غرباً إلى نهر لابا، حيث حدودها مع آلانيا. تضع اللقى الأثرية الكاسوغ، منذ أوائل العصور الوسطى، في المنطقة الجبلية لشمال غرب القفقاس وعند سفوح التلال على الضفة اليسرى لنهر الكوبان. كان جزء من الكاسوغ يخضع اسمياً للخزر، الذين أسسوا جذوراً لهم في القفقاس الغربي منذ القرن السابع. يطالب قيصر خزاريا جوزيف أن يدفع الكاسوغ الجزية له. رغم ذلك اضطر الخزر للبقاء يقظين وقلقين على الدوام في مسألة الدفاع عن مناطقهم ضد غزوات قبائل الأديغه الميالة إلى الحروب.

يشير كونستانتين بروفيروجينيتس إلى ثلاثة أقاليم واسعة في زيخيا، وهي واقعة الواحدة تلو الأخرى في العمق الرئيس، بعد زيخيا مباشرة، والتي احتلت شريطاً ساحلياً ضيقاً، يذكر بابا جيا، وخلفها كازاخيا. حسب رأي إس. خوتكو" اسم الأخيرة يتوافق مع الاسم الإثني "كيشاك" للمسعودي، "كاسوغ" في المراجع الروسية. أغلب الاحتمالات ان كازاخيا، كانت تشغل كامل منطقة ما وراء الكوبان. وفي هذه الحالة فإن كازاخيا تتوافق مع منطقة ياس - الاتحاد القبلي الآلاني الغربي.

"كقاعدة، تقسم المصادر آلانيا إلى أقسام ثانوية في قسمين غربي وشرقي. آلانيا الغربية، من ماتريجا إلى زيلينتشوك وتشملها، كانت مسكونة من قبل المدعوين شعب ياسي، الذين يرى فيهم الباحثون الأديغه - الأبخاز.

في القرن العاشر، كان الكاسوغ والزيخ يمثلون اتحاداً قوياً لقبائل الأديغه، توحدهم لغة واحدة، وثقافة واحدة ومنطقة مشتركة، شغلوا مساحة واسعة من شبه جزيرة تامان في الغرب إلى آلانيا في الشرق ومن ابخازيا في الجنوب الشرقي إلى هضاب قفقاسيا الغربية في الشمال. اتصلوا هناك بالبدو الرحل من أصل تركي.

ينهض الكاسوغ دائماً كرجل واحد دفاعاً عن وطنهم الأم، كلما هددهم عدو من الخارج. حدث ذلك عام ٩٥١، عندما هاجمهم خيفين خان. أخذ الخان أسيراً في هذه الحرب، قطع رأسه، ووضع إلى جانبه درع كتب عليه " هذه جائزة الغازي لبلاد أناس آخرين". كانت للكاسوغ علاقات سياسية، ثقافية وتجارية عميقة مع الشعوب المجاورة. كانت لتشكيلاتهم السياسية علاقات تحالف وكانوا منهمكين لعدة مرات، مثلاً، في الصراع ضد الخزر. لم

يستطع الكاسوغ ان يتعايشوا بشكل خاص مع حقيقة تأسيس إمارة أجنبية على أرضهم. عام٩٤٤ ، احتل فلاديمير تاماتارخا أمير كييف، شبه جزيرة تامان وأسس عليها إمارة روسية مركزها تموتاراكان/ تامان/. لم يكن هذا الأمر في مصلحة ريديدي، قائد الكاسوغ، الذي نجح في ذلك الوقت في كسب خضوع جميع قبائل الأديغه ذات القرابة.

عام ١٠٢٢، زحف الأمير مستيسلاف على كاسوغيا بجيشه الروسي، واجهه الأمير ريديدي، قائد الجيش الكاسوغي وقال: "لماذا يتوجب علينا أن نسيل دماء رجالنا الأبرياء؟ دعنا، انت وأنا، نتصارع بدون سلاح، وسيعتبر الفائز متنصرا في المعركة وسوف يمتلك كل ما لدى الآخر". قبل مستيسلاف العرض النبيل. وضع القائدان اسلحتهما جانباً وباشرا التصارع. سرعان ما أدرك، مستيسلاف أنه سيخسر المباراة، فخان كلمة الشرف. تناول "السيهيجة" المخضبة وطعن ريديدي الأعزل فقتله. نتيجة لذلك، اضطر الكاسوغ إلى دفع الجزية للأمير مستيسلاف لبعض الوقت. على أيه حال، بحلول العام ١٠٣٠ بدأت الإمارة الروسية تضعف. استغل الكاسوغ الموقف، وقرروا الانتقام من الروس لمقتل الأمير ريديدي، وشنوا حرباً دموية بمساعدة ٦٠٠٠ مقاتل منتقى أرسلهم إليهم الياسو - أوسيتين، وطردوهم.

في القرون من العاشر إلى الثالث عشر، سمّت السجلات الروسية قبائل الأديغه "كاسوغ" وتحدثت عنهم فيما يتعلق بحوادث عديدة مهمة في روسيا الجنوبية.

اتحاد القبائل الأباظي: الرأي التقليدي للمؤرخين هو أن مجموعة الناس الابخاز - أباظه، وذات العلاقة الوثيقة بالأديغه، شكلت الاتحاد القبلي الأباظي. على أيه حال، يعتقد بعض العلماء أن تسمية " أبازي" أكثر انطباقاً على الأباظه منها على الأبسيل. مع ذلك، فقد ضم اتحاد القبائل الأباظي نفسه بعض القبائل التي عاشت في أقاليم الكوبان الجنوبية -الغربية. يقال أن المجموعة الإثنية ما قبل الأبخاز – أديغه قد انقسمت إلى ثلاث مجموعات: الأبخاز، والوبيخ، والأديغه، عند حدود الألفين الثالثة والثانية قبل الميلاد، وأنه يفترض أنها تطورت بدرجة تحسد عليها من المحافظة على المنجزات. يذكر مؤلفو الأزمنة القديمة عدداً كبيراً من القبائل الآخيون، الهينيوخ، ومنذ القرن الميلادي الأول - الزيج - السانيج الأباظه، والابسيل. حدث انتقال كبير من الشمال إلى الجنوب، لقبائل ما قبل الابخاز - أديغة حوالي عام ٥٠ قبل الميلاد. يشهد على هذا ليس فقط تهجير الكيركيت، بل كذلك ظهور الزيج في أماكن سكناهم من مناطق الهينيوخ والكولشيد. بحلول القرن الخامس الميلادي، يقوم الزيج

والإباظه إما بدفع باقي القبائل الأخرى خارجاً أو باحتوائها وتأسيس زيجيا وأباظيا على ساحل القفقاس على البحر الأسود. كتب فلافيوس أريانوس عام ١٣١ "الأباظه يجاورون الأبسيل البيزنطي، ولديهم القيصر يسماغ". في القرن الميلادي السادس، يلاحظ بروكوبيوس القيصري، المؤلف وجود البروخ (الوبيخ) في المنطقة بين اباظيا وزيخيا.

حسب رأي جي. كيسلينج "قامت قبائل السارمات، والأباظه والأبسيل بغزوة أخرى ذات نطاق كبير على ممر داريل، واستقروا في مقاطعة كولشيدا الشمالية (كولشيس) ثم تحركوا إلى الشمال قليلاً. وهكذا، وصل الأباظه بالكاد إلى ديوسكوريادوس (سوخومي الحالية) في زمن اريانوس. بشهادة بسيودراريانوس (القرن الخامس) فقد وصلوا إلى نهر أباسجوس (بساو). في القرن السادس، في عصر بيزنطة، انتشر الأباظة صعوداً إلى نهر نيكوبسيا، طاردين السانيج نحو المنحدرات الجنوبية لجبال القفقاس، حيث استقر الأخيرون في أراضي الكوبان بين الزيج والهون. وهكذا، يصبح الأباظه جيران الزيخ أو الزيج، ولا يبقى على الساحل سوى اسمين: زيخيا وأباظيا.

ليس المؤرخون دقيقين في الإشارة إلى الفترة التي بدأ فيها الأباظه يسمون بالأبخاز. ولا هم يذهبون إلى أبعد من عبارة أن الأبخاز والأديغه ينتمون إلى نفس المجموعة الإثنية أو يحاولون دراسة وكتابة تاريخ مختصر جدا للشعب الأبخازي ضمن تاريخ شعب الأديغه (الشراكسة).

حسب الأعمال البحثية للمؤرخ الفرنسي بروسه، يكتب اس. خوتكو " ان التاريخ لجورجيا أثناء العصور الوسطى تصوره سيطرة الابخاز والأرمن. يولي بروسه اهتماماً خاصاً لاربعمئة سنة من تاريخ إمارة تفليس. حسب رأي، رأيه، فان تسلسل المملكة الابخازية، يبدأ منذ نهاية القرن الثامن وحتى عام ١٠٨٩. يشير كذلك الى الأصل القباردي للعائلة الحاكمة أنشبا (انشابادزه)، والذي لم يذكره المؤرخون الابخاز ولا الجورجيون".

يشرح بي. إي. ألين هذه المرحلة الانتقالية من المملكة الابخازية الى الجورجية باسهاب (في ثمانينات وتسعينات القرن الحادي عشر). يؤكد تحديداً جبروت حكام ابخازيا، الذين لم تخضع اراضيهم للدمار السلجوقي، الأمر الذي جعل نظام داود الباني الاستبدادي ممكناً. مثل بروسه، يشير الين الى الاصل القباردي لسلالة الليونيد.

بدأ باغرات الثالث (٩٧٥ - ١٠١٤) في صنع قائمة ملوك الأبخاز، الليونيد. كان باغرات الملك الأول من السلالة الجديدة من الملوك الابخاز، عند بداية القرن العاشر - الحادي عشر الميلادي. في البداية تمثل القائمة اسماء ملوك ابخازيا في حدودها الإثنية، وبعد ذلك، ابتداءً من ليون أبازغ، تحتوي القائمة على اسماء الملوك، الذين لم يمتلكوا ابخازيا وحَسب، بل جورجيا أيضاً. يضم ديوان الملوك الأبخاز ٢١ إسماً:

١) آنوس، ٢) غوزار، ٣) إيستفين، ٤) فينيكتيوس ٥) بارنوك ٦) ديميتري ٧) ثيودوسيوس ٨) كونستانتين ٩) ثيودور ١٠) كونستانتين ١١) ليون ١٢) ثيودوسي ١٣) ديميتري ١٤) جورجي ١٥) باغرات ١٦) كونستانتين ١٧) جورجي ١٨) ليون ١٩) ديميتري ٢٠) ثيودوسي الأعمى و٢١) باغرات باغراتيوني. "ابن المبارك غورغن، ابن إبنة الملك جورجي ملك الابخاز، أصبحت مالكاً لبلاد ابخازيا، كإرث من أمي، والى أي زمن سأحكم كملك، الله وحده يعلم!"

"اضطر الملك الابخازي الأول ان يخوض حرباً طويلة ومستمرة للاستقلال لمملكته وشعبه ضد عدد كبير من العمليات الحربية للجيوش العربية عند نهاية القرن السابع". عندما استولى العرب على الحصون الأبسيلية في مضيق وادي كودور، وهم يحاولون الاستيلاء على ابسيليا واباظيا، قاد الامير ليونيد الجيش الأباظي هناك لمساعدة الأبسيل. يقول كل من خيتوم وجوانشير، المؤرخين الأرمن، ان مروان كرو، القائد العربي العسكري، دخل حدود اباظيا عام ٧٣٦ وهو يطارد الملوك الكارتليين وآرشيل. حدث اللقاءالحاسم في منطقة حصن اناكوبي، مكان اقامة الأمير ليون، القائد العسكري للاباظه،" انتهت المعركة بين الاباظه والعرب بانتصار الأول". بفضل ذلك الفوز، اكتسبت المملكة الابخازية شهرة عظيمة وسلطة دولية. يصف "ماتياني كارتليس" (سجل كارتليس) الذي ربما تم تجميعه في النصف الثاني من القرن الحادي عشر، تكوين مملكة الابخاز كما يلي " عندما ضعف الإغريق، انفصل عنهم "اريستاف" الابخاز المسمى ليون، ابن شقيق اريستاف ليون، الذي اعطيت له ابخازيا كإرث. ليون الثاني هذا كان ابن إبنة ملك الخزر. وهكذا انفصل ليون الثاني، بمساعدة الخزر، عن الإغريق واستولى على ابخازيا وإجريزي. بعد ذلك، استخدم ملوك الأبخاز الظرف السياسي السائد في بلادهم بمهارة لتوطيد سلطتهم على المناطق المعادة لهم - إجريزي (سايجرو)، جوريا و ايميريتيا (ساموكالاكو). وفي هذه الحقبة انتشر اسم الأبخاز على جميع سكان المناطق الجورجية الخاضعة لهم.

توفي الملك ليون عام ٨٠٦، ورث العرش ابنه ثيودوسيوس وحكم حتى ٨٢٥. كانت الجماعات المتصارعة، في ذلك الوقت، هي الابخاز برئاسة ثيودوسيوس والعرب برئاسة أمير تفليس. جاءت الضربة العسكرية والسياسية الكبيرة الثانية التي انزلها الابخاز بالعرب في الهزيمة على نهر كساني.

حدثت حرب ابخازية - عربية أخرى اعوام ٨٥٢ – ٨٥٤. جرت المعركة الرئيسة لهذه الحرب في كويتشخوبا (٨٥٣)، بين جيوش الخلافة بقيادة المملوك الجنرال بغا التركي والابخاز، حيث انهزم الأبخاز. رغم ذلك، تبعت المعركة جولة ثانية من الصراع حول كارتلي في السبعينات.

في ذلك الوقت (٨٦١ - ٨٦٨) كان جورجي ملك ابخازيا يمتلك اقليم كارتلي. ترك باغرات، نجل شقيقه ديميتري " اريستافي " في تشيخا. كان صغير السن. جرت محاولة لاغتياله من قبل اتباع زوجة الملك جورجي. حاولوا اغراقه في البحر، لكن باغرات الصغير تمكن من النجاة، وهرب الى بيزنطة، حيث وجد ملاذاً في البلاط.

نتيجة لذلك، استولى ممثلو عائلة شافلياني الاستقراطية، الذين كان لديهم اتفاق مع الملكة، ارملة جورجي، على السلطة في مملكة ابخازيا، وحكموها عشرين عاماً.

في تلك الاثناء، كان الوضع الدولي يتحسن لمصلحة الليونيد. كانت انشطة بيزنطه السياسية في صعود. استغل باغرات، ابن ديميتري الوضع وغزا ابخازيا على رأس جيش بيزنطي، فاحتل كوتايس، عاصمة ابخازيا " قتل ادارناسه واستولى على ابخازيا " وهكذا، عاد باغرات، الوريث الشرعي لسلالة الليونيد،مرة أخرى،الى عرش المملكة الابخازية في نهاية الثمانينات. توفي عام ٨٩٣، وترك العرش لابنه كونستانتين، الذي حكم حتى ٩٢٢.

في السنة الأولى لحكمه، حل الملك كونستانتين النزاع الابخازي – الأرمني حول ملكية كارتلي لصالحه، وتحرك الى الحدود الشرقية لاقليم كارتلي، ثم استولى على كامل منطقتي كاخيتيا وايريتيا. أصبح ملك هذين الاقليمين، كفاريك الأول (٨٩٣ – ٩١٨) واديرناسه باغراتيوني(٩٠٦ – ٩٤٣). وهكذا اصبحت ابخازيا اثناء حكم الملك كونستانتين الدولة الأقوى عبر القفقاس والاقليم الجنوبي الكامل المجاور له.

بعد وفاة كونستانتين، ذهب العرش الابخازي الى نجله الأكبر جورجي الثاني (٩٢٩ - ٩٥٧) "الذي كان متمتعاً بجميع البركات" مثل الشجاعة، الكرم والعطف. لكن، على اية

حال، سرعان ما حصل انشقاق سلالي بينه وبين شقيقه الأصغر باغرات، الذي ولد من زواج ثانٍ لكونستانتين من ملكة ارمنية. عندما انتهى الصراع الداخلي بموت باغرات، وضع الملك جورجي نظاماً صارماً لمملكته. حوالي عام ٩٣٠، " أعطى جورجي، ملك الابخازيين، كارتلي الى نجله الاكبر كونستانتين. "يقول اس. خوتكو" في معظم الروايات حول "جيتيا غروزي" (حياة جورجيا) فان هذه القصة معنونة كما يلي "كونستانتين، الملك الخمسون لكارتلي، نجل ملك الابخازيين" عندما حاول كونستانتين أن ينازع أباه على عرش ابخازيا، عاقبه الملك جورجي بقسوة، وعين ابنه الثاني ليون ملكاً على كارتلي. توفي كونستانتين بعد ذلك بقليل من شدة التعذيب.

كان للملك جورجي الثاني أربعة ابناء: كونستانتين، وليون، وديمتري، وثيودوسيوس وابنة واحدة، جوراندوخت. طبيعي، بعد الموت المفجع للابن الاكبر، ورث العرش ليون (٩٥٧ - ٩٦٧) الثالث عن أبيه، جورجي.

المشكلة الرئيسة التي ترتب على ليون الثالث مواجهتها هي النوايا الانفصالية للملوك الصغار نصف المستقلين لمنطقتي تاو- كلارجيتي وكاخيتيا، كان الأول مدعوماً ببيزنطة، والآخر بارمينيا. قام بغزو كاخيتيا بجيش ضخم، لكنه مرض ومات.

ورث ديميتري الثاني (٩٦٧ - ٩٧٥) العرش عن ليون، لكنه اضطر الى مقارعة أخيه الأصغر ثيودوسيوس بدون توقف، فقد كان هذا مدعوماً من قبل كارتلي، تاو - كلارجيتي وكاخيتيا. كانت حكومة كوتايس المركزية قوية بما يكفي للتصدي لنزعة الانفصال المحلية، لكن ليس للتغلب على الازمنة التركيبية المتعاظمة. جلب ضعف الحكومة عملاً آخر من أعمال القسوة، القى ديميتري القبض على أخيه ثيودوسيوس بالحيلة، ثم احرق عينيه. رغم ذلك مات ديميتري بدون أن ينجب اطفالاً، وهكذا يصبح ثيودوسيوس الاعمى الثالث (٩٧٥ - ٩٧٨) الوريث الوحيد لعرش ابخازيا. أصبح آخر ملك في سلالة الليونيد،وانتهى نظام وراثة العرش للذكور.

"هاجم اصحاب الاملاك في كاخيتيا مدينة كارتلي في اول سنة من حكم ثيودوسيوس الثالث. كشف ايوان ماردشيدزه، نائب ثيودوسيوس في كارتلي، عن عدم آهليته لمقاومتهم. نتيجة لذلك عين ثيودوسيوس شقيقته جوراندوخت على عرش كارتلي. في نفس السنة ٩٧٥، تنازلت جوراندوخت عن العرش لابنها باغرات. حدث هذا تحت ضغط من دافيد كوروبالات، صاحب املاك تاو- كلارجيتي، الذي ساعدت قواته المسلحة على انقاذ كارتلي

من الكاختينيين. ولان باغرات كان دون السن القانوني، تم تعيين والده جوغرين باغراتيوني، قريب او حتى شقيق دافيدكوروبالات وصياً عليه. قام ظرف استثنائي نادر جداً.

في الاعوام ٩٧٥ - ٩٧٨ في ثلاثة اقليم: تاو- كلارجيتي، كارتلي، وابخازيا - لم يكن لدى الثلاثة وريث مباشر من الذكور. كذلك لم يكن لدى دافيد كوروبالات اطفال مثل ثيودوسيوس الأعمى. بالنسبة لباغرات، اصبحت الخطوة الأولى نحو العرش في كوتايس هي التتويج في اوبليستسيخ، المركز السياسي لكارتلي في ذلك الوقت. يقول السجل التاريخي " في ذلك الوقت (٩٧٥) حكمت الملكة جوراندوخت في اويلستسيخ وكارتلي. كانت هذه الملكة إبنة جورجي وأم باغرات، ملك وملكة ابخازيا". وهكذا اصبح اول لقب لباغرات هو "ملك الكارتليين".

في الاثناء، مرت ثلاث سنوات على حكم ثيودوسيوس في ابخازيا. جرى الاعتراف بحكمه في كارتلي، حيث يحكم ابن شقيقته، بالإسم فقط. " هذه البلاد (يقصد بها المملكة الابخازية) اصبحت مقسمة وكذلك تغيرت كل التقاليد والأوامر الصادرة منها عن طريق الملوك الاوائل. عندما رأوا كل ذلك، اصبح الاشخاص القياديون في البلاد بحالة إحباط". في النهاية، اتخذ عدم الرضى شكل انقلاب عام ٩٧٨، حين قامت الارستقراطية الابخازية باستبدال ثيودوسيوس واستدعت ابن شقيقته " اخذوه الى ابخازيا، حيث منحوه بركاتهم على العرش وانصاع كل منهم لأوامره، فقد بلغ السن القانونية".

بعد احتلاله كوتايس، اتخذ باغرات لقب "ملك الابخاز والكارتليين" وكما نرى، فقد عًّرف باغرات عن نفسه بالملك الابخازي. قرر أن يثبت خلافته لليونيديين "ديوان الملوك الابخاز" على اساس ما قيل آنفاً، يمكن اجراء الاستنتاج الطبيعي حول عضوية باغرات الابخازية. والده لم يحكم اي مكان، بل كان مجرد الزوج لملكة ابخازية، وهكذا انتمى الى سلالة الباغراتيين. استدعى هذا الأمر استبدال عائلة حكام السلالة الابخازية وخلال السنوات المائتين وخمسين التالية، حكمت المملكة الابخازية من قبل الاحفاد المباشرين لباغرات الثالث (٩٧٨ - ١٠١٤) - الباغراتيين.

"ضمن هذا المحتوى، فان أصل الأب غير ذي تأثير كما يلي في حالة جورجي لاش (١٢١٣ -١٢٢٢) الذي تلقى الميراث من والدته - الملكة تمارا - والذي كان ابوه، الأمير الآلاني سوسلان، الزوج، ولكن ليس الملك. اكثر من ذلك، وحسب التقسيم المرحلي لكل من ام. اف بروسه، و في. الين، اللذين قاما بالعمل الرئيس في تاريخ جورجيا، فقد دامت المملكة الابخازية حتى صعود دافيد الباني الى العرش عام ١٠٨٩".

لقد كانت المملكة الابخازية في القرن الثاني عشر نتاج الصليبيين من عدة نواحي. فقد كانت تحديداً الحملة الناجحة لنورمان فرنسا ضد المقاطعات الغربية للسلاجقة هي التي مكنت دافيد من اخلاء المقاطعات الابخازية من السلاجقة الذين استقروا هناك خلال الربع الأخير من القرن الحادي عشر. وهكذا، لم يكتف دافيد باعادة تأسيس السلطة السابقة للملوك الابخاز على الاراضي الجورجية، بل أيضاً حصل على السيادة على الأرمن والمسلمين. نقل دافيد العاصمة من كوتايس الى تفليس، الأمر الذي قصد به اشارة رمزية الى انتصاره على مسلمي القفقاس ". كان انهيار القوة العسكرية البيزنطية، انحلال السلالات الارمنية الحاكمة، إنحسار الطغيان السلجوقي وتراجع هجماتهم القوية على الصليبيين، جميعها عوامل مساهمة في تشكيل دولة دافيد الباني. لم يتمكن حكام جورجيا وارمينيا نصف -المستقلين من مقاومة الابخاز، الذين كانوا مقاتلين اشداء، شجعاناً ويتمتعون بجرأة لا تعرف الحدود." "ملك الغابة" هذا، كما سماه المؤرخون المسلمون، لم يكن سيد حروب العصابات فقط، بل أيضاً الصدامات المسلحة المفتوحة. انشأ جيشاً من المرتزقة المدربين بدرجة متميزة، قادراً على خوض حروب الحصار الصعبة وكسبها وكان أيضاً سياسياً بعيد النظر، قادراً على اكتساب محبة مواطنيه المسلمين. كان عالماً بتعاليم الاسلام، حسب رأي محمد الحماقي، احد مؤلفي القرن الثالث عشر. كتب العيني في القرن الخامس عشر " كسب قلوب السكان "، كان دافيد وابنه ديميتري، يؤمان المسجد الرئيس كل يوم، يستمعان الى الصلوات والمحاضرات عن القرآن الكريم، واعطيا الخطيب مالاً وفيراً، كما منحا الاعطيات للمنجمين والمتصوفين والشعراء وخصصوا لهم رواتب تقاعدية".

خلال السنوات الاثنتي عشرة الأولى من حكمه، كافح دافيد بشدة ضد المحاولات الانفصالية لكبار الأسياد الاقطاعيين. حرم القبض على ليباريت اوربيلياني ونفيه عام ١٠٩٧، وموت إبنه راتي بعد خمس سنوات، الانفصاليين من قائدين معترف بهما في مقاومتهما لدافيد الطاغية. عام ١١٠١ حطم دافيد والي كاخيتي كفيريك الرابع، واستولى منه على قلعة زيدازاديني الحصينة. وفي عام ١١٠٤ سلم الأسياد الاقطاعيون كاخيتي الى دافيد بنفسه.

عام ١١١٠، هرب السلاجقة من سومخَيتي فجاء جيش حكام ايران السلاجقة لنجدتهم. ومع ان هذا الجيش اندحر، الا ان هجماتهم السنوية استمرت حتى عام ١١١٥، حين احتل دافيد روستافي، النقطة الحصينة لدى السلاجقة في وسط متكفاري.

عام ١١١٦، تمكن فرسان دافيد من دفع العدو خارج تاو وكلارجيتي، وعام ١١١٧ قام بحملة ناجحة على شيروان، وعام ١١١٨ احتل حصن لوري، الذي كان يمنح السلاجقة سيطرة على منطقة سامخيتي. في السنة نفسها، هزم جيشاً سلجوقيا آخر على نهر اراكسيس. وارتفعت منزلة المملكة الابخازية - الجورجية،دولياً،نتيجة للسياسة الملكية: كذلك تزوج دافيد أميرة من القبجاق، وأيضاً تم تزويج احدى بناته، تمارا، الى شاه شيروان، وابنة أخرى، كاتا، تزوجت اليكسي، نجل نيشوفوروس (نكفور) الرابع.

حوالي عام ١١١٨، شكل دافيد حرساً ملكياً قوامه ٥٠٠٠ فارس - من القبجاق، والآلان، والكاسوغ. إضافة الى ذلك، دعا عدداً كبيراً من القبجاق للخدمة لديه، وقد شكل هؤلاء مع عائلاتهم حشداً من ٤٠,٠٠٠ شخص. اقطعوا اراضٍ في مناطق قليلة السكان في جورجيا وارمينيا، اللتين ضمتا الى مملكة الابخاز – الجورجيين قبل ذلك بقليل.

"كذلك انتهت حملات الصيف عامي ١١١٨ و ١١١٩ في شيروان وارضروم الجنوبية بالنصر لدافيد. جاءت ضربات الابخاز وحلفائهم القفقاسيين الشماليين ملحوظة ومتوقعة الى درجة ان حكام السلاجقة اعلنوا الجهاد عام ١١٢١. جرى تجنيد المقاتلين " محاربو الإيمان " في جميع الامارات ما بين الغانج وحلب. في آب عام ١١٢١، قام حاكم حلب الغازي ابن اورتوك، الذي كان احتفل، لتوه، بالنصر على روجرز ملك انطاكية، بغزو ترياليتي على رأس جيش كبير. هزم دافيد جيش الغازي ابن اورتوك قرب مانجليزي، وقد تسبب هذا النصر في سقوط تفليس بأيدي "الجورجيين". وقد كانت تفليس، التي إستسلمت في السنة التالية، مدينة اسلامية على مدى اربعمائة سنة.....

توفي دافيد الباني عام ١١٢٥. فقدت المملكة الابخازية قسماً من اقاليمها خلال حكم ديميتري (١١٢٥ -١١٥٦)، نجل دافيد ووريثه. استرد السلاجقة آني وغانج مرة أخرى.

إن حكم ديميتري الثاني مدون بشكل سيء جداً في السجلات، خلفه ابنه الاكبر دافيد عام ١١٥٥. اصبح ديميتري الثاني راهباً. مات دافيد الخامس بعد ان حكم ستة أشهر. نتيجة لذلك، صعد الى العرش جورجي الثالث (١١٥٦ - ١١٨٤) وهو الابن الأصغر لديميتري: كان قد تزوج الأميرة الآلانية جيراندوخت. بين ١١٦١ - ١١٦٦ تمكن جورجي الثالث من استعادة آني، دفين وقسم من شيروان من السلاجقة. تميزت سنة ١١٧٤ بحركات انفصالية: فقد حاول ديمن، نجل دافيد الخامس، الاستيلاء على العرش. وقفت الى جانبه العائلتان الارمنيتان الحاكمتان – اوربيلياني وهامريكيلي. كذلك ساند الاسياد الاقطاعيون

في كاخيتي وايريتي ديمن. كان مركز الثوار في المناطق الحدودية المجاورة لارمينيا، حيث ظل نفوذ عائلة اوربيلياني قوياً على الدوام. قام جيش الحكومة بسحق الجيش المتمرد في منطقة ايريتي...قبض على ديمن و أقصي ثم سجن، حيث مات بعد فترة قصيرة. وضع جورجي الثالث نهاية للعداء القائم لمئتي سنة بين السلالة الحاكمة وعائلة اوربيلياني، حيث منع ذكر اسمائهم في السجلات والدواوين الملكية.

قام جورجي اثناء حياته بتتويج تمارا، ابنته الوحيدة، وحكم بمشاركتها لمدة ست سنوات. وهكذا، صعدت سيدة الى عرش المملكة الابخازية. في الوقت نفسه، كانت تمارا الممثل الوحيد في خط مباشر من سلالة الباغراتيين الأبخاز. وصلت "مملكة الابخازيين" الى ذروة اتساعها وقوتها اثناء حكمها (١١٨٤ - ١٢١٣).

جدير بالذكر أن تمارا لم تظهر حكمة عظيمة واستقلالاً اثناء سنوات حكمها الأولى. فقد اطاعت نصائح عمتها روسودان في كثير من الأمور، واستسلمت لنفوذ الوجهاء الابخاز، فقد صمم هؤلاء على ان تتزوج تمارا الامير الروسي بوغوليوبسكي. عام ١١٨٧ قامت بتطليق هذا " الملك " اللواطي، ونفته من المملكة. عام ١١٨٩، تزوجت تمارا الآلاني دافيد سوسلان، الذي جمع في صفاته بين الحاكم والفارس. عام ١١٩٤ ولد ابنهما لاش (جورجي)، وعام ١١٩٥، ابنتهما روسودان. كان جورجي يدعى لاش في البيت، من قبل أمه. اسمته الملكة تمارا بهذا الإسم اضافة الى الاسم السلالي الذي يحمله. وصل التحالف الابخازي - الآلاني الى ذروته اثناء حكم الملكة تمارا.

وهكذا، كما يقول اس خوتكو " في عصر الملكة تمارا، اصبحت اللغة الابخازية رسمية، وربما اصبحت لغة البلاط الملكي".

عام ١١٩٠ - ١١٩١، حاول بوغوليوبسكي ان يستولي على السلطة في المملكة. اصبحت هذه المحاولة ممكنة بسبب دعم عدد كبير من الاقطاعيين المهمين والمسؤولين الاداريين. ترأس المعارضة فاردان دادياني وزير البلاط. يقول المصدر: "قام الجميع في سفانيتيا، ابخازيا، سايغرو،(ميجريليا)، غوريا، ساموكالاكيا، راشيا، تاكفيريا واراغفيتيا. وبعد أن جمعوا قواتهم الى السانيج (ويقصد بها احتمال كونهم القبيلة الأديغه - الغربية جانه) والكاشاغ (القباردي)، باجبار الوجهاء وجيش البلاد على اداء اليمين بتنصيب "الامير" الروسي على العرش والاعتراف به ملكاً ". لم يحافظ على الولاء لتمارا سوى الاسياد الاقطاعيين للمقاطعات الشرقية. أصبح وضع تمارا معقداً للغاية لعدة اسابيع في صيف عام ١١٩١.

تصادف الهجوم الابخازي الجديد مع فترة " إعادة الفتح " الاسلامية بقيادة صلاح الدين، سلطان مصر وفلسطين، الذي اعلن الحرب على ملوك الشرق الفرنسيين وهزمهم. في الشرق الاوسط، اقام شاه خوارزم امبراطورية، والتي، رغم قصر فترة وجودها، اعادت الى الاسلام امجاد الخلفاء الاوائل. في الامارات السلجوقية في العراق والأناضول (آسيا الصغرى) تركزت السلطة في ايدي المرتزقة القفقاسيين، الذين، بصفتهم اتابك (القائد الاعلى للجيش) أو "سادة البلاط " حكموا بدلاً من السلاطين السلاجقة.

في حزيران عام ١٢٠٣، هزم الجيش الابخازي بقيادة دافيد سوسلان: جيش أبو بكر، اتابك اذربيجان قرب شامخور. استعاد شامخور، غانج ودفين وكل الاراضي الاسلامية الى الشمال من نهر اراكسيس، كما في ايام دافيد الباني، مرة أخرى الملوك ذوي السلطة المطلقة في شخص ملوك ابخازيا. خلال عامي ١٢٠٥ - ١٢٠٦ حدثت صدامات مع القوات المسلحة للسلطان السلجوقي ركن الدين الذي كان قد استقر في ارضروم. لاحقاً، عام ١٢٠٩، احتل الجيش بلدة قارص بعد حصار طويل بقيادة دافيد سوسلان وشقيقيه زاكري وايوان مخارجردزيلي. عيّن جورجي (لاش)، نجل تمارا البالغ من العمر ١٤ سنة، حاكماً عاماً لقارص. عام ١٢٠٤، حينما احتل الصليبيون القسطنطينية، ارسلت تمارا الجيش الابخازي الى طرابزون، تلبية لطلب اليكسي كومنين.

ظهرت قوة الجيش الابخازي - الجورجي في القرن الثالث عشر بطريقة درامية في مقاطعات شمال إيران. ففي صيف عام ١٢٠٨، عبر أمير اردبيل نهر اراكسيس واحتل مدينة آني الحدودية. مات نتيجة المذبحة التي ارتكبت،هناك، حوالي ١٢,٠٠٠ مسيحي، معظمهم من الأرمن. حدث رد الفعل الابخازي في السنة التالية، والذي جرى التحضير له بشكل سري تحت قيادة زاكري وايوان مخارجردزيلي. خاض الابخاز نهر اراكسيس الى الشمال من ارداباد وتوجهوا مباشرة الى اردبيل، التي احتلوها فجأة. هنا، قاموا بذبح ١٢٠٠٠ من السكان، من ضمنهم الأمير، واقتيد الناجون عبيداً. في تشرين الأول عام ١٢١٠، تركزت قوات ضخمة، ثم زحفت، أيضاً تحت قيادة مخارجردزيلي، باتجاه ناخيشيفان. خاض الابخاز نهر اراكسيس في مقاطعة جالفا و احتلوا ماراند فجأة. انسحق هذا الجيش الضخم، ذو التنظيم السيء، تحت ضربات مفرزة من ٥٠٠ فارس تحت قيادة رجل اسمه تقي الدين، وهو كما يبدو مرتزق مسلم. ضمن السكان الخائفون لمدينتي تبريز وماياان الأمن لانفسهم بدفع اتاوات ضخمة.

لاحقاً، خاض الفرسان الابخاز نهر جيليان واحتلوا مدينة زينجان عنوة. استسلم مركز كبير آخر هو كازوين بدون قتال. بعد الاستيلاء على روجمور، في مقاطعة نيشابور، قرر الابخازيون العودة. كانت رحلة العودة طويلة، لم تسمح لهم الغنائم التي نهبوها عبر شمال بلاد الفرس، بالحركة السريعة. أجبرت إبادة الحامية الابخازية من قبل سكان مايان القائد زاكري على العودة لزيارة المدينة مرة أخرى، والقضاء على رجال البلدة.

"حسب مصادر عديدة، فقد ذهبت الملكة تمارا عدة مرات الى تسخوم (سوخومي الحالية) في أشهر الصيف، حيث "نظمت الأمور" اصطادت، واستراحت. خلال هذه الفترة والتي توفيت فيها، كان الحاكم العام لتسخوم اوتاغوشيرفا شيدزه. دفنت تمارا في قبو مدفن العائلة في جيلاتي.

خلف جورجي الرابع لاشا (١٢١٢ - ١٢٢٣) والدته في سن الثامنة عشرة. يعني إسمه الابخازي عند الترجمة " معلم الكون ". فور اعتلائه العرش، باشر جورجي لاشا في تطهير أجهزة الدولة. عزل قادة الحروب الفارسية القدماء من مناصبهم، فرّق رجال الدين على الأديرة وأحاط نفسه برجال جدد. مارس الملك الجديد نمط حياة متهورة، وتبخرت الروح النقية لحقبة تمارا من البلاط على الفور. اخمدت محاولة العصيان التي قام بها اتابك غانج. لم يكن هناك الكثير ممن يرغب في الثورة ضد لاشا. كان باستطاعة المخارجردزيلي إشعال تمرد، لكن مرتبة الارستقراطية العالية بدت افضل لهم. توفي الأمير زاكري عام ١٢١١، فذهبت الزعامة السياسية الى شقيقه إيوان، الذي تمتع بلقب اتابك. اثبت ايوان مخارجردزيلي وولده باخرام، مع زعماء الكنيسة، انهم اقوياء، بما يكفي،لاجبار الملك الشاب على قطع علاقته بحبيبته المرأة الكاخيتية الفلاحة، التي حملت ولده، دافيد: لكنهم اظهروا انهم غير قادرين على اقناعه بالزواج من إمرأة مساوية له في النبل.

في خريف عام ١٢٢٠، زحف جورجي لاشا، بعد أن قام بتعبئة عاجلة على رأس جيش من تسعة آلاف مقاتل ضد المغول. قابله المغول قرب خوناني، وسحقت الميليشيا الاقطاعية الابخازية. بعد ثلاث سنوات، وصفت الملكة روسودان في كتابها الى البابا هونوريو الثالث، هذا الغزو المغولي على انه حادثة لا أهمية لها. رغم ذلك، يجب الانتباه الى هذا الغزو على أنه نقطة لتحول في تاريخ ابخازيا. فقد اقتربت السيادة الابخازية، في جورجيا، بكل انعدام ثباتها، من نهايتها. عام ١٢٢٢ عندما غزا الجيش المغولي عبر القفقاس مرة أخرى، لم يغامر الابخاز بالتصدي لهم في الميدان، فذهب خيالة المغول المنتصروك، بعد ان نهبوا

شيروان وسومخيتي، الى الشمال لدحر القبجاق، حلفاء الابخاز. توفي جورجي لاش، آخر ممثل لسلالة الابخاز في جورجيا في كانون الثاني عام ١٢٢٣. لم يبق بعده سوى نجله غير الشرعي دافيد، الذي استخدمه المغول لاحقاً، بعد احتلال جورجيا، كألعوبة. ظلت السلطة في جورجيا تابعة رسمياً لشقيقة لاشا روسودان لبعض الوقت. خلال فترة " حكمها " أصبح كل الكارتلي والسامتسخي عرضه للنهب والعنف من قبل اهل خوارزم، الذين هربوا بدورهم، من المغول. عام ١٢٢٨، قامت روسودان بالمحاولة الوحيدة للتخلص من الحشود الخوارزمية. جمعت مرتزقة من الأرمن، والسفان، والليزجين والقبجاق، الذين لم يتمكنوا من مقاومة ضغط جيوش جلال الدين.

حدث الاكتساح المغولي النهائي لجورجيا عام ١٢٢٦، لكن ابخازيا بحدودها الاثنية لم تكتسح. هذه الحقيقة مؤكدة، بشكل خاص، باحداث عام ١٢٤٣، حينما كانت الحرب دائرة بين المغول والسلاجقة في الاناضول (آسيا الصغرى). فقد خدم جميع "الوجهاء العظام في جورجيا " مع قواتهم المسلحة في الجيش المغولي، بينما قاتل الابخاز الى جانب السلاجقة. اضافة الى ذلك، كان القائد العام للجيش السلجوقي داردين تشاتشبا، ابخازياً.

"كان سقوط المملكة الابخازية - الجورجية، بحدودها التقليدية، وتضييق ابخازيا، الى حدودها الإثنية، لعشرينات وثلاثينات القرن الثالث عشر، نتيجة مباشرة للتوسع المغولي على نطاق واسع، والذي اكتمل بضم المقاطعات الكارتفيلية، والارمنية، والاسلامية لمملكة ابخازيا الى امبراطورية الخانات ".

• • •

كتب إل. آي. لافروف " كشفت دراسات اللغويين في حقول لغات الأديغه، القباردي، الابخاز والاباظه، ان المفردات الأساسية لهذه اللغات كانت موجودة في الحقبة البرونزية. وهكذا، لدينا عملية غير متوقفة في تطوير التخاطب بين شعوب القفقاس الشمالي - الغربي".

موجات الغزو

كتب البروفسور ايه. ناميتوك، يصف الوضع في القفقاس "ظهر الوجه والثقافة الإثنيان للقفقاس الى الوجود، وتم اقراره بجغرافيته وطبيعة اراضيه. قدمت من الجنوب غزوات متوالية من الامبراطوريات المتمدنة العظيمة للحقب البعيدة: ضمت السومريين، والبابليين،

والحثيين، ولاحقاً الآشوريين - البابليين، الميد والفرس. من الغرب جاءت حضارة طروادة، العالم الإيجي، ثراكيا، وبعدها اليونان وروما. من الشمال جاء السيمريون، ذو العلاقة بالشراكسة. وهكذا فقد كانت القفقاس المركز والبوتقة لحضارات العصر الحجري الحديث، وعصري النحاس والبرونز".

خلال تاريخ تواجدهم الطويل، شهد الأديغه على مرور العديد من الشعوب والحضارات القديمة. اضطروا الى مواجهة غزوات لا نهاية لها من قبائل رحل مختلفة، والقتال بشدة دفاعاً عن ارضهم وحريتهم. وخلال هذه التجارب، خسروا أحياناً ضد بعض الاعداء، وعانوا، حتى انهم اضطروا الى دفع الجزية لوقت ما، لكنهم تحملوا، وفي التحليل النهائي، خرجوا ظافرين على العدو، بغض النظر عن حجمه وقوته.

سيراكي: شعب سارماتي يتكلم الايرانية، وقد ظهر في القفقاس الشمالي - الغربي في القرن الأول من عصرنا. في القرنين الأول والثاني، وترأسوا الاتحاد القبلي القوي، الذي امتد على الهضاب من الكوبان حتى مانيش - أخاردیا، بما فيها المناطق الشمالية لساحل بحر آزوف الشرقي. عند نهاية القرن الثاني، فقد السيراكي موقعهم المسيطر لصالح الآلان. ومع ذلك، حسب رأي تاسيستون، فقد اضطرت الجيوش المتحدة لروما والبوسفور ان تقاتل ضد السيراكي في القرن الأول.

حسب رأي بي. يو. اوتليفا، فقد "أغنى" الماؤوت - أديغه، الذين حلوا قسماً من السيراكي بين أنفسهم "اغنوا ثقافتهم المادية والروحية".

الآلان: عند حافة القرنين الثاني والثالث وحّد الآلان القبائل السارماتية في اتحاد قبلي آلاني - سارماتي واسع. يضع أميان مارتسيلين الآلان على ساحل بحر آزوف وفي الهضاب الى الشرق منه. في منتصف القرن الأول، يضع الكتاب الاغريق - الرومان الآلان في الدوناي السفلى، بمحاذاة ضفاف الدون وفي المناطق الوسطى لشمال القفقاس. في النصف الثاني من القرن الأول، يبدأ الآلان في الاختراق نحو المنطقة الشرقية لحوض الكوبان والدخول في علاقات وثيقة مع البوسفور. بعد ذلك، يحفرون طريقهم في ممر داريل والبوابات القزوينية، وينظم الآلان حملات عسكرية الى جورجيا، وارمينيا، وميديا،والى آسيا الصغرى، بينما لا تزال هذه الأخيرة في أيدي الامبراطورية الرومانية.

ابتداءً من القرن الحادي عشر، يصبح الباغراتيون، ممثلو العائلة الحاكمة الارمنية - الجورجية - الابخازية، زعماء المجتمع الآلاني. تنفتح سبل التجارة. وتظهر المدن الى الوجود وتنتشر المسيحية في مجتمعهم. يصبح شمال القفقاس ملاذاً للمستوردات: البروكار، والحرير، ومنسوجات الكتان والزجاج الملون من بيزنطه، وقطع السجاد الصوفي الثقيلة، والاطباق الزجاجية والمعادن الثمينة من ايران، والأحجار النفيسة من الشرق الأدنى وايران، والمرايا الفنية البرونزية من الصين.

خلال هذا الزمن، احتل الآلان سهول القفقاس القريبة منهم من الكوبان وحتى مصب نهر التيريك. وضع كل من ماؤوت عبر الكوبان، واتحاد القبائل الزيخي من سواحل البحر الاسود، حجر الأساس لمجتمع الأديغه - القباردي الإثني الآخذ في الظهور.

الاتحاد القوطي القبلي: تشكَّل في شمال القفقاس منتصف القرن الثالث. وبلغ الى الذروة في قوته بعد ذلك بقرن. يتحدث بروكوبيوس القيصري عن القوط - التيتراكسيت، الذين عاشوا في دلتا الكوبان الواقع في شبه جزيرة تامان لغاية أنابا. كانوا مسيحيين. انقسم اقليمهم الى أربعة اجزاء، يحكم كل جزء منها تيتراخ. ذابوا تدريجياً داخل السكان المحيطين بهم.

في ذلك الوقت، امتدت بلاد ايفدوسيا من انابا حتى غيلينجيك. احتلت زيخيا المنطقة من غيلينجيك حتى نهر بسه زوابا (وربما حتى نهر شاخا). عاش السانيخ (السانيجيون) الى الجنوب من الزيخ، وخلفهم عاش الافاسجي (الأبخاز) على ساحل البحر الأسود (في منطقة ابخازيا الحالية).

الهون: ظهروا على هضاب البحر الأسود عند نهاية القرن الرابع. هذا الجنس الرحال، والمفترض انه من العرق التتاري، اشتهر بغزواته المتكررة للأملاك الرومانية، وكان قد أوصل امبراطوريتي الشرق والغرب الى حافة الدمار تحت قيادة أتيلا. حوالي عام ٢٠٠ قبل الميلاد، كانوا قد اكتسحوا الامبراطورية الصينية واجبروا الامبراطور راو- تي على الاستسلام. في نهاية المطاف، قسم الهون انفسهم الى معسكرين احدهما، قرابة خمسين ألف عائلة، توجهت الى الجنوب، بينما أسس الآخرون المعسكر الثاني على ضفاف الفولغا. عام ٣٧٢، هزموا الآلان قرب نهر الدون ولاحقاً سحقوا الاتحاد السارماتي - الآلاني القبلي المقام في الهضاب على الضفة اليمنى لنهر الكوبان. قاد الهون قسماً من الآلان الى الغرب، ودفعوا بالقسم الآخر الى جبال القفقاس الشمالي. ذهبت الموجة الجنوبية من الهون خلال شبه جزيرة تامان، محطمين مدن مملكة البوسفور، وناهبين أرض الأديغه. عند عودتهم،

ترك الهون في بلاد الشراكسة الرماد والذكرى المرعبة. حسب رأي إس نوغموف، فان تسمية الأديغه "لغضب الآلهة" هو "اديلا" توفي أتيلا سنة ٤٥٣ وتهاوى اتحاد قبائل الهون.

الأوناغور: هزم الساراغور والاوناغور الهون - أكاتسير، الذين سكنوا هضاب بحر آزوف. في القرن السابع، سميت هذه المنطقة"مقاطعة اوناغوريا" نسبة الى البلغار- اوناغور، الذين سكنوا في هذا الأقليم. في القرن السادس، شغل الاوناغور الهضاب الواقعة على ضفاف الكوبان وقسما كبيرا من شبه جزيرة تامان بعد أن دفعوا بالقوط- تيتر اكسيت نحو سفوح التلال في القفقاس الغربي.

الامبراطورية البيزنطية:معروفة أيضا بالرومانية الشرقية،الاغريقية، أو الامبراطورية السفلى. تأسست عام ٣٣٥، عندما قسم ثيودوسيوس العظيم الامبراطورية الرومانية بين نجليه، اركاديوس وهونوريوس، قبيل وفاته. يبدأ امتداد النفوذ البيزنطي على القفقاس الشمالي- الغربي في القرن الخامس، لكن الامبراطورية البيزنطية تاسست نهائيا على البوسفور اثناء حكم الامبراطور جوستينيان الأول (٥١٨ -٥٢٧). كان قسم كبير من الأديغه، ابتداء بالزيخ ومجموعة آلان غربية، ميالين الى بيزنطه. حتى تقوي حكمها على السكان المحليين، جمعت الامبراطورية البيزنطية بين تأسيس العلاقات التجارية والدعاية المكثفة للمسيحية بينهم، الى جانب توسعها العسكري في الاقليم. نتيجة لذلك، خضع جميع السكان الجبليين لشمال وشمال غرب القفقاس للامبراطورية من تامان الى التيريك، ومن بينهم الابخاز والأديغه، بدرجة أو باخرى. دامت السيطرة البيزنطية على ساحل البحر الأسود الشمالي بداية من القرن الخامس خلال السادس، ثم من التاسع وحتى العاشر.

البلغار: كانت قبيلة رحالة تتكلم اللغة التركية. يعتبر افرادها شعباً قديماً من عرق اوجرو- فنلندي، وهو قريب من الهون. ظهروا في نهاية القرن الخامس، وعاشوا في هضاب بلاد الشراكسة وأدوا دوراً مهماً في تاريخ شمال القفقاس في اوائل العصور الوسطى.

الآفار: هم احدى القبائل الليزجية في الداغستان. احرق خان بايكان، وهو آفاري، مستوطنات الشراكسة، وسوّاها بالأرض، ووجه ضربة قاصمة الى التطور الثقافي لبلاد الشراكسة. هناك تقليد يقول بان خان بايكان طلب من الشراكسة ان يصبحوا اتباعه بعد أن دمّر اراضيهم في القرن السادس. اعطى قادة الأديغه جواباً مفعماً بالكبرياء لسفراء الخان، بتأثير من الأمير لافتيستان، حيث قالوا "من الذي يستطيع أن يحرمنا من حريتنا؟ نحن معتادون على مصادرة أراضي الغير، وليس على اعطاء اراضينا للأعداء. سيدوم هذا

الى الأبد، طالما كانت هناك حروب وسيوف في الدنيا. لن ندفع أي جزية، طالما بقي لدينا سيف واحد، وطالما بقي مجرد واحد منا حياً..".

غضب خان بايكان وغزا أرض الأديغه بجيش قوامه ٦٠ ألفاً. دمر الأراضي من سواحل البحرالأسود وحتى أعالي الكوبان، وقام بنهب القرى، وحرق الحقول، وقتل السكان. لكن الأديغه رفضوا الاستسلام، وهربوا الى جبالهم وغاباتهم العصية على الاختراق،واستمروا في مقاومتهم الشرسة. في هذه الاثناء تحولت بلادهم التي كانت مزدهرة بالمستوطنات الغنية والحقول الزراعية، تحولت الى غابات موحشة، تتجول فيها الحيوانات المفترسة. بكلمات في. ايه بوتو، بدأت حقبة سقوط الشعب الشركسي. وقعت المعركة الدموية الأخيرة بينما كان خان بايكان يغادر انابا الى تسيميز (نوفوروسيسك). تقول الأسطورة ان القباردي بالتحالف مع التميرجوي حققوا النصر على الآفار عند نهر أبين.

بلغاريا وكاغانات الخزر: ظهر اتراك من الكاغانات ذوي العرق التركي في قفقاسيا منتصف القرن السادس،واستولوا على المقاطعات السابقة لمملكة البوسفور.وإبان تلك الفترة، أصبح بلغارساحل بحر آزوف تابعين لهم.

بعد تفكك الكاغانات التركية الغربية عام ٦٣٠، إتحد البلغار تحت قيادة الخان كبرات. تلقى هذا الاتحاد نصف الرحال اسم بلغاريا الكبرى. كتب ثيوفانوس ان بلغاريا العظمى القديمة امتدت نحو النهر المسمى كوفيس(كوبان). كان مقر الخان في فاناغوريا. أجبرهم عدد من الاسباب على جعل عاصمتهم في شبه جزيرة تامان: التجارة مع بيزنطه، تحصيل الضرائب من التجار والجزية من القبائل المحلية المهزومة. وصلت بلغاريا الكبرى الى قمة قوتها في القرن السابع. بناءً على المعلومات المعطاة عن جغرافية ارمينيا للكاتب مويسي خورينسكي، فقد عاشت قبائل شمال القفقاس البلغارية - كوبي - بلغار، دوتشي - بلغار وغيرها في الكوبان السفلي وعلى ساحل بحر آزوف الشرقي.

عندما توفي خان كبرات عام ٦٤٢، تفككت بلغاريا الكبرى الى حشود عديدة، ترأسها ابناء كبرات. وقعت بينهم حروب داخلية، أسفرتعن ذهاب قسم من البلغار تحت قيادة خان أسباروخ الى دوناي(دوناي بلغاريا)، وذهبت مجموعة أخرى الى الفولغا واسست هناك فولغا بلغاريا. بقي بلغار خان باتباي في حوض الكوبان وساحل آزوف. استغل الخزر فوراً الوضع المتردي والمتفتت لبلغاريا الكبرى، فاخضعوا البلغار وادخلوهم في دولة الخزر.

كاغانات الخزر: خلال الزمن الذي أقام فيه البلغار هضاب الكوبان، تشكلت كاغانات خزرية قوية في الفولغا الأسفل، وقد ظلت قائمة نحو٣٠٠ سنة. عند بداية القرن السابع، كانت تحتل مساحات واسعة من هضاب قفقاسيا القريبة، الكوبان، الدون، ساحل آزوف وجزءمن شبه جزيرة القرم. اصبحت مدينة سامكيرتس. (تاماتارخا) مركزاً تجارياً كبيراً.

بعد تفكك امبراطورية الهون، انهمك البلغار والخزرالذين سكنوا في شبه جزيرة تامان، في حرب داخلية يائسة على السلطة , كان بلغار الكوبان تحت سلطة الخزر، لكنهم طبقوا سياسة مستقلة كلياً. اصبحت فاناغوريا مركز إدارة الخزر في القرن السابع.

لاحقاً، انتقل حكام خزريا الجنوبية - الشرقية عائدين الى مستعمرتهم القديمة السابقة، هيرموناسا. تلقت اسم تومين - تارخان (تامان). مكنهم وضع قيادتهم في هذه المدينة من السيطرة على مضيق كيرتش،وكامل شبه جزيرة تامان، التي كان يقطنها بشكل رئيس الساجينو - أديغه والبلغار.

الاسم الأديغي للمدينة كان تاماتاركاي، أما السجلات الروسية فتسمَيها تموتاراكان. وفي المصادر الاغريقية كانت معروفة باسم تاماتارخا (ماتارخا).

يدعي بعض المؤلفين ان الكاسوغ دأبوا على انزال ضربات مؤثرة بالخزر. ويرى آخرون ان الأديغه لم يكونوا تحت سلطة كاغانات الخزر في تلك الأيام. قي كتابه (ايستوريا اديغيسكوغو نارودا) يذكر إس. نوغموف اشتباكات مسلحة بين الخزر والأديغه.

ثبات الأساس الإثني

تشهد اللقى الأثرية على ضفتي الكوبان بأن القبائل نفسها قطنت هذه المنطقة، وان ثقافتها استمرت بدون توقف. أدى تفحص هذه اللقى،وبيانات أخرى،بالمؤرخين الى استنتاج مفاده ان القبائل الماؤوت والسارماتيين المندمجين جزئياً (السيراكي) ساهموا "ليس في خلق ثقافة آلانية مشتركة في شمال القفقاس وحوض الدون بل وضعوا الأساس لتشكيل أمة الأديغه في شمال غرب القفقاس ".

تدريجياً، يبدأ نبلاء قبائل ماؤوت البحر الأسود في تمييز أنفسهم،وبالتجمع حول قائدهم. كتب عنهم سترابو "انهم يخرجون الى البحر في كاماراتهم ويهاجمون السفن التجارية أحياناً، ومحلة معينة حيناً آخر أو حتى مدينة ما، انهم يحكمون البحر".

خلال اول قرون عصرنا، كان الزيخ اكبرقبيلة تحتل منطقة كبيرة على ساحل البحر الأسود، والذين يعرِّفهم احدث مؤلفى العصر (انتريانو وآخرين) على انهم أديغه. "بغض النظر عن الأهمية الظاهرية لأعادة تشكُّل الثقافة المادية المحلية. ان عملية تطعيم الثقافة اللغوية القفقاسية بالايرانية انتهت في احواض الكوبان، بانتصار الاساس الإثني المحلي. الامر في غاية الوضوح، وهو أن الأساس الاصلي المايوت - السندي القديم اثبت أنه اكثر ثباتاً منه في القسم الأوسط من القفقاس. قطعاً، من الصعوبة بمكان تحديد الاسباب الحقيقية التي ضمنت انتصار اللغة المحلية على الايرانية. يمكن فقط الافتراض أن هذا الانتصار اعتمد على حقيقة مفادها ان اللغة المحلية في حوض الكوبان، اثبتت انها اكثر تطوراً، ومفرداتها اكثر غنى وتركيبها القاعدي اكثر ثباتاً. هذا ما كتبه إي. آي. كروبنوف. أما إل. آي كروبنوف فكان اكثر تحديداً بالنسبة للغة مدار البحث " كشفت دراسات اللغويين في حقل اللغات الأديغه، والقباردي، والابخازية، والاباظه أن المفردات الأساسية لهذه اللغات وجدت في الحقبة البرونزية " وهذا هو استنتاجه.

الأديغه: مع بداية القرن العاشر، كان الأديغه والآلان قد تحرروا من النير الخزري. الكاسوغ بشكل خاص بدأوا يتحولون الى قوة سياسية مهمة في القفقاس، حيث يشغلون الجزء الغربي من شمال القفقاس، وحوض الكوبان ومساحة واسعة من ساحل البحر الأسود. بدأت قوميتا القرشاي والبلقار، اقرب جيران الأديغه، تتشكلان في الاقاليم الجبلية في القرن العاشر.

تأسيسا على المعلومات المتوفرة، توصل العلماء الى استنتاج مفاده أنه في القرن العاشر الميلادي، تشكلت أمة الأديغه، وتكلمت بلغة واحدة ذات لهجات عديدة. عاشت القبائل التي ضمتها في جبال عبر الكوبان وسفوح التلال وعلى سواحل القفقاس في البحرالاسود. تبعاً لذلك، يبدأ الزيخ - الكاسوغ بالظهور في المصادر الأدبية تحت اسم "شركس" (شراكسة) تكتب بي. يو. اوتليفا ان تعبير "أديخ" أو "أديغ" يعثر عليه للمرة الاولى في كتاب المسعودي "مروج الذهب".

حقيقة إغفال المصادر الأدبية ذكر التسمية "أديغا" حتى العام ٩٤٣، لايعني بالضرورة انه لم يكن موجوداً قبل ذلك. على العكس، فكل الأدلة الموجودة تثبت ان هذه التسمية قديمة، على الأقل بقدر قدم الملحمة الشركسية " النارت ". اكثر من ذلك، فان جميع العناصر الحيوية للأمة الشركسية متجذرة بعمق في هذه التسمية: " أديغ " (شركسي) "أديغابزه" (اللغة الشركسية) " اديغاغه " (الخلق الشركسي) و"أديغه خابزه" (التقاليد الشركسية). يسمي كل الشراكسة انفسهم " أديغه " بغض النظر عن خلفيتهم القبلية، بفخر كبير. باختصار، فإن تعبير " أديغه " هو جزء أساسي من كون المرء شركسياً " اديغابزه " هي اللغة التي ألفوا بها ملحمتهم " النارتيين "، قبل دخول العصر النحاسي - البرونزي، والتي حفظوا بها هذه الملحمة، ومخزوناً ثرياً من المعلومات التاريخية عن اجدادهم القدماء.

علاقات الأديغه

العلاقات الأديغية - اليزنطية: كتب إس.نوغموف: اعتبر جستينيان نفسه فارساً أديغياً وحليفاً للأديغه. من الناحية الأخرى، كثيراً ما شارك الأديغه في الجيوش البيزنطية. مثلاً اثناء حكم ميخائيل الثاني عام ٨٢١، خدم الزيخ في جيش بيزنطي ضخم ارسل ضد العصيان الذي قاده فوم في آسيا الصغرى.

دام النفوذ اليزنطي القوي في شمال غرب القفقاس من القرن السادس وحتى بداية القرن الثالث عشر. تقاطع هذا النفوذ مع نفوذ جورجيا خلال القرون الحادي عشر وحتى الثالث عشر، بينما استمرت الاديغيه وابخازيا في الحفاظ على اتصالات نشيطة.

العلاقات الأديغية - الجورجية: تعود الى الفترة سحيقة في القدم. يشهد على هذا التسميات الأديغه في مناطق عبر القفقاس. منذ القرون الأولى للألفية، دأب القياصرة الجورجيون على تعزيز جيوشهم بالأديغه. يخبرنا السجل الجورجي " كارتليس تشخوفريبا عن وجود" الجيك " (اسلاف الأديغه) في الجيش الجورجي اثناء حكم القيصرين أزوركا

وارمازيلي من عام ٨٧ وحتى ١٠٧. عام ٤٥٥، زحف القيصر الجورجي فاختانج الأول جورجاسلان (٤٤٥ - ٤٩٩) على الاوسيتيين، وخلال مروره بجيكيتيا في طريق عودته، تلقى اتاوة كبيرة من الخيول والماشية من اسلاف الأديغه. زحف القيصر فارسمان (١١٦ - ١٤٠) مع القفقاسيين الشماليين الى ميديا، بارثيا وأرمينيا.

حسب الاساطير الأديغية، فان الابن الثالث للقيصر الجورجي روستام جعل اقامته على نهر كورجيبس، احد روافد البيلايا. اكثر من ذلك، تستقي بعض العائلات القباردية أنسابها من النبلاء الجورجيين: كارتوليف، انزوروف، إنداروف و إيريسبتويف، ولكن لا يوجد توثيق كافٍ لهذا الزعم. من الناحية الأخرى، يدعي السجل الجورجي ان المجمع المسكوني السادس في القسطنطينية (٦٥٦) أخضع الأديغه الى البطريرك المتسخيتي، وأن كاثوليكي جورجيا وسموا رعاة جميع الناس من البحر الاسود وحتى قزوين، بما في ذلك شعوب الأديغيه. على أية حال، ان تبعية القساوسة الأديغه لجورجيا ربما كانت اسمية فقط. في افضل الحالات، يحتمل أنها تحددت بارسال رعاة ابرشيات أديغه الى البطريرك المتسخيتي لرسمهم قساوسة، ولكن حتى ذلك لم يكن دائمياً. كانت جورجيا أبعد من ان يكون لها نفوذ سياسي أو ثقافي على بلاد الأديغه. إضافة الى ذلك، فقد فصلت الحواجز الجبلية بين هذين البلدين. لذلك، كانت العلاقات الجورجية - الاديغية صفة غير منتظمة في أفضل الحالات.

قامت بيزنطه بدور اكبرمن جورجيا في نشرالمسيحية بين الأديغه في تلك الأيام. ومع ذلك، يصبح من الصعب أحياناً تحديد ما اذا كنا نتعامل مع النفوذ البيزنطي ام الإغريقي. مثلاً مايزال الجدل دائراً حول من هم الذين بنوا كنائس سينتينسكي، وخومارينسكي وزيلينتشوك في القفقاس الشمالي - الغربي، هل هم الجورجيون ام الإغريق؟ ربما يكون النفوذ الجورجي قد انتصر على البيزنطي عند أديغه الكوبان، فقط عند تشكيل دولة الباغراتيين، اي من القرن الحادي عشر وحتى بداية الثالث عشر.

العلاقات الأديغية- الأرمنية: استقرت مجموعة أرمنية على ساحل البحر الاسود عندما احتل الاتراك السلاجقة مدينة آني (١٠٦٤)، عاصمة المملكة الأرمنية، ومنذ ذلك الوقت تعيش جالية ارمنية في القفقاس الشمالي - الغربي.

العلاقات الأديغية- الابخازية: جذب التشابه الهائل في اسلوب الحياة، والملابس، والمزاج، والتقاليد، والاسلحة، ونواحي أخرى من الثقافة بين الأديغه والابخاز، انتباه الرحالة والعلماء منذ القدم. هذه المعطيات تقنع العلماء، بان الأديغه والابخاز مثلوا جنساً واحداً

في الماضي السحيق. تظهر بياناتهم القبلية الجغرافية ان تشكُّل قبائل الأديغه والابخاز كان يحدث فوق مساحة واسعة على جانبي جبال القفقاس. في الازمنة القديمة، كان من المستحيل التفريق بوضوح بين اسلاف الأديغه والابخاز. وهكذا، فان قبائل الماؤوت - الأديغه القديمة القاطنة على شواطئ بحري آزوف والاسود، شكلوا النويَّات التي منها تشكَّل الأديغه. حدث توحيد القبائل الجنوبية (السانيج، الأبسيل، الابازجيين)، سكان القفقاس الشمالي - الغربي في النصف الثاني من الألف الميلادية الأولى. وتشكل اتحاد لازيا القبلي (ابخازيا وقسم من جورجيا الغربية) في القرن الرابع. تأسست المملكة الابخازية عند بداية القرن السادس وامتدت شمالاً في القرنين السابع والثامن.

تعقَّد تشكل أمة الأديغه بسبب اختلاطات عرقية وتأثيرات ثقافية خارجية. قام الآلان بدور بسيط في تشكيل أمة الأديغه لغاية القرن الثالث عشر. كان لجيران آخرين تأثير أقل عليها. بدأت قبائل الأديغه، ذات الصفات الأبوية تتخذ شكل الأمة عند بداية القرن الثالث عشر. لكن انتصبت صعوبات هائلة في طريق تقدمها، خاصة ذات الطبيعة الخارجية.

أوائل جيران الأديغة من السلاف: بدأ الأديغه يجاورون الروس في النصف الثاني من الألف الميلادية الأولى. حسب رأي بي. إن. تريتياكوف، فقد كان هؤلاء الروس " بقايا القاطنين القدماء على الضفة اليسرى لنهر الدنيبير، الذين تحملوا جميع تقلبات "حقبة التهجيرات الكبرى للشعوب". "استقرت المجموعة الأكبر والاكثف سكاناً في حوض شمالي الدونيتس" ويعني بهذا القبائل السلافية الشرقية. يفترض ان أسلاف الدونيتس هؤلاء كانوا ينتشرون جنوباً باتجاه تامان، القرم وبحر آزوف منذ الازمنة القديمة. على أية حال، لم يستقر هؤلاء السلاف بشكل ثابت، في هذه الامكنة،قبل القرنين التاسع والعاشر. قد يتكلم الشخص عن "روس الآزوف – الاقرب"، فقط منذ هذا الوقت، لكنه كان أحد المراكز الرئيسة للروس القدماء، كما يعتقد في كثير من الأحيان. بكلمات المؤرخ نفسه" جرى احتلال الجنوب الشرقي بين القرنين الثامن والعاشر من قبل قادمين جدد من الشمال، من اقليم حوض الديسنا، سايم، المناطق المجاورة للدنيبير الأعلى، وربما، من أوكا الأعلى".

علاقات الأديغه - الروس: قد يقال ان هذه العلاقات بدأت،أولاً،على شبه جزيرة تامان. ادرك الروس الأهمية الاستراتيجية، والاقتصادية والسياسية التي يمكن ان تلعبها تامان لأجلهم فأسسوا امارتهم عليها. هنالك روايتان من المعلومات حول تاريخها. يدعي احد النصوص بان فلاديمير، أمير كييف احتل تاماتارخا (سامكيرتس) من الخزر،وأسس إمارة روسية هناك عام ٩٤٤ مركزها تموتاراكان (تامان). يلمح النص الآخر إلى ان الامير

س فياتوسلاف مهّد الطريق لبدايات إمارة تموتاراكان عام ٩٦٥، خلال الحملة التي احتل فيها ساركيل، وإيتيل، ووجه ضربة قاصمة الى دولة الخزر. على ية حال، فقد ذكرت تموتاراكان للمرة الأولى في السجلات عام ٩٨٨ وليس قبله، حينما ارسل فلاديمير نجله مستيسلاف الى هناك. واضح أن اعتماد تموتاراكان على كييف في ذلك الوقت، كان إسمياً فقط .

منذ عام ٩٨٨ وحتى ١٠٩١، تظهر تموتاراكان على أنها مركز تلك الإمارة. موقعها على مصب نهر الكوبان في شبه جزيرة تامان، جعل منها ميناءً تجارياً، خرجت منه تجارة شعوب شمال القفقاس (الياس، الكاسوغ، والأوبيز) مع مدن منطقة البحر الأسود. جذب الثراء الهائل للمدينة، والفرصة التي تمنحها لمن يسيطر عليها في تحصيل الاتاوات، انتباه امراء تشيرنيغوف.

بعد ذلك، يقول إس. برونيفسكي ان التشيخ (الزيخ) استمروا في التحرك شمالاً الى داخل الهضاب بين مصبي الدون والفولغا، ينسب بعض المؤرخين انهيار إمارة تموتاراكان الى ضغط البولوفيتس الرحل. رغم ذلك، فقد حفظت التقاليد الأديغه معلومات مؤداها ان الكاسوغ انتصروا على تموتاراكان، ونهبوها وعادوا الى بلادهم بغنائم هائلة وآسرى عديدين.

لم تقتصر العلاقات الأديغه - الروسية على المصادمات العسكرية. في مناسبة واحدة على الأقل، خدم الكاسوغ في فرقة تشيرنيغوفو -تموتاراكان التابعة للأمير مستيسلاف وشاركوا في حملاته خلال القرن الحادي عشر. من الناحية الأخرى، انهمكت تموتاراكان في نشر المسيحية بين الأديغه، بمساعدة ارشدوقية كنيسة بوريس وغليب. والواضح أن تموتاراكان تلقت دعماً من الكنيسة البيزنطية - الاغريقية في هذا الشأن، فقد كانت لديها ارشدوقية في القفقاس الشمالي - الغربي.

مع سقوط الإمارة الروسية في كييف، فقد السلاف الشرقيون تموتاراكان عند حافة القرنين الحادي عشر والثاني عشر. بعد عام ١٠٩٤، لم يعد السجل يذكر تموتاراكان. وأصبح العنصر الروسي اكثر اندماجاً في العنصر القفقاسي الشمالي الغربي.

عام ١١٥٣، يذكر الإدريسي مستوطنات " روسية، غرب ماتارخا "ومصب"النهر الروسي" الواقع بين سوداك وماتارخا. واضح ان هذا هو نهر الدون. في ذلك الوقت، كانت "روسيا" تابعة لبيزنطية الى حد ما.

- المرجع: كتاب " Circassian History " للأستاذ قادر ناتخو – ترجمة محمد أزوقه
- أن ما ورد في هذا الفصل اعتمد الكتاب المذكور. لذلك، أدعو كل قارئ، اذا ما رغب في الاستزادة، والتحقق من مصادر الاقتباسات ومراجعها، أن يطلع على هذا الكتاب.

الفصل الثاني

هل لدى الشراكسة قضية؟

حتى نستطيع أن نجيب على هذا السؤال الصعب بطريقة عقلانية منطقية مقنعة لكل إنسان تعرض علية المسألة الشركسية، ينبغي أن نعرِّف مفهوم القضية ومدى أنطباقه على المسألة الشركسية.

هذا التعريف ضروري، في رأينا، لانه يشــكل المدخل الى عقول كافة الجهات المحايدة التي يهم الشراكسة أن يصلوا اليها لكسب تأييدها في نضالهم الطويل للتوصل الى حقوقهم المشروعة. كل " قضية " في الدنيا لها مرتكزات منطقية سواء كانت المرتكزات أو القواعد اجتماعية، أو قانونية، أو سياسية أو إقتصادية، أو مجتمعة ويهمنا في هذا الفصل أن نبحث في مدى مطابقة مفردات المسألة الشركسية لهذه القواعد، فمثلاً التعريف

أ - الاجتماعي للقضية هـو:[1]

"مجموعة المسائل التي لايمكن تفسيرها إلا بعوامل خارجة عن سيطرة الفرد ومحيطه الاجتماعي المباشر، وهي في العادة تهم اكثر من مجرد فرد واحد وتؤثر على العديد من الافراد في مجتمع ما.

تضم القضايا الاجتماعية: الفقر، العنف، العدالة، الظلم الواقع على حقوق الإنسان، التمييز او انعدام المساواة، الجرائم. وتدور في العادة حول آراء متضاربة وتوترات بين الناس الذين يتبنون وجهات نظر مختلفة. يمكن أيضاً تسميتها مشكلة مجتمعية لأن المعروف أنها تهم مجتمعاً من الناس بأكمله".

---

(١) الأستاذ الدكتور مجد الدين خمش - مقابلة

والقضية، حسب رأي الدكتور مجدي خمش: حدث يهم مجموعة كبيرة من الناس، خبرة، موضوع، رؤيا، لها تأثير على حياتهم وفرصهم المستقبلية. يمكن للناس أن ينظموا أنفسهم للتحكم بهذا الحدث، مثل الإهتمام بالبيئة، الهجرة، التعويض، فهذه كلها قضايا اجتماعية ذات مضمون أقتصادي وسياسي، وهي تشكل قضية.

يظل الإهتمام الجماعي مستمراً، وغير مؤقت، ويمكن أن يتجدد، ويتم تنشيط القرارات السياسية أو التدخل السياسي من خلال إعادة تفسير الخبرة التاريخية (مثل قضية الأرمن) الذين اعادوا تفسير قضيتهم مع العثمانيين واعادوا احياء القضية وهاهم يفاوضون طالبين التعويض أو الإعتذار والاعتراف من تركيا، وقد نظموا أنفسهم إعلامياً وسياسياً لهذه القضية.

تاثير التهجير: لقد انتزع المجتمع الشركسي،وتم ترحيله، قسراً، الى مكان آخر. كان تنظيماً قبلياً زراعياً، متوافقاً ومنسجماً مع البيئة القفقاسية، وكانت عاداته وتقاليده متناسبة مع البيئة وداعمة للتنظيم وديمومته. نقل هذا التنظيم إلى بيئات جديدة في تركيا العثمانية وبلاد الشام، بما فيها شرق الاردن وفلسطين، حيث وجد مجتمعات زراعية بدورها: الأمر الذي سهل التوافق الشركسي مع البيئة خاصة في تركيا و مرتفعات الجولان.

لم تعان المجموعات الشركسية،كثيراً من الناحية الاجتماعية،في إعادة جمع الشمل في الأردن رغم أن البيئة صحراوية، لأن الشراكسة اتجهوا الى الزراعة وأعادوا احياء المناطق القابلة للزراعة، وأعادوا الحيوية الى تنظيمهم الإجتماعي،واستثمروا مهاراتهم الزراعية والانتاجية، كما تعاونوا مع التنظيم القبلي القائم وتواصلوا مع العشائر الأخرى،ودخلوا معها في تحالفات وعلاقات متعددة، مادعم التكيف مع البيئة وحفظ تنظيمهم الاجتماعي، وتراثهم الثقافي،وهويتهم الخاصة في الملابس والعادات والفنون التعبيرية. تقبلت العشائر الأخرى الشراكسة رغم الاختلاف من الناحيتين الثقافية والسياسية، ورغم وجود ثقافة فرعية خاصة بكل عشيرة.

كذلك فقد ساعد الإسلام على حماية الشراكسة من الإنزواء والتعامل مع المجتمعات التي حلوا بين ظهرانيها بمنطق الجالية أو الأقلية، بل اندمج الشراكسة في المجتمع الذي حولهم بمجرد اتقانهم اللغة المحلية واعتبروا انفسهم مواطنين لهم حقوق وواجبات أهل المجتمعات التي حلوا فيها.

وقد ارتبط الانسان الشركسي باكثر من قضية: فهناك هويته ومواطنته، وهو يخلص لها ويعمل على تطويرها من واقع ارتباطه بالقضايا المحلية، ويعمل على الارتقاء بالمجتمع الذي يعيش في وسطه.

هناك ادباء ومفكرون شراكسة يعملون من خلال فكرهم وأدائهم على تطوير المجتمع وقضاياه، وقضايا المجتمع العربي الاسلامي ضمن إطار من الاعتدال والوسطية والتنوير التقدمي.

لديهم في الوقت نفسه قضية متأصلة ومتجذرة في الوعي الجمعي العميق هي خبرة ومأساة التهجير التي عانى منها الاجداد.

الى جانب الشق المادي، فان الضرر الاجتماعي الواقع على الشراكسة، خارج وطنهم الأم، كبير بمالايقاس، إذ يظهر تاثيره الأبرز في الناحية الثقافية.لأن اللغة الشركسية تكتب في الوطن الام بالأحرف السيريلية (السلافية)، وهذه ضرورة فرضها الحكم الروسي على الحياة بكافة مناحيها، وهذه الأحرف غير مقروءة بالنسبة لتسعين في المئة، إن لم يكن اكثر، من الشراكسة خارج الوطن الأم، وعلية فإن هناك فجوة ثقافية هائلة قائمة بين الشراكسة، لم تتمكن الترجمة ولا الجهود الفردية من ردمها.

السبب الرئيس في وجود تلك الفجوة هو عدم معرفة الاجيال الناشئة باللغة الشركسية خارج الوطن الأم، وهذه مأساة لم يستطع جيل الأجداد والآباء ان يفعلوا الكثير للتخفيف منها، جرّاء طغيان الثقافات المحلية، وضغط المجتمعات المحيطة بالشراكسة خارج وطنهم الأم، خاصة وأن معظم الشراكسة لم يعودوا في الغالب الأعم يعيشون في احياء خاصة بهم، بحيث يتكلمون لغتهم، ويمارسون طقوسهم عاداتهم الاجتماعية المتوارثة. فقد أدت التطورات الأقتصادية، وتغير الأنماط المعيشية الى خروج العائلات الشركسية من الاحياء التي سكنها اجدادهم عند هجرتهم من القفقاس، والسكن الى جانب اخوانهم العرب او الاتراك، مما افضى بالأطفال الى اتقان اللغات الأخرى ولم يكن التأثير العائلي وحده كافياً، في غياب المناهج التعليمية لابقاء اللغة الشراكسة حية في اذهان وقلوب الناشئة.

ولاننكرهنا وجود بعض المحاولات الجادة للإبقاء على اللغة الشركسية، وأبرز مثال عليها مدرسة الأمير حمزة بن الحسين في الاردن، وعشرات الاشخاص الذين قاموا بتدريس اللغة الشركسية في النوادي والجمعيات الخيرية الشركسية على امتداد اقطار الاغتراب، الا أن

تلك الجهود لم تكن كافية، ونرى الآن، بكل أسف، أن الشركسي الذي يزور القفقاس يضطر الى الأستعانة بكبار السن من الجهتين، او يلجأ إلى لغة ثالثة مشتركة للتواصل مع اقاربه.

والأمرنفسه، ان لم يكن أسوأ، بالنسبة للنواحي الثقافية والفولكلورية الأخرى، مثل العادات والتقاليد، الأغاني، الرقصات، وكلها أعمدة مهمة، بل حيوية في ابقاء المعمار الثقافي للشخصية الشركسية قائماً: إذ يلاحظ كبار السن بالكثير من الألم، الاندثار التدريجي لتمسك الشباب بعاداتهم وتقاليدهم أضافة الى عدم معرفتهم بالأغاني الشركسية ولا الرقص الشركسي.

ورغم أننا لانقلل هنا من الجهود التي تقوم بها الجمعيات الخيرية الشركسية على أمتداد أقطار الاغتراب، الا أنها جميعاً - مع كل الاحترام - لن تتمكن من الوقوف في وجه التيار العالمي، خاصة مع طغيان موجة العولمة التي يشكل فيها الذوبان الاجتماعي أخطر المظاهر.

وسوف يؤدي هذا الوضع الى حدوث شرخ متعاظم في هوية الأمة الواحدة، ولاسبيل الى مقاومة هذا التيار الا بتعزيز التواصل مع الوطن الأم بجميع السبل المتاحة، وأهمها خلق جسور ثقافية وأقتصادية وعلمية بين الشراكسة في الوطن الأم وخارجة.

ب - القضية: من الناحية السياسية.

يخبرنا التاريخ، قديمه وحديثه، ان هناك بلاداً اسمها بلاد الشراكسة أو" الأديغه " كما يسميها الشراكسة انفسهم.

هذا الوجود اعترف به الاتحاد السوفييتي حينما أقام ثلاث مناطق حكم ذاتي سماها: قباردينو بلقاريا، والاديغيه اللتين اعطيتا مرتبة " جمهورية " ومنطقة شركيسيا قرشاي.

اقيمت مناطق الحكم الذاتي هذه على قسم من الأراضي التاريخية للشراكسة، وليس كلها، كما اصر الإتحاد السوفييتي على إدخال قوميات غير شركسية في هذه المناطق، وذلك بحكم تواجدهم في هذه المناطق، رغم انها لم تتمتع بأي سيادة على هذه الأراضي.

ان مجرد وجود هذه المناطق الثلاث مؤشر سياسي على وجود قضية لدى الشراكسة، صحيح ان هذه المناطق تدار بشكل شبه مباشر من موسكو، أو بواسطة مسؤولين ترضى عنهم موسكو وتعينهم، لكنهم يظلون في كل الأمور السيادية، تابعين لموسكو.

أما من الناحية التاريخية، فهناك العديد من المعاهدات، خاصة بين روسيا القيصرية وتركيا العثمانية التي تم فيها تبادل - التنازل - وإعادة السيطرة على بلاد الشراكسة بين هاتين القوتين حسب اعتبارات عسكرية بحتة، لكن المهم هو ان هذه المعاهدات والاتفاقيات تحدد بلاد الشراكسة بشكل دقيق، لذلك فان الاستنتاج المنطقي الوحيد هو أن بلاد الشراكسة كانت موجودة على الدوام منذ فجر التاريخ،وقد شكلت وحدة سياسية مستقلة عن كل من القوتين العظميين، حتى لو لم تشكل دولة بالمفهوم السياسي المتعارف عليه دولياً، شكّل الشراكسة كيانات سياسية ذات تنظيمين مختلفين، فمثلاً في الوسط وشرق بلاد الشراكسة، كان القباردي يحكمون بواسطة الامراء، لوجود تسلسل طبقي متطور لديهم، يعاونهم النبلاء والشيوخ والقضاة الذين يحكمون، استناداً الى العادات والتقاليد الشركسية المتوارثة.

اما في غرب القفقاس، فقد كانت السلطة، على الأغلب، بيد رجال الدين وكبار السن. ومايدعو الى الاعجاب ان هذه الكيانات لم تعرف السجون، بل كانت مجتمعاتهم منظمة بحيث يحصل كل صاحب حق على حقه كاملاً لدى عرض قضيته على مجلس النبلاء وكبار السن الذين منهم القضاة.

اذن، فنحن امام كيان سياسي، له حدودة المعترف بها من القوتين العظميين في المنطقة، والا فلماذا كانت القوتان تتبادلان - التنازل - عن مناطق محددة بعينها؟

قد يتساءل الفرد منا: لماذا إذن لم يؤسس الشراكسة دولة؟ الجواب هو أن بلاد الشراكسة لم تنعم بالسلم والهدوء والتحرر من هجمات الطامعين على مدى تاريخها، فقد تناوب عليها المعتدون منذ فجر التاريخ وحتى الاستيلاء الروسي، كما قامت على حدودها الغربية امارة تتار القرم التي شكلت بهجماتها المتواصلة، مصدر إزعاج و خطر داهم ابقى البلاد في حالة اضطراب سياسي على مدى قرون، فاذا اضفنا هذه العوامل الى الوجود العثماني والروسي في شمال وجنوب بلاد الشراكسة، وتكاتف هاتين الامبراطوريتين للسيطرة على ساحل البحر الاسود بعد تخليصه من المستوطنين الأوروبيين الذين اسسوا ٣٩ مستوطنة تجارية، ظهر لنا مقدار الطمع والتدخلات الخارجية في بلاد الشراكسة.

كما ان بلاد الشراكسة دأبت في القرن التاسع عشر، بشكل خاص، على ارسال السفراء الى بريطانيا وفرنسا، اضافة الى الباب العالي، كانت لهم بعثات دبلوماسية واتصالات

رسمية مع القياصرة الروس – خاصة بالنسبة للقباردي.

كل هذه العوامل تشير، بشكل واضح، الى وجود كيان سياسي مستقل، متواجد منذ القدم على أرض محددة بدقة ومعترف بها من قبل الآخرين، الأمر الذي يشكل قضية سياسية واضحة، للشراكسة كل الحق في المطالبة بتطويرها وتنميتها.

د - القضية من الناحية الاقتصادية:

أثبتت لنا المقدمة التاريخية ان الشراكسة استوطنوا شمال القفقاس منذ الازل، واستمر تواجدهم فيها بشكل أو بآخر حتى يومنا هذا.

إذا، من المنطقي القول أن الشراكسة عاشوا على اراضيهم، وانهم حين طردوا منها، إنما صودرت هذه الاراضي لاعطائها للغير، والارشيف الروسي وحده على الاقل - زاخر بالتقارير التي تشير الى أن روسيا القيصرية صادرت أراضي الشراكسة لإسكان القوزاق فيها، ولبناء الستانيتزات[1] والحصون والمدن الروسية.

اضافة الى ذلك، فان الافتراض المنطقي يقول ان الشراكسة الذين هجروا الى تركيا العثمانية، لابد وانهم كانوا قاطنين في بيوت مقامة على اراضي، وانهم سواء كانوا يعتاشون من الزراعة او رعي الماشية، فقد كانت لهم اراضٍ سواء بالملكية الفردية أو الجماعية - القبلية - وانهم اضطروا الى مغادرتها تحت تهديد السلاح او عندما احرقت بيوتهم وحقولهم ومحاصيلهم وصودرت مواشيهم.

هذا الواقع يشكل قضية اقتصادية متكاملة تستوجب إعادة النظر في جذور المأساة المتمثلة في مآساتي حروب المائة عام، والتهجير القسري الذي تبعها.

طبيعي ان مجرد الإشارة الى هذا الواقع لا يكفي، اذ لابد من الرجوع الى الملفات والسجلات وأن هذه العملية سوف تستغرق اعواماً طويلة، ولكن مجرد القبول والاعتراف بصحة هذا التوجه، يكفي لفتح الباب امام المختصين لبدء عملية تقدير قيمة الاراضي المصادرة وتعويض ورثة مالكيها اذا كانت اعادتها اليهم غير ممكنة بسبب مرور الزمن وتحول هذه الاراضي الى شوارع ومدن وساحات وأبنية الخ.

اما اذا كانت ماتزال اراضي زراعية، فيمكن اعادتها او التعويض عنها بقدر أقل من التعقيد.

---

(١) الستانيتزات: تحصينات روسية – قوزاقية، بنتها السلطات القيصرية للدفاع عن المستعمرات والمدن الروسية، ومنع هجمات الشراكسة

كما أن المنطق الاقتصادي يفرض للشراكسة حقوقاً مالية واقتصادية أخرى، مثل فوات المنفعة أو بدلات الايجار أو الانتفاع وغيرها، لأن " الغير " استعملوا هذه الاراضي اكثر من مائة سنة، وحرموا اصحابها من الانتفاع بها طوال هذا الوقت.

اضافة إلى ان للشراكسة حق المطالبة بالخسائر المادية المباشرة، وغير المباشرة، التي نتجت عن ترحيلهم القسري عن بلادهم، فضلاً عن مئات الآلاف من ضحايا ذلك الترحيل.

هـ - القضية من الناحية القانونية:

في هذا المجال، هناك سؤال يُطرح هو: بعد استعراض أبعاد المأساة الشركسية، الا تشكل عواملها المختلفة قضية قانونية لها طرفان: مدعي ومدعى عليه؟ الجواب هو قطعاً نعم، فالمدعي في هذه الحالة هو الأمة الشركسية كلها، المقيمة في الشتات أو حتى المقيمة على أرض القفقاس التاريخية.

ان عناصر الإدعاء واسعة ومتشعبة، لأن الأمة الشركسية محقة في المطالبة بالتعويض عن كافة الاضرار والآلام التي وقعت عليها وعانت منها على مدى اكثر من مئتي سنة وعلى سبيل المثال لا الحصر:

١ - التعويض عن كل رجل وامراة وطفل قتله الجيش الروسي او القوزاق خلال المعارك والغزوات والغارات ولم يكن يحمل السلاح أو يقاتل.

٢ - التعويض عن نقصان الأموال والخسائر المادية الناتجة عن فقدان الدخل بسبب التهجير.

٣ - التعويض عن البيوت والمزارع والمحاصيل التي احرقها الجيش الروسي أو القوزاق في عملياتهم العدائية الإرهابية التي كان القصد منها القاء الرعب في قلوب الناس لترحيلهم عنوة.

٤ - التعويض عن كل طفل وامرأة ورجل مات نتيجة الأوبئة والجوع والعطش اثناء رحلة التهجير القسري على شواطئ البحر الأسود أو غرق في البحر الأسود أو في موانئ تركيا العثمانية.

٥ - التعويض عن جميع الاراضي والبيوت والمزارع التي اضطر اصحابها الشراكسة الى الجلاء عنها اثناء التهجير، ولايمكن اعادتها.

٦ - التعويض عن الخسائر المعنوية التي حاقت بالأمة الشركسية جراءّ انتزاعها من اراضيها التاريخية بحيث فقدت لغتها الاصلية وثقافتها وتقاليدها.

٧ - إعادة الاراضي الباقية على حالها الى احفاد اصحابها الأصليين، أو التعويض المادي لمن يفضله.

اما الطرف المدعى عليه في هذه الحالة فهو السلطة القانونية والسياسية ذات السيادة على الأرض الروسية، والتي يتعين عليها البدء في دراسة هذا الواقع على ضوء قناعاتها التي لا يمكن ان تخالف ما ذكر آنفاً، لأن الأدلة والبراهين والاثباتات على كل ما يمكن ان يدعى به، موجودة وقائمة وثابته، بدءاً بالارشيف العسكري الروسي نفسه، مروراً بالوثائق والسجلات الغربية والتركية وغيرها.

وهنا نرى من الضرورة بمكان الاستعانة بالدراسة القيمٌة التي اجراها الدكتور ياسر الخلايله، استاذ القانون الدولي - الكلية العربية للدراسات القانونية العليا - جامعة عمان العربية للدراسات العليا - لايضاح هذا التوجه:

حق الشركس بالعودة بين القانون والواقع[1]

يستمد حق العودة أهميته من أنه ينطلق من خيارات صعبة تواجهها بعض شعوب العالم المنكوبة، وعلى رأسها الشعب الفلسطيني، والتي هي من أكثر الخيارات وضوحاً التي قد تنطوي على ظلم عظيم: فإما "حل" مبني على أساس استعباد عرقي - قومي، وتمييز وتفتيت للشعب ؛ أو حل مبني على أساس الحقوق والشرعية.[1]

مفهوم حق العودة وأساسه في القانون الدولي العام:

حق العودة عموماً هو حق لأي شعب طرد أو خرج من موطنه لأي سبب كان وفي أي وقت، في العودة إلى الديار أو الأرض أو البيت الذي كان يعيش فيه حياة اعتيادية قبل تاريخ الرحيل،

---

(١) الأستاذ الدكتور ياسر الخلايلة: بحث خاص بهذا الكتاب.

وهذا الحق ينطبق على كل شخص سواء كان رجلاً أو امرأة، وينطبق كذلك على ذرية أياً منهما مهما بلغ عددها وأماكن تواجدها ومكان ولادتها وظروفها السياسية والاجتماعية والاقتصادية.

وحق العودة حق غير قابل للتصرف، وهومستمد من القانون الدولي المعترف به عالمياً. إنه مكفول بمواد الميثاق العالمي لحقوق الإنسان الذي صدر في ١٠ كانون أول/ديسمبر ١٩٤٨، إذ تنص الفقرة الثانية من المادة ١٣ على الآتي:(لكل فرد حق مغادرة أي بلد، بما في ذلك بلده وفي العودة إلى بلده) وقد تكرر هذا في المواثيق الإقليمية لحقوق الإنسان مثل الأوروبية والأمريكية والإفريقية والعربية، وفي اليوم التالي لصدور الميثاق العالمي لحقوق الإنسان أي في ١١ كانون أول/ديسمبر ١٩٤٨ صدر القرار الشهير رقم ١٩٤ من الجمعية العامة للأمم المتحدة الذي يقضي بحق اللاجئين الفلسطينيين في العودة والتعويض (وليس: أو التعويض) وأصر المجتمع الدولي على تأكيد قرار ١٩٤ منذ عام ١٩٤٨ أكثر من ١٣٥ مرة ولم يعارضه إلا الكيان الصهيوني، وبعد اتفاقية أوسلو عارضته أمريكا. وبالرغم من مرور مدة طويلة منذ صدور القرار ١٩٤ والذي لم يُطبق، إلا أن ذلك لا يدل علي سقوطه، حيث أنه ينظم حقا لا يسقط بالتقادم، مهما طالت المدة التي حرم فيها المغتصب أرضه من العودة إلى ديارهم، لأنه حق غير قابل للتصرف. وهذا يعني أنه من الحقوق الثابتة الراسخة، مثل باقي حقوق الإنسان التي لا تنقضي بمرور الزمن، ولا تخضع للمفاوضة أو التنازل، ولا تسقط أو تعدل أو يتغيّر مفهومها في أي معاهدة أو اتفاق سياسي من أي نوع، حتى لو وقعت على ذلك جهات تمثل الفلسطينيين أو تدعى أنها تمثلهم.أي أنه لا يسقط بتوقيع ممثلي الشعب على إسقاطه، إلا إذا وقع كل شخص بنفسه وبملء إرادته على إسقاط هذا الحق عن نفسه فقط، وهذا بالطبع جريمة وطنية.

وحق العودة أيضاً تابع من حرمة الملكية الخاصة التي لا تزول بالاحتلال أو بتغيير السيادة على البلاد.

وينطبق حق العودة على كل مواطن طبيعي سواء ملك أرضاً أم لم يملك، لأن طرد اللاجئ أو مغادرته موطنه لا يحرمه من جنسيته الأصلية وحقه في المواطنة، ولذلك فإن حقه في العودة مرتبط أيضاً بحقه في الهوية التي فقدها وانتمائه إلى الوطن الذي حرم منه. ولا تعني عودته أن يرجع إلي أي مكان داخل الوطن الذي هجّر منه وكفى، فعودة اللاجئ تتم فقط بعودته إلى نفس المكان الذي طرد منه أو غادره لأي سبب هو أو أبواه أو أجداده، وقد

نصت المذكرة التفسيرية لقرار ١٩٤(المنظم لحق العودة) على ذلك بوضوح. وبدون ذلك يبقى اللاجئ لاجئاً حسب القانون الدولي إلى أن يعود إلى بيته نفسه. ولذلك فإن اللاجئ من الفالوجة لا يعتبر عائداً إذا سمح له بالاستقرار في الخليل، ولا اللاجئ من حيفا إذا عاد إلى نابلس، ولا اللاجئ من الناصرة إذا عاد إلى جنين، ومعلوم أن في فلسطين المحتلة عام ١٩٤٨ حوالي ربع مليون لاجئ يحملون الجنسية (الإسرائيلية) وهم قانوناً لاجئون لهم الحق في العودة إلى ديارهم، رغم أن بعضهم يعيش اليوم على بعد ٢كم من بيته الأصلي، فمقدار المسافة بين اللاجئ المنفي ووطنه الأصلي لا يسقط حقه في العودة أبداً، سواء أكان لاجئاً في فلسطين ١٩٤٨ أم في فلسطين التاريخية، أم في أحد البلاد العربية والأجنبية.

إن ما يحدث من تهجير قسري للفلسطينيين وغيرهم من الشعوب يسمَّى تبعا للقانون الدولي بـ "التنظيف العرقي"، ويعد قانونا جريمة حرب لا تسقط بالتقادم ويحاكم عليها كل شخص من أصغر جندي إلى أكبر رئيس قام بذلك، سواء بالأمر أو التنفيذ أو التحريض أو عدم منع وقوع الجريمة، وذلك حسب ميثاق روما عام ١٩٩٨، الذي نشأت بموجبه محكمة الجرائم الدولية. إذن تعتبر عملية الطرد المنظم لعرق من الأعراق من ديارهم جريمة حرب يؤاخذ عليها القانون الدولي، كذلك منعهم من العودة بقتل العائدين أو تسميم آبارهم أو تدمير بيوتهم أو حرق محاصيلهم الزراعية أو بأي وسيلة أخرى بالقول أو الفعل هو جريمة حرب أيضاً. وكل من ينفذ إحدى هذه الجرائم أو يدعو إليها أو يحرض على تنفيذها بالفعل أو القول أو يسكت عنها إذا كانت لديه سلطة، سواء بالترغيب أو الترهيب أو الإعلان أو الإغراء يكون قد اقترف جريمة حرب.

وحسب ميثاق روما، فإن استيطان" اغتصاب " مواطني الدولة المحتلة هو جريمة حرب أيضاً (أي أن استيطان اليهود الصهاينة في الأراضي الفلسطينية المحتلة هو جريمة حرب). ويتعرض للمساءلة في محكمة الجرائم الدولية، المستوطنون "المغتصبون" أنفسهم وحكومة الكيان الصهيوني وجيشه، مؤسسات وأفراداً والذين مكنوهم من ذلك، وكذلك من موّل هذا الاستيطان "الاغتصاب" أو نظمه أو دعا إليه من أي جهة أو منظمة رسمية أو شعبية داخل الكيان الصهيوني أو خارجه.

ومن جهة أخري فباجتماع الحقوق الشخصية الفردية، وبالاعتماد على حق تقرير المصير الذي أكدته الأمم المتحدة لكل الشعوب عام ١٩٤٦، وخصت به الفلسطينيين عام ١٩٦٩، وجعلته حقاً غير قابل للتصرف للفلسطينيين في قرار ٣٢٣٦ عام ١٩٧٤. يصبح بذلك

حق العودة حقا جماعيا أيضاً. وعليه فكل اتفاق على إسقاط حق، غير قابل للتصرف، باطل قانوناً، كما أنه ساقط أخلاقياً في الضمير الفلسطيني والعالمي، وتنص المادة الثانية من معاهدة جنيف الرابعة لعام ١٩٤٩ على أن أي اتفاق بين القوة المحتلة والشعب المحتل أو ممثليه باطلة قانوناً، إذا أسقطت حقوقه.

وللاجئين الحق في التعويض حسب قانون التعويض العام وحسب قرار ١٩٤ لكل ما خسروه مادياً ومعنوياً منذ ١٩٤٨. فلهم الحق في التعويض عن الخسائر المادية الفردية مثل تدمير بيوتهم واستغلال ممتلكاتهم لمدة تزيد عن نصف قرن، والخسائر المعنوية الفردية مثل المعاناة واللجوء وفقدان أفراد الأسرة، والخسائر المادية الجماعية مثل الطرق والمطارات والسكك الحديدية والموانئ والمياه والمعادن والأماكن المقدسة، والخسائر المعنوية الجماعية مثل فقدان الجنسية والهوية والشتات والاقتلاع والتمييز العنصري والسجلات الوطنية والآثار الحضارية. ولهم أيضاً الحق في التعويض عن جرائم الحرب، والجرائم ضد الإنسانية، والجرائم ضد السلام. وتوجد لدى الأمم المتحدة قوانين محددة وإجراءات معروفة طبقت بنجاح بعد الحرب العالمية الثانية وفي حالات تعويض البوسنة والهرسك وكذلك في تعويض المتضررين من احتلال الكويت عام ١٩٩٠.

وبالنظر إلى قرارات الأمم المتحدة الأخرى التي تتناول موضوع اللاجئين، فبتاريخ ١٤ (يونيو) ١٩٦٧، أصدر مجلس الأمن الدولي القرار رقم ٢٣٧، وأشار فيه ما نصه أنه إنما:(يدعو حكومة "إسرائيل" إلى تأمين سلامة وخير وأمن سكان المناطق التي جرت فيها عمليات عسكرية، وتسهيل عودة أولئك الذين فرّوا من هذه المناطق منذ نشوب القتال)، وهو في ذلك لا يؤكد فقط حق العودة، بل يؤكد مفهوم أن الأمر كان تهجيرا قسرا وأثراً من آثار القتال والاستعمار، كما يؤكد القرار ٣٢٣٦ (نوفمبر) ١٩٧٤ أن حق الفلسطينيين، غير القابل للتصرف، هو العودة إلى ديارهم وممتلكاتهم التي شردوا منها واقتلعوا منها، بل وطالب القرار بإعادتهم.(٢)

ماهية الحقوق المقررة للشركس في القانون الدولي العام:

في ضوء مفهوم حق العودة، السالف ذكره، ومجمل ما جاء من قرارات دولية في هذا الشأن، يظهر لدينا أن الحق في العودة والتعويض من الحقوق التي لا تندثر مع الزمن وبأنها من الحقوق اللصيقة بالجماعات تطالب بها أينما كانت على أساس من الشرعية والحق وبديلاً عن الظلم والاضطهاد. ويظهر أن لدينا مجموعتين من الحقوق التي يمكن أن تقرر

لـلشركس في القانون الدولي العام: أولا بصفتهم جماعات اضطروا في وقت من الأوقات للخروج من أراضيهم الأصلية ليقطنوا كأقليات في دول غير دولتهم الأصلية، وهنا يتقرر لهم ما يمكن ان يتقرر لأي شعب أخرج من أرضه كما أسلفنا، وهنا نحن نواجه مجموعة الحقوق المقررة لهم في وجه الدولة الروسية؛ وثانياً حقوقهم كأقليات تتواجد في إقليم دولة غير دولتهم الأصلية:

(١) حقوق الشركس في مواجهة روسيا: وبعيداً عن التسلسل التاريخي الذي أرغم المجتمع الشركسي على ترك وطنه الأصلي، والبحث عن مواطن بديلة، وبعيداً عن الحال الذي آلت إليه تلك المجتمعات المتفرقة، يظهر أن القانون الدولي العام يتضمن من المرتكزات القانونية ما يمكن أن يفيد بأن لها الحق في المطالبة بحقوقهم التاريخية التي لم تسقط بالتقادم، وهذه الحقوق كما أسلفنا تنحصر في الحق بالعودة والتعويض معاً. وبالرغم من أن التعويض ليس بديلاً عن العودة بل هو حقٌ آخر مضاف إلى حق العودة، إلا أن الصهاينة على سبيل المثال يشترطون تعويض اليهود الذين خرجوا من الدول العربية إلى فلسطين المحتلة، ثم بعد ذلك يتم النظر في تعويض الفلسطينيين، لتكون فاتورة الحساب في النهاية لصالح اليهود، وبذلك يكونوا قد صدّروا أزمتهم إلى الدول العربية.(٣) والحقيقة أنه تجب الإشارة إلى أن موضوع الشركس وروسيا يختلف جذرياً عن القضية الفلسطينية، فالشركس لم ولن يطالبوا بإلغاء صفة الدولة الروسية أو التشكيك في شرعيتها، وتنصب المصالح الشركسية فقط في أن يتم الاعتراف بهم كجزء من ذلك الكيان الروسي الذي حرموا منه لسنوات طويلة. بمعنى أن القضية الشركسية هي قضية في الأصل لا تثير الكثير من المشاكل التي قد تؤثر في الأمن والسلم الدوليين، بل أن الالتفات إلى مثل تلك المشاكل العالقة قد يكون سبباً من أسباب حل التوترات المستقبلية التي قد تنشب مثيرة معها أزمات نحن في غنى عنها.

إضافة إلى أن القضية الشركسية لا تثير مشاكل مستنقعية كتلك التي تدور حول تفسير النصوص المتضمنة في قرارات مجلس الأمن. فبالنظر إلى قراري ٢٤٢ و ٣٣٨ الصادرين عن مجلس الأمن الدولي، نلحظ أن (الثاني) منهما يتحدث عن التفاوض، وفي)الأول) نص له علاقة بفلسطينيي الخارج جاء في البند (ب) من ثانيا ما نصه: (تحقيق تسوية عادلة لمشكلة اللاجئين). وهو نص حرص من صاغه على أن يتصف بالضبابية حين تحدث عن اللاجئين بدون تحديد أنهم الفلسطينيون حسبما يقتضيه سياق القرار، الأمر الذي أفسح المجال للصهاينة منذ اتخاذ القرار في تشرين الثاني- نوفمبر عام ١٩٦٧، أن يطرحوا تفسيرهم الخاص ويقولوا إنه يشمل أيضا لاجئين يهود لجأوا إلى (إسرائيل) من الدول

العربية بعد حرب عام ١٩٤٨، ونذكر كيف جاهر "اسحق شامير" بهذا القول في خطابه الرسمي في مدريد، فضبابية هذا البند دعت الأطراف المدعوة للمشاركة في مؤتمر مدريد إلى طلب توضيحات و "تطمينات" من وزير الخارجية الأمريكي آنذاك "جيمس بيكر" بشأنه. ولكنه أراد أن يبعث رسالة "تطمينات" أمريكية للكيان الصهيوني، بالإقرار الأمريكي بوجود تفاسير مختلفة لقرار مجلس الأمن ٢٤٢. وذلك لأنه من وجهة النظر الصهيونية، تلك الفقرة الخاصة بتسوية للاجئين تخص "النازحين" وبالطبع الاختلاف جليّ بين كل من النازح واللاجئ[1]، وبالتالي الأوضاع المترتبة علي كل منهما كما تضمنت رسالة "التطمينات" هذه إشارة إلى أن المفاوضات متعددة الأطراف ستدور حول مواضيع إقليمية عامة من بينها مسألة اللاجئين. أما رسالة "التطمينات" الأمريكية إلى الجانب الفلسطيني في الوفد الأردني الفلسطيني المشترك لمؤتمر مدريد، فقد جاءت فيها إشارة وحيدة لفلسطيني الخارج غير مباشرة في معرض الحديث عن مفاوضات المرحلة النهائية، حيث قالت:- (تعتقد الولايات المتحدة الأمريكية أن القدس الشرقية والفلسطينيين خارج (المناطق).. يجب أن يكونوا قادرين على المشاركة في مفاوضات المرحلة النهائية).

وبذلك فقد كان أساس التفاوض في القضية الفلسطينية ضبابياً غامضاً حمّال أوجه، خاصة أن رسائل "التطمينات" الأمريكية بمجموعها أوضحت أن قرار مجلس الأمن ٢٤٢ هو للتفاوض وليس للتنفيذ، وأن طرح موضوع اللاجئين دون الإشارة إلى أنهم فلسطينيون أو تحديد زمن لجوئهم في عام ١٩٤٨ وعام ١٩٦٧ والسماح (لإسرائيل) أن تطرح ما تريد بشأن هذا الموضوع، قد أفسح المجال للحديث عن لاجئين يهود،هذا بخلاف طرح القضية على الصعيد الإنساني وليس على صعيد حقوق.(٤) أما القضية الشركسية فإنها تخلو من هذه التعقيدات المتعلقة باتباع تفسير ما دون غيره. وكل ما يحتاجه الشركس في هذا المقام هو إثبات أنهم هُجّروا من أراضيهم، مما اضطرهم للنزوح منها واللجوء إلى مكان أكثر أماناً خوفاً على حياتهم أو ممتلكاتهم.

(٢) حقوق الشركس كأقليات: شاعت في عصر النهضة الأوربية اتفاقات وإعلانات تتعلق بحماية حقوق الإنسان الأساسية، ومنها ما يخص الأقليات. فمن إعلان الاستقلال

---

(١) شاع في الوسط الفلسطيني إطلاق كلمة (لاجئ) على من شردتهم نكبة ١٩٤٨، وإطلاق اسم (نازح) على من شردتهم حرب حزيران- يونيو ١٩٦٧. ولمصطلح (النازح) لدى المفوضية الدولية لشئون اللاجئين مدلول آخر (فهو الذي يترك بيته إلى مكان آخر داخل حدود الدولة التي ينتمي إليها). كذلك فإن التعريف الدولي للاجئ الذي جاء في اتفاقية 1951 لا يفي بتعريف اللاجئ الفلسطيني لأن العامل الحاكم فيه هو عنصر الخوف من الاضطهاد لسبب أو لآخر،ولا يبرز بشكل واضح عنصر الإخراج من الديار والوطن بالقوة. كما لا يميز بين لجوء ناجم عن أسباب اجتماعية وسياسية ولجوء ناجم عن استعمار عنصري إحلالي(٤).

الأمريكي عام ١٧٧٦ إلى إعلان حقوق الإنسان في فرنسا عام ١٧٨٩ ومعاهدة فينا لعام ١٨١٥ التي حرمت تجارة الرقيق، إلى معاهدة برلين عام ١٨٧٨ التي عنيت بموضوع حقوق الأقليات بشكل عام.

ومن أهم المعاهدات اللاحقة فيما يخص حقوق الأقليات هي معاهدة "سيفر" لعام ١٩٢٠ التي نصت على الالتزام بحماية حقوق الأقليات، ومنحهم حق تقديم الشكاوى إلى المحكمة الدولية، وصولاً إلى ميلاد ميثاق الأمم المتحدة لعام ١٩٤٥ الذي عبر عن ولادة عالم جديد مبني على الاحترام المتبادل لإرادة الشعوب ورغبتها في السلام والاستقرار. ثم جاء بعد ذلك الإعلان العالمي لحقوق الإنسان لعام ١٩٤٨. هنا نذكر بنصي المادتين ١ و ٢ اللتين   كر والوجدان والدين والمعتقد والعبادة والطقوس والكتابة والأعياد وإقامة الشعائر. والحقيقة أنه يمكن اعتبار إعلان ١٩٩٢ للأمم المتحدة مرجعية بحثية في تناول الحقوق الخاصة للأقليات باعتبار أنها أدرجت حقوق الأقليات في وثيقة منفصلة سعت إلى إلزام الدول بتقديم الأمن والحماية اللازمين لوجود الأقليات وحفظ هويتهما وثقافتهما وحقوقهما الفردية والجماعية.

ما هي الأقلية؟:

هي مجموعة من الأفراد الذين تربطهم خصائص قومية أو اثنيه أو دينية أو لغوية تختلف عن خصائص غالبية سكان الدولة المعنية. والمفترض أن تتصف هذه الأقليات بتسامي في الفكر والأخلاق وتطبيق القوانين المرعية مع إيمانها بالآخر والاعتراف به وتكيّفها في محيطها وما يتطلب منها العيش المشترك من تضحيات وتسامح وتواضع انطلاقاً من كونهم جزء من سكان البلاد الأصليين.

ما هي الحقوق المقررة للأقليات في القانون الدولي العام؟:

يتضمن القانون الدولي بعض الحقوق التي لا بد من ثبوتها للأشخاص المنتمين إلى أقليات كي يتسنى لهم ممارسة الحق في التمتع بثقافتهم، وهي حقوق تعد بمثابة شروط ومتطلبات أساسية لهذا الحق ومن أهم هذه الحقوق:

١- الحق في التعليم

وهو من الحقوق المعترف بها على نطاق واسع في القانون الدولي.. إذ تؤكد المادة (٢/٢٦) من الإعلان العالمي لحقوق الإنسان على أن التربية والتعليم يجب أن ينميا شخصية الإنسان إنماءً كاملاً، بحيث يعملان على تعزيز احترام الإنسان وحرياته الأساسية وتنمية التفاهم والتسامح والصداقة بين الشعوب والجماعات العرقية والدينية المختلفة. وعرف الحق في التعليم في إطار الحماية الدولية للأقليات وفي المادة الخامسة من اتفاقية اليونسكو للقضاء على التمييز في التعليم لعام ١٩٦٠- إذ نصت المادة المذكورة على وجوب الاعتراف للأشخاص المنتمين إلى أقليات قومية بالحق في ممارسة أنشطتهم التعليمية الخاصة بهم بما في ذلك إدارة المدارس والتدريس بلغتهم الخاصة. فالتعليم شرط أساسي لانتقال ثقافة الأقلية بين أفرادها، ومن جيل إلى آخر كما انه وسيلة لصون هذه الثقافة والإبقاء عليها بل وتطويرها.

٢- الحق في المشاركة في الحياة الثقافية

بات من المتعذر تصور أي معنى أو دلالة لهذا الحق إلا في إطار العلاقات الجماعية بين أفراد الأقلية فهو بطبيعته يقضي باشتراك أعضاء الجماعة في ممارسة نشاط ثقافي معين ولا يمكن للفرد ممارسته لوحده دون الآخرين فالفرد يتمتع بالحق في الاشتراك الطوعي في حياة المجتمع الثقافية وفي المساهمة بالتقدم العلمي والإفادة من ثماره ونتائجه.

ووفقا للمادة ١/٢٧ من الإعلان العالمي لحقوق الإنسان والمادة (١٥) من العهد الدولي الخاص بالحقوق الاقتصادية والاجتماعية والثقافية فأن الفرد سيملك القدرة على الرخصة التي تمكنه من المشاركة في الحياة الثقافية للأقلية التي ينتمي إليها على وجه التحديد وفي الحياة الثقافية العامة لمجتمعه والتي تعد ثقافة الأقلية جزءا لا يتجزأ منها. وعندئذ سيكون الفرد مساهما في تكريس حق الأقلية في التمتع بثقافتها ويتيح المجال للأعضاء الذين ينتمون إلى الأقليات بالتعبير عن ثقافتهم داخل الدولة التي يعيشون في كنفها بحرية ومساواة فعلية ودونما تمييز.

٣- الحق بالجهر في دين الأقلية وإتباع تعاليمه

جاء في الفقرة (٢) من التعليق العام رقم (٤٨/٢٢) الصادر عن اللجنة المعنية بحقوق الإنسان في عام ١٩٩٣ بشأن المادة (١٨) من العهد الدولي الخاص بالحقوق المدنية والسياسية (الحق في حرية الفكر والوجدان والدين)، أن المادة (١٨) تحمي العقائد التوحيدية وغير التوحيدية وكذلك الحق في عدم اعتناق أي دين أو أية عقيدة وينبغي تفسير كلمتي دين أو عقيدة تفسيرا واسعا، فالمادة (١٨) ليست مقصورة في تطبيقها على الديانات التقليدية أو على الأديان والعقائد ذات الخصائص أو الشعائر الشبيهة بخصائص وشعائر الديانات التقليدية.. ولذا تنظر اللجنة بقلق إلى أي ميل إلى التمييز ضد أي أديان أو عقائد لأي سبب من الأسباب بما في ذلك كونها حديثة النشأة أو كونها تمثل أقليات دينية قد تتعرض للعداء من جانب طائفة دينية مهيمنة.

فمفهوم الدين وفق القانون والدراسات الحديثة يؤكد القضاء على جميع إشكال التعصب والتمييز القائمين على أساس الدين والمعتقد، بل يمثل نمطاً للعيش وأسلوبا للتفكير والتعامل مع العالم.

وهذه الفكرة أكدتها اللجنة المعنية بحقوق الإنسان في تعليقها العام رقم (٤٨/٢٢)- كما اشرنا- والصادر في سنة ١٩٩٣ بشأن المادة (١٨) من العهد الدولي الخاص بالحقوق المدنية والسياسية وورد في الفقرة (٤) من التعليق الذي أشارت إليه اللجنة المعنية بحقوق الإنسان.. ولا يقتصر إتباع طقوس الدين أو العقيدة وممارستها على الشعائر فحسب بل انه قد يشمل أيضا عادات مثل إتباع قواعد غذائية والاكتساء بملابس أو أغطية للرأس متميزة والمشاركة في طقوس ترتبط بمراحل معينة من الحياة.

أما بخصوص مضمون حق الأشخاص المنتمين لأقليات في الجهر بديانتهم وإتباع تعاليمها فثمة علاقة وثيقة بينه وبين الحق في حرية الوجدان والفكر والدين المعترف به في القانون الدولي لحقوق الإنسان.. فالأشخاص الذين ينتمون إلى أقليات يتمتعون بمقتضى هذا الحق باختيار ديانتهم بحرية تامة وفي الاشتراك الطوعي بإقامة الشعائر والطقوس الخاصة بديانتهم أو بمعتقدهم وبالجهر والإفصاح بصورة فردية أو بالاشتراك مع الأشخاص الآخرين المنتمين للأقلية ذاتها، سواء في الحياة العامة أم الخاصة عن ديانتهم أو معتقدهم.. كما ينطوي هذا الحق على جانب سلبي أو مانع يتمثل في عدم جواز فرض دين ما قسرا على الأشخاص المنتمين لأقلية ما أو إجبارهم على تلقي تعاليم دين آخر غير ديانتهم.. ويتضمن

هذا الحق أيضا حق الوالدين في اختيار التعليم الديني الذي يرتضيانه لأبنائهم والحق في قيام الأقلية بإدارة الشؤون الدينية لجماعتها بحرية واستقلال تامين وفي إنشاء مؤسسات ومدارس دينية خاصة بالأقلية وتحت إشرافها.

٤- الحق في استعمال لغة الأقلية

تؤدي اللغة وظائف عديدة لبني البشر أهمها تحقيق التواصل والتفاعل بينهم. لقد انقسم الجدال والنقاش المتعلق بتبرير حماية الحقوق اللغوية للأقليات إلى مدخلين أساسيين استند أولهما إلى فكرة أن اللغة أساسية لإنماء الهوية الشخصية وأنها المكون الأهم من مكونات هذه الهوية ولذلك فأن وجود بيئة لغوية وثقافية آمنة هو جوهري لإنماء شخصية الفرد ولا ريب أن هذه البيئة تكون متاحة في العادة للأشخاص المنتمين للأغلبية أكثر منها للأشخاص المنتمين إلى أقليات وهكذا لا يعد مبدأ المساواة وعدم التمييز كافيا وحده لضمان تمتع الأقليات وأفرادها بالمستوى ذاته المتاح للأغلبية وأفرادها.. وتقوم الحاجة إلى الاعتراف للأقليات بمعاملة تفضيلية تكفل لها الحفاظ على السمات والخصوصيات العديدة ومنها اللغة وتكون الدول التي تهمها موضوعة الأقليات ملزمة باتخاذ التدابير الايجابية الكفيلة بتوفير بيئة آمنة ومشجعة للأقليات لإنماء لغاتها وتطوير سماتها وهويتها الخاصة.

وينظر الدارسون والمختصون بالقانون الدولي وحقوق الإنسان إلى اللغة وحمايتها على أساس أن حماية الحقوق اللغوية للأقليات يتمثل في ضمان أن الأفراد جميعهم يتمتعون ببيئة لغوية آمنة ومشجعة.. أما المقاربة الثانية فيمكن وصفها بأنها مقاربة بيئية لأنها تنظر إلى التنوع الثقافي كقيمة في حد ذاته، وانه كالتنوع البيولوجي بحاجة إلى الحماية لما ينطوي عليه من قيمة ذاتية يتعين الحفاظ عليها.

ولا يظهر أن هذه المقاربة تقدم شيئا للاعتراف بحقوق لغوية كحقوق للإنسان وذلك لأنها لا تربط هذه الحقوق بالشخص بل بالمطلق أي باللغة ذاتها.

ويبدو أن الصكوك الدولية المتعلقة بالأقليات قد أخذت بكلا المدخلين.. ففي ديباجة الاتفاقية الإطارية الأوربية بشأن حقوق الأقليات القومية ورد أن المجتمع الديمقراطي والتعددي لا يحترم فقط الهوية الاثنية والثقافية واللغوية والدينية لكل فرد ينتمي إلى أقلية قومية ولكنه ينشئ كذلك الظروف والشروط المناسبة لإتاحة الفرصة لهم للتعبير عن هويتهم والمحافظة عليها وإنمائها.

وقد عبر تقرير لمنظمة الأمن والتعاون الأوربي حول الحقوق اللغوية للأقليات القومية، أعد في عام ١٩٩٩ عن هذه الفكرة حيث جاء فيه: إن كلاً من الحق في عدم التمييز والحق في الحفاظ على الهوية وإنمائها يسهمان في القيام بالوظيفة الأساسية لقانون حقوق الإنسان وهي احترام الكرامة الإنسانية وتساعد الحقوق اللغوية وحقوق الأقليات بشكل عام في ضمان قدرة الأقليات على التمتع بالحقوق التي تتمتع بها الأغلبية ودونما أدنى اختلاف أو تمايز.

وقد ابرز الميثاق الأوربي في ديباجته حقيقة أن حماية اللغات الإقليمية أو لغات الأقليات في أوروبا تسهم في الحفاظ على الثروة الثقافية وإنمائها.

لقد تحدث الكثيرون من المختصين عن علاقة اللغة بالثقافة، فيرى هؤلاء أن أفراد المجتمع الذين يتكلمون لغة واحدة يشتركون في أمور كثيرة في اتجاهاتهم السياسية والأخلاقية بل أنهم يشتركون والى حد بعيد في الطريقة التي ينظرون بها إلى العالم: تصنيفهم للأشياء المحسوسة والمعاني التي يتضمنها كل تصنيف أن أفراد المجتمع المتكون من عدة قوميات واثنيات دينية وأقليات متعددة تعيش كل أقلية منها تاريخها المشترك الواحد الذي تسوده أعراف وتقاليد اتفاقية فهي التي تنظم السلوك ومدى ملاءمته وذلك في جوانب عديدة مثل تناول الطعام، النشأة الاجتماعية للأبناء، الاحتفالات، الزواج وهو ما يطلق عليه في مجموعه ثقافة المجتمع- ثقافة الأقلية بالنسبة لكل أقلية تعيش حياتها وظروفها الخاصة وثقافة المجتمع بالنسبة لمجموع الأقليات أو للمجتمع يتكلم أفراده لغة واحدة ليعيش في ظل ثقافة واحدة.

ولأهمية اللغة بالنسبة للثقافة يرى البعض:

١- أن اللغة مرآة للثقافة تعكسها وتعكس خصائصها الأساسية.

٢- أن اللغة نفسها هي التي تشكل الثقافة وتحدد معالمها.

ويقول فنك: "لا يجب أن ننظر إلى اللغات إلا بوصفها آثاراً معبرة عن عقل الشعوب، ولكي نقوم بدراسة دقيقة ينبغي أن لا نبدأ من اللغة التي ليست إلا نتيجة بل من العقل الذي يخلق اللغة".

لقد تضمن الميثاق الأوروبي للغات الإقليمية أو لغات الأقليات تعريفا وظيفيا للغة الأقلية أو للغة الإقليمية حيث نصت المادة الأولى على أن اللغات الإقليمية أو لغات الأقليات تعني

اللغات المستخدمة تقليديا فوق إقليم معين من الأقاليم الخاضعة للدولة من جانب مواطنيها الذين يشكلون مجموعة اقل عددا من بقية السكان.. وتختلف عن اللغة اللغات الرسمية لهذه الدولة.. ويلاحظ في هذا الشأن أن الميثاق يشير إلى وجود إقليم داخل الدولة وهو منطقة جغرافية تشكل هذه اللغة أسلوب التعبير لعدد من الأشخاص داخلها مما يبرر اتخاذ تدابير مختلفة للحماية وهي تلك المنصوص عليها في الميثاق.

توصيات:

•• بداية ً يجب أن لا نفقد الأمل ولا نجعل اليأس والإحباط يتسللان إلى نفوسنا، بل يجب الإصرار على التمسك بحق العودة وعدم إسقاطه تحت أي ظرف من الظروف، حتى وبالرغم من الترهيب والترغيب والقهر والاضطهاد والمعاناة، وتجارب الدول الأخرى خير دليل علي ذلك. فقد انهدم صرح الفصل العنصري (الابرتهايد) في جنوب أفريقيا بعد أن استمر نحو قرنين من الزمان. ورغم كل الصعوبات عاد اللاجئون تطبيقاً للقانون الدولي، في كل من البوسنة وكوسوفا وتيمور الشرقية ورواندا وجواتيمالا وأبخازيا وجورجيا وقبرص (في دور الإعداد).

•• يتضح من العرض السابق أهمية المدخل القانوني في عرض القضية الشركسية بكل جوانبها، فبالرغم من أن القرارات والقوانين الدولية لم تنصف القضية الفلسطينية على وجه الخصوص إلا أنها تضمنت قدرا لا بأس به من الحقوق التي قد تستفيد منها شعوب أخرى، التي يجب علي كافة المهتمين التأكيد عليها وتبنيها في المحافل والمنظمات الدولية، خاصة مع تزايد أعداد المحاكم الجنائية الدولية، والمحاكم الحقوقية بوجه عام، وتنوع القائمين عليها، مما قد يضمن درجة من التفاعل مع أصحاب هذه الحقوق، بلغة يفهمها المجتمع الدولي المتجه للحديث الدائم عن مفاهيم الشرعية والقانون. وقد شهدت سنوات التسعينات من القرن الماضي ظهور لجان "الحقيقة"، لتحديد المسؤولية عن انتهاكات حقوق الإنسان في العديد من الأماكن على امتداد العالم، أكثرها شهرة هي "لجنة الحقيقة والمصالحة" في جنوب أفريقيا.

•• أيضا يتضح عادة من التعاطي السياسي المكثف لكل قضية وجود فجوة شاسعة بين كل من التناول السياسي، والقانوني، فما يقره القانون بيد، تحاول ألاعيب المفاوضات واستدراجاتها تفريغه من محتواه، بل و فرض واقع مغاير له. ولذا كان لابد من الإشارة الدائمة للقوانين الدولية، كحد أدني لا يتم قبول ما دونه، أو التفاوض للتنازل عنه. لذلك،

يجب إيجاد نواة عمل لتمثل الشراكة بين الشركس في كل مكان، والمهتمين بقضيتهم، وبين المنظمات الحقوقية، وذلك لتفعيل القرارات والقوانين الدولية، وإصدار المزيد منها، بما يدعم حقوق العودة كاملة والتعويض، بلا مزايدة عليها، أو تنازل عنها، والعمل على تأكيد رفض كل ما يتمخض عنه إمكانية التنازل عن أي حق من حقوق الشركس.

•• الجانب المعرفي والتوثيقي للقضية ضروري جدا، فمن الأهمية بمكان تشكيل اللجان المحددة لهذا الغرض، تجمع الوثائق والخرائط والمعلومات والقرارات، وتعرض لها في كافة المناسبات، مستخدمة ما هو متوافر من إمكانات فنية حديثة، مع استمرار تعليمها للأجيال والأبناء حتى لا تفتر علاقتهم بقضيتهم الأساسية.

الهوامش:

(١): تيـري رامبـل: نظـرة الـى الخلـف، نظرتـان الى الأمـام:

http://www.badil.org/Arabic-Web/haq-alawda/articles11.htm

(٢) دليل حق العودة:

http://www.palestineremembered.com/Acre/Right-Of-Return/Story2254.html

(٣) زياد المشوخي: في ذكرى النكبة... لا لعودة اللاجئين:

8http://www.almoslim.com/node/8591

(٤) أحمد صدقي الدجاني: مستقبل فلسطينيي الخارج في ظل اتفاقات التسوية.

(٥) زياد الشولي: مشاريع التوطين وحق العودة:

http://www.alzaytouna.net/arabic/print.php?a=48056

(٦) عبلة أبو علبة: المرأة الفلسطينية خارج الأراضي المحتلة:

http://www.amanjordan.org/aman_studies/wmprint.php?ArtID=57

(٧) زياد اللهاليه: من نتائج زيارة بوش إلغاء حق العودة وتعديل الحدود ويهودية الدولة:

http://www.amin.org/look/amin/article.tpl?IdLanguage=17&IdPublication=7&NrArticle=44132&NrIssue=1&NrSection=2

(٨): د. لطفي زغلول:الدولة الفلسطينية.. التعريف وتحديد المعالم

http://www.masarat.net/home/index.php?option=com_content&task=view&id=2645&Itemid=40

(٩) وليد الشيخ: برلين استضافت مفاوضات التخلي عن حق العودة#.

هل يكون# ٢٠٠٨# عام تصفية القضية الفلسطينية؟

http://fatehforums.com/showthread.php?t=118744

و - القضية من وجهة حقوق الانسان[1]:

الإعلان العالمي لحقوق الانسان

المعتمد بموجب قرار الجمعية العامة رقم ٢١٧ أ

(د – ٣) بتاريخ ١٠ كانون الأول عام ١٩٤٨

ملاحظات حول مخالفات القيصرة الروسية، الاتحاد السوفييتي وما بعد الشيوعية لمبادئ حقوق الانسان:

- المادة رقم (١):

- يولد جميع الناس أحراراً متساوين في الكرامة والحقوق، وقد وهبوا عقلاً وضميراً وعليهم أن يعامل بعضهم بعضاً بروح الإخاء.

- لم تتعامل روسيا القيصرية مع الشراكسة بروح الإخاء مطلقاً، اذ شنت عليهم حرباً مدمرة لما يزيد على مائة سنة. وقد سلبتهم حريتهم في نهاية تلك الحرب، ولم تلتفت الى كرامتهم وحقوقهم.

- المادة رقم (٢):

- لكل إنسان حق التمتع بكافة الحقوق والحريات الواردة في هذا الاعلان دون أي تمييز، كالتمييز بسبب العنصر أو اللون أو الجنس أو اللغة او الدين أو الرأي السياسي أو اي رأي آخر، أو الأصل الوطني أو الاجتماعي أو الثروة أو الميلاد أو اي وضع آخر، دون أية تفرقة بين الرجال والنساء.

- حرمت روسيا القيصرية الشراكسة من حريتهم، وميزت ضدهم بسبب دينهم الاسلامي، فقد قالت الامبراطورية كاثرين الثانية (العظيمة): إما ان يعود الشركس الى المسيحية، أو يرحلوا ".

كذلك، ميزت روسيا القيصرية ضد الشراكسة في البقعة التي يعيشون عليها، إذ عرضت

---

(1) • http://www.unhchr.ch//udhr/lang/arz-print.htm

•• http://www.un.org/overview/rights.html

عليهم أما الرحيل الى تركيا العثمانية أو الانتقال للسكن في مناطق المستنقعات والاراضي القاحلة خلف نهر الكوبان.

- المادة رقم (٣):

- لكل فرد الحق في الحياة والحرية وسلامة شخصه.

- تشير سجلات الارشيف العسكري الروسية الى مقتل حوالي نصف الأمة الشركسية على مدى قرن من الحروب، ثم اثناء النفي والإبعاد القسريين الى تركيا، وبذلك فقد حرمتهم من حقهم في الحياة والسلامة الشخصية.

- المادة رقم (٥):

- لا يعرض اي إنسان للتعذيب ولا للعقوبات أو المعاملات القاسية أو الوحشية أو الحاطّة بالكرامة.

- إن النفي القسري الذي تعرض له الشراكسة باجبارهم على الرحيل عن مناطق سكناهم الى شواطئ البحر الأسود، وتركهم في العراء، ينتظرون السفن التي ستقلهم الى تركيا العثمانية، بدون توفير الماء والغذاء والمرافق، ولا حتى أي غطاء يقيهم تقلبات الطقس، ضرب من التعذيب والمعاملة القاسية التي تصل الى حد الإبادة الجماعية. وقد كانت النتيجة الفعلية فناء نصف الأمة الشركسية.

- المادة رقم (٦):

- لكل إنسان اينما وجد الحق في أن يعترف بشخصيته القانونية.

- تنكرت روسيا القيصرية للشخصية القانونية الشركسية عندما الغت كيانها السياسي والقبلي.

- المادة رقم (٧):

- كل الناس سواسية أمام القانون ولهم الحق في التمتع بحماية متكافئة عنه دون أية تفرقة، كما أن لهم جميعاً الحق في حماية متساوية ضد اي تمييز يخل بهذا الإعلان وضد اي تحريض على تمييز كهذا.

- بعد أن أتمت روسيا القيصرية احتلال بلاد القفقاس، عاملت الشراكسة بمنتهى الظلم، فمثلاً: سمحت للقوزاق بحمل اسلحتهم، وحرمت الشراكسة من هذا الحق، وكانت السلطات الروسية تتغاضى عن شكاوى الشراكسة ضد القوزاق حتى حينما كان الأمر يتعلق بجرائم القتل والسرقة بالإكراه والعنف.

- المادة رقم (٨):

- لكل شخص الحق في أن يلجأ الى المحاكم الوطنية لإنصافه عن أعمال فيها اعتداء على الحقوق الأساسية التي يمنحها له القانون.

- الغت روسيا القيصرية المحاكم القبلية التقليدية التي كانت موجودة قبل الاحتلال، وأسست مكانها جهازاً قضائياً متحيزاً بالكامل الى المستوطنين الروس والقوزاق.

- المادة رقم (٩):

- لا يجوز القبض على أي انسان أو حجزه أو نفيه تعسفاً.

- قام النظام القيصري بالقبض على أمه بكاملها ونفى اغلب سكانها تعسفاً بعد احتجازهم على الشواطئ حتى مات نصفهم من الجوع والأوبئة.

كذلك، فقد مارس النظام السوفياتي النفي والإبعاد والاحتجاز التعسفي بشكل واسع، اذ كان النفي الى سيبيريا عقوبة شائعة بناءً على مجرد مكيدة شخصية أو وشاية فردية.

- المادة رقم (١٢):

- لا يعرَّض أحد لتدخل تعسفي في حياته الخاصة أو أسرته أو سكنه او مراسلاته او الحملات على شرفه وسمعته. ولكل شخص الحق في حماية القانون من مثل هذا التدخل او تلك الحملات.

- مارس النظام القيصري وبعده النظام السوفياتي كافة انواع التجسس والرقابة.

كذلك قام النظام السوفياتي بحملات تعسفية على من وصفهم باعداء النظام ونكَّل بهم. ولم يكن هناك اي وجود لحماية القانون من مثل ذلك التدخل او الحملات.

- المادة رقم (١٣):

(١) لكل فرد حرية التنقل واختيار محل اقامته داخل حدود كل دولة.

- لم يكن الشراكسة احراراً في التنقل أو حتى السفر من مدينة الى أخرى الا بموجب تصاريح رسمية، ولم يكن الحصول عليها ممكناً بسهولة، لا اثناء الحكم القيصري ولا في الحقبة السوفييتية.

(٢) يحق لكل فرد ان يغادر أية بلاد بما في ذلك بلده كما يحق له العودة اليه.

- جرت محاولات فردية وجماعية كثيرة لعودة المهجرين اثناء الحكم القيصري، ولكنها قمعت بالقوة.

كذلك منع الاتحاد السوفييتي الشراكسة من المغادرة أو العودة. حتى الزيارات بقيت ممنوعة فترة طويلة، ثم سمح بها تحت رقابة صارمة، بحيث لم يكن يسمح لشراكسة الشتات الا زيارة المناطق " المفتوحة " دون غيرها.

ولم يسمح لهم بالتنقل بين المدن إلا برفقة مسؤولين أمنيين وضمن شروط ضيقة محددة.

- المادة رقم (١٤):

(١) لكل فرد الحق ان يلجأ الى بلاد أخرى او يحاول الالتجاء اليها هرباً من الاضطهاد.

- لم تسمح السلطات السوفييتية بخروج مواطنيها الا ضمن أضيق الحدود.

- المادة (١٧):

(١) لكل شخص حق التملك بمفرده او بالاشتراك مع غيره.

- صادر النظام القيصري بلاد الشراكسة بكاملها. بحيث الغى حق التملك لغالبية السكان. ثم قام الاتحاد السوفييتي بإلغاء حق التملك نهائياً.

(٢) لا يجوز تجريد أحد من ملكه تعسفاً.

- وهذا هو بالضبط ما فعله النظام القيصري وأتمّه الاتحاد السوفييتي.

- المادة رقم (١٨):

- لكل شخص الحق في حرية التفكير والضمير والدين. ويشمل هذا الحق حرية تغيير ديانته أو عقيدته، وحرية الإعراب عنهما بالتعليم والممارسة وإقامة الشعائر ومراعاتها سواء كان ذلك سراً أم علانيةً .

- اضطهد المسلمون في العهد القيصري. ثم جاء الاتحاد السوفييتي فأضطهد المسلمين والمسيحيين على حد سواء. اغلقت المساجد والكنائس وحتى الكنس. اضطهد رجال الدين من كافة الأديان، ومنع الناس من ممارسة عباداتهم الا في أضيق الحدود، وبالقدر الذي يخدم المصالح السياسية للعهدين.

- المادة رقم (١٩):

- لكل شخص الحق في حرية الرأي والتعبير. ويشمل هذا الحق حرية اعتناق الآراء دون أي تدخل، واستقاء الأنباء والأفكار وتلقيها واذاعتها بأية وسيلة كانت دون تقيد بالحدود الجغرافية.

- لم يمنح اي من العهدين: القيصري والسوفييتي أياً من هذه الحقوق بل كانا يجبران المواطنين اما على امتداح العهد أو الصمت.

- المادة رقم (٢٠):

- لكل شخص الحق في حرية الاشتراك في الجمعيات والجماعات السلمية.

- لم يكن هناك أي وجود للاحزاب أو الجمعيات في العهد القيصري. ولم يسمح الاتحاد السوفييتي بأي احزاب او جمعيات ماعدا الحزب الشيوعي والتنظيمات المنبثقة عنه.

الفصل الثالث

الظروف والمتغيرات الدولية - احتمالات المستقبل

التطور، التغير، التبديل: هي صفات كل الكائنات في هذا الكون، لاشيء ثابت ويبقى على حالة سوى الحق سبحانه وتعالى، أما الثابت الآخر، فهو حقيقة التغير، مع كل ثانية تمر.

ليس الشراكسة أستثناءً من هذا الناموس، لا في وطنهم الأم، ولا في الأوطان التي يعيشون فيها وينتمون إليها حالياً، فالدنيا من حولهم تتغير، والظروف والاوضاع السياسية في تبدل مستمر، خاصة في منطقة الشرق الاوسط، حيث تعيش أغلبية الشراكسة، وفي الجمهوريات الاسلامية الآسيوية التي تحاذي روسيا الفدرالية الى الجنوب.

استقرت أوضاع الشراكسة في تركيا بشكل ممتاز، ودخل الشراكسة معظم ميادين الحياة فيها، لكنهم ابدعوا في مجالي الزراعة والجندية، وهذا غير مستغرب لأنه ينسجم مع فطرتهم، فقد كانوا على الدوام مزارعين ومقاتلين.

وكذلك في سورية، فقد سكن معظم الشراكسة في منطقة الجولان الخصيبة ذات المياه الوفيرة، حيث شيدوا المزارع وعمروا القرى، وانخرط ابناؤهم في القوات المسلحة فشغلوا أعلى الناصب وكان سجلهم مشرفاً في كل المعارك التي خاضتها سورية مع أسرائيل.

أما في الاردن، فقد ساهم الشراكسة في إعادة اعمار مدينة عمان منذ سبعينات القرن التاسع عشر، وشاركوا في النهضة الزراعية والعمرانية، كما تميزت خدمتهم في القوات المسلحة الاردنية، بالانضباطية والاستقامة والحزم والشجاعة، فتسلموا في أكثر من فترة، قيادة القوات المسلحة الأردنية، لكن اكبر انجازاتهم كانت في الميدان السياسي، حيث بلغت ثقة العائلة الهاشمية بهم حد أن تسلّم المرحوم سعيد المفتي رئاسة الوزراء أربع مرات، وتولى مسؤولية الوصاية على عرش الأردن حينما كان الملك الحسين رحمه الله دون السن

القانونية. ومن أصل إثنين وتسعين وزارة شكلت حتى العام ٢٠٠٦، لم تخل سوى وزارتين من وزير شركسي، ولم يكن أستثناء الشراكسة من الوزارتين متعمداً.

نسوق هذه المقدمة حتى نبرز تمسك الشراكسة بمواطنتهم واعتزازهم بها في اقطار تواجدهم الثلاثة، لكننا وفي الوقت نفسه، نود أن نلفت الانتباه الى ضرورة الإحتياط للمستقبل وعدم الارتكان الى الوضع الحالي واعتباره دائماً، لأن منطقة الشرق الأوسط التي تتواجد فيها غالبية الشراكسة معرضة لاحتمالات التغير والتبديل والتدخلات الأجنبية المستمرة، وذلك بسبب وجود النفط من جهة، ووجود اسرائيل من جهة ثانية، ولن تستقر الأوضاع في هذه المنطقة الا في حالتين:

١- نضوب النفط او توصل الأبحاث العلمية الى بديل متجدد له، يلغي أهميته بوصفه مصدراً اساسياً للطاقة، وهذا أمر مستبعد في الظروف الحالية.

٢- التوصل الى حالة السلام العادل و الشامل بين الدول العربية واسرائيل، وحصول الشعب الفلسطيني على كافة حقوقه الوطنية، وهو أمر مستبعد بدوره بسبب التعنت الاسرائيلي وعقلية الحصار، وتصميم اسرائيل على الاستيلاء على كامل التراب الفلسطيني والغاء هوية هذا الشعب، مع استمرارها في العيش بعقلية الحصار والاستعلاء على الشعوب الأخرى ضمن عقدة شعب الله المختار.

وسط هذه المعادلة المستحيلة، والتي لابد أن تضاف أليها قضية أخرى ملحة هي قضية مصادر المياه، والتي يصر العديد من الخبراء على أن الماء سيكون سبب قيام العديد من الحروب في المستقبل، فإن هذا مؤشر على احتمال قيام ظروف غير ايجابية بالنسبة للشراكسة في المستقبل، إذ ربما تنشأ – لا سمح الله – اوضاع سياسية معادية لتواجد الشراكسة في هذا من اقطار الشرق الأوسط الثلاثة، وهكذا يصبح امتلاكهم لحق وخيار العودة الى الوطن الام مسألة ملحة وضرورة يجب أن تكون متاحة ومتوفرة لمن يرغب فيها، وهذا لا يتم الا بالعمل الدؤوب للتوصل الى اتفاقات ومعاهدات مع الفدرالية الروسية، وهو ما سيتم بحثه لاحقا.

وهنا لابد من التشديد على أن مثل هذا المنحى يجب أن لايؤثر مطلقاً على مواطنة الشركسي في الأردن أو سوريا او تركيا او اي مكان آخر، ولاينتقص من حقوقه على الإطلاق، لانه، وكما يحاول هذا الكتاب أن يثبت، فالشركسي صاحب قضية مثل الفلسطيني تماماً،

له حقوق في أرض اجداده، وعلى شعوب ودول الدنيا كلها الاعتراف له بهذه الحقوق. يضاف الى ماسبق، الخطط الامريكية الهادفة الى محاصرة الفدرالية الروسية وربما تفكيكها حتى لاتعود لتحتل موقع الاتحاد السوفييتي السابق في المسرح العالمي، لأن ذلك سيعني تخليها عن موقع القوة المهيمنة على العالم. وروسيا الفدرالية - بقاعدتها الصناعية العسكرية العريضة ووجود النفط والغاز بكثرة لديها، اضافة الى التنوع الجغرافي الهائل وعوامل عديدة أخرى، هي المرشح الأقوى لتقاسم الولايات المتحدة الهيمنة على العالم، ربما يفسر هذا بناء العديد من القواعد العسكرية في الجمهوريات الاسلامية الآسيوية، وزحف حلف شمال الأطلسي شرقاً من أوروبا، كذلك هناك اللوبي اليهودي القوي الذي تمكن، بالتآمر مع الرئيس السابق يلتسين والدعم الامريكي، من الاستيلاء على قطاع هائل من مقدرات روسيا الفدرالية الاقتصادية سواء في مجال النفط أو الصناعة او البنوك، أضافة الى السيطرة شبه التامة على الإعلام الروسي.

صحيح أن الرئيس الروسي السابق ورئيس الوزراء حالياً فلاديمير بوتين يقوم بجهود حثيثة حالياً لمحاربة كل هذه الضغوط، والعودة بروسيا الفدرالية الى موقع الاتحاد السوفييتي، إلا أن أحداً لايمكنه التكهن بمدى النجاح الذي سيحرزه لأن مقدار التغلغل والسيطرة اللذين احدثهما اليهود في أقتصاد روسيا يحتاج الى جهود هائلة مخلصة والى نفس القدر من الدهاء اليهودي للتخلص من آثاره.

امام كل هذه التيارات والمتغيرات، ينبغي على الشراكسة خارج القفقاس أن يمارسوا قدراً كبيراً ومدروساً من اليقظة والاحتياط، من الوعي الراشد المتعمق لنتائج تلك المتغيرات وتأثيراتها على القضية في المدى القريب والمتوسط و البعيد، وأن يتعظوا بالعبر المستقاة من الدروس الحية من ماضيهم المأساوي وحاضرهم المتوتر.

وحتى نتمكن من الإحاطة بالوضع الشديد الخطورة والتأثير العميق على القضية الشركسية، لابد لنا من فهم الأوضاع السياسية داخل روسيا الفدرالية وفي الدول المحيطة بها، خاصة الدول ذات الأغلبية المسلمة وابرز هذه الأوضاع:

١- القضية الشيشانية:[1]

لقد سهلت الحرب في بلاد الشيشان عملية اللجوء الى التطرف الاسلامي في شمال القفقاس، وفي داخل روسيا بشكل عام. واليوم بدأ التطرف الاسلامي ينمو ويتعاظم داخل البلاد، الى جانب تيار البعث الاسلامي، الذي يستمد التطرف منه قوته.

كما أدت الحرب الى ظهور مئات الآلاف من المهجرين، وهو تطور أدى الى نشوء حالات من التوتر بين الاغلبية السلافية وسكان البلاد المسلمين الذين تتناقص اعدادهم، مما رسخ وجود اعمال العنف والإرهاب كحقيقة في واقع روسيا ما بعد الاشتراكية . مع أن هذه الحرب أدت الى عزلة روسيا سياسياً ودبلوماسياً في الغرب، إلا أنها أصبحت عاملاً مهما في تغير سياسة موسكو بشكل كامل بعد احداث الحادي عشر من ايلول عام ٢٠٠١ وتبعاتها، بحيث اتخذت منحى تقارب واضح مع الولايات المتحدة وحلف الناتو.

كذلك فان الحرب الشيشانية شكلت رمزاً متفرداً إلى خسارة روسيا لوضعيتها كامبراطورية. فقد كان الاتحاد السوفييتي استمراراً للامبراطورية الروسية، لكن الفدرالية الروسية لم تعد امبراطورية، إلا أنها في نفس الوقت لم تصبح جمهورية ديمقراطية بالمعنى الكامل للوصف، وهكذا فإن المسألة الشيشانية تراوح بين هاتين الحالتين للدولة الروسية، ويظل التطور الايجابي للدولة يعتمد في قسم كبير منه على حل المعضلة الشيشانية.

تواجه روسيا الفدرالية اليوم اكثر التحديات جدية على المحور الجنوبي، وسوف تستمر في مواجهتها في المستقبل المنظور.

ففيما عدا الدول الاسلامية والقيادات الاسلامية المتنامية في قوتها وتأثيرها، هناك مشكلة قازاخستان، التي تشكل اكبر تحدٍ امني لروسيا الفدرالية خارج حدودها، إذ يعتمد الاستقرار في علاقاتها الاثنية على مدى نجاحها في التعامل مع مصالحها ومواطنيها ذوي الأصول الروسية الذين تتركز مصالح روسيا الفدرالية فيهم.

---

(1) •The Time of the south: Russia in Chechnya , Chechnya in Russia*

- http://pubs.carnegie.ru/English/books/200209/am-dt/summary.asp
- http://en.wikipedia.org/wiki/chechen-people
- http://people.uncw.edn/horanj/pls230/world politics-chechnya.htm
- International Relations and Security Network (ISN) 2006 ISN

مقابل الخلفية التي تغلب عليها الايجابية في تحول روسيا الى دولة عصرية، فأن علاقة روسيا بالدول الإسلامية والإسلاميين يمكن أن تشكل عائقاً مالم يتم التعامل معها بايجابية وايجاد حلول مقبولة. في هذه الحالة فإن الدول الاسلامية المعنية بهذا الوضع هي المجتمعات المسلمة داخل روسيا نفسها وهي باشكورتوستان، تتارستان، داغستان وبلاد الشيشان، اضافة الى الدول المسلمة الست الجديدة (اذربيجان، قازاخستان قيرغيزستان، طاجيكستان، تركمانستان، وأوزبكستان) الواقعة على حدود روسيا الجنوبية، والتي نشأت بعد انهيار الاتحاد السوفيتي. يزيد مجموع عدد سكان هذه الدول الست عن ستين مليوناً، أو ما يعادل اربعين بالمئة من سكان روسيا الفدرالية.

يمكن ملاحظة التطور السريع في الوعي السياسي لدى النخب الوطنية داخل الفدرالية الروسية، بما في ذلك الجمهوريات المسلمة تقليدياً في اقليم الفولغا وشمال القفقاس. فقد سبق واعلنت كل من تتارستان وباشكورتوستان سيادتهما، وطالبتا بعلاقة كونفدرالية واقعية مع بقية روسيا الفدرالية. لكن هذه المطالب جرى تخفيفها وتعديلها، نوعاً ما، ولم يتم التخلي عنها كلياً.

تستمر ظاهرة البعث الإسلامي في النمو والتطور داخل الفدرالية الروسية، وقد أصبح الظهور والتسييس الحتميان للاحزاب والحركات الاسلامية المختلفة، حقيقة مشروعة، واصبح هؤلاء مشاركين شرعيين في العملية السياسية، سواء كان وجودهم معترفاً به رسمياً ام لا. ليست هذه المؤسسات مجرد ادوات للتواصل بين المجتمعات المسلمة المختلفة، بل هي أيضاً مراكز لتنسيق الانشطة داخل " القطاع الروسي من العالم الإسلامي " إذا صح التعبير، وهي بهذه الصفة عوامل مساعدة على تحقيق مصالح المجتمعات المسلمة.

يؤثر العامل الاسلامي على الوضع داخل روسيا كما يؤثر بالقدر نفسه على سياسة روسيا الخارجية. إن ما يعطي هذا العامل أهمية خاصة هو ان التشدد الاسلامي قد تعاظم في نهاية القرن العشرين. فقد نشأت الصراعات وتطورت في دول وسط آسيا: في القفقاس، في افغانستان، والشرق الأوسط وفي اجزاء أخرى من العالم الاسلامي، قام الإسلام فيها بأحد أهم ادوار التعبئة، وحرك مجموعات اجتماعية وإثنية رئيسة.

وقد تركت هذه الصراعات، بدورها، أثراً كبيراً على السياسات العسكرية للدول المجاورة، بما فيها روسيا. لقد مضى ربع قرن على قيام القوات السوفييتية ثم الروسية بعمليات عسكرية ضد قوات مسلمة بحته: في افغانستان (١٩٧٩ - ١٩٨٩)، في طاجيكستان (١٩٩٢ - ١٩٩٣)،

خلال الحملة الشيشانية الأولى (١٩٩٤ - ١٩٩٦)، في الداغستان (١٩٩٩) وخلال الحملة الشيشانية الثانية (١٩٩٩ وحتى الآن). كذلك فقد وجهت قوات التحالف الدولية بقيادة الولايات المتحدة ضربة الى المتطرفين من العالم الاسلامي، وقد انضمت اليها روسيا في اواخر عام ٢٠٠١. كما تقوم قوات الناتو حالياً بعمليات عسكرية على الارض الافغانية وعلى الحدود مع باكستان. ويقوم المدربون والمستشارون الامريكان بتدريب القوات الحكومية في الفلبين وجورجيا لمقاتلة الثوار المسلمين. حتى لو استثنينا ايران، فلسطين، العراق، كشمير واقليم زينجيانغ من القائمة، فقد اصبح واضحاً انه يتوجب على الدول التي تقود العمليات المسلحة ضد الانفصاليين الاسلاميين والمتطرفين ان تقوم بتدعيم البعد غير العسكري من سياساتها، حتى لا يُسمح للصراعات المنفصلة ان تتحول الى " صدام حضارات ".

يجب العمل على تحويل مفهوم " الامبراطورية " الى شكل جديد بكل المقاييس من خلال بعدين في آن معاً: البعد الداخلي المحلي المتمثل في بلاد الشيشان وشمال القفقاس، والبعد الاجنبي المتمثل في آسيا الوسطى واجزاء من الشرقين الأدنى والأوسط، وهذه عملية في منتهى الصعوبة، لكنها بدأت، اذ يمكن القول بكل تأكيد بأن الطريق الى استعادة امبراطورية روسيا في آسيا واوروبا تحت اي مسمى مهما كان، قد اغلقت مرة واحدة والى الأبد. فان رئيس الوزراء فلاديمير بوتين هو الآن زعيم دولة وطنية وليس رئيساً لآي امبراطورية، وواضح ان الغاية الرئيسة لسياسات ادارته هي تحديث البلاد وليس استعادة امبراطورية.

هناك مجموعة جديدة كلياً من التحديات والامكانات قادمة من الجنوب باتجاه روسيا، وهي في هذه الحالة يمكن تعريفها على انها شمال القفقاس وآسيا الوسطى، والشرقان الأدنى والأوسط.

وهذه لا تشكل مجرد محيط روسيا الخارجي، بل هي أيضاً جزء من سلسلة اقاليم محصورة داخل المناطق الروسية، من شمال القفقاس وحتى اقليم نهر الفولغا.

إن التحديات والتهديدات الصادرة عن هذا المحور، وكما من محاور اخرى، في القرن الحادي والعشرين، تختلف كلياً عن تهديدات القرنين التاسع عشر والعشرين، فقد فقدت " اللعبه العظمى " للقوى الرئيسة معناها السابق حيث اصبحت السيطرة على حدود روسيا التقليدية والأقاليم الحدودية على الانماط القيصرية، الاشتراكية وحتى الانجلو - هندية مستحيلة منذ زمن بعيد. اضافة الى ذلك، فان السيطرة الرسمية لا تشكل اي عائق امام اولئك الذين يمتلكون القوة غير الملزمة ضمن الشروط الاقتصادية والمالية والمعلوماتية

للعولمة. فبالنسبة لقواعد اللعبة الجديدة، لم تعد لعبة غير مجدية سواء بالنسبة للمنتصرين أو المنهزمين.

إن السيطرة على مصادر الوقود والطاقة في منطقة بحر قزوين، ونقلها الى الاسواق العالمية قادرة من حيث المبدأ على خلق الشروط الأولية لموجة ثانية من التحديث والتطوير في مجتمعات وأمم جنوب القفقاس وآسيا الوسطى. ويمكن أيضاً خدمة هذه الغاية بفتح هذه الاقاليم أمام كل من الولايات المتحدة وروسيا، الاتحاد الاوروبي ودولتي الصين واليابان الآسيويتين. واوضح دليل على هذا القول الاعتمادية المتبادلة بين روسيا نفسها والدول الغربية في مسألة الطاقة.

سيكون لنجاح جهود ايران او اخفاقها في دمج الإسلام مع الديمقراطية والتحديث نتائج هائلة على الشرق الأوسط برمته. ففي المدى البعيد، ستصبح عملية احلال الديمقراطية على قواعد وأسس وقيم المنطقة من اهم النتائج، بل ستصبح المحرك الأساس لتحديث هذه المنطقة. ربما يكون نشوء نظام سياسي باتجاهات معروفة ومسؤولة في طهران احد الأسس لاستقرار المنطقة.

لكن احتمالات حل القضية الشيشانية تظل بعيدة وغامضة. فقد وصلت الأمور الى طريق مسدود بعد عام ٢٠٠٠. فعلى الرغم من الغارات العدائية التي لا تتوقف، وأعمال التخريب، وارقام ضحايا الحرب المتصاعدة، لا ينوي الروس سحب جنودهم من بلاد الشيشان. وفي الوقت نفسه، فان محاولة فرض تصور موسكو " الاتفاقية " على الشيشان سيبرهن على انه غير مجد بنفس المقدار. بالامكان تعديل دستور جمهورية الشيشان بمبادرة من الكرملين، وربما تجرى الانتخابات تحت سيطرة الجيش، ويمكن تشكيل اعضاء ممثلين في الحكومة من الشيشان المخلصين، لكن كل هذا لن يمنح السلطات أي شرعية في نظر الشعب. لذلك يجب دفع النخب الشيشانية باتجاه تسوية ونحو تسلم المسؤولية عن الجمهورية الشيشانية امام مجتمعهم. إن تحديد ماهية وشكل العلاقة المستقبلية بين الفدرالية الروسية وبلاد الشيشان مسألة عائدة الى المرحلة التالية من التطوير.

إن اهم عنصر من منظور المصالح الروسية، هو ضمان الأمن الوطني والاقليمي.

وسيكون تحقيق ذلك مستحيلاً بدون تعاون الشيشان.

وهذا يمثل تحديين على الاقل بالنسبة لروسيا الفدرالية. أولهما، هناك تحدي التعددية الثقافية، وثانياً، هناك حاجة الى انسجام الاستقلال الثقافي الاسلامي مع النموذج الأوروبي لتطوير روسيا كلها.

إن بلاد الشيشان تتحول بطريقة ما الى بؤرة لمعظم هذه المشاكل. إذ لا تستطيع روسيا ان تصبح دولة حديثة، مزدهرة وديمقراطية طالما بقيت العقدة الشيشانية قائمة بدون حل، واللافت للنظر ان العكس صحيح أيضاً: سيكون للإصلاحات العميقة الجدية في روسيا تاثير ايجابي على احتمالات حل تلك العقدة.

قد يتمكن الكرملين من ان يعدل دستور جمهورية الشيشان كبادرة منه، بحيث يمكن اجراء انتخابات وتشكيل حكومة شيشانية متحررة من نفوذ موسكو، لكن هذا أيضاً لن يمنح الحكومة شرعية في نظر الشعب. لذلك يجب أقناع النخب الشيشانية بقبول تسوية ما وتسلم المسؤولية والسلطة امام الشعب الشيشاني. وهكذا، فأن تحديد ماهية وشكل العلاقة المستقبلية بين الفدرالية الروسية وبلاد الشيشان مسألة مرتبطة بالمرحلة التالية من التطوير ونزوع روسيا الى الديمقراطية. ولن تتمكن روسيا من ضمان وتحقيق الأمن الوطني والاقليمي الذي يشكل أهم عنصر في السياسة الروسية، الا بتعاون الشيشان، وهذا يشكل تحديين لروسيا الفدرالية. الأول هو تحدي التعددية الثقافية والثاني انسجام الاستقلال الثقافي الإسلامي مع النموذج الاوروبي لتطور روسيا.

ولا يشكل النصر الروسي على الثوار الشيشان في المدن، وبدء تعمير جروزني المهدمة نهاية المطاف، كما ان تصريحات بوتين بانتهاء اعمال العنف تبدو مبتورة وتكذبها العمليات التي تقع بين حين وآخر.

٢- جمهورية باشكورتوستان[1]

هي احدى جمهوريات الفدرالية الروسية. تحتوي على قسم من سلسلة جبال الاورال الجنوبية والسهول المتاخمة.

تبلغ مساحتها ١٤٣,٦٠٠ كيلو متر مربع، وعدد سكانها أربعة ملايين نسمة (حسب التقدير الإحصائي لعام ٢٠٠٢). عاصمتها أوفا.

تبلغ نسبة السكان المسلمين فيها حوالي ثلاثين بالمئة. بينما تبلغ نسبة السكان المسيحيين الارثوذكس قرابة ٣٦ ٪، وجلهم من اصل روسي.

باشكورتوستان غنية بالأنهار، إذ يجري فيها ١٣٠٠٠ نهر. العديد منها صالح للملاحة بسبب عمق مياهه، ويشكل جزءاً من نظام النقل النهري لروسيا الأوروبية، الذي يوفر امكانية الوصول الى الموانئ على البحر الأسود وبحر البلطيق.

كذلك، فان باشكورتوستان من أغنى مناطق روسيا الفدرالية بالمعادن، إذ تتوفر فيها ترسبات لحوالي ٣٠٠٠ مادة خام، كما أنها غنية باحتياطيات النفط، والغاز الطبيعي والفحم، ومن مصادرها الرئيسة أيضاً: خام الحديد، المنجنيز، الكروم، الرصاص، التنجستن، الفلورايت، الكبريت، السبار، البارايت، السيليكا، الاسبست والتالك، إضافة الى الاحجار الكريمة ونصف الثمينة مثل الملاكايت، واليشب والجرانيت.

وهي بذلك احدى اهم قواعد الصناعات التكريرية والتعدينية في روسيا الفدرالية، كما ان باشكورتوستان غنية بالغابات، إذ تغطي اشجارها اكثر من ثلث مساحة البلاد. ويتوفر فيها العديد من ينابيع المياه المعدنية العلاجية.

يوم ١١ تشرين الأول عام ١٩٩٠ تبنى مجلس السوفييت الأعلى لباشكورتوستان اعلان سيادة جمهورية باشكير الاشتراكية السوفييتية، وأعيد تسمية البلاد جمهورية باشكوتورستان يوم ٢٥ شباط عام ١٩٩٢.

كما جرى توقيع اتفاقيتين فدراليتين بشأن فصل السلطات بين روسيا الفدرالية

---

(1) • Wikipedia

• http://en.wikipedia.org/wiki/Bashkortostan 132006/12/2 & 2008/1/

• http://en.wikipedia.org/wiki/Bashkirs 32006/12/

وباشكورتوستان، اضافة الى التفويض المتبادل للسلطات بين اعضاء السلطة في الفدرالية وباشكورتوستان يومي ٣٠ آذار عام ١٩٩٢ و ٣ آب عام ١٩٩٤.

انتخب السيد مرتضى عبيدالله رحيموف رئيساً للبلاد عام ٢٠٠٦، والذي كان قبلها رئيس مجلس السوفييت الأعلى للجمهورية منذ العام ١٩٩٣.

يتألف برلمان الجمهورية من ١٢٠ عضواً، ويسمى " الكورولتاي ".

تم تبني دستور الجمهورية يوم ٢٤ كانون الأول عام ١٩٩٣. تشدد المادة الأولى منه على ان باشكورتوستان دولة ذات سيادة ضمن روسيا، وتتمتع بكافة سلطات الدولة بما لا يتجاوز سلطة الفدرالية الروسية. جمهورية باشكورتوستان تابع كامل الأهلية للفدرالية الروسية على أسس متساوية ومتفق عليها.

تضمن باشكورتوستان في دستورها ان الحكم الذاتي مضمون ومعترف به على جميع أراضيها بالتوافق الكامل مع قواعد القانون الدولي المعترف بها، ومواد التشريع الاوروبي حول الحكم الذاتي ودستور الفدرالية الروسية.

تمارس باشكورتوستان التعامل مع كافة مسائل التنظيم الإقليمي الإدارية بنفسها.

يعتمد الاقتصاد في باشكورتوستان على صناعة استخراج النفط وتصنيعه، لكن هذه الصناعة لم تشهد الكثير من التطوير منذ انهيار الاتحاد السوفييتي.

وقد تم منح معظم مفاتيح هذه الصناعة بعد خصخصتها الى الفعاليات المقربة من عائلة الرئيس مرتضى رحيموف.

كذلك، فان الجمهورية تمتلك امكانات علمية وتقنية عالية. ففيها يوجد حوالي ستين مؤسسة علمية ناشطة. وهناك ابحاث اساسية وتطبيقية يجري العمل عليها في اثنتي عشرة مؤسسة، وهناك ٢٩ معهد لمختلف الصناعات اضافة الى مكاتب التصميم والدراسات.

لقد استقر نظام التربية الشعبية والتعليم بين افراد شعوب الباشكير منذ قرون طويلة وينعكس في الفولكلور، العادات الوطنية والتقاليد. عندما انتشر الإسلام في باشكيريا في القرن العاشر الميلادي، بدأ التعليم المدرسي يظهر تدريجياً، إذ وضعت المدارس الدينية (المكتبة والمدرسة) تحت اشراف أئمة المساجد.

تتمتع الجمهورية حالياً بشبكة مرنة من المؤسسات التعليمية، إذ تعمل فيها اثنتا عشرة مؤسسة للتعليم العالي، اضافة الى ستة عشر فرعاً للجامعات والكليات الروسية الرئيسة. يتخرج فيها متخصصون في مائتي مهنة وعلم، ويتم التدريس فيها بلغات ثلاث هي الروسية، والباشكيرية والتتارية.

٣- جمهورية تتارستان[1]

تقع في وسط السهل الأوروبي الشرقي بوسط روسيا الفدرالية، عند التقاء اعظم نهرين هما الفولغا والكاما. تبلغ مساحتها ٦٧,٨٣٦ كيلو متر مربع. ليس لها حدود مع أي دولة أجنبية، وتشكل الغابات حوالي ١٦ ٪ من مساحة البلاد.

يبلغ عدد السكان ٣,٧٧٩,٢٦٥ نسمة حسب احصاء عام ٢٠٠٢، منهم حوالي مليونين من المسلمين التتار ومليون روسي، أضافة الى اعداد كبيرة من التشوفاش، الماري، والأودمورت. كذلك هناك أقليات من الاوكرانيين، والموردفين والباشكير.

وهي من أغنى اقطار الفدرالية الروسية بفضل وجود النفط والغاز الطبيعي والجبس. يقدر احتياطي النفط باكثر من بليون طن.

اصبحت تتارستان مركزاً للجديدية في القرن التاسع عشر، وهي مذهب اسلامي يدعو الى التسامح تجاه الديانات الأخرى.

بسبب نفوذ رجال الدين المنتمين الى هذا المذهب، اشتهر التتار بعلاقاتهم الودية مع الشعوب الأخرى في الامبراطورية الروسية. ولكن ذلك الوضع تغير بعد الثورة البلشفية، حيث اضطهد جميع رجال الدين.

عام ١٩٩٢، أجرت تتارستان استفتاءً شعبياً حول الاستقلال عن روسيا، فصوت ٦٢ بالمئة ممن ادلوا باصواتهم لصالح الاستقلال.

بعد ذلك، وفي الخامس عشر من شباط عام ١٩٩٤، جرى التوقيع على معاهدة حول " تحديد المواضيع القانونية والتفويض المتبادل بين مراكز السلطة للفدرالية الروسية ومراكز

---

(1) • http://www.tatar.ru/index.php?DNSID=149c9c354ca8aff 022006/12/

• http://en.wikipedia.org/wiki/tatars   032008/11/11 & 2006/12/

السلطة لجمهورية تتارستان " وكذلك على الاتفاقية بين حكومة الفدرالية الروسية وحكومة جمهورية تتارستان (حول تحديد السلطة في دوائر العلاقات الاقتصادية الخارجية). يمكن اعتبار هاتين الاتفاقيتين اعترافاً مؤقتاً باستقلال تتارستان من قبل الفدرالية الروسية، لأنهما تنطويان على ذكر " إعلان سيادة الدولة لجمهورية تتارستان ".

اللغتان الرسميتان هما التتارية والروسية، وذلك بموجب القانون الفدرالي الروسي لعام ٢٠٠٢ حول   (لغات شعوب الفدرالية الروسية). الحرف الرسمي هو السيريلي (الروسي). وهو يلقى معارضة شديدة من حكومة تتارستان، وجماعات حقوق الانسان إضافة الى بعض المثقفين الروس في تتارستان.

رئيس الحكومة هو رئيس الجمهورية في الوقت نفسه، وهو مينتيمر شاميييف حتى العام ٢٠٠٨. يتألف برلمان تتارستان من مائة عضو، منهم خمسون عضواً يمثلون الاحزاب السياسية، ويمثل الخمسون الآخرون مختلف مناطق الجمهورية. رئيس البرلمان فريد محمد شين.

حسب الدستور، فان انتخاب الرئيس يتم عن طريق الاقتراع الشعبي المباشر، لكن تم تعليق هذا القانون الى أجل غير مسمى بسبب تعارضه مع القانون الفدرالي الروسي الذي ينص على ان يسمي رئيس الفدرالية مرشحه لرئاسة الجمهورية المحلية، ليتم انتخابه من قبل البرلمان المحلي.

أعيد انتخاب شاميييف لفترة رئاسية رابعة من قبل مجلس الدولة يوم ٢٥ آذار عام ٢٠٠٥. وقد تم هذا الانتخاب بعد اجراء تعديلات في القانون الانتخابي بحيث لم يعد يتعارض مع دستوري تتارستان وروسيا.

رغم أن جمهورية تتارستان جزء من الفدرالية الروسية، ومع ارتباط معظم رعايا الفدرالية الروسية بالحكومة الروسية الفدرالية بموجب المعاهدة الفدرالية النمطية، الا ان العلاقات بين حكومة تتارستان والفدرالية الروسية اكثر تعقيداً، ومعرَّفة بشكل محدد في الدستور، والذي ينص على ما يلي: " سوف تتكون سيادة جمهورية تتارستان من الامتلاك الكامل لسلطة الدولة (التشريعية، التنفيذية والقضائية) الى ما لا يتجاوز صلاحيات وسلطات الفدرالية الروسية في دوائر الصلاحيات المشتركة للفدرالية الروسية وجمهورية تتارستان، وستكون وضعية نوعية غير قابلة للانتقاص لجمهورية تتارستان "

يدين معظم سكان البلاد بالإسلام السني، مع وجود اقليات من الشيعة والصوفيين يليهم اتباع الكنيسة الارثوذكسية الروسية.

اعتباراً من الأول من كانون الثاني عام ٢٠٠٨، تم تسجيل ١٣٩٨ تنظيماً دينياً في تتارستان. وتتألف هذه التنظيمات من ١٠٥٥ تنظيم اسلامي، ٢٥٥ مسيحي ارثوذكسي تابع لبطريركية موسكو، والباقي لتنظيمات مسيحية، وبهائية، ويهودية وواحد لاتباع هاري كريشنا.

استطاعت تتارستان ان تطور نموذجاً لمجتمع متعدد الأعراق والمذاهب، بحيث تمت إزالة جميع اشكال التطرف من الساحة السياسية باسلوب علمي، لضمان الاستقرار العام.

٤- جمهورية ٠داغستان[1]

جمهورية داغستان: هي اكبر جمهوريات شمال القفقاس سواءً بالمساحة او بعدد السكان ويعني اسمها " بلاد الجبال ". تقع في الطرف الجنوبي لروسيا يبلغ عدد سكانها حوالي مليونين وستمائة الف نسمة. وهي غنية بالبترول والغاز والفحم وكثير من المعادن الأخرى.

لا تزال داغستان متعددة الاعراق والجنسيات، بسبب صعوبة اختلاط السكان نتيجة لوعورة المناطق وصعوبة المواصلات. يتزايد عدد السكان خلافاً لباقي مناطق روسيا بسبب الهجرة.

التركيبة السكانية: تتألف داغستان من الاعراق التالية:

١ - الآفار - يشكلون ٢٩,٤ ٪ من مجموع السكان.

٢ - الدارجين -	١٦,٥ ٪	٨ - التاباساران	٤,٣ ٪
٣ - الكوميك	١٤,٢ ٪	٩ - الشيشان	٣,٤ ٪
٤ - الليزجين	١٣,١ ٪	١٠ - النوغاي	١,٥ ٪
٥ - اللاك	٥,٤ ٪	١١ - الروتول	٠,٩ ٪

(1) • http://en.wikipedia.org/wiki/Dagestan 032008/10/30 & 2006/12/

• International Relations and Security Network (ISN) c 2006 ISN

٦ – الروس ٤,٧ %   ١٢ – الأجول ٠,٩ %

٧ – الأذريون ٤,٣ %

أما اللغة الرسمية فهي الروسية، الى جانب ثلاثين لغة أخرى.

وهي الأفقر، في الإقليم، من الناحية الاقتصادية

عام ١٩٩٩، قامت مجموعة من الأصوليين الاسلاميين القادمين من بلاد الشيشان بقيادة شامل باساييف، بمحاولة عصيان فاشلة بمساعدة بعض المتعاطفين المحليين والمنفيين، مما أدى إلى قتل المئات من المدنيين والمقاتلين جراء هذه المحاولة. وقد ساعد ذلك على اتخاذ روسيا قرارها بغزو بلاد الشيشان في وقت لاحق من ذلك العام.

الصراع الداغستاني: منذ العام ٢٠٠٠، وداغستان مسرح لحرب عصابات على مستوى متدني،

مصدرها بلاد الشيشان، وقد أدى الصراع الى مقتل مئات الجنود والموظفين – معظمهم من قوات الشرطة المحلية – اضافة الى العديد من الثوار الوطنيين والمدنيين الداغستان.

ومن أبرز الأحداث مؤخراً:

- حاصرت قوات الحكومة اوائل عام ٢٠٠٥، مجموعة من خمسة ثوار في منزل من طابقين على مشارف العاصمة ماخاتشكالا (محج قلعة). استمر القتال ١٧ ساعة، بحيث قتل أحد فدائيي القوة الفا الروسية الشهيرة وجرح آخر، فاضطرت المصفحات وطائرة هليوكبتر الى نسف معظم اجزاء المنزل، فقتل الثوار الخمسة كلهم. تبين لاحقاً ان الثوار لم يكن بحوزتهم سوى المسدسات الشخصية.

- هاجم الثوار في نفسها الفترة قطارين فاخرجوهما عن سكتهما، ودمروا بعض مستودعات الوقود وقتلوا ضابطاً برتبة رفيعة من موسكو، اضافة الى قائد شرطة محلي.

بعد شهر من تلك الحادثة، اغتيل الجنرال محمد عمروف، وكيل وزارة الخارجية.

- يوم الأول من تموز عام ٢٠٠٥، قتل أحد عشر جندياً روسياً من مرتب وزارة الأمن الداخلي وجرح سبعة آخرون في العاصمة، نتيجة قصف الشاحنة التي كانوا يستقلونها.

- يوم ٢٠ من آب عام ٢٠٠٥ انفجرت قنبلة، بالتحكم عن بعد وتسببت، في قتل ثلاثة ضباط شرطة، وجرحت العديد في وسط العاصمة، ماخاتشكالا (محج قلعة)، وذلك عند مرور دورية راجلة قرب بستان.

- في كانون الثاني من عام ٢٠٠٦، قتل ثلاثة عناصر من القوات الخاصة الروسية، وجرح اكثر من عشرة على جبل قرب آفاري من قوة قوامها ٣٠٠٠ جندي روسي بقيادة وزير الداخلية المحلي اضافة الى حوالي ثمانية من الثوار. تمكن الثوار من الفرار رغم القصف المدفعي والجوي، تاركين خلفهم ملجأ مهجوراً.

- يوم ٢٢ من آذار عام ٢٠٠٦، قتلت مجموعة من المهاجمين مدير ناحية بوتليخ خلال معركة شرسة.

- يوم ٢٧ آب عام ٢٠٠٦ قتل ثلاثة من رجال الشرطة واربعة من المتشددين المشتبه بهم في معركة دامت ساعتين في العاصمة.

الحياة السياسية:

يتألف برلمان داغستان من ١٢١ عضواً منتخبين لأربع سنوات. إن مجلس الشعب هو أعلى سلطة تنفيذية وتشريعية في الجمهورية.

تقع أعلى سلطة تنفيذية في الداغستان بيد مجلس الدولة الذي يضم ممثلين عن أربع عشرة قومية. يتم تعيين اعضاء مجلس الدولة من قبل مجلس داغستان الدستوري لدورة مدتها اربع سنوات. ويقوم مجلس الدولة، بدوره، بتعيين اعضاء الحكومة. يرأس مجلس الدولة رئيس المجلس نفسه.

بقي رئيس مجلس الدولة أعلى منصب تنفيذي في الجمهورية، وقد ظل محمد علي محمدوفيتش محمدوف يشغله حتى بداية عام ٢٠٠٦. يوم ٢٠ شباط ٢٠٠٦، أصدر مجلس الشعب قراراً بانهاء هذا المنصب وحل مجلس الدولة. عرض الرئيس فلاديمير بوتين ترشيح السيد محيي علييف لمنصب رئيس جمهورية داغستان المستحدث. وافق المجلس على الترشيح فأصبح محيي علييف أول رئيس لجمهورية داغستان.

الديانة: معظم سكان الداغستان مسلمون، وبنسبة تصل الى تسعين بالمئة.

ويشكل المسيحيون قرابة العشرة بالمئة. كما في معظم مناطق القفقاس، فان معظم مسلمي داغستان يعتنقون الصوفية كما هو الحال منذ قرون طويلة.

في السنوات الأخيرة، حصل توتر وصل الى حد العنف بين التنظيمات الصوفية المحلية والمبشرين الوهابيين الذين قدموا الى المنطقة باحثين عن مؤيدين.

الوضع السياسي:

ضمن مفهوم أزمة شمال القفقاس، تبرز داغستان على أنها مسرح متفرد للحرب، رغم كونه أمراً باعثاً على الحيرة. وداغستان اكبر واكثر المناطق سخونة في الإقليم، حيث تقوم الصحافة بالاعلان عن حوادث اطلاق النار، وحملات اعتقال، وعمليات عسكرية على نطاق واسع على اساس شبه يومي. سجلت وزارة الداخلية سبعين " عملاً ارهابياً " في الفترة ما بين كانون الثاني وتشرين الاول من عام ٢٠٠٥، ما يشكل زيادة بنسبة اكثر من ١٠٠ ٪ عن عام ٢٠٠٤. ومع انه لا يمكن الجزم بأن الكثير من هذه الأعمال هو من تخطيط و تنفيذ الجماعات الاسلامية المتطرفة، لأن بعض هذه الاعمال يحتمل ان يكون نزاع عرقي قبلي، او عنف اجرامي مصدره. رغم ان السلطات حريصة على جعل " الإرهابيين " مسؤولين عن العنف اليومي،كلما كان ذلك ممكناً.

هناك أمر واحد مؤكد هو وجود العديد من " الجماعات " في داغستان، التي يتبع اعضاؤها الشريعة الإسلامية، ما يعني انهم يعيشون خارج نطاق القانون الرسمي. كثيراً ما تشكل هذه الجماعات كامل سكان قرى جبلية معزولة، ولديها فرق من الرجال المسلحين لغاية حفظ الأمن في منطقتهم، وهم منهمكون بشكل رئيس في الدفاع عن مصالحهم المحلية.

أكثر هذه الجماعات خطورة هي جماعة " الشريعة "، وهي مدرجة ضمن المنظمات الارهابية في موسكو. هذه الجماعة مسؤولة عن مقتل حوالي ٥٠ فرداً من قوات الأمن خلال بضعة اشهر من عام ٢٠٠٦، حسب المصادر الرسمية.

من المؤكد وجود صلات عقائدية بين جماعة " الشريعة " وجبهة شمال القفقاس، فكلتاهما تناضل لتأسيس سلطة دينية مستقلة عن روسيا في اقليم شمال القفقاس. يحتمل أيضاً وجود صلات عملياتية بينهما، فقد قاتل ابرز اعضاء المنظمة الى جانب الثوار في حرب الشيشان.

على سبيل المثال، احد هؤلاء هو رسول ماكاشاريبوف، أمير المنظمة، والذي قتل اوائل

عام ٢٠٠٥. وقد كان رفيق سلاح في مجموعة شامل باساييف أواخر التسعينات، وشارك في الغزو الشيشاني للداغستان في آب عام ١٩٩٩. سَّبب تقرير ديميتري كوزاك (المبعوث الرئاسي الى المنطقة الفدرالية الجنوبية) ضجة في روسيا: إذ يشير التقرير السري المنظم للرئيس فلاديمير بوتين، والذي تم تسريب بعض اجزائه الى الصحافة الروسية في ظروف غامضة في صيف عام ٢٠٠٥ الى الفساد، الولاءات القبلية، الاقتصاد الموازي وتغريب السكان عن الصفوة الحاكمة على أنها التهديدات الرئيسة للاستقرار الاجتماعي، وانها عامل رئيس لاستمرار الازمة الاقتصادية. واشار التقرير الى ان " أسلمة " المجتمع وانتشار التطرف فيه هما مؤشران على الوضع، وليسا المسببان.

كما يشير التقرير الى ان الوضع في داغستان يدعو الى القلق، لأن سبعة بالمئة من سكان الداغستان مستعدون للجوء الى الصراع المسلح اذا تطلب الوضع ذلك، كما ان ثلث السكان سيشارك في اعمال احتجاجية غير قانونية.

كما يشير التقرير الى ان الاقتصاد الموازي يشكل ٤٤ بالمئة من الاقتصاد الكلي للداغستان،

الأمر الذي يؤكد أن دعم موسكو للنظم السياسية الفاسدة في شمال القفقاس قد ساعد على انتشار سوء الإدارة وترسيخ التنظيمات القبلية. ان فئة الشباب هي من اكثر الخاسرين في هذا النظام، لأنهم حرموا من الوظائف والأمل في المستقبل فاصبحوا يشكلون فريسة سهلة للتنظيمات الاجرامية أو الجماعات الاسلامية المتطرفة، ما يعني ان سياسة موسكو شجعت فعلياً في ترسيخ القوى الاسلامية المتطرفة في جمهوريات شمال القفقاس.

تكهنت الصحف الروسية بان التقرير ربما لم يتم تسريبه عرضياً، لكنه نشر ليس فقط للإشارة الى الانحرافات، بل أيضاً لتبرير مستوى اكبر من انغماس روسيا في الاقليم حتى الى حد الحكم المباشر. يقول كوزاك ان السيطرة الخارجية مبررة ليس فقط بسبب مستوى فساد الاوضاع الاقتصادية المتردية، بل أيضاً لأنه يجب ان يكون هناك رأي لموسكو في طريقة توزيع الأموال، لأنها تمول جزءاً كبيراً من ميزانيات الجمهوريات المختلفة.

تحاول روسيا السيطرة على الوضع في شمال القفقاس بتطبيق استراتيجيات مثل سياسة الكوادر، اعادة تشكيل التنظيمات الادارية والاقليمية، تكثيف التواجد العسكري، وإعادة صياغة سياستها تجاه الإسلام. ومع ذلك فمن المشكوك فيه ان يكون هذا كافياً للتعامل مع

المشاكل، إذ توضح سياسة الكوادر ما يلي: فقد كانت مأساة مدرسة بيسلان في ايلول عام ٢٠٠٤ هي التي اعطت الرئيس الروسي المبرر لالغاء عملية انتخاب قائد إقليمي من قبل الشعب، وجعل التعيين مباشراً من موسكو.

والآن، فقد تم تعيين رؤساء جمهوريات اوسيتيا الشمالية، قباردينو بلقاريا، وداغستان من قبل الرئيس الروسي. وسيتم تعيين الآخرين من قبل الكرملين بمجرد انتهاء فترات ولايتهم.

٥- الإسلام في روسيا [1]

يقدر عدد المسلمين في روسيا بحوالي ٢١ الى ٢٨ مليون شخص، يشكلون من ١٥ الى ٢٠ بالمئة من السكان وهم بذلك اكبر أقلية دينية. وتتركز أغلبية المسلمين بين الأقليات القومية التي تسكن بين البحر الأسود وبحر قزوين مثل الشراكسة، والبلقار، والنوغاي، والشيشان، والإنجوش، والقرشاي، والداغستان. كما توجد مجموعات سكانية كبيرة في حوض نهر الفولغا من التتار والباشكير، كذلك يسكن العديد من المسلمين في كراي بيرم واوليا نوفسك، وسمارا، ونيجني نوفجورود، وموسكو، تيومين وسانت بطرسبرج. ومعظمهم من التتار.

<u>تاريخ الاسلام في روسيا</u>: أول المسلمين في روسيا الحديثة هم شعب الداغستان – اقليم دربنت، على أثر الفتوحات الإسلامية في القرن الثامن الميلادي. وأول دولة اسلامية في روسيا هي بلغاريا فولغا، عام ٩٢٢ للميلاد. وقد ورث التتار الدين الاسلامي عن هذه الدولة.

كذلك تحول معظم الشعوب ذات الأصول التركية القفقاسية الأوروبية الى الإسلام. للإسلام حضور قديم طويل في روسيا، ويمتد الى اجتياح التتار لمناطق الفولغا الوسطى في القرن السادس عشر. معظم المسلمين الذين يعيشون في روسيا اليوم هم السكان الاصليون للأراضي التي احتلتها روسيا القيصرية الاستعمارية.

معظم المسلمين في روسيا من السنّة، كما يوجد تقليد صوفي لدى الشيشان، وهو مذهب يشوبه بعض الغموض، يشدد على سعي الفرد الى التوحد مع الله. اصبحت شعائر الصوفية

---

(1) • http://mail man.lbo-talk.org/20032003-/January/000391.html

• http://en.wikipedia.org/wiki/Religion-in-the-Soviet-Union Islam-in-Russia 28& 2006/11/23 & 2006/11/ 2006/12/03

التي تمارس لمنح الشيشان القوة الروحية اللازمة لمقاومة الظلم، أسطورة بين الجنود الروس الذين قاتلوا الشيشان اثناء العهد القيصري. كذلك فإن الأذريين يعتبرون من اتباع المذهب الشيعي، وعندما انفصلت جمهوريتهم عن الاتحاد السوفييتي، هاجرت اعداد كبيرة من الأذريين الى روسيا، بحثاً عن العمل.

نشرت أول نسخة مطبوعة من القرآن الكريم في قازان، روسيا، عام ١٨٠١.

الإسلام اليوم:

يشوب العلاقة بين الحكومة الروسية والعناصر الإسلامية من السكان الكثير من الشكوك وانعدام الثقة. فمثلاً، اشتكى الشيخ راويل غاية الدين، إمام مسجد موسكو عام ١٩٩٢ من ان " بلادنا لاتزال تحتفظ بايدولوجية الامبراطورية القيصرية، التي كانت تعتقد أن المذهب الارثوذكسي وحده يجب ان يعتبر الديانة ذات الامتيازات، أي ديانة الدولة."

وتخشى الحكومة الروسية، من ناحيتها، ظهور الاسلام السياسي من النمط الذي شاهده الروس بانفسهم في الثمانينات في افغانستان، وسمعوا عنه في ايران. وقد تأيدت مخاوف الحكومة في المؤتمر الذي عقد عام ١٩٩٢ في ساراتوف من قبل حزب البعث الإسلامي الذي توجد قاعدته في طاجيكستان.

حضرت المؤتمر وفود تمثل العديد من جمهوريات وسط آسيا المستقلة حديثاً، ومن اذربيجان، والعديد من المناطق ذات الحكم الذاتي في روسيا، بما فيها جمهوريات الحكم الذاتي الروسية الطامحة الى الانفصال مثل باشكورتوستان وتتارستان. خلقت هوية الوحدة الإسلامية التي طغت على المؤتمر الكثير من القلق في موسكو حول احتمالية انتشار الإسلام العائد من الدول المستقلة حديثاً الى داخل روسيا على محيط الاتحاد السوفييتي السابق. من اجل ذلك، فقد قدمت الحكومة الروسية دعماً عسكرياً وسياسياً ضخماً الى الحكام المستبدين في خمس جمهوريات آسيوية وسطى، الذين يعارضون الاسلام السياسي علناً. بحلول منتصف التسعينات، أصبح البعث الإسلامي تبريراً نمطياً للحركات الوطنية المتطرفة لان تقوم روسيا باستعادة سيطرتها على حدودها القريبة.

كذلك فقد أدى الصراع نحو تقليص سلطات الحكومات الاتحادية والمحلية في روسيا الى التأثير على العلاقات الروسية مع المجتمعات الإسلامية. فقد ورثت الفدرالية الروسية إثنين من اصل أربعة مراكز افتاء، انشئت اثناء الحقبة الستالينية للإشراف على الانشطة الدينية

للجماعات الاسلامية في انحاء مختلفة من الاتحاد السوفييتي، وتوجد الهيئتان الأخريان في طشقند وباكو. تتمتع أحدى الهيئتين الروسيتين بالسلطة على روسيا الاوروبية وسيبيريا، بينما تمارس الأخرى صلاحياتها على المناطق الاسلامية لشمال القفقاس ومناطق بحر قزوين. عام ١٩٩٢ انسحب العديد من الجمعيات الاسلامية من سلطة الافتاء الثانية وحاولوا تأسيس مجالسهم الدينية الخاصة بهم. كذلك سحبت تتارستان وباشكورتوستان اعترافهما بمجلس افتاء روسيا الأوروبية وسيبيريا، وانشأتا مجالس افتائهما الخاصة بهما. هناك الكثير من الأدلة حول محاولات التقرب من الاسلام في روسيا خلال التسعينات. فقد ازداد عدد المسلمين الذين سمح لهم باداء فريضة الحج بعد المقاطعة شبه التامة اثناء العهد السوفييتي والتي انتهت عام ١٩٩٠. اصبحت المصاحف متوافرة بكثرة وسهولة، ويجري بناء العديد من المساجد في المناطق التي يكثر فيها السكان المسلمون. في عام ١٩٩٥ بدأ اتحاد مسلمي روسيا المشكل حديثاً في روسيا بقيادة امام تتارستان الخطيب المبجل، في تنظيم حركة تهدف الى تحسين التفاهم عبر الأديان وانهاء سوء الفهم لدى الروس بالنسبة للإسلام (او الفهم المغلوط).

إن اتحاد مسلمي روسيا هو الخلف المباشر لاتحاد المسلمين السابق الذي كان موجوداً قبل الحرب العالمية الأولى، والذي كان له تمثيله الخاص به في الدوما الروسي آنذاك. لقد قام اتحاد ما بعد الاشتراكية بتشكيل حزب سياسي، هو حركة نور عموم روسيا الاسلامية العامة، والتي تعمل بالتنسيق الحثيث مع رجال الدين المسلمين للدفاع عن حقوق المسلمين السياسية، والاقتصادية والثقافية، وكذلك حقوق الاقليات الأخرى. أفتتح المركز الثقافي الاسلامي الروسي، والذي يضم مدرسة دينية، في موسكو عام ١٩٩١، وازداد عدد المنشورات الاسلامية خلال التسعينات. من بينها مجلتان باللغة الروسية " إيخوكافكازا " و " إسلامسكي فيستنيك " و الصحيفة باللغة الروسية " اسلامسكي نوفوستي " التي تصدر في ماخاتشكالا (محج قلعة)، بالداغستان.

إن مسجد سوبورنايا هو احد أربعة مساجد في منطقة موسكو لخدمة ٢,٥ مليون مسلم، وهي اكبر جالية في أيه مدينة أوروبية. واليوم، لا تستطيع جدرانه ذات اللون الازرق الفاتح ان تتسع للمئات الذين يحضرون للصلاة. فهو يفيض في أيام الجمع والأعياد بالمصلين، بحيث يضطر العديد منهم الى السجود على اوراق الصحف في الخارج، وقد ضغطت جباههم على الاسمنت.

يقول المسلمون ان محاولاتهم لبناء المزيد من المساجد قد عطلت من قبل المسؤولين المحليين، الذين يخشون من إغضاب الأغلبية الروسية. كذلك فقد تزايدت الاعتداءات على المساجد. فقد اغتيل أحد الائمة في مدينة كيسلوفودسك الجنوبية خارج منزله في ايلول من عام ٢٠٠٦.

وقد طارد الرعاع الروس المسلمين الشيشان وغيرهم من المهجرين من اقاليم القفقاس الى خارج بلدة كوندوبوجا في الشمال الغربي، اثناء حوادث الشغب في آب من عام ٢٠٠٦.

إن الاسلام يزدهر في اقاليم روسيا كلها. يقول الخبراء أن البلاد تمر بتغييرات، وأنه اذا استمر التيار الحالي، فان ما يقارب من ثلث سكان روسيا سيصبحون مسلمين بحلول منتصف القرن، لأن الروس الأصليين لديهم معدل ولادة متدن جداً، ومعدل وفيات مرتفع بسبب الادمان على الكحول، بينما لدى المسلمين معدل ولادات أعلى وتعتبر الكحول من المحرمات. كذلك هناك الملايين من مسلمي القفقاس ووسط آسيا الذين استقروا في روسيا منذ عام ١٩٨٩، مما أدى الى زيادة عدد السكان المسلمين الى حوالي ٢٥ مليون شخص.

هناك جامعة " إسلام روسية " في قازان، تتارستان، ويتم التدريس فيها باللغتين الروسية والتتارية.

مع أن موسكو استهدفت بعض رموز الاسلام، خاصة اثناء الحرب الشيشانية الثانية (من خلال تدمير المساجد، ومنع تعليم اللغة العربية او الاسلام، واتخاذ اجراءات مشددة ضد الرجال الملتحين والنساء المبرقعات) يبدو ان الاقتناع الروسي حالياً هو ان الطريقة الوحيدة للسيطرة على الأصولية الاسلامية هي بدمجها اكثر في الحياة الدينية بشكل عام. حتى آب عام ٢٠٠٥ كان الكرملين يسمح لمفتي الشيشان الموالي لروسيا باعلان الجهاد على الوهابيين، ولكن الآن، وكجزء من سياستها الجديدة، فقد قررت موسكو خلق صورة اكثر اصولية لحكومة رمضان قادروف، بهدف كسب مؤيدي الثوار. ولكن هذا الأمر اطلق تطوراً يخدم مصالح موسكو على المدى البعيد.

فقد قام قادروف بمنع آلات القمار، واعلن عن تأييده لتعدد الزوجات، ثم منع بيع الخمور في البقالات الشيشانية، وطالب المذيعات في التلفزيون الشيشاني بارتداء اغطية لرؤوسهن.

٦- جمهورية اذربيجان[1]

هي أمة ذات أغلبية أذرية مسلمة شيعية، ذات نظام جمهوري علماني وحدوي وهي من الدول الأعضاء المؤسسين لمنظمة تحريم الأسلحة الكيماوية، وقد انضمت الى كومنولث الدول المستقلة في ايلول من عام ١٩٩٣. يقيم فيها مندوب خاص من اللجنة الأوروبية، وهي عضو في الأمم المتحدة ومنظمة التعاون الاقتصادي الأوروبي ومجلس اوروبا وبرنامج حلف شمال الأطلسي " للشراكة من اجل السلام "

تبلغ مساحتها ٨٦,٦٠٠ كيلو متر مربع وعد سكانها ٨,٦٧٦,٠٠٠ نسمة، وهي بذلك اكبر الدول في القفقاس الجنوبي من حيث المساحة وعدد السكان، وعاصمتها باكو.

يحدها بحر قزوين شرقاً، وايران جنوباً، وأرمينيا في الجنوب الغربي، جورجيا الى الغرب والشمال الغربي، وروسيا الى الشمال. كما تضم اذربيجان عدة جزر في بحر قزوين.

بعد إنطلاق احداث جلاسنوست (الشفافية) بقيادة ميخائيل جورباتشيف، تصاعد الصراع الإثني والاضطراب المدني في عدة اقاليم من الاتحاد السوفييتي بما فيها ناجورنو كراباخ، وهي من اقاليم اذربيجان.

أدت الاضطرابات في اذربيجان، والتي سببها انعدام الاهتمام من جانب موسكو، الى صدور دعوات للاستقلال والانفصال، والتي بلغت أوجها في كانون الثاني الأسود في باكو.

جرى تعيين عياض مطالبوف سكرتيراً أول للحزب الشيوعي الأذري.

في وقت لاحق من عام ١٩٩٠، اسقطت عبارة " السوفييتية الاشتراكية " من اسم الجمهورية، وتبنت الجمهورية اعلان السيادة. انتخب عياض مطالبوف رئيساً للجمهورية يوم ٨ أيلول عام ١٩٩١.

سيطرت حرب ناجورنو كراباخ مع ارمينيا المجاورة على احداث السنوات الأولى من الاستقلال، وادت الى فقدان اذربيجان السيطرة على ١٦ ٪ من أراضيها، بما فيها ناجورنو كراباخ.

---

(1) • http://www.eurasianet.org/departments/election/azerbaijan/azparties.html
• http://www.zerbaijan.com/azeri/dadash1.htm
• http://www.zerbaijan.com/azeri/dadash5.htm
• Wikipedia

عام ١٩٩٣، حدث عصيان عسكري ادى الى تنحية الرئيس المنتخب ابو الفضل الشيبي، وصعد الى الرئاسة الزعيم السابق من العهد السوفييتي: حيدر علييف.

تمكن حيدر علييف من خفض نسبة البطالة في البلاد، وسيطر على الجماعات الإجرامية، وأسس المنظمات الرئيسة للدولة المستقلة، وأوصل البلاد الى الاستقرار الأمني، ثم جاء باستثمارات اجنبية ضخمة، الا ان عهده تميز بالفساد المالي من قبل البيروقراطية الحاكمة. اعيد انتخاب حيدر علييف عام ١٩٩٨، وفقد الكثير من شعبيته بسبب التلاعب بالأصوات، وانتشار الفساد، والاساليب التعسفية. وجهت الانتقادات نفسها لنجله إلهام، الذي تولى الرئاسة بعد وفاة ابيه، وكان قبلها رئيساً للوزراء.

من اولويات السياسة الخارجية لاذربيجان: استعادة سلامة اراضيها، انهاء نتائج خسارتها لمنطقة ناجورنو كراباخ وسبعة اقاليم أخرى. وتقوم الحكومة من اجل ذلك بزيادة ميزانيتها العسكرية من فوائض دخلها المتزايد من تصدير النفط والغاز.

كذلك، فقد اكتسبت اذربيجان أهمية اقتصادية بسبب انبوب النفط: باكو - تفليس - جيهان الذي بدأ العمل في ايار عام ٢٠٠٦، ويمتد لمسافة ١٧٧٤ كيلو متر: في اذربيجان (٤٤٠ كم)، وجورجيا (٢٦٠ كم)، وتركيا (١١١٤ كم)، وهو مصمم لنقل ٥٠ مليون طن من النفط الخام سنوياً من آبار بحر قزوين الى الاسواق العالمية. كذلك بدأ خط جنوب القفقاس العمل بنهاية عام ٢٠٠٦، وينقل الغاز من حقل شاه دنيز الى الاسواق الاوروبية، ويتوقع ان ينقل ٢٩٦ مليار متر مكعب من الغاز سنوياً.

<u>الإسلام في أذربيجان</u>: ما بين ٩٣,٤ الى ٩٦ بالمئة من السكان هم مسلمون. والباقون موزعون بين أديان أخرى وغير المنتمين. التدين متدنٍ نسبياً حتى بين المسلمين الذين هم ٨٥ ٪ شيعة و ١٥ ٪ سنَّة. يشكّل الانتماء الى الإسلام مسألة هوية اكثر من كونه تديناً. إلا ان الأئمة لاحظوا تزايد عدد المواظبين على ارتياد المساجد منذ العام ٢٠٠٣. ليست هناك فوارق تقليدية حادة بين الشيعة والسنَّة. معظم الشيعة ينتمون الى مذهب الإثنا عشرية. تقليدياً، فان القرى المحيطة بباكو تعتبر معاقل للتشيع، بينما اكتسبت السلفية السنية تبعية قوية بين السكان الداغستان السنَّة في الشمال.

هاجر العديد من المسلمين السنَّة من مناطق اذربيجان التي سيطر عليها الروس اثناء القرن التاسع عشر بسبب سلسلة الحروب الروسية ضد ابناء جلدتهم العثمانيين.

وهكذا، اصبح السكان الشيعة اغلبية. تناقص العداء بين السنة والشيعة في أواخر القرن التاسع عشر، بسبب تنامي المشاعر القومية الأذرية كإرث تركي مشترك في مواجهة التأثيرات الدينية الإيرانية.

كان في اذربيجان حوالي ٢٠٠٠ مسجد ناشط قبل السيطرة السوفييتية، اغلقت أغلبية المساجد في ثلاثينات القرن العشرين. تبنى الحكم السوفييتي إظهار الشخصية القومية الأذرية كبديل عن التقارب مع العالم الاسلامي.

لم يكن في باكو سوى مسجدين كبيرين وخمسة مساجد صغيرة، وأحد عشر مسجداً عاملاً في بقية البلاد في ثمانينات القرن العشرين. بالمقابل، خصص الناس آلاف الأمكنة للصلاة والعبادة السرية، ونشأت عدة طرق.

يعتقد الأذريون ان معاناتهم كانت اكبر من جيرانهم الأرمن والجورجيين بسبب انتمائهم الى العالم الاسلامي.

تدريجياً، تضاعفت مؤشرات الصحوة الإسلامية وخرجت الى العلن، واثبت هذا النمو أنه المقدمة لافتتاح مئات المساجد علناً في العقد التالي.

بدأ في عهد جورباتشيف، وخاصة بعد الاستقلال، عدد المساجد يتزايد بسرعة.

بني العديد منها بدعم من دول اسلامية أخرى مثل ايران، وسلطنة عمان والمملكة العربية السعودية، التي قدمت أيضاً المصاحف والوعاظ الى الدول المستقلة حديثاً بعد الاستقلال. صدرت قوانين توضح أن اذربيجان دولة علمانية، وشددت المادة ١٩ من الدستور على الفصل بين الدين والدولة، وعلى المساواة بين جميع الاديان امام القانون، وعلى علمانية نظام التعليم في الدولة.

أثار السياسيون العلمانيون مخاوف من صعود الاسلام السياسي، لكن الآخرين يناقشون بان الاسلام في اذربيجان هو ظاهرة ذات عدة وجوه، إذ يضطلع الاسلام بدور محدود في العملية السياسية ولا يدعم قيام النظام الاسلامي سوى جزء صغير من السكان.

ومع ذلك، يعتقد بعض المحللين أنه اذا لم يتمكن الساسة من تحسين الظروف المعيشية لأغلبية الشعب على المدى البعيد، فقد يعبر الشعب عن سخطه من خلال الاسلام السياسي.

العلاقات الأذرية - الايرانية[1]: لقد ظلت اذربيجان الحالية جزءاً من الامبراطورية الفارسية معظم سنوات تاريخها، خاصة اثناء حكم سلالات مثل الأخمينية، والبارثية، والساسانية، والصفوية والقجرية. فقد بقي جنوب القفقاس، بشكل عام، متأثراً بالثقافة الايرانية آلاف الأعوام. ثم احتلت روسيا القيصرية اجزاء كبيرة من القفقاس خلال القرن التاسع عشر، وتم التنازل عنه رسمياً من قبل ايران الى روسيا تحت شروط معاهدتي جوليستان وتركمانشاي. اعتبرت اذربيجان على الدوام قسماً من ايران الكبرى، نظراً للعلاقات الثقافية والدينية.

كانت ايران من اوائل الدول التي اقامت علاقات دبلوماسية مع اذربيجان، اذا اعترفت بها يوم الرابع من كانون الثاني عام ١٩٩٢.

بعد وصول الجبهة الشعبية لاذربيجان الى الحكم في حزيران عام ١٩٩٢، دعم رئيسها ابو الفضل الشيبي توحيد شعبي اذربيجان في بلاده وفي ايران، واستقلال الأذريين الايرانيين، الأمر الذي أثار حفيظة الحكومة الإيرانية.

بدأت اذربيجان تميل الى تركيا، لأن ابو الفضل الشيبي كان علمانياً ميالاً الى الاتراك والى توحيد الأذريين، ومعارضاً لإيران. وقد صرح عدة مرات بان اذربيجان سيعاد توحيدها وان مصير النظام الايراني الى الزوال. وهكذا بدأت ايران تقوي علاقاتها بارمينيا، عدوة اذربيجان، خلال حكم الشيبي.

اتهمت اذربيجان ايران بالضلوع في الانقلاب الذي اطاح بالشيبي في صيف عام ١٩٩٣، حتى ان بعض المحللين رأوا في الانقلاب مؤامرة روسية - إيرانية مشتركة.

قدمت ايران دعماً بترولياً وسلعياً لارمينيا، بينما أمدتها روسيا بالسلاح، الأمر الذي أبطل فاعلية الحصار التركي - الأذري على ارمينيا.

كذلك يتهم الاذريون ايران اليوم بتشجيع ودعم الحركات الاسلامية المتطرفة اضافة الى دعم الاضطرابات الإثنية لدى الأقلية الطاليشية، المقيمة قرب الحدود الايرانية.

وهكذا انتهت ايران، الدولة الاسلامية، الى دعم ارمينيا المسيحية ضد اذربيجان المسلمة.

(1) Wikipedia: neutrality disputed

تحسنت العلاقات بين ايران واذربيجان قليلاً بعد العام ١٩٩٢، وتعاون البلدان في مجالات التجارة، والأمن والطاقة، ولكن تبقى بعض التوترات بسبب علاقات اذربيجان المتنامية مع كل من الولايات المتحدة واسرائيل، ومسائل الحدود الاقليمية في بحر قزوين، اضافة الى استمرار الدعم الايراني لارمينيا.

كذلك صرح الرئيس الهام علييف بأنه لا يدعم اي هجوم امريكي على ايران. كما صرح نوروز محمدوف رئيس الدائرة الدولية في الرئاسة الأذرية ان بلاده لن تسمح ببناء قواعد عسكرية امريكية على اراضيها، ولن تساعد في اي هجوم امريكي على ايران.

قام البلدان بتوقيع اتفاقية عدم اعتداء تمنع أية اطراف أخرى من استخدام اراضي أي فريق للاعتداء على الفريق الآخر.

يقول الكاتب كارل راهدر: " يتفق معظم المحللين على ان الحكومة الايرانية قد حاولت ان تخترق اذربيجان بواسطة عملاء وخلايا طابور خامس لاضعاف اذربيجان من الداخل على مدى سنوات عديدة."

كما ادت تصريحات الهام علييف المتكررة عن تسمية اذريي ايران " الاذريون الذين يعيشون في ايران "، الى إغضاب بعض افراد المجتمع الأذري في ايران.

يوم ١٩ آذار من عام ٢٠٠٧، قام الرئيس الايراني محمود أحمدي نجاد والرئيس الأرميني روبرت كوتشاريان بافتتاح خط لضخ الغاز الطبيعي الايراني الى ارمينيا، عدوة اذربيجان التقليدية. كذلك، اشار المحللان لدى معهد واشنطن لدراسات الشرق الأدنى: سونير كاجابتاي والكسندر مورينسون الى تقارير عن وجود مراكز تنصت اسرائيلية على طول الحدود الأذرية مع ايران.

كما دأبت المحاكم الأذرية على اصدار احكام سجن طويلة على العديد من الصحفيين والمثقفين بتهم التحريض أو التجسس لحساب ايران واسرائيل والولايات المتحدة وبريطانيا، وتلقي الأموال مقابل تلك الانشطة.

الاحزاب السياسية في أذربيجان

١ - حزب اذربيجان الجديدة:

أ – الرئيس: إلهام حيدر علييف، رئيس جمهورية اذربيجان.

ب – القائم باعمال الرئيس: علي ناجييف، وزير الحماية الاجتماعية. (الرعاية)

ج – الصحف الصادرة باسم الحزب: يني اذربيجان (اذربيجان الجديدة)، وهو
سيس (الصوت) وناخجيفان

يتمتع حزب اذربيجان الجديدة بالاغلبية المطلقة في المجلس الوطني (ميللي مجلس).
يدعي ان عدد اعضائه بلغ ١٥٠،٠٠٠. وهو الحزب الحاكم.

تأسس عام ١٩٩٢، وبرنامجه السياسي مركز بشدة على شخصية الرئيس حيدر علييف
بصفته النور الهادي للأمة الأذرية، ومن بعده على نجله إلهام.

تقدم حزب اذربيجان الجديدة بطلب عضوية في الاتحاد الاشتراكي الدولي، والليبرالي
الدولي والاتحاد الديمقراطي.

٢ – الجبهة الشعبية الأذرية (جبهة اذربيجان الشعبية)

الرئيس: ابو الفضل الشيبي.

النائب الأول: علي كريموف، عمل كقائم بأعمال الرئيس من ١٩٩٤ الى ١٩٩٧ اثناء فترة
نفي ابو الفضل الشيبي.

الصحف: أزادليج وجمهوريت. قطع الحزب علاقته بالصحيفتين عام ١٩٩١ رسمياً.

لديه ثلاثة اعضاء في البرلمان هم: علي كريموف، ومير محمود فاتاييف وغلام حسين
علييف.

العضوية: يدعي الحزب بوجود ٨٠،٠٠٠ عضو في صفوفه.

تشكلت الجبهة الشعبية عام ١٩٨٩ للدعاية لسياسات البيريسترويكا في اذربيجان.

جرى تسجيلها كحركة شعبية عام ١٩٨٩ بعد أن اقامت سلسلة اجتماعات شعبية

واضرابات كإستجابة للحرب في ناجورنو - كاراباغ، واصبحت مظلة لطيف عريض من الافراد والجماعات المعارضة للنظام الشيوعي. رغم انها ليست حزباً بالمعنى الرسمي، فقد سمح للجبهة بأن تقدم مرشحين للانتخابات لمجلس السوفييت الأعلى عام ١٩٩٠، وقد فاز فيها ٢٥ مرشحاً من الجبهة. اوائل ١٩٩٢، قادت الجبهة اعتراضات في باكو ضد الرئيس عياض مطالبوف، ادت الى استقالته في نهاية المطاف. بعد ذلك وصلت الجبهة الى قمة السلطة، حين انتخبت رئيسها ابو الفضل الشيبي رئيساً للجمهورية في أول انتخابات مستقلة في اذربيجان.

انهي حكم الجبهة الشعبية بشكل مفاجئ في حزيران من عام ١٩٩٣، حينما أجبر انقلاب غير دموي الشيبي على الهرب من باكو والتخلي عن الرئاسة لحيدر علييف. على الرغم من فوز علييف في الانتخابات التالية، فان الجبهة وحزب المساواة مازالا حتى اليوم يعتبران الشيبي الرئيس الشرعي لاذربيجان.

صوتت الجبهة الشعبية بين اعضائها على التسجيل رسمياً كحزب سياسي، وذلك قبل الانتخابات البرلمانية عام ١٩٩٥، ورشحت الرئيس المخلوع ابو الفضل الشيبي رئيساً للحزب. نجحت ضغوط ووساطات محلية ودولية لدى وزارة العدل لتسجيل الحزب وهكذا رخّص في حزيران من عام ١٩٩٥. ونجح الحزب الجديد في إيصال ثلاثة نواب من قائمته اضافة الى نائب رابع من منطقة جيدابيك، مما جعل حزب الجبهة الشعبية الثاني في البرلمان بعد حزب اذربيجان الجديدة الحاكم.

يظل حزب الجبهة الشعبية منظمة كبيرة، ذات تنظيم متراخي، ورغم تمثيله في البرلمان وبروزه في الدائرة السياسية، يمكن مقارنته بحركة، اكثر منه حزباً سياسياً منظماً يوجهه فكر سياسي محدد. يستمر الحزب في التمتع بالدعم لكونه قد أسس الحركة الوطنية للاستقلال والديمقراطية وقادها. مازال حزب الجبهة يتمتع بالتأييد بين الناخبين ذوي النزعة المعارضة كبديل أخلاقي للحكومة الحالية. والحقيقة ان قادته يتمتعون باعتراف دولي واسع، ويعترف به داخلياً كقوة قائد خلف المجلس الديمقراطي والمائدة المستديرة للأحزاب السياسية.

ان فكرة كون الجبهة قد شغلت منصب الرئاسة وحكمت الدولة تضيف الكثير من القوة لولاء الأتباع الى صورتها وتدعم الثقة بقدرتها على الحكم. ولكن، في الوقت نفسه، فان حقيقة تسلم الجبهة للسلطة والرئاسة تشكل سبباً لدى قطاع آخر من الشعب للابتعاد عنها.

كذلك فان بعض الناخبين يعزون الى الجبهة التسبب في الفوضى الداخلية وخسارة بعض الاراضي في ناجورنو كاراباغ عامي ١٩٩٢ و ١٩٩٣، وهكذا يضع هؤلاء الناخبون اصواتهم خلف احزاب معارضة أقل خبرة أو انهم يضعون ثقتهم في النظام الحالي.

منذ عام ١٩٨٩ و الناطق الرسمي باسم الجبهة هو صحيفة آزادليج (الحرية)، التي ظلت قريبة من حركة الاستقلال بقدر الجبهة نفسها. على أية حال، بدأ المحررون الشبان في الصحيفة يميلون الى الابتعاد عن أن يصبحوا جزءاً من الحزب، رغم المقاومة من قبل رؤسائهم السابقين، فقد اصبحت الصحيفة مستقلة مالياً بشكل كامل، واتجهوا الى إصلاح الصحيفة لتتوافق مع قواعد إقتصاديات السوق والضوابط الدولية التي تحكم الصحافة المحترمة والمستقلة. في عام ١٩٩٧ قطعت الحركة علاقاتها رسمياً بصحيفتي الحرية والجمهورية.

تتكون الجبهة حالياً من جناحين: مجموعة قومية يقودها الشيبي، ومجموعة ليبرالية ديمقراطية بقيادة علي كريموف. في آخر مؤتمر للحزب، كسب الجناح الليبرالي اغلبية الأصوات. وهو يمتلك الأن الاصوات المسيطرة في كافة اجهزة الحزب. يمتلك الليبراليون ٩٠ ٪ من الاصوات في مجلس الرئاسة (البريزيديوم) و ٧٠ ٪ من اصوات المؤتمر العام.

٣ – حزب المساواة:

الرئيس: عيسى جمبر

الصحف: يني مساوات (المساواة الجديدة)، مخالفات (المعارضة).

يدعي الحزب بعضوية تبلغ ١٥٠٠٠ صوتاً.

يقول حزب المساواة انه وريث حزب المساواة القديم الذي حكم اذربيجان خلال فترة الاستقلال القصيرة كجمهورية اذربيجان الديمقراطية بين عامي ١٩١٨ – ١٩٢٠.

بعد انتصار الجيش الأحمر، وضم اذربيجان الى الاتحاد السوفييتي، استمر الحزب في العمل السري من منفاه في تركيا. أصبح معظم قادة المساواة اعضاء في الجبهة الشعبية منذ أواخر ثمانينات القرن العشرين وحتى اوائل التسعينات. أعيد تأسيس المساواة كحزب سياسي في اذربيجان عام ١٩٩٢، وتم تسجيله عام ١٩٩٣.

منذ وصول حيدر علييف الى الرئاسة عام ١٩٩٣، استعاد المساواة هويته في مقدمة حركة المعارضة، متنافساً بذلك مع الجبهة الشعبية. يعرف حزب المساواة بين الجماهير على أنه حزب النخبة الأذرية المثقفة، وأنه يضم العديد من الوزراء والدبلوماسيين السابقين في حكومة الشيبي.

يفتقر الحزب الى كثافة عضوية الجبهة، وتمثيلها في البرلمان، اضافة الى شهرتها الدولية، لكنه حتماً يمتلك من الإمكانات ما جعله اكثر احترافاً وكفاءة في جهازه التنظيمي، ولديه العديد من المنظمات المساندة والداعمة، ويتمتع بولاء عميق من اعضائه ومؤآزريه.

انصب عداء الحكومة على حزب المساواة اثناء انتخابات العام ١٩٩٥. وفي العام نفسه، ألقي القبض على توفيق قاسموف، أحد قادة الحزب والمرشح الثاني على قائمة الحزب، واتهم بالخيانة العظمى.

كما حرمت الحكومة الحزب من الترشح كلياً بحجة انه أخفق في الحصول على عدد التواقيع الصحيحة الكافي لتقديم لائحة. بعدها، قامت عناصر موالية للحكومة بنهب مقر عيسى جمير الانتخابي وتدميره. فلم ينجح سوى مرشح واحد عن منطقة شماخي.

٤ – حزب اذربيجان الاسلامي:

الرئيس: علي اكرم اسماعيل أوغلو علييف.

تأسس هذا الحزب من قبل ايران، ويدعم قيام الدولة الاسلامية في اذربيجان. يصدر صحيفة بإسم صوت الإسلام. يناضل من اجل استقلال اذربيجان من خلال القوانين والقواعد الإسلامية. يدعو الى نشر الثقافة الإسلامية ويرفض القومية. يدعم الحزب قواعد حقوق الإنسان الدولية والتعايش السلمي بين ممثلي كافة الديانات في الجمهورية.

الغي ترخيص الحزب عام ١٩٩٦، والقي القبض على قادته كافة واتهموا بالتجسس لإيران. يحاول بعض اعضاء الحزب إعادة الشرعية الى حزبهم من خلال الحزب الاسلامي الديمقراطي وإقامة علاقات أوثق مع حزب المساواة.

٧- جمهورية افغانستان[1]

العلاقة الروسية مع افغانستان متشابكة ومعقدة منذ قرون، لأن هذا البلد الجبلي المعروف بشدة ابنائه وصلابتهم، ظل يمثل المعبر الى العديد من دول الشرق الاقصى بالنسبة لروسيا. وقد حدث زمن الاتحاد السوفييتي ان استعان النظام الافغاني ذو الميول اليسارية، بالجيش السوفييتي لتثبيت ذلك النظام، فدخل الاتحاد السوفييتي بقوة واستمر بقاؤه في افغانستان عشرة اعوام (١٩٧٩ - ١٩٨٩) دفع اثناءها ثمناً باهظاً في الارواح والعتاد، فقد عبأت الولايات المتحدة ضده كل ما وصلت اليه أيديها من رجال القبائل الاشداء، تارة باسم الدين، وتارة أخرى بالرشاوي، حتى انها انشأت معهداً اسلامياً في باكستان، سمت الدارسين فيه طالبان (الباحثون او تلاميذ الإسلام)، واجبرت العديد من الدول النفطية على بذل الأموال لتسليح هؤلاء الطلاب، الذين سرعان ما عادوا الى افغانستان " للجهاد " ضد المحتل السوفييتي الكافر.

تحقق النصر للقوات المتحالفة، وانهار النظام اليساري، ليخلفه نظام طالبان المتشدد، لكن العلاقة بينه وبين الولايات المتحدة بدأت تسوء تدريجياً حتى وصلت الى المواجهة المفتوحة، لأن نظام طالبان لم يكن يجيد الدبلوماسية قدر اجادته القتال، وهكذا أنقلب صنيع الأمس والحليف القوي الى عدو، ضمن سياسة امريكية قائمة على إدامة وجود عدو يبرر انفاق الأموال الهائلة على التسليح والتطوير، فعندما انهارت الشيوعية، اصبح لزاماً على التحالف العسكري الصناعي المالي الذي يتحكم بالولايات المتحدة ان يعثر على عدو جديد، فلم يجد سوى الإسلام.

تطورت المواجهة بين الولايات المتحدة وطالبان حتى كان يوم ٢٠٠١/٠٩/١١ الذي تم فيه تفجير وتدمير برجي " المركز العالمي " في نيويورك على يدي تنظيم القاعدة الذي يرأسه اسامة بن لادن، المتحدر من عائلة بن لادن المعروفة بعلاقتها المتينة ومشاركتها لعائلة بوش.

انقضّت جيوش الولايات المتحدة وطائراتها على حليف الأمس، وهوجم ذلك البلد الفقير بكافة الاسلحة التقليدية، حتى ان بعض المواقع القيت عليها قنابل زنة ثمانية اطنان !

---

(1) • http://www.afghan-web.com/politics/parties.html 132006/11/

• http://en.wikipedia.org/wiki/Demographics-of-Afghanistan 212006/12/

• http://en.wikipedia.org/wiki/pashtun-tribes 212006/12/

• http://en.wikipedia.org/wiki/Islam-in-Afghanistan 152008/10/

فتراجعت قوات طالبان امام تلك القوة العاتية، وتم احتلال افغانستان آواخر عام ٢٠٠١.

بعد ذلك أجريت انتخابات شكلية في افغانستان نتج عنها برلمان هزيل سرعان ما شكل حكومة مأجورة، وترأس البلاد شخص غير معروف، سابقاً، كان يعيش في الولايات المتحدة اسمه حميد كرزاي، ميزته الوحيدة هي ارتداء العباءات المطرزة ذات الالوان الفاقعة، وعادت البلاد لتغرق في الفوضى. قامت طالبان في الاثناء، بإعادة تجميع قواتها وتنظيم صفوفها، ثم بدأت تقوم بعمليات قتل وتفجير لجميع القوات المعادية لها، ابتداء من الجنوب الشرقي، وزحفت على جميع انحاء البلاد.

مع ازدياد الضغط العسكري على القوات الامريكية، وتصاعد الانتقاد والامتعاض الشعبي الامريكي من النفقات والضحايا، سلمت القيادة العسكرية الامريكية في افغانستان، قيادة العمل العسكري الى حلف شمال الأطلسي، لكن المذبحة مستمرة، والمعاناة قائمة.

دأبت افغانستان في غمرة انشغال حكامها بالحروب المختلفة، على زراعة الخشخاش الذي تصنع منه الحشيشة ثم الهيروين، ولم يكن الحكم الحالي استثناءً من ذلك الوضع، بل على العكس، فالأخبار تحدثنا عن مواسم مزدهرة ومحاصيل قياسية من ذلك المخدر، تحت انظار الامريكان، وحلف الاطلسي، والحكومة الافغانية " المنتخبة ".حتى ان هناك روايات تدور حول استخدام طائرات الهيركوليس التي أهدتها الولايات المتحدة عن طريق السي آي إيه الى طالبان أيام الصداقة والمحبة وشهر العسل، في نقل المخدرات من افغانستان الى معامل التكرير واسواق الاستهلاك في اوروبا والولايات المتحدة !

يبرر ذلك بعض مسؤولي السي آي إيه بحاجة الجهاز الى مصاريف اضافية لا يمكنهم الحصول عليها من الميزانيات الرسمية في ظل هذه الاوضاع. أطلقت الحكومة الحالية العنان لقيام الاحزاب السياسية المختلفة، فرأيناها ترخص لاثنين وعشرين حزباً " اسلامياً " عدا طالبان، والله سبحانه وحده يعرف حاجة البلاد الى اثنين وعشرين حزب اسلامي، وماهي الفروق التي يستطيع القائمون عليها تبريرها وتقديمها الى الشعب.

لكن التقسيم الحقيقي في افغانستان ليس سياسياً، بل هو إثني: فالبلاد تتشكل من عدة اجناس وقبائل، لا تثق بعضها ببعض، بل ظلت على الدوام في حالة تنافر وعداء لأسباب متعددة، بعضها سياسي اساسه السيطرة والبعض الآخر مذهبي، أو طائفي، أو إقليمي أو حتى مجرد قضايا ثأريه وخلافات على المراعي والحقول....الخ.

كل هذه مؤشرات حتمية على انعدام امكانية الاستقرار ضمن الشروط والأوضاع الحالية، إذ سيبقى قطاع كبير من الشعب الأفغاني يقاتل المحتلين سواء كان اسمهم الامريكان ام حلف شمال الأطلسي، أو حتى اخوانهم في الدين الباكستانيون.

لا يتوقع ان يبقى حلف شمال الأطلسي في افغانستان الى الأبد، أو حتى لفترة طويلة، لأن المقاومة تزداد، ويزداد معها عدد القتلى بين الجنود، وبين المدنيين الأفغان، مما سيثير حفيظة شعوب الدول الأعضاء في الناتو، وكذلك يثير حنق الرأي العام العالمي، خاصة اذا لم يرافق هذا الوجود اي تقدم في المخطط الأصلي الهادف الى مد انبوب النفط من حوض بحر قزوين عبر افغانستان نفسها، تنفيذاً للمخطط الأساسي والسبب الفعلي لاحتلال افغانستان من قبل الولايات المتحدة.

فهل يتوقع أن يبقى التوتر محصوراً في افغانستان وحدها؟ هذا افتراض مستبعد، فالبلد التالي المرشح للتغيير نحو العنف المتزايد هو باكستان: إذ لا يخفى على المراقب أن القيادات الاسلامية والشعب الباكستاني بشكل عام غير راضين عن انحياز حكومة مشرف الأعمى وحكومة آصف زرداري التي تلتها الى الولايات المتحدة، خاصة بعد ما انكشف من تعاون الولايات المتحدة المتعاظم مع الهند: عدو باكستان التقليدي.

وهكذا لن يسكت الشعب الباكستاني الشديد التمسك بدينه، عن قيام الجيش الباكستاني بقصف القرى الحدودية مع افغانستان بحجة ايوائها لعناصر القاعدة او طالبان، ولن يسكت عن مطاردة واعتقال كل من تشتبه الحكومة في انتمائه لأي من المنظمات الاسلامية المتشددة. وكذلك عن استمرار الطائرات الامريكية القادمة من افغانستان في قصف المدنيين بحجة أيوائهم لعناصر طالبان والقاعدة.

التركيبة السكانية لافغانستان: بلد شديد التعقيد، واسع التنوع، سكانه من المقاتلين الاشداء، ولاؤهم الأول للعشيرة والقبيلة قبل ان يكون للدولة.

محافظون دينياً، يشكل المسلمون فيه حوالي ٩٩٪، ثمانون بالمئة منهم سنيون حنفيون، والباقون شيعة.

بدأ الاسلام السياسي يتبلور في افغانستان بعد الغزو الامريكي لها. والاسلام مرشح للاستيلاء على السلطة بقوة في حالة خروج القوات الغازية، أما أهم القبائل الافغانية فهي:

١ - الباشتون أو الباختون او الباتان كما يعرفون في دول الخليج العربي: قبيلة شديدة التمسك باستقلاليتها، تتألف من حوالي تسعين عشيرة، ينتشر ابناؤها في الجنوب والجنوب الشرقي، والجنوب الغربي، وكذلك في غرب الباكستان، كما تنتشر جيوب منهم في انحاء عديدة اخرى من البلاد، وهم يشكلون اكبر الاقليات العرقية في كافة مدن باكستان الرئيسة. توجد منهم أيضاً مجموعات صغيرة في ايران والهند. يتفق معظم المؤرخين على ان أصلهم متحدر من شعوب ايران القديمة مثل الباكتريني، والسكيثيين، والحفتاليت والتوكاريني. كان أول ظهور علمي لتسمية الباشتون اثناء حكم أحمد شاه دوراني، منتصف القرن الثامن عشر. يشكِّل الباشتون حوالي ٤٢ ٪ من سكان افغانستان.

٢ - الطاجيك والفارسيوان: من بين اقدم سكان الإقليم واقربهم الى الأصول الفارسية، لغتهم الأصلية والدارجة حتى الآن هي الفارسية، والتي يتحدث بها معظم سكان افغانستان كلغة مشتركة، هي احدى اللغتين الرسميتين. تعود جذورهم الى الشعوب الايرانية الشرقية التي استقرت في آسيا الوسطى في العصور القديمة مثل الباكتريين، والصغد، والسكيثيين والبارتيين، اضافة الى الفرس الذين هربوا من وجه الفتح الإسلامي. يشكل الطاجيك اغلبية سكان طاجيكستان، وتوجد اعداد كبيرة منهم في اوزبكستان وايران، وبعض اجزاء باكستان الغربية ومقاطعة كسينجيانغ في الصين. هناك جناح من الطاجيك يطلق عليه اسم الفارسيوان، الفرق الوحيد بينهما ان الأخيرين ينتمون إلى الشيعة.

يشكل الطاجيك والفارسيوان ٢٧ ٪ من سكان افغانستان.

٣ - الهزارا: يبدو أن للهزارا تاريخاً يدل على انهم مزيج من الاصول التركية - المغولية، مع قليل من الملامح القفقاسية بسبب اختلاطهم بمحيطهم. يتحدث الهزارا اللغة الفارسية، لكن لهجتهم مليئة بالمفردات المغولية، وهذه حال العديد من اللغات ذات الأصول التركية مثل الاوزبكية. ربما تكون الحقيقة هي ان الهزارا من اصول تركية ايغورية، لأن الكثير من الاتراك رافقوا الجيوش المغولية في غزواتها، أو انهم وصلوا الى المنطقة قبل المغول. وعلى أية حال فهناك اعتقاد شعبي واسع بان الهزارا هم من احفاد جيوش جنكيزخان التي دخلت المنطقة في القرن الثاني عشر الميلادي. وانهم بقوا في امكنة تواجدهم بعد هزيمة المغول، وتعلموا اللغة والعادات المحلية، واعتنقوا الاسلام، إلا ان النظرية القائلة بانهم من اصول تركية، وتحدروا من الغزاة الاتراك ترجح ذلك لقلة اعداد المتحدرين من اصول مغولية بينهم، وان الهزارا بدأوا يستخدمون اللغة الفارسية تدريجياً. وخلافاً لاغلبية الأفغان، فالهزارا شيعه،

الأمر الذي يسبب لهم بعض العزلة عن جيرانهم.

يشكل الهزارا تسعة بالمئة من مجموع السكان.

٤ – الأوزبك: هم الفئة الرئيسة ذات الأصول التركية في افغانستان، يقطنون الأقاليم الشمالية من البلاد. الاحتمال الاقوى ان يكون الاوزبك قد هجروا مع موجة من الغزاة الاتراك واختلطوا بالقبائل الايرانية المحلية عبر الزمن ليصبحوا المجموعة العرقية التي يشكلونها اليوم. بحلول القرن السادس عشر، كان الاوزبك قد استقروا في مواضع كثيرة، من وسط آسيا، ووصلوا الى افغانستان بعد فتوحات القائد محمد الشيباني. معظم الاوزبك سنه، وهم يتحدثون اللغتين الفارسية والاوزبكية على حد سواء.

يشكل الاوزبك بدورهم تسعة بالمئة من مجموع السكان.

٥ – التركمان : هم المجموعة الاصغر ذات الاصول التركية وهم متواجدون في الشمال، اضافة الى بلادهم تركمانستان. اغلبيتهم من السنة. خلافاً للأوزبك، فان التركمان قبائل رحالة بدوية بشكل تقليدي. (مع انهم منعوا من ممارسة هذا النمط من الحياة في بلادهم الأصلية تركمانستان اثناء الحكم السوفييتي). يشكل التركمان ثلاثة بالمئة من السكان.

٦ – البلوش: هم مجموعة عرقية ايرانية الأصل، ويبلغ تعدادهم في افغانستان قرابة المائتي الف نسمة. تعيش اغلبية البلوش في بلوشستان، في باكستان، واقليم بلوشستان، في ايران، والافغان منهم متواجدون في الجنوب. الاحتمال الاكبر أنهم فصيل من الاكراد الذين وصلوا الى افغانستان حوالي الألف الأولى قبل الميلاد، هم على الاغلب رعاة يقطنون الصحراء، كلهم مسلمون سنة.

٧ – النورستانيون: هم اقلية من اصول هندية – ايرانية، ويمثلون فرعاً ثالثاً مستقلاً عن المجموعات الآرية – الهندية، وهم يعيشون في اقاليم منعزلة من شمال شرق افغانستان. كانوا معروفين، تاريخياً، بالكفار ومنطقتهم كفارستان (اصبحت الآن نورستان). اجبروا على اعتناق الاسلام اثناء حكم الأمير عبد الرحمن. يعتقد الكثير منهم انهم من نسل الاسكندر المقدوني الكبير، لكن ادعاءهم هذا ينقصه الدليل الجيني. الاغلب انهم من بقايا الغزاة الآريين، وهم على الاغلب سنة.

على الرغم من المحاولات الكثيرة للحكم الشيوعي، والاحتلال السوفييتي، لتحويل البلاد الى العلمانية، ظلت التقاليد والعادات والاحكام والشريعة الاسلامية هي المسيطرة على البلاد. والحقيقة هي ان الإسلام هو الذي قاد التحرك نحو مقاومة الحكم الشيوعي، والاحتلال السوفييتي. كذلك فان الشريعة الاسلامية تحكم السلوك الفردي للمواطن الافغاني في كل مناحي الحياة، وهي وسيلة حل كافة الخلافات القضائية او القانونية. ونرى اليوم، بوجود اثنين وعشرين حزباً اسلامياً، عدا طالبان، ان تيار الاسلام يهيمن على الحياة السياسية الافغانية ويقودها.

الأسلام في افغانستان

يشكل الاسلام نظاماً رمزياً قادراً على توحيد الانقسامات التي كثيراً ما تظهر جراء كبرياء عميقة في الولاءات القبلية، وإحساس غامر بالشرف الشخصي والعائلي الموجودين بكثرة في المجتمعات المتعددة القبائل والأعراق في بلد مثل افغانستان.

للإسلام تأثير مركزي متعمق في المجتمع الأفغاني، فالعبادات الدينية تضبط اوقات كل يوم وكل فصل. بالاضافة الى صلاة الجمعة في المسجد المركزي والتي تعتبر غير الزامية ولكن يحضرها الكثير. هناك مساجد تشرف على رعايتها المجتمعات المحلية، هي موجودة في مراكز القرى، اضافة الى البلدات والمدن. لا تكتفي المساجد بكونها امكنة عبادة، بل تؤدي مهام عديدة، بما فيها ايواء الضيوف وأمكنة للإجتماع والدردشة، وهي قلب الاحتفالات الدينية الاجتماعية والمدارس. يكاد كل افغاني يكون قد درس في مدرسة بالمسجد في فترة من شبابه: وهذا هو شكل التعليم الرسمي الوحيد للكثير منهم.

لان الإسلام طريقة شمولية للحياة، ويعمل كقانون متكامل للسلوك الاجتماعي، ينظم جميع العلاقات البشرية، فان الموقع الشخصي والعائلي يعتمد على الالتزام الصحيح لنظام القيم المجتمعية المبني على المفاهيم المعرَّفة في الإسلام.

وهذه ممثلة بالنزاهة، والاقتصاد في المصاريف، والكرم، والفضيلة، والتقوى، والإنصاف، والصدق، والتعايش مع الآخرين واحترامهم. يسيطر الكبار على تصرفات اطفالهم حسب هذه التعاليم الإسلامية، من اجل الحفاظ على الشرف العائلي.

أحياناً، يتم التعبير عن علاقات التنافس بين القبائل او الجماعات الإثنية على أسس التفوق في التمسك باهداب الدين. باختصار، فان الإسلام ينظم جميع العلاقات التبادلية لافراد المجتمع كافة.

تتكون المؤسسة الدينية من عدة مستويات. بإمكان اي مسلم ان يقود الجماعات غير الرسمية في الصلاة. يتم تعيين الملالي الذين يؤمون الناس في المساجد، من قبل الحكومة، بعد التشاور مع مجتمعاتهم، ومع أنهم يعتمدون جزئياً على التمويل الحكومي، الا ان الملالي يحتاجون، بشكل كبير، الى مساهمات المجتمع لتغطية حاجاتهم، بما فيها المأوى وجزء من المحصول. يفترض فيهم معرفة القرآن الكريم والسنة النبوية والحديث، ولذلك يتوجب عليهم ضمان معرفة مجتمعاتهم لأساسيات التقاليد والسلوكيات الاسلامية، الأمر الذي يؤهلهم للفصل في الخلافات حول التفسير الديني. كثيراً ما يعملون كمدرسين بالأجرة، ومسؤولين عن التعليم الديني في المساجد، حيث يتعلم الأطفال القيم الاخلاقية الأساسية والممارسات الصحيحة في العبادات. كذلك فان لدورهم مظاهر اجتماعية إضافية لأنهم يؤمون المناسبات الحياتية المتعلقة بالولادة، والزواج والوفيات.

لا يشجع الإسلام تقديس الاشخاص او بناء المزارات، بل ان بعض الجماعات تطمس تلك الممارسات بقوة. رغم ذلك، فإن أرض افغانستان مليئة بالمزارات والأضرحة التي تكرِّم الصالحين من جميع الألوان. وقد نشأ العديد من اقدم القرى والبلدات الافغانية حول مزارات قديمة. ويستخدم بعضها كملاذات للمجرمين الفارين.

تتفاوت الأضرحة في شكلها بين اكوام بسيطة من التراب أو الحجارة المعلمة بالبيارق الى مجمعات أبنية مزخرفة ببذخ، تحيط بقبر مركزي، تعلوه قبة. يسيطر على هذه المؤسسات الضخمة قادة دينيون وعلمانيون بارزون. قد تضم المزارات رفات شهيد، أو معلِّم ديني محترم، أو شاعر صوفي شهيد، أو مقتنيات نادرة، مثل شعرة من النبي محمد (صلعم) أو خرقة من عباءته. يحيي العديد من الناس ذكرى اساطير حول الانجازات الخارقة لعلي بن ابي طالب، رابع الخلفاء الراشدين وأول أئمة الشيعة، والذي يعتقد أنه مدفون في اجمل وافخم مزارات البلاد، والموجود في قلب مزار الشريف، المزار الأسمى. إن حضرة علي (كرم الله وجهه) موقر في كل افغانستان بسبب دوره كمجاهد في وجه الطغيان.

تجتذب الاعياد والاحتفالات السنوية المقامة في المزارات آلاف الحجاج وتقرِّب جميع اقسام المجتمعات بعضها من بعض . كذلك يزور الحجاج المزارات سعياً لتدخل الولي، وطلباً

لمساعدته، سواء كان ذلك شفاءً من مرض أو طلباً لولادة صبي. النساء مخلصات بشكل خاص للانشطة المتعلقة بالمزارات. قد تكون هذه الزيارات قصيرة او تستمر لعدة أيام ويعود العديد منهم بتعاويذ لدرء العين الحاسدة، أو توكيد علاقة المحبة بين الزوجين، وكثير من اشكال التطمين الأخرى.

الإسلام المسيَّس: مع ان المحاكم الشرعية كانت موجودة في مراكز المدن منذ أن أسس احمد شاه دُرَّاني الدولة الافغانية عام ١٧٤٧، الا ان الأساس القضائي الأول للمجتمع بقي محصوراً في القانون القبلي العائد للباشتون والي حتى نهاية القرن التاسع عشر. اصدرت الفتاوى الرسمية بين الحين والآخر وكذلك الدعوات الى الجهاد، ليس لاعلاء شأن العقيدة الإسلامية، بل لتوكيد أعمال اشخاص معينين ضد خصومهم السياسيين حتى يمكن توحيد السيطرة.

صدر أول استخدام منظم للإسلام كأداة لبناء الدولة من قبل الأمير عبد الرحمن (١٨٨٠ - ١٩٠١) اثناء سعيه الى مركزية الدولة. فقد اصدر قراراً مؤداه أنه يجب على جميع القوانين أن تتوافق مع الشريعة الاسلامية، وهكذا جعل الشرع فوق القوانين المعتادة المتجسدة في الباشتون والي. جرى توظيف العلماء لاضفاء الشرعية وتطبيقها في جهوده لبناء الدولة، اضافة الى سلطته المركزية. قوى هذا الاجراء السلطة الدينية. من ناحية، ولكن مع زيادة اندماجهم في بيروقراطية الدولة وجهازها، فقد ضعفت الزعامة الدينية في نهاية الأمر، من ناحيه أخرى.

أعيد تنظيم الكثير من الامتيازات الاقتصادية التي كان يتمتع بها المسؤولون والمؤسسات الدينية ضمن جهاز الدولة، وأصبح نشر التعليم الذي كان، فيما مضى، يشكل الأولوية الوحيدة للعلماء، خاضعاً لرقابة لصيقة، وأصبح الأمير الفيصل الأعلى للعدالة.

استمر خلفاء الامير عبدالرحمن في اتباع سياسته وتوسيعها مع زيادة التوجه العلماني. بقي الاسلام أساسياً للتفاعلات، لكن المؤسسة الدينية ظلت غير سياسية في الأساس، وظلت تقوم بدور أخلاقي اكثر منه سياسي. رغم ذلك، فقد أكدَّ الاسلام وجوده في اوقات الازمات الوطنية. وكذلك، عندما اعتبر القادة الدينيون أنفسهم مهددين بقسوة، فقد قامت الشخصيات الاسلامية ذات الجاذبية باستخدام الاسلام بين الفينة والأخرى لتجميع الجماعات المتناقضة في مواجهة الدولة. وقد قاموا في مناسبات عديدة ضد امان الله شاه (١٩١٩ - ١٩٢٩)، على سبيل المثال، محتجين على الاصلاحات التي اعتقدوا انها تدخلات غربية معادية للإسلام.

حرص الحكام بعده على التأكيد على مجاراة الإسلام للتحديث، وقد ادركوا عمق المواقف التقليدية المعادية للعلمانية. رغم ذلك، فقد استمر دور الدين في شؤون الدولة بالتراجع، على الرغم من دوره المحوري في المجتمع الذي لم يكن يميز بين الدين والدولة.

كرّس دستور عام ١٩٣١ المذهب الحنفي شريعة للدولة، وأكد ذكر دستور عام ١٩٦٤ انه يجب على الدولة ان تمارس شعائرها الدينية بمقتضى والمذهب الحنفي. كذلك أعلن دستور عام ١٩٧٧ الإسلام ديناً لافغانستان، لكنه لم يذكر أن ممارسات الدولة يجب ان تكون حنفية. يمثل القانون الجنائي (١٩٧٦) والقانون المدني (١٩٧٧) اللذان يغطيان ميدان العدالة الإجتماعية بكامله، محاولات رئيسة للتعامل مع عناصر القانون العلماني، مبنية عليه ولكنها منسوخة بانظمة أخرى. فمثلاً، تم توجيه المحاكم للنظر في الدعاوى حسب القانون المدني أولاً، ثم العودة الى الشريعة في المسائل التي لا تخضع للقانون العلماني.

بحلول عام ١٩٧٨، عبرت حكومة حزب الشعب الديمقراطي الافغاني بطريقة مفتوحة عن نفورها من المؤسسة الدينية. أدى هذا الى صعود الحركة الاسلامية الناشئة الى مستوى ثورة وطنية، وتحرك الإسلام من وضعيته السلبية على الهامش ليلعب دوراً نشطاً.

يمثل الإسلام المسيّس انفصالاً عن التقاليد الأفغانية. انبثقت الحركة الاسلامية عام ١٩٥٨ بين كليات جامعة كابول، خاصة داخل كلية الشريعة الإسلامية التي تأسست عام ١٩٥٢ لغاية معلنة هي رفع نوعية التعليم الديني ليتلاءم مع العلوم والتقنيات الحديثة. كان المؤسسون في الغالب مدرسين تأثروا بحركة " الاخوان المسلمون " المصرية، وهو حزب تأسس عام ١٩٣٠ لغايات إعادة احياء العدالة الاسلامية في الميادين الاجتماعية والاقتصادية والسياسية. كان هدفهم هو التآلف مع العالم الحديث من خلال تطوير عقيدة سياسية مبنية على الاسلام. ومع أن القادة الافغان كانوا مدينين لكثير من هذه المفاهيم، الا انهم لم يؤسسوا علاقات قوية مع حركات مماثلة في بلدان أخرى.

أدى انفراج مواقف الحكومة بعد تمرير دستور عام ١٩٦١ الى إدخال فترة من النشاط المكثف بين طلاب جامعة كابول. انشأ الاساتذه وطلابهم منظمة الشباب المسلم (سازماني جاواناني مسلمان) في منتصف الستينات في الوقت الذي كان اليساريون يشكلون فيه عدة أحزاب. في البداية، زاد عدد الطلاب الشيوعيين عن الإسلاميين، لكن بحلول عام ١٩٧٠ كان الشباب المسلم قد اكتسب اغلبية في الانتخابات الطلابية. جاءت عضويتهم من الكليات الجامعية، ومن المدارس الثانوية، في عدة مدن مثل مزار الشريف وهيرات. أصبح هؤلاء

الأساتذة والطلاب قادة المقاومة الأفغانية في الثمانينات.

ومع استيلاء حزب الشعب الديمقراطي الأفغاني على الحكم في نيسان من عام ١٩٧٨ ، أصبح الإسلام قوة أساسية في توحيد المعارضة ضد العقيدة الشيوعية للحكام الجدد.

إن الاسلام، بوصفه نظاماً سياسياً - دينياً، ملائم بدرجة مثالية لحاجات مواطنين متشعبين غير منظمين وكثيراً ما يعادون بعضهم بعضاً، راغبين في تكوين جبهة موحدة ضد عدو مشترك، وقد سمحت الحرب للجماعات المختلفة ضمن المجاهدين أن يطبقوا مفاهيم متنافسة من التنظيم.

لقد كان قادة المجاهدين اصحاب شخصيات جذابه، وذوي ارتباطات ثنائية باتباعهم. فقد حل القادة العسكريون والزعماء السياسيون محل القيادة القبلية، وفي احيان معينة سيطرت القيادة الدينية، وكثيراً ما اتحدت الزعامة الدينية بالسياسية. اختار الأتباع قادتهم المحليين على أساس الخيار الشخصي والأفضلية بين الأقاليم، المذاهب، والمجموعات الإثنية القبلية. لكن القادة الرئيسيين ارتفعوا الى مستوى الإمتياز من خلال ارتباطاتهم مع الأجانب الذين يسيطرون على مصادر الأموال والاسلحة.

في نهاية الأمر، نجح المجاهدون في مسعاهم لطرد القوات السوفييتية بدعم من المساعدات الأجنبية، لكنهم لم ينجحوا في محاولاتهم لإقامة بديل سياسي لحكم افغانستان بعد انتصارهم. خلال الحرب، لم يكن المجاهدون ابداً قادرين بشكل كامل على الحلول محل التنظيمات التقليدية بنظام سياسي حديث مبني على الإسلام. فقد استخدم معظم قادة المجاهدين انماطاً تقليدية من السلطة، بحيث اصبحوا الخانات الجدد، أو سعوا الى تبني تنظيمات سياسية حديثة على المجتمع التقليدي. بمرور الزمن، جمّع القادة السلطة والثروة، وفي تناقض مع الماضي، واصبحوا عاملاً حاسماً في التخطيط للسلطة على كافة المستويات.

مع مغادرة القوات الأجنبية، وزوال حكومة كابول اليسارية، برزت الى الوجود دولة افغانستان الإسلامية في نيسان عام ١٩٩٢. مثّل هذا انفصالاً واضحاً عن التاريخ الافغاني، لأن المختصين الدينيين لم يمارسوا السلطة في الدولة، من قبل، أبداً. لكن الحكومة الجديدة فشلت في تأسيس شرعيتها، ومع تبخر الدعم المالي لها، بدأ القادة المحليون والمتوسطون وميليشياتهم يتقاتلون فيما بينهم ولجأوا الى جملة ممارسات غير مقبولة ضمن مساعيهم المطوّلة الى الكسب والسلطة. عانى الشعب في طول البلاد وعرضها من المضايقات، والابتزاز، والخطف، والسرقة، والعنف، وقطع الطرق وأعمال الاعتداء على النساء. تزايد الاتجار

بالمخدرات الى درجة مرعبة، لم تعد الطرقات العامة آمنة. وهكذا فقد المجاهدون الثقة التي تمتعوا بها في يوم ما.

طالبان: في خريف عام ١٩٩٤، تقدمت "ميليشيا طلابية" وأقسمت على تنظيف البلاد من الإنحرافات التي تكدر نقاء الجهاد. كانت غايتها التي اقسمتا عليها هي إقامة دولة إسلامية "نقية" خاضعة لتفسيراتهم المتشددة للشريعة الاسلامية. كان كثير من قادة هذه الحركة المسماة طالبان (الباحثون او تلاميذ الإسلام) من بين المجاهدين، لكن أغلبية قواتهم تكونت من فتية افغان لاجئين في المدارس الدينية الباكستانية، خاصة تلك التي تديرها جماعة علماء الاسلام في باكستان، الحزب الباكستاني السياسي المحافظ بتشدد، والتي يرأسها مولانا فضل الرحمن، المنافس الأشد للقاضي حسين أحمد، قائد الجماعة الاسلامية المتشددة بدرجة مساوية والداعمة للمجاهدين.

اكتسحت طالبان، التي كان مركز قيادتها في قندهار، والمشكلة كلياً تقريباً من الباشتون القادمين من المناطق الريفية، والتي كان افرادها من الزعماء وحتى مقاتلي المليشيا في سن الثلاثين الى الاربعين، وربما اصغر، اكتسحت البلاد. استولوا في ايلول عام ١٩٩٦ على كابول وسيطروا على ثلثي افغانستان.

جاء استيلاؤهم السريع بدون مقاومة تذكر. تم جمع الأسلحة، واستتب الأمن. وفي الوقت نفسه، تضمنت الأعمال التي اقترفت لغاية فرض الشريعة: الإعدامات العلنية لجرائم القتل، الرجم للزنا، قطع اليد للسرقة، ومنع كافة اشكال القمار مثل تطيير الطائرات الورقية، والشطرنج وقتال الديكة، منع الموسيقى وأشرطة الفيديو، وتقييد ضد صور البشر والحيوانات، وحظر على اصوات النساء في الراديو. تعين على النساء ان يبقين غير مرئيات قدر الإمكان، خلف البرقع، وفي بردة بيوتهن، وطردوا من العمل أو الدراسة خارج بيوتهن. مثل الكثير ممن قبلهم، فان طالبان تلوح براية فضيلة النساء لاثبات تفوقهم الاسلامي.

بسبب المشاعر الدينية القوية التي تحرك عقولهم، فقد اسرت طالبان افئدة القرويين الأفغان. بينما وقف الآخرون ينظرون مشدوهين من قسوة التطبيقات لهؤلاء الوسطاء الذين عينوا انفسهم اوصياء على الاستقامة الاسلامية. فقد كانت تفسيرات طالبان للشرع انحرافات غريبة عن جوهر الاسلام الذي طبق في المجتمع الأفغاني والذي ظل دوماً يشدد على الوسطية والاعتدال، والتساهل، والكرامة، والخيار الفردي والمساواة.

٨- جمهورية اوزبكستان[(١)]

يحدها غرباً وشمالاً قازاخستان، وقيرغيزستان وطاجيكستان شرقاً، وافغانستان وتركمانستان شمالاً.

استقلت عن الاتحاد السوفييتي يوم ٣١ آب عام ١٩٩١.

يعتمد اقتصادها على زراعة القطن، فهي المصدِّر الثاني عالمياً - وتقوم بتطوير صادراتها النفطية والمعدنية.

تبلغ مساحتها ٤٤٧,٤٠٠ كيلو متر مربع، وعدد سكانها قرابة ٢٨ مليون نسمة. البلد فقير نسبياً، اهم صادراته القطن والذهب، والغاز الطبيعي، والفحم، والنحاس، والنفط، والفضة واليورانيوم.

تسهم الزراعة بحوالي ٣٧ ٪ من الدخل القومي، وتشغِّل ٤٤ ٪ من القوة العاملة. تقدر نسبة العاطلين عن العمل بعشرين في المئة من قوة العمل.

لا تزال الحكومة تسيطر على الاقتصاد وتسِّيره، ما يسبب قدراً هائلاً من الفساد والمحسوبية. هذه الاجواء لا تشجع الاستثمار الخارجي.

نسبة المسلمين ٨٨ ٪ معظمهم من السنَّه، مع ٥ ٪ فقط من الشيعة، أما الآخرون من السكان، فموزعون بين الروس، والطاجيك، والقازاخ، والكاراكالباك والتتار.

من اصل ٩٣٠٠٠ يهودي كانوا يعيشون في اوزبكستان زمن الاتحاد السوفييتي، لم يبق حالياً سوى قرابة الف يهودي.

---

(1) • Chasing the sea-Tom Bissell
- A Historical Atlas of Uzbekistan-Aisha khan
- The Modern Uzbeks-Edward A.All worth
- Nationalism in Uzbekistan-James Critchlow
- Odyssey Guide: Uzbekistan = Callum Moacleod and Bradley mayhew
- Uzbekistan: Heirs to the Silk Road-Johannes kalter and Margareta Pavaloi
- Silk Rood to Ruin –Ted Rall
- Murder in Samarkand-Craig Murray
- Wikipedia 132008/10/15 & 2006/11/

تمتلك اوزبكستان اكبر قوة عسكرية في اقليم وسط آسيا، ولديها قاعدة عسكرية امريكية في كارشي – خان آباد، جنوب البلاد. انسحب الامريكان في تشرين الثاني ٢٠٠٥ بعد مذبحة انديجان. لكنهم احتفظوا بالقاعدة الجوية.

حقوق الانسان في اوزبكستان: يؤكد الدستور ان " الديمقراطية سوف تستند الى القواعد الأنسانية العامة، والتي بموجبها ستعتبر القيمة الاسمى للانسان: حياته، حريته، شرفه، كرامته وحقوقه الأخرى غير القابلة للانتقاص ".

ولكن مؤسسات الرقابة الدولية غير الحكومية تؤكدان اوزبكستان " دولة شمولية بحقوق مدنية محدودة "، وتبدي قلقها من " مخالفات كبرى لجميع حقوق الانسان الأساسية ". وتقول التقارير أن التعذيب، والاعتقال العشوائي، ووكبت حريات الاديان والصحافة والخطابة والتجمع، شائعة كلها. وقد اعتبرت عام ٢٠٠٥ ضمن " الأسوأ في الأسوأ ".

تقوم السلطة بتحسين قوانينها باستمرار. وقد اصدر البرلمان اكثر من ٣٠٠ قانون لتنظيم الحقوق والحريات الأساسية للشعب. كما وقع الرئيس إسلام كريموف مرسوماً يقضي بالغاء عقوبة الاعدام اعتباراً من الأول من كانون الثاني عام ٢٠٠٨.

تعتبر احداث الشغب عام ٢٠٠٥، التي ادت الى مقتل المئات، من أسوأ أعمال الاعتداء على حقوق الانسان.

لم يتساوى التحرك نحو الإصلاح الاقتصادي مع التحرك باتجاه الإصلاح السياسي. بدلاً من ذلك، فقد قامت حكومة اوزبكستان، ومنذ الاستقلال، الذي حصلت عليه في الأول من ايلول عام ١٩٩١، بالضغط بشكل متزايد على جماعات المعارضة واحزابها، وحجتها في منع التجمعات العامة، وقيام احزاب المعارضة، وتكميم الإعلام، هي الحاجة الى ضمان الاستقرار للتحرك التدريجي نحو التغيير في المرحلة الانتقالية، معللة في موقفها هذا بما يجري في جمهورية طاجيكستان.

مذبحة انديجان:_حدثت عندما فتحت عناصر من قوات وزارة الداخلية النار على حشد من المتظاهرين في انديجان يوم ١٣ ايار عام ٢٠٠٥. تتراوح تقديرات اعداد الاشخاص الذين قتلوا بين ١٨٧ شخصاً حسب الرقم الرسمي، و ٥٠٠٠ حسب تقدير المعارضة، بينما تقدر معظم المصادر الخارجية العدد ببضع مئات. ما يزال عدد الضحايا غير محدد بدقة، فقد

اخفيت جثث القتلى في قبور جماعية بعد المذبحة. كما أشيع في البداية، أن الحكومة قالت " الحركة الاسلامية لاوزبكستان " قد نظمت القلاقل وان المعترضين كانوا اعضاء في " حزب التحرير ". بينما يجادل المنتقدون بأن الصاق الصفة الاسلامية المتطرفة هو " حجة للابقاء على نظام ظالم ". كذلك بقي موضوع اطلاق النار بدون تفريق لمنع قيام ثورة، أو العمل بصورة مشروعة لإخماد شغب في السجن، مفتوحين للنقاش، وثمة افتراض ثالث مفاده ان النزاع في الحقيقة هو صراع قبلي على السلطة.

وفي النهاية، اعترفت الحكومة الأوزبكية ان الاحوال الاقتصادية السيئة في الاقليم والاستياء الشعبي قد أديا دوراً في الاضطرابات.

أدت مطالب الحكومات الغربية لقيام تحقيق دولي الى حصول تغيير كبير في السياسة الخارجية بترجيح قيام علاقات اوثق مع امم آسيا. طلبت الحكومة الاوزبكية اغلاق القاعدة الجوية الأمريكية في كارشي - خان أباد، وقامت بتحسين علاقاتها مع الصين، الهند وروسيا، وقد ايدت جميع هذه الدول تصرف النظام في انديجان.

احزاب المعارضة ووسائل الاعلام: جرى استفتاء عام ٢٠٠٢، تضمن خطة لانشاء برلمان من مجلسين، وتشكلت عدة احزاب سياسية بموافقة حكومية، لكنها جميعاً لم تظهر أي اهتمام بالدعوة الى بدائل للسياسات الحكومية. كذلك ورغم تأسيس العديد من المنافذ الإعلامية (الإذاعة، والتلفاز، والصحف)، الا انها بقيت جميعاً تحت سيطرة الحكومة، أو انها قلما تتطرق الى المسائل السياسية. لم يسمح للأحزاب السياسية المستقلة بالتسجيل جراء إجراءات التسجيل المعقدة.

على الرغم من الضمانات الدستورية، فقد قامت حكومة اسلام كريموف بقمع حقوق النشاط لكافة الحركات السياسية، وتستمر في منع الاجتماعات العامة والمظاهرات غير المصرح بها واضطهاد رموز المعارضة.

أن جميع اشكال حركات المعارضة ووسائل الاعلام المستقلة محظورة، بشكل اساسي، في اوزبكستان، فيما عدا بعض أشكال الحرية المتقطعة. تميزت اوائل التسعينات بحملات اعتقال واعتداء بالضرب نتيجة اتهامات مفبركة. فمثلاً، القي القبض عام ١٩٩٤ على شخصية اوزبكية بارزة اسمها ابراهيم بورييف، بعد أن أعلن عن خططه لتشكيل حزب سياسي معارض. بعد الافراج عنه قبيل الاستفتاء في آذار من ذلك العام، أعيد اعتقاله بتهم

حيازته للأسلحة والمخدرات. كذلك القي القبض في نيسان من ذلك العام على ستة منشقين، وحكم عليهم بالسجن لتوزيعهم صحيفة حزب إرك، والدعوة الى إقصاء كريموف. كذلك تمت مضايقة اعضاء المعارضة حيثما تواجدوا، حتى في موسكو البعيدة.

الهجوم على الاصوليين الإسلاميين: تقوم الحكومة بالضغط، بقسوة،على كل من تشك في انتمائه الى جماعات التطرف الإسلامي. فقد تم سجن حوالي ستة الاف شخص من المشكوك في انتمائهم الى حزب التحرير، ويعتقد ان البعض منهم قد توفي عبر السنوات الماضية نتيجة امراض سببها السجن، والتعذيب، والإساءة. اتجه بعض الشباب الاسلاميين الى الحركات الاسلامية السرية فيما عدا أقلية اتجهت الى التعليم الاسلامي. تستخدم الشرطة وأجهزة المخابرات التعذيب كتقنية تحقيق روتينية عادية. بدأت الحكومة بتقديم بعض ضباط التحقيق الى المحاكمة بتهمة التعذيب. تمت إدانة اربعة ضباط شرطة وثلاثة ضباط مخابرات. منحت الحكومة العفو لاكثر من الفي سجين سياسي وغير سياسي في السنتين الماضيتين، ولكن يعتقد ان هذا الرقم متواضع. تناقص عدد الأصوليين الاسلاميين الذين القي القبض عليهم عام ٢٠٠٢، وعند بداية العام ٢٠٠٣، عما كان عليه سابقاً. لكن على أية حال، فقد قتلت الشرطة المئات اثناء المظاهرات التي جرت في مدينة انديجان عام ٢٠٠٥.

الإسلام في اوزبكستان

الإسلام هو دين الاغلبية وبفارق كبير في اوزبكستان. كان العديد من الروس المتبقين اوائل التسعينات، والذين يشكلون حوالي ثمانية بالمئة من مجموع السكان، مسيحيين ارثوذكس. كذلك تواجد قرابة ٩٣٠٠٠ يهودي. رغم سيطرته، الا ان ممارسة الإسلام ليست على مذهب واحد. فقد جرت وتجري ممارسة العبادات حسب مذاهب عديدة. لقد جلب الصراع بين التقاليد الإسلامية مع البرامج الإصلاحية المتعددة أو العلمانية، طوال القرن العشرين، الحيرة الى العالم الخارجي حول الممارسات الاسلامية في آسيا الوسطى. لم تؤدِّ نهاية السلطة السوفييتية الى صعود الأصولية الاسلامية في اوزبكستان، كما توقع كثيرون، بل إلى إعادة تعريف تدريجية بمفاهيم الدين. على أية حال، يبدو أن هناك صعوداً للدعم لصالح الاسلاميين بحلول العام ٢٠٠٠.

الإسلام في الحقبة السوفييتية: لم تمنع السلطات السوفييتية ممارسة الشعائر الاسلامية بقدر ما سعت الى استخدام الدين كوسيلة لتهدئة شعب لم يكن مدركاً لأحكام دينه في كثير من الحالات. شكّل الإسلام أساس الحياة من عدة نواحي. بعد دخوله في القرن السابع، شجعت الحكومة السوفييتية استمرار الدور الذي يؤديه الاسلام في مجتمع علماني. اثناء الحقبة السوفييتية، كان لدى اوزبكستان خمسة وستين مسجداً مسجلاً، ومايصل الى ثلاثة آلاف ملاً ناشط ورجال دين مسلمين آخرين.

ظل مقر المجلس الإسلامي لآسيا الوسطى، في مدينة طشقند نحو اربعين عاماً.

واعتاد المفتي الأكبر الذي يترأس المجلس، أن يقابل مئات الوفود الأجنبية كل سنة بصفته الرسمية، وكان المجلس يصدر مجلة حول القضايا الاسلامية " مسلمو الشرق السوفييتي ".

على أية حال، فقد كان يجري انتقاء المسلمين العاملين في أي من هذه المنظمات بعناية حسب اعتماديتهم السياسية. اكثر من ذلك، فبينما كانت الحكومة الاوزبكية تدعم الاسلام ظاهرياً من ناحية، فقد كانت تعمل على استئصاله، من الناحية الأخرى. أشرفت الحكومة على الحملات الرسمية المعادية للدين، ومارست التنكيل القاسي بأية بادرة إلى التحرك الإسلامي أو أية شبكة خارج سيطرة الدولة.

أدت جهود موسكو الهادفة الى استئصال الاسلام، واستبداله، الى تصعيد الخلافات بين المسلمين والآخرين، وكذلك شوهت مفهوم الإسلام لدى سكان اوزبكستان،وأدت الى ظهور مفاهيم اسلامية متناحرة بين سكان آسيا الوسطى أنفسهم.

الإسلام السياسي: على ضوء الدور الذي اضطلع به الاسلام في تاريخ اوزبكستان، توقع كثير من المراقبين ان يكسب الإسلام موقعاً قوياً بعد ان جلب الاستقلال نهاية لإلحاد الاتحاد السوفييتي الرسمي.

جاءت التوقعات بأن تحدث زيادة سريعة في التعبير عن الدين المسيطر، في بلد مسلم حرم من حريته الدينية لمدة طويلة. سوّغ الرئيس اسلام كريموف السيطرة الشمولية على سكان بلاده وبلدان آسيا الوسطى الأخرى، بوجود تهديد بحدوث ثورات وانعدام استقرار تسببه الحركات الاسلامية السياسية المتنامية، وكذلك صرح بوجود هذا التهديد قادة آخرون في آسيا الوسطى.

على أية حال، لم تشهد اوزبكستان صعوداً للإسلام السياسي اوائل التسعينات، بقدر ما شهدت بحثاً عن استعادة تاريخ وثقافة لم يكن الكثير من الاوزبك يعرفون عنهما شيئاً. المؤكد ان اوزبكستان تشهد اليوم زيادة هائلة في التعليم الديني والإهتمام بالإسلام.

منذ العام ١٩٩١، بنيت المئات من المدارس الدينية والمساجد أو جرى ترميمها وإعادة افتتاحها. ونشأت احزاب وجماعات إسلامية لا شك في انها مبعث قلق للقيادات السياسية.

تتركز المعارضة الاسلامية الأكبر، وربما تكون الحزب المعارض الرئيس، في اوزبكستان، بعد عام ٢٠٠٠، في حزب التحرير. يرغب هذا الحزب في توحيد دول آسيا الوسطى، ولاحقاً العالم الاسلامي الاكبر في اتحاد اسلامي فدرالي، أو خلافة. لقد اضطهد الرئيس كريموف المعارضة بقسوة، مدعيا بأنها مجموعة من الإرهابيين، واضطهد حتى المسلمين المعتدلين. وقد توحدت جماعات حقوق الإنسان في استنكارها لأضطهاد الحكومة للحركات الإسلامية.

الإسلام السائد (تسعينات القرن الماضي):

خلال السنوات الأولى من الاستقلال، شهدت اوزبكستان، على الاغلب، نهوضاً لحركة اسلامية اقرب الى العلمانية، وحتى تلك الحركة ماتزال في مراحلها المبكرة. حسب استطلاع للرأي العام أجري عام ١٩٩٤، فان الإهتمام بالإسلام يتنامى بسرعة، لكن الفهم الشخصي للإسلام بقي محدوداً أو مشوهاً لدى الاوزبك. فمثلاً، اعترف حوالي نصف الاوزبك الذين سئلوا عن ايمانهم بأن الإسلام دينهم. ولكن، من بين ذلك العدد، كانت معرفتهم بالمفاهيم الرئيسة للإسلام ضعيفة.

على الرغم مما ذكر عن انتشار الاسلام بين الجيل الناشئ من الاوزبكيين، الا ان المسح أظهر ان الايمان مازال الأضعف بين افراد الأجيال الشابة. اظهر بعض الذين استطلعوا اهتماماً بشكل من الإسلام الذي يمكن ان يشارك بفاعلية في القضايا السياسية.

وهكذا، يبدو أن السنوات الأولى من الحرية بعد الحكم السوفييتي قد أفرزت نمطاً من الإسلام له علاقة بالسكان الأوزبك من نواحي تقليدية وثقافية اكثر من النواحي الدينية، الأمر الذي اضعف ادعاءات كريموف بأن الانتشار المتنامي للأصولية يشكل تهديداً لبقاء اوزبكستان.

(بدايات القرن الحادي والعشرين):

يفترض الخبراء أن الاسلام نفسه ربما لم يكن السبب الرئيس للإضطراب المتنامي بقدر ما كان الوسيلة للتعبير عن مظالم أخرى هي أسباب اكثر مباشرة لليأس والاختلاف. فالناس ينظرون الى الاسلام على أنه الحل لهذه المشاكل. ينكر ذلك حكام الأوزبك بقوة. وهم يلومون اضطرابات عام ٢٠٠٥ في اوزبكستان على هدفهم لقلب الحكومة هناك تمهيداً لإقامة حكومة دينية لآسيا الوسطى كلها. هناك مجموعتان اسلاميتان في الدولة نادتا بتغيير ثوري للحكم وهما اكروميا والحركة الإسلامية لأوزبكستان. انكر حزب التحرير علاقته بالاضطرابات، لكنه عبَّر عن التعاطف والتضامن مع ضحايا الاضطرابات، واضعاً اللوم بقوة على الممارسات الاضطهادية والفساد في الحكومة.

٩- جمهورية تركمانستان[١]

تقع هذه الجمهورية في وسط آسيا، وعاصمتها عشق آباد، وتبلغ مساحتها ٤٨٨,١٠٠ كيلو متر مربع، وتشكل صحراء كاراكوروم حوالي ٨٠ ٪ من مساحتها.

تحدها افغانستان من الجنوب الشرقي، وايران من الجنوب الغربي، واوزبكستان من الشمال الشرقي، وقازاخستان من الشمال الغربي، وبحر قزوين من الغرب.

بقيت البلاد تحت حكم الرئيس صفرمراد نيازوف منذ العام ١٩٨٥ بصفته رئيس الحزب الشيوعي حتى انهيار الاتحاد السوفييتي عام ١٩٩٠، ثم اصبح الرئيس الأول لجمهورية تركمانستان منذ العام ١٩٩١ وحتى وفاته عام ٢٠٠٦.

تولى الحكم بعده قربان قولي بيردي محمدوف، وكان نائباً لرئيس الوزراء، ويشاع أنه ابن غير شرعي للرئيس نيازوف. انتخب رئيساً بحصوله على ٨٩ ٪ من الاصوات، في عملية انتخاب شابها الكثير من المخالفات.

يبلغ عدد السكان قرابة خمسة ملايين نسمة، غالبيتهم العظمى من التركمان المسلمين

---

(1) • http://countrystudies.us/Turkmenistan/29.htm 182006/11/
• http://en.wikipedia.org/wiki/Democratic-party-of-Turkmenistan 182006/11/
• http://en.wikipedia.org/wiki/politics-of-turkmenistan 182006/11/
• http://en.wikipedia.org/wiki/Islam-in-turkmenistan 132008/10/

السنَّة مع اقليات من الاوزبك، والروس، والقازاخ، والأذريين، والفرس، والارمن والتتار.

منذ قيام جمهورية تركمان الاشتراكية السوفييتية عام ١٩٢٤، بدأ تشجيع التركمان القبليين على التوجه الى العلمانية وارتداء الملابس الأوروبية. كذلك تحولت الكتابة من الحرف العربي الى اللاتيني وأخيراً الى السيريلي. ولكن، لم يتم تحويل التركمان الى التخلي عن عاداتهم القبلية إلا حوالي منتصف القرن العشرين.

انضمت تركمانستان الى كومنولث الدول المستقلة عام ١٩٩١، لكنها خفضت وضعها الى " عضو مشارك " عام ٢٠٠٥، لأنها، حسب تصريح الرئيس نيازوف، ترغب في اتباع سياسة الحياد الدائم.

تردَّت العلاقات الروسية - التركمانية أثناء حكم الرئيس نيازوف بسبب اصراره على تنمية التقاليد الاسلامية والثقافة التركمانية. وسرعان ما انتشرت سمعته في الخارج جراء حكمة الاستبدادي، وتمجيد شخصه (زعيم الشعب التركماني).

على الرغم من ضمان الدستور التركماني لحقوق المواطنين مثل: المساواة الاجتماعية، المساواة بين الجنسين والتحرر من العقوبات القاسية غير العادية، وحرية الحركة، وحق العمل والراحة، وحق التعلم، الا ان حقوق الانسان ليست مُصانة من قبل السلطات.

تمارس السلطات رقابة لصيقة على كل الجماعات الدينية بحيث يفضل العديد منها العمل السري، بدلاً من الحصول على التصاريح الرسمية المعقدة، والتي تشكل حواجز فعلية. اكثر المتضررين من هذه الاجراءات هم: المسيحيون البروتستانت، وشهود يهوه، والبهائيون واتباع هاري كريشنا.

صنَّف مؤشر حرية الصحافة العالمية تركمانستان كثالث أسوأ دولة في مسألة حرية الصحافة.

يعتمد اقتصاد تركمانستان على تصدير القطن والغاز، اضافة الى مخزونها النفطي الضخم.

تعاني البلاد من نقص حاد في العملات الصعبة، بسبب صعوبات في تصدير الغاز، فقد بلغت نسبة البطالة ٦٠٪ من القوى العاملة عام ٢٠٠٤، كما اضطرت الى الاستدانة من الخارج.

اتهم الرئيس نيازوف بتبذير المال العام على تجديد المدن، خاصة عشق آباد.

كما يحذر الخبراء من سوء التصرف في احتياطيات البلاد النقدية والتي يحتفظ بمعظمها في بنك دويتشه بفرانكفورت - المانيا.

يجري تصدير ثلثي غاز تركمانستان عن طريق مؤسسة غاز بروم الروسية، الأمر الذي يمنح روسيا الفدرالية القدرة على التحكم باقتصاد البلاد وسياساتها الى حد بعيد.

الإسلام في تركمانستان: إن المسلمين التركمان تقليدياً،هم مسلمون سنة، مثل اقاربهم في اوزبكستان وافغانستان، وهناك أقلية ضئيلة من المسلمين الشيعة. ولا تسمح الدولة بتسييس الطقوس الدينية لغير السنة، كما يحدث لدى الاقليات الأذرية والكردية. ومع أن اغلبية التركمان يعرِّفون انفسهم على انهم مسلمون ويعترفون بالإسلام مكوّناً اساسياً من تراثهم الثقافي، الا ان العديد منهم لا يمارس العبادات ويدعمون إعادة احياء الوضع الديني فقط كعنصر من عناصر النهوض الوطني.

وصل الإسلام الى التركمان من خلال انشطة الشيوخ الصوفيين، وليس عن طريق المسجد أو التقاليد المقيمة المكتوبة.

ثمة تقليد أساسي في التركيبة القبلية التركمانية يدور حول وجود قبائل " مقدسة " تسمى " أولاد "، وهو احياء لشكل من ثقافة توقير الأجداد المطعمة بالصوفية. وتشير سجلات انساب هؤلاء الاولاد الى انهم متحدرون من النبي محمد (صلعم) لكونهم من نسل السيدة فاطمة الزهراء، والخليفة علي بن ابي طالب (كرَّم الله وجهه). في القرنين الثامن عشر والتاسع عشر، توزعت قبائل الأولاد في جماعات صغيرة عبر تركمانستان. كان افرادها يحضرون ويباركون جميع المناسبات المهمة في حياة المجتمع، وكذلك يتوسطون بين القبائل والعشائر. ولاتزال مؤسسة الأولاد تحظى بقدر من السلطة والتأثير حتى اليوم.

هوجمت جميع اشكال المعتقدات الدينية اثناء الحقبة السوفييتية من قبل السلطة على أنها خرافات و " مظاهر من الماضي ". منعت معظم العبادات والمدارس الدينية، واغلقت اغلبية المساجد.

تم تأسيس مجلس اسلامي لآسيا الوسطى مقره في طشقند اثناء الحرب العالمية الثانية للإشراف على الاسلام في آسيا الوسطى. وقد عمل هذا المجلس كأداة اعلامية في الأغلب،

ولم يخدم القضية الاسلامية بشيء يذكر. فقد جمدت التعليمات الإلحادية التطور الديني، واسهمت في عزل التركمان عن المجتمع الاسلامي الدولي. استمرت بعض العادات الاسلامية، مثل طريقة، الدفن وطهور الأولاد، خلال الحقبة السوفييتية، لكن معظم الايمان الديني، والمعرفة والعادات حفظت فقط في المناطق الريفية على شكل " موروث شعبي " وشكل من الاسلام غير الرسمي والذي لم تجزه الإدارة الدينية المسيرة من قبل الدولة.

الدين بعد الاستقلال: تشرف الحكومة الحالية على الاسلام الرسمي من خلال نظام موروث عن الحقبة السوفييتية. إذ يشكل مجلس تركمانستان الديني، مع مثيله في اوزبكستان المجلس الديني الاسلامي لما وراء النهر. وهذا موجود في طشقند ويمارس قدراً من النفوذ في تعيين الزعماء الدينيين في تركمانستان. إن الهيئة الحاكمة للقضاة الاسلاميين (قاضيات) مسجلة لدى وزارة العدل في تركمانستان، ويشرف مجلس الشؤون الدينية، تحت سلطة مجلس الوزراء،على انشطة رجال الدين. يتوجب على الأفراد الذين يرغبون ان يصبحوا أعضاء في جهاز رجال الدين الرسمي أن يسجلوا لدى المعاهد الدينية الرسمية.

على أية حال، فقد يثبت قلة منهم مؤهلاتهم بإجتياز امتحان محدد.

منذ العام ١٩٩٠، بذلت جهود لاستعادة بعض من التراث الثقافي المفقود تحت الحكم السوفييتي. فقد امر الرئيس صفر مراد نيازوف بتعليم القواعد الاسلامية الاساسية في المدارس العامة. وظهر المزيد من المؤسسات الدينية، بما فيها المدارس الدينية والمساجد، وكثير منها بدعم من المملكة العربية السعودية، والكويت وتركيا. تعقد صفوف دينية في كل من المدارس والمساجد، ويتم باللغة العربية تدريس القرآن الكريم والاحاديث النبوية الشريفة وتاريخ الاسلام.

تشدد حكومة تركمانستان على طبيعتها العلمانية، ودعمها لحرية الأديان، كما هي واردة في قانون حرية المعتقد لعام ١٩٩١، وعلى المنظمات الدينية في جمهورية تركمانستان السوفييتية الاشتراكية حسب دستور عام ١٩٩٢. تضمن تلك الوثيقة فصل الدولة عن الكنيسة (أو المسجد)، وكذلك تزيل اي أساس قانوني لأن يؤدي الاسلام دوراً في الحياة السياسية، وذلك بحظر الدعوة ونشر الادبيات الدينية " غير الرسمية "، وتشكيل الاحزاب الدينية السياسية.

اضافة الى ذلك، تحتفظ الحكومة بحقها في تعيين وطرد اي شخص يقوم بتعليم المسائل الدينية أو يكون عضواً في جهاز رجال الدين. منذ الاستقلال، اصبحت القيادة الاسلامية في تركمانستان اكثر جدية، وتأثيراً، لكنها ما تزال تستجيب للسيطرة الحكومية بشكل كبير. فقد قدم الجهاز الحاكم الرسمي للقضاة الدينيين دعمه للرئيس نيازوف عام ١٩٩٢.

من الناحية الأخرى، فان بعض القادة الاسلاميين يعارضون مفهوم العلمانية للحكم، وبشكل خاص لحكومة شيوعية سابقاً. فقد تعهد بعض الزعماء الرسميين والمعلمين العاملين خارج المنظومة الرسمية بزيادة المعرفة الشعبية عن الإسلام، زيادة دور الاسلام في المجتمع، وتوسيع الانصياع الى تعاليمه. شعرت الحكومة بالذعر من ان انشطة كهذه قد تزيد من التوترات بين السنة والشيعة، وربما تعادي السكان السلاف الارثوذكس، فقامت برسم الخطط لرفع سوية مجلس الشؤون الدينية الى مستوى الوزارة، في سعيها لتنظيم الانشطة الدينية والسيطرة عليها.

تعديلات محلية:_صرح عودة كولييف، أول وزير خارجية في تركمانستان، وقائد معارضة سياسية لاحقاً، بان الرئيس نيازوف يسمح للمسلمين بممارسة ديانتهم فقط الى الحد الذي يزيد في " إثرائه الشخصي ". كذلك قال بأن التركمان ليسوا متدينين بشدة، لكنهم سيصبحون كذلك مستقبلاً في ضوء سياسات إدارة نيازوف.

انتقد نيازوف نمط الإسلام المستقبلي الذي توقع ان تتم ممارسته في تركمانستان ووصفه " بالأمي " وأنه " استغلال للإسلام "، وليس الإسلام الحقيقي.

١٠- الجمهورية التركية[1]

ربما يكون الوضع السياسي والاتجاه الفكري، للشعب التركي، هما الأشد تأثيراً على القضية الشركسية بشكل مطلق: لأن تركيا تحتضن اليوم الاغلبية الساحقة للشراكسة في العالم، بل تضم   مايقارب خمسة أضعاف الشراكسة المقيمين في الوطن الأم، مما يدعونا الى مراقبة وتحليل الوضع السياسي في تركيا بتفصيل موسع.

تضم تركيا حالياً حوالي ثمانية احزاب رئيسة، أي تلك التي حصلت على عشرة بالمئة

---

(1) • http://en.wikipedia.org/wiki/list-of-political-parlies-in-Turkey 132006/11/

فأكثر من الاصوات الشعبية في انتخابات تشرين الثاني عام ٢٠٠٢ العامة.

هذه الاحزاب مقسمة بين اليمين واليسار، فمثلاً: يمثل اليسار حزب اليسار الديمقراطي وحزب الشعب الجمهوري. أما اليمين فتمثله الاحزاب التالية:

أ- حزب العدالة والتنمية: وهو حزب محافظ، أسلامي معتدل، وقد حصل على أكثر من ٣٤ بالمئة من الأصوات، وهو الحزب الحاكم حاليا، واكبر الاحزاب على الساحة التركية.

ب- حزب الطريق القويم: محافظ

ج- حزب الحركة الوطنية: يميني متطرف محافظ.

د- حزب الشباب: وطني محافظ، اقصائي

هـ- حزب الوطن الام: محافظ، ليبرالي مجدد.

و- حزب السعادة: إسلامي.

أما الاحزاب الصغيرة، فيبلغ عددها حوالي أربعة عشر حزباً، نصفها يساري، وثلاثة إثنية، وحزبان ليبراليان، وواحد اسلامي متطرف يميني هو حزب الاتحاد الكبير.

كذلك تنبع أهمية تركيا السياسية وتأثيرها القوي على القفقاس من كونها محاذية له جغرافياً، ومن الروابط التاريخية القديمة القائمة بين المنطقتين، والتي شهدت صراعات دامية طويلة، لكنها لم تؤد الى فصل العرى القائمة والحميمة، الأمر الذي يلقي بظلاله على تطورات الأوضاع الاقليمية حاضراً ومستقبلا.

فيما يلي دراسة اعدها البروفسور آيهان كايا حول وضع الشراكسة السياسي في الجمهورية التركية، وقد نقلت عنه كاملة، لأهميتها

بسم الله الرحمن الرحيم

استراتيجيات المشاركة السياسية للشتات الشركسي في تركيا

آيهان كايا[1]

الشراكسة: شتات تقليدي في عصر العولمة.

استخدم مفهوم الشتات موخراً بشكل واسع من قبل عدد كبير من العلماء بهدف الإسهام في تعريف التهجيرات عبر القومية (مثلاً، كليفورد ١٩٩٤، كوهين ١٩٩٧، جيلروي ١٩٩٤). يعرِّف التوجه الجديد لمصطلح الشتات على أنه مجتمعات ذات دلالة على الحركة عبر القومية. لقد كان المصطلح بالنسبة للإغريق يدل على التهجير والإستعمار، بينما هو بالنسبة لليهود والافارقة، والفلسطينيين والأرمن، يحمل معاني ذات دلالات اكثر بؤساً ووحشية وإيلاماً من حيث التشريد (كوهين ١٩٩٧: ix). لكن المفهوم المعاصر للشتات ليس مقتصراً على التجارب اليهودية والاغريقية والفلسطينية والأرمنية، بل ينطبق على مجال أوسع يشمل تعابير مثل: المهاجر، المغترب،اللاجئ، العامل الضيف. المجتمع المنفي والمجتمع الإثني (تولوليان ١٩٩١: ٥١). إن الفارق الرئيس بين الأشكال القديمة والحديثة من الشتات موجود في رغبتهم المتغيرة في العودة الى " الارض المقدسة "، أو أرض الوطن. بهذا المفهوم، فان الشتات القديم يشبه قصة أوليس، بينما يشبه الجديد حكاية سيدنا ابراهيم.

بعد الحروب الطروادية، واجه أوليس العديد من المشاكل في طريق عودته الى ايثاكا.

ورغم مواجهته لتلك الصعاب، ظل مصمماً على العودة الى وطنه. على العكس من ذلك، فان تجربة شتات العمال المعاصرين تشبه رحلة سيدنا ابراهيم التوراتية. في الجزء الأول من التوراة، مكتوب ان ابراهيم اضطر الى السفر مع شعبه، بأمر الرب، ليجد موئلاً جديداً في المجهول، ولم يعد أبداً الى المكان الذي خلفه وراءه.

يحدد وليم سافران في دراسته " الشتات في المجتمعات الحديثة: أساطير الأوطان والعودة " (١٩٩١) إطاراً عاماً لنمط مثالي من الشتات. فهو يعرِّف الشتات على أنه " مجتمعات

---

(١) آيهان كايا هو أستاذ مشارك في كلية العلاقات الدولية والعلوم السياسية جامعة بيلغي، استنبول.

الاقليات المغتربة " والتي هي:

١ - متوزعة من مركز أصلي الى مكانين فرعيين على الأقل.

٢ - تحتفظ بذكرى، رؤية أو اسطورة عن موطنها الأصلي.

٣ - تعتقد أنها غير مقبولة بدرجة كاملة في بلدها المضيف.

٤ - ترى في وطن الأجداد مكان العودة النهائية، عندما يصبح الوقت ملائماً.

٥ - تكون ملتزمة بالحفاظ على هذا الوطن وإعادة اعماره، و

٦ - أن يكون وعي المجموعة وتضامنها مع الوطن معرَّفين بدرجة مهمة من خلال هذه العلاقة المستمرة (سافران، ١٩٩١: ٨٣ - ٨٤).

إن نمط سافران المثالي من الشتات " المركَّز "، الموجَّه بواسطة العلاقات الثقافية المستمرة نحو مصدر معين والهادف الى " العودة "، قابل للتطبيق بقوة على الشتات الشركسي. فيما يتعلق بالشرط الأول، فان الشتات الشركسي كان مبعثراً خلال اكثر من موقع خارج الوطن الأم منذ اواسط القرن التاسع عشر (دول البلقان، الاناضول، سوريا، الاردن، اسرائيل، المانيا، الولايات المتحدة، هولندا وحتى مصر في ازمان سابقة) كذلك يحتفظ الرعايا الشراكسة في تركيا بذكرى، ورؤية واسطورة حول وطنهم الأصلي (قام عدد متزايد من دور النشر المملوكة للشراكسة في تركيا بنشر كتب حول الميثولوجيا الشركسية، تاريخ التهجير، دور الشراكسة اثناء حرب الاستقلال التركي واستقبال الشراكسة من قبل المجتمع " المضيف" في تركيا). يمكن القول أيضاً ان الشراكسة في

تركيا قد طوروا إيماناً مشتركاً بأنهم غير مقبولين بشكل جيد جداً من قبل مجتمع الأغلبية (إن الوعي المتزايد بضرورة العودة الى الوطن الأم مستوحى جزئياً من مثل هذا الإيمان). كذلك، فقد ظل الشراكسة يفكرون دوماً بالعودة الى وطنهم الأصلي. يقول أحفاد الجيل الأول ان اجدادهم كانوا يتحدثون دائماً عن رغبتهم في العودة الى الوطن الأم. مازال هذا الخطاب نفسه حياً، واكثر من ذلك فهناك شراكسة قد عادوا فعلياً الى الوطن الأم. فيما يتعلق بالنقطة ٥ أعلاه، فان الشراكسة يدركون ضرورة الاستثمار في وطنهم الأم (تقوم الجمعية الشركسية العالمية، المكونة من اعضاء مجتمعات الوطن الأم والشتات، بتوجيه نداءات كل عام لرسم الخطط لتطوير شمال القفقاس). وأخيراً،

عندما يُسأل الشراكسة في تركيا عن موقع " الوطن " بالنسبة لهم، فانهم في العادة يشيرون الى القفقاس (هناك رحلات سنوية الى الوطن، الإصغاء الى الاذاعة الشركسية من القفقاس، إرسال الشباب الى الجامعات القفقاسية، الخ).

لقد تطورت صيغ خطاب الشتات نحو مجالين رئيسين: العالمية والخصوصية. يشير المحور العالمي الى نمط التوجه عبر القومي الشتاتي، الذي يتخذ شكل " المكان الثالث " (بها بها ١٩٩٠)، أو " عملية التكوين المتغاير " (جواتاري، ١٩٨٩)، أو " الثقافة الثالثة " (فيذرستون ١٩٩٠).

إن البعد العالمي، الذي يضم استخدام جميع مظاهر العولمة وعبر - القومية، يشير الى الوعي الشتاتي على أنه يشكل هوية ما بعد - قومية. يستطيع اعضاء المجتمعات ما بعد – القومية الشتاتية ان يتهربوا من سلطة الدولة – الأمة لتدعيم مفهومهم عن الهوية الجماعية.

من الممكن في هذا المجال الجديد تجنب السياسات الاستقطابية والظهور بمظهر " الآخرين منا " (بها بها، ١٩٨٨: ٢٢). هذا هو المجال الثقافي الذي يصبح فيه السعي نحو معرفة وتوضيح " الآخر " غير ذي أهمية، وتندمج الثقافات مع بعضها بطريقة تؤدي الى انشاء اشكال ثقافية توافقية.

من الناحية الأخرى، يقدم المحور الخصوصي نموذج الأهمية الثقافية المطلقة، أو القومية الشتاتية.

ان عملية البحث عن الوطن، كما يقترح كليفورد، قد تؤدي الى نشوء نوع من القومية الشتاتية، والتي تنتقد قومية الاغلبية وتصبح قومية مضادة (كليفورد ١٩٩٤: ٣٠٧). ان قومية الشتات هي رد فعل للتغريب والإبعاد التنظيمي، ويظهر على شكل الاحتفال بالماضي والجذور. إن عودة القومية الشتاتية الثقافية مستقاة في المقام الأول من المعوقات السياسية، الاجتماعية، الاقتصادية والثقافية وتقييدات البلد " المضيف ". وكما يقول كليفورد بصدق: " هذه المجموعات المهاجرة أو المنتمية الى الاقلية الخاضعة للقوانين والانظمة الصارمة التي تضعها أمة الاغلبية، والتي يعاديها النظام، ثم يحرفها مصير يسيطر عليه الغرب الرأسمالي، لا تعود تستنبط مستقبلاً محلياً لنفسها. إذ يبقى ما هو مختلف لديهم مرتبطاً بالماضي التقليدي. (كليفورد ١٩٨٨: ٥) ".

إن إعادة إحياء الماضي، أو استعادة الماضي، أو تطوير خطاب ثقافي يقدم غاية مزدوجة على الأقل بالنسبة لمجتمعات الشتات. فأولاً، هو وسيلة للتوافق مع الحاضر بدون أن يظهر أنه ينتقد الوضع القائم. ان الماضي " المجيد " في هذه الحالة، يتم التعامل معه من قبل مسألة الشتات كأداة استراتيجية تمتص القوة التدميرية للحاضر، والذي يتم تعريفه على اسس الإستبعاد، التغريب التنظيمي، الفقر والتمييز المؤسسي.

ثانياً: يساعد كذلك على استعادة مفهوم الذات التي لا تعتمد على المفاهيم المفروضة من قبل الآخرين - فالماضي هو ما يمكن لرعايا الشتات أن يدَّعوا بأنه عائد اليهم. (غانغولي ١٩٩٢: ٤٠)

على أية حال، فان تركيبة الوعي الشتاتي المعاصرة لا تعتمد فقط على إدخال المفاهيم الجامدة لبلاد الاستقرار، بل هي مدينة بالكثير لاجراءات العولمة. إن شبكات الإتصال والنقل بين شراكسة تركيا والقفقاس، على سبيل المثال، تلعب دوراً حيوياً في تشكيل وإدامة هوية شتاتية بين السكان الشراكسة في تركيا. ان الشبكات الحديثة توصل رعايا الشتات الى الوطن الأم وبقية العالم بنفس المقدار. لهذا يصبح العيش على " ضفتي النهر " في الوقت نفسه، أسهل: في الشتات وفي الوطن الأم.

تسهِّل الطبيعة المتغيرة للمساحة والوقت في عصر العولمة ولادة الوعي الشتاتي. فالعولمة، التي ظهرت لتمثل نهضة الاتصالات، النقل، الهجرة، الغاء احتكار الانظمة القانونية القومية، والتقسيم الدولي الجديد للعمل، والثقافة العالمية، تقوِّي الاقليات في مواجهة هيمنة الدولة – القومية، وتقسِّم علاقات السلطة التقليدية بين الاكثرية والأقلية. لقد مكَّنت دوائر الاتصالات الحديثة السكان المتفرقين من التحادث، التفاعل وحتى تمثيل عناصر مهمة من حياتهم الاجتماعية والثقافية "(جيلروي ١٩٩٤: ٢١١). فمثلاً، تزيد رحلات الطائرات المبرمجة من استنبول وطرابزون الى كراسنودار(جمهورية الاديغي) ورحلات القوارب المنتظمة الى سوتشي وسوخوم من مستوى التواصل بين الشتات والوطن الأم. يتم التقاط بث البرامج الشركسية بالراديو من قبل الشتات الشركسي في تركيا. كما أن التعاقد مع مدربين للرقص الشعبي من شمال القفقاس أمر شائع في كل الشتات. لقد اصبح ارسال الطلاب عبر البحر لغايات تعلم اللغة والدراسة الجامعية ممارسة شائعة أخرى بين الشراكسة الاتراك. كذلك، فان نشرة الجمعية الشركسية العالمية توزع بدرجة واسعة من قبل الجمعيات الإثنية الشركسية.

هذه الادوات التي تربط الشتات بالوطن الأم تساهم في تكوين هوية شركسية شتاتية إضافة الى بناء حركة " عولمة من القواعد ". (بريتشر ١٩٩٣).

إن تكوين جميع اشكال الشتات مدين الى النظام السياسي والقضائي الاستبعادي لدى المجتمعات المضيفة. إن تاريخاً مستمراً من الإبعاد، المعاناة، التكيف، الاستثناء، الاستبعاد، الظلم، الذوبان أو مقاومته، عانت منه المجتمعات المهاجرة قادر على توليد هويات شتاتية، تشدد على الثقافة الاصلية والانتماء الى الوطن الأم.

وهكذا، تصبح الثقافة، الإثنية والتقاليد الادوات الرئيسة لتشكيل نوع من السياسة، أو تشكِّل استراتيجيات مساهمتهم السياسية. بكلمات أخرى، ليس بالضرورة ان تستخدم المجموعات المهاجرة إثنيتها كأداة استراتيجية، بل يمكن أيضاً أن تؤدي المعيقات القانونية والسياسية لمجتمع الأكثرية الى نشوئها.

جمهورية "تركيا الفتاة ": إرث امبراطوري: إن تركيا بلد متعدد الثقافات والاعراق، يضم قرابة خمسين مجموعة إثنية مختلفة، مسلمة وغير مسلمة، بعضها اتراك سنيون، اتراك علويون، اكراد سنيون، اكراد علويون، شراكسة، لاز، أرمن، جورجيون، يهود، يونان، عرب، آشوريون، إلخ. على أية حال، اذا استثنينا العقد الأخير من محاولات الدمقرطة، فإن الدولة التركية بقيت بعيدة عن الاعتراف بالطبيعة المتنوعة للمجتمع التركي منذ إقامة الجمهورية عام ١٩٢٣. لقد اخضعت المجموعات الإثنية في تركيا الى سياسات دولة هادفة الى الإذابة، معظمها صادر عن نظرية التاريخ القومي التركي لعام ١٩٣٢، التي وضعت الاتراك في قلب الحضارة العالمية. كما قدمت نظرية " لغة الشمس " (١٩٣٦) اللغة التركية على أنها أم جميع اللغات في الدنيا. كذلك فان سياسات التعليم القومي التوحيدي (توحيدي تدريسات قانونو، ١٩٢٤) تمنع استخدام اللغة الأم واسماء الاقليات الإثنية.

سياسات توطين تمييزية (إسكان قانونو، ١٩٣٤) في مواجهة تبادل السكان والمهجرين الجدد، تطبيق ضريبة الثراء عام ١٩٤٢، خاصة على غير المسلمين، والتهجير القسري للأكراد في شرق وجنوب شرق تركيا.

في نهاية المطاف، أدت هذه السياسات الادماجية و/أو الاستبعادية من قبل الدولة الى تشكيل السبل التي طورت بها المجموعات الإثنية هوياتها. فضَّلت الأجيال السابقة من المجموعات الإثنية في الأناضول أن تذوب في ثقافة الاكثرية السياسية حتى تتمكن من

النجاة والتقدم، وكانت هذه السياسات مبنية على وحدة العرق، الإسلام السني والتتريك.
يلقي كتاب معز كوهين تيكين ألب (وهو مواطن تركي من أصل يهودي) المعنون "التتريك
" والمنشور عام ١٩٢٨ الضوء على الاستراتيجيات الرئيسة لدمج الاقليات غير التركية في
النظام السياسي. اقترح عشر وصايا على اليهود الاتراك لدمجهم في الأمة التركية وعملية
بناء الدولة:

١ – اجعلوا اسماءكم تركية

٢ – تكلموا اللغة التركية

٣ – صلوا في الكنس التركية

٤ – حولوا مدارسكم الى التركية

٥ – ارسلوا اطفالكم الى المدارس التركية

٦ –انغمسوا في القضايا الوطنية

٧ – تضامنوا مع الاتراك

٨ – تآخوا مع روح المجتمع

٩ – ادوا واجباتكم تجاه الاقتصاد الوطني

١٠ – كونوا مدركين لحقوقكم (اقتبست ونشرت في لانداو عام ١٩٩٦)

رغم ان وصايا تيكين ألب قد تبدو للوهلة الأولى وكأنها تناسب غير المسلمين في تركيا، إلا
أنه يوجد دليل قوي على أن هذه الوصايا يمكن ان تنطبق على بعض المجتمعات المسلمة مثل
الأكراد والشراكسة (يلدز، ٢٠٠١).

بالنظر الى الوراء، فقد طور الشراكسة في تركيا استراتيجيات مساهمة سياسية مختلفة في
مواجهة التحديدات والمعيقات القانونية والسياسية الرسمية. اثناء بناء الجمهورية التركية في
العشرينيات، كانت النخبة السياسية الجمهورية منغمسة بشدة في ايديولوجية قومية للأغلبية،
والتي دافعت عن تشكيل أمة موحدة إثنياً وثقافياً. في حينها، فضَّل الشراكسة ان يدمجوا
أنفسهم في مشروع الأمة - الدولة هذا، تمشياً مع خطاب الأمة التركية الموحدة حسب

تعريف النخبة الجمهورية. امتنعوا عن اعلان هوياتهم الإثنية في العلن واعتبروا أنفسهم أحد مكونات الجمهورية التركية. لقد قدمت سياسات التتريك التعريف التمييزي للفترات المبكرة من الجمهورية، والتي سعت الى سيطرة التتريك والإسلام كعنصرين معرفين في كل مناحي الحياة - من اللغة المحكية في المجالات العامة الى المواطنة، التعليم الوطني، التجارة، تركيبة موظفي المشاريع العمومية، الحياة الصناعية وحتى قوانين الاستيطان. بسبب الإرث الامبراطوري، فقد اشار العديد من التعليمات والقوانين الجديدة الى مجموعة من المحاولات لتوحيد واذابة فوارق الأمة بكاملها بدون أي تساهل تجاه التنوع والإختلاف. من المحتمل بقوة أن الاستخفاف بالتنوع الإثني بين السكان المسلمين في الجمهورية قد حدث بسبب نظام " المِلَّه " العثماني السابق الذي اقترضته النخبة الجمهورية السياسية. فكما هو معروف، فقد تجاهل نظام " المِلَّه " في الامبراطورية العثمانية كافة الفروقات الإثنية بين المسلمين. فقد كان جميع المسلمين، بغض النظر عن اختلافاتهم الأخرى، ينتمون الى " الأمة المسلمة " نفسها.

لذلك، لم يتم تحديد الشراكسة كمجموعة منفصلة. من هنا، كان الشراكسة والاكراد، ناهيك عن اليونانيين، الأرمن واليهود، خاضعين كلهم لسياسات تذويبية كهذه اثناء عملية بناء الأمة.

استراتيجيات المشاركة السياسية: نظرية التحدي المؤسسي:

خلال المواجهة العقائدية لفترة الحرب الباردة، بقيت العلاقات بين شراكسة الشتات في تركيا وبين شمال القفقاس عند ادنى مستوى. نشأت لدى الشراكسة مشاعر قوية ضد السوفييت بسبب الدعاية المعادية التي سادت تركيا. كان رعايا الشتات (خاصة اولئك القاطنين في اقاليم تركيا الشمالية) لا يتلقون الاخبار من وطنهم الأم الا بواسطة نشرات الراديو السوفييتية بلغة الأديغي. رغم ذلك، فقد طور شمال القفقاس علاقات قوية في مرحلة ما بعد الشيوعية، مع بقية العالم عن طريق الاتصالات والنقل. فمثلاً، توجد رحلات منتظمة بالقوارب السياحية من سامسون وطرابزون الى سوخوم وسوتشي، ورحلات طيران مبرمجة من استنبول الى مايكوب وكراسنودار (منطقة الاديغي للحكم الذاتي) طبعاً، ليست الروابط بين تركيا وشمال القفقاس مقتصرة على الطيران والقوارب. هنالك أيضاً صلات قوية في مجالات الثقافة، التعليم والتجارة. وهكذا، لم يعد شمال القفقاس مجرد مكان بقي فيه رعايا الشتات الشركسي، بل هو بلاد يزورها الشتات الشركسي مراراً.

بعد أن أشرنا باختصار الى التغيرات السياسية الأخيرة، سوف نبحث الآن استراتيجيات المشاركة السياسية التي طورها شراكسة تركيا منذ بدايات السبعينيات. لدى شرح هذه الاستراتيجيات، سوف نشير الى " نظرية التحدي المؤسسي " التي طورها باتريك آر.آيرلند.

لماذا ينسحب المهاجرون من الحياة السياسية " للمجتمع المضيف؟ " والذي يعني: هل يقومون بتعبئة أنفسهم سياسياً؟ لقد لفت باتريك آيرلند (١٩٩٤، ٢٠٠٠) انتباهنا الى الشروط القانونية والمؤسسات السياسية للأقاليم المتلقية في رسم طبيعة التعبئة السياسية للمهاجرين. يقول أن " مجتمعات مهاجرة معينة قد انسحبت طواعية من الحياة السياسية للمجتمع المضيف أمام العداء وانعدام الإهتمام المؤسسي (١٩٩٤: ٨). كذلك أسس آيرلند " نظرية التحدي المؤسسي" كبديل عن نظريات الطبقات والعرق/ الإثنية، في سبيل فهم الاستراتيجيات السياسية للمهاجرين. فبينما يدعي التحليل الطبقي بأن الهوية الطبقية للمهاجرين تحدد طبيعة مشاركتهم السياسية (كاسلز و كوزاك ١٩٨٥، مايلز ١٩٨٤)، تجادل نظرية العرق/الإثنية بان هوية المهاجرين الإثنية ذات أهمية أساسية وأن السياسات الإثنية ستبقى قائمة، على الأقل في المستقبل المنظور (ريكس وتوملينسون، ١٩٧٩). ولكن نظرية التحدي المؤسسي تقول بان المؤسسات القانونية والسياسية تشكل احتمالات اختيار المهاجرين وتحددها.

وتضم هذه مؤسسات مثل الاحزاب السياسية، البرلمان، المنظمات الدينية، المواطنة، الهيئات القضائية والمؤسسات الانسانية القادرة على تقوية تأثيرات الفروقات في الموارد أو إضعافها. لديها ميل للتصرف كحراس مؤسسيين يسيطرون على المداخل الى اماكن المشاركة السياسية المتوفره للمهاجرين أو الجماعات الهامشية المشابهة.

تبعاً لذلك، يقول آيرلند أن السبب الذي يجعل الجماعات المهاجرة تنظم أنفسها سياسياً وفق اعتبارات إثنية هو أساساً لأن مؤسسات " المجتمع المضيف " قد تبنت الإثنية من خلال سياساتها وممارساتها.

مع أن نظرية التحدي المؤسسي تشكلت لتحديد المنطق الكامن خلف استراتيجيات المشاركة السياسية للمهاجرين ضمن محتوى ما بعد الحرب الاوروبي، الا انها مفيدة لتحليل العمليات المشابهة التي اختبرتها الجماعات المهاجرة قبيل القرن العشرين. أرى أن الشراكسة أيضاً قد نظموا أنفسهم سياسياً مؤخراً في تركيا على أسس إثنية بشكل رئيس لان المحتوى المؤسسي

الذي وجدوا انفسهم فيه قد اجبرهم على عمل ذلك. لدى النظر الى شراكسة تركيا من خلال منشور هذه النظرية، يستطيع المرء ان يفهم لماذا طور الشراكسة مؤخراً استراتيجية مشاركة سياسية موجهة نحو الإثنية. إن التركيبة القانونية والسياسية التي تستثني الاقليات غير التركية وغير المسلمة من المشاركة السياسية قد تدفع بهذه المجموعات الإثنية الى تعبئة أنفسها على أسس إثنية. فمثلاً، كما قالت ستناي شامي: في الاردن، حيث التقاليد القبلية مسيطرة، يحتاج الشراكسة كذلك الى تشكيل قبلي لإدخال أنفسهم في النظام السياسي. لقد ادى المفهوم القائل بان القبليه هي العملية السياسية المسيطرة في الأردن، عام

١٩٨٠، الى تشكيل مجلس عشائري شركسي - شيشاني[1] (شامي، ١٩٩٨). بينما اتخذت استراتيجية المشاركة السياسية المسيطرة شكل العشائر في الأردن، فقد اتخذت شكل سياسات الأقلية في تركيا بشكل مشابه في التسعينيات - ومن هنا، فان التركيبة السياسية والقانونية السائدة هي حتماً، حاسمة في تشكيل الأساليب التي تكوِّن بموجبها الاقليات استراتيجياتها لإدخال نفسها في النظام.

لقد أصبح الإحياء الإثني الشركسي ظاهراً للعيان في السبعينيات. وبسبب المواجهات العقائدية والتغيرات السياسية المتعلقة بها داخل البلاد، كان الشراكسة قد طوروا بعض المنظمات السياسية الى جانب مؤسستين مسيطرتين معارضتين: الثوريين وانصار العودة.

قال الثوريون ان تحسين حقوق الشراكسة سيتم الوصول إليه من خلال ثورة اشتراكية في تركيا، بينما دافع انصار العودة على النقيض من ذلك، عن العودة الى الوطن الأم.

اتهم أنصار العودة الثوريين بأنهم غاية في السذاجة إذ يعتقدون بأن ثورة اشتراكية ممكنة القيام في تركيا. طوروا قاعدة في تركيا بواسطة جمعيات إثنية شركسية استطاعوا من خلالها خلق توجه قوي باتجاه الوطن الأم لدى المهاجرين القرويين والشباب. ومازال انصار العودة ناشطين في تركيا. اعتبروا أنفسهم يساريين، رغم أن برنامجها كان أساساً شركسياً - قومياً. (شامي، ١٩٩٨). وقد عاد عدد منهم في الواقع الى القفقاس بعد عام ١٩٨٩، فبقي بعضهم هناك وعاد البعض الآخر الى تركيا.

اسكت الانقلاب العسكري لعام ١٩٨٠ الجمعيات الشركسية إضافة الى العديد من منظمات المجتمع المدني. استمر الشراكسة، تحت الدستور الجديد لعام ١٩٨٢ بخطابه

---

(١) اعيد تشكيل هذا المجلس بحيث أصبح هناك مجلس عشائري شركسي اردني (٢٠٠٥)، وآخر شيشاني. (المؤلف)

الديني - الغيبي في تطوير استراتيجيتي مشاركة سياسية متناقضتين خلال الثمانينيات هما: الخطاب الشركسي - التركي، والخطاب الشركسي القومي. إتبع الشراكسة اليمينيون المحافظون التوجه التركي القومي التاريخي الذي كان وقتها يتمتع بميل تركي - اسلامي، وصنَّف القفقاسيين الشماليين تحت فئة " الشراكسة الاتراك " أو " القفقاسيين الاتراك ". لكن، منذ بداية الحرب الإثنية في جورجيا عام ١٩٨٩ بين الجورجيين وجماعات الأبخاز وتفكك الاتحاد السوفييتي، تنامى الإهتمام المجتمعي، وتكاثرت عملية النهوض الإثني ومعها التغطية الإعلامية الوطنية للشعوب الشركسية: ثقافاتها وتاريخها. بحلول ذلك الوقت، لم يكن الاختلاف الشركسي قد تم التعبير عنه على اساس معارضة يمكن ان تتحدى القومية التركية المسيطرة مباشرة. فهذا وقت تنامي المشاعر القومية الكردية، والذي شجع عودة ظهور عدة جماعات إثنية أخرى مثل العلويين والشراكسة.

وهكذا أصبح هناك شراكسة قوميون مثقفون تحدوا هذا التوجه، مقابل اولئك الذين كانوا مشاركين في الخطاب القومي التركي الذي اعتبر الشراكسة منتمين الى" العرق الإثني " التركي. ومع ذلك، لم تتبنى الجماهير أياً من الخطابين بسبب القيود المفروضة لمقاومة تشكيل جمعيات إثنية.

منذ اوائل التسعينيات، ومع اكتساب السياسات الإثنية قوة زخم عالمية، طوَّر الشراكسة شكلاً جديداً من استراتيجية المشاركة السياسية: سياسات الأقلية.

تصبح هذه مرئية عندما تشكل القومية الرسمية ذات الأغلبية تحدياً ضاراً للجماعات الثقافية و/أو الإثنية المتنوعة. تميزت حقبة الثمانينيات في تركيا بصعود عقيدة اليمين الجديد اضافة الى القومية الرسمية. سببت السياسات التقييدية في البلاد ضجة بين الجماعات الإثنية والثقافية المختلفة مثل الأكراد والعلويين والشراكسة، بطريقة ادت الى قيام نوع من الحرب الانطولوجية " المختصة بعلم الوجود" (ليفيناس، ١٩٨٧) بين الاغلبية والاقليات. وهكذا اصبحت الجمعيات الإثنية الشركسية والجمعيات الإثنية الأخرى خاضعة للرقابة من قبل الدولة. لم تتمكن هذه الجمعيات من رفع صوتها خلال النظام القمعي السياسي في الثمانينيات. لكن المناخ السياسي الديمقراطي الذي خرج الى الوجود في التسعينيات شجع مثل هذه الجماعات على المجاهرة بمطالبها. كانت الوسائل التي رفع بها الشراكسة والاكراد والعلويون واللاز اصواتهم قومية بطبيعتها. وقتها بدأت الجمعيات الإثنية باستخدام خطاب أقلية إثنية كرد فعل على القومية الرسمية للدولة السابقة، والقومية التركية الجديدة

الخارجة الى النور. لقد اصبحت الشعبية التركية مرة أخرى رد فعل على تسييس القضية الكردية في البلاد.

ضمن محتوى تركيبة اكثر ميلاً الى الديمقراطية سياسياً وقانونياً في التسعينيات، شجعت الدولة التركية الشراكسة على تأسيس العديد من الجمعيات الشركسية المختلفة، والتي احتشدت بشكل رئيس حول فكرة العودة الى الوطن الأم في نهاية المطاف. شددت النخبة الإثنية على أن أسلافهم قد طردوا من وطنهم الأم وأنهم كانوا أدوات في المكائد السياسية للامبراطوريتيين الروسية والعثمانية. استنتجوا أن العودة الى الوطن الأم أمر لا مناص منه (شامي ١٩٩٨). إن سياسات الأقلية محكومة بالظروف والمحتوى، وهي بعيدة عن كونها أساسية. تتطور استراتيجية الأقلية ضمن علاقة ثنائية مع مجتمع الاغلبية. في هذه العلاقة، تحاول الأقلية أن ترفض الرفض التسلطي السابق لوجودها داخل مجتمع الأغلبية بطريقة تعيد توكيد موقعها كأقلية. تنبع الطبيعة الجماعية لكل خطابات الاقلية عن حقيقة أن افراد الاقليات يجبرون دوماً على اكتساب الخبرات بشكل عام في ميادين عديدة من الحياة الاجتماعية، كما في النظام الأدبي و/أو السياسي.

الهوية الشتاتية كأداة رسم استراتيجيات: سياسات الاعتراف من قبل الجمعيات الإثنية

من المحتمل في هذه الأيام أن يتم تحدي سياسات الأقلية من داخل الشتات الشركسي نفسه. لقد طورت الأجيال السابقة استراتيجيات المشاركة السياسية المذكورة آنفاً بشكل أولي، كمجموعة من استراتيجيات البقاء. على العكس من ذلك، اتبعت الأجيال الجديدة انماطاً مختلفة، معتمدة على المفاهيم المتغيرة للزمان والمكان. تنشأ هذه الاستراتيجية الجديدة من بناء الهوية الشتاتية الجديدة، التي يسِّهل قيامها الوسائل المعاصرة في النقل والاتصالات، الأمر الذي يسِّهل المعيشة على ضفتي النهر في الوقت نفسه " الشتات والوطن "او بكلمات أخرى" هناك وهنا " لقد حوَّل تنامي سرعة النقل والاتصالات معاني سكن الشراكسة في الشتات اضافة الى مجموعات أخرى من الناس. لقد جعل تحسن الاتصالات وسهولة السفر ظهور الاشكال الثقافية والهويات المتعددة البديلة لرعايا الشتات، ممكناً، وقد ساعدت هذه الشبكات العابرة للأوطان أحفاد المهاجرين على إذابة العلاقة الثنائية " التي لا مناص منها " بين الأقلية والاكثرية.

لقد تعزز استبدال سياسات الاقلية بالهوية الشتاتية الجديدة أيضاً ببعض التطورات السياسية والاجتماعية الحديثة في تركيا. تحتاج استراتيجية المشاركة السياسية الأخيرة،

والتي تميزها الهوية الشتاتية الحديثة، والتي حددت مكوناتها الرئيسة آنفاً، الى المزيد من التحليل فيما يتعلق بالشراكسة في تركيا. وهكذا، فسوف أنهي ببحث الفاعلين الرئيسين المشاركين في انتاج وإعادة انتاج هوية شتاتية حديثة: الجمعيات الإثنية الشركسية.

بعد أن اخضع الشراكسة للتهجير القسري من شمال القفقاس، واستوطنوا في مواقع جغرافية منفصلة، ثم استبعدوا وأدخلوا في عملية بناء الأمة - الدولة من قبل النخبة السياسية والعسكرية في عشرينيات القرن العشرين، وبعد أن تاثروا بسياسات التذويب القومية للجمهورية التركية بعد العشرينيات، ثم منعوا من التكلم بلغتهم الأصلية واستخدام اسمائهم الشركسية من قبل الجمهورية التركية، واخضعوا لسياسات استبعادية أخرى كثيرة، شكلت مثل هذه العوامل في نهاية المطاف، السبل التي طوّر بها الشراكسة هوياتهم. وحتى تتمكن من البقاء في الاناضول، فضلت الأجيال السابقة أن تدمج نفسها ضمن ثقافة التيار الرئيس السياسية، والتي كانت تسيطر عليها وحدة العرق، الإسلام السني والتتريك.

ادى هذا الخيار جزئياً الى بروز صدام عام بين الشراكسة والآخرين من وغير الاتراك مثل الاكراد والعلويين. كذلك، فقد استمر اعتبار الشراكسة كجزء من التراث التركي، أو على اعتبارهم قبائل تركية ذات صلة قربى، من قبل النخبة السياسية والمثقفين المهنيين. وهكذا، فقد استمر الإنكار لوضعيتهم المختلفة.

لا أعتقد أن " القومية التركية الرسمية " – وهي عقيدة طبقتها الدولة منذ أواخر العشرينيات – هي السبب الرئيس لاعطاء الدافع لإعادة إحياء الإثنية الشركسية في الشتات، لكنني أيضاً أعتقد أن " القومية التركية الشعبية " المتنامية، والتي تكونت عفوياً كرد فعل على القومية الكردية، كان لها تأثير ملموس وجدير بالملاحظة. فيما يلي، سأقدم بعض البيانات المتعلقة بإعادة الإحياء الإثني في الشتات الشركسي في تركيا.

لقد ظل النهوض الإثني العائد الى تقوية المحور الخصائصي للهوية الشتاتية بين الشراكسة في تركيا واضحاً بدرجة ملحوظة خلال العقدين الأخيرين. وجدير بالذكر هذين العقدين شهدا مبادرات مختلفة من الشراكسة فيما يختص بسياسات الهوية، الاختلاف والاعتراف.

تبنت الجمعيات الإثنية هذه المطالب حتى ترفع من سوية الوعي الشعبي داخل وخارج مجتمعاتها نحو الحاجة الى بناء الهوية الشركسية وتفعيلها. كذلك، وجدت مؤخراً حركة

ثقافية قوية تشدد على خصائص الثقافة والتاريخ الشركسيين. لأن الشراكسة تم اعتبارهم ذوي صلات قربى بالاتراك، فقد اصبحت الجهود المبذولة من قبل النخبة الشركسية للتعبير عن تميزها عن " العرق " التركي مهمة بدرجة متزايدة. هناك اهتمام متنامي بين الشراكسة في استكشاف " ماضيهم، تقاليدهم، ثقافتهم، لغاتهم وعمليات الهجرة أو النفي. " لقد اصبحت عملية النهوض الإثني الشركسية واضحة مؤخراً خاصة في الفضاء المديني. ان ارتفاع عدد الجمعيات الإثنية (ديرنك) في الفضاء المديني مؤشر على هذا التوجه. توفر الجمعيات الإثنية ملاذاً آمناً للمهاجرين من الحياة الرأسمالية المدنية. كل الجمعيات في جميع المدن متشابهه. لكل منها اهداف مماثلة مثل تنظيم مساقات تدريس اللغة، أمسيات ثقافية، رقصات شعبية ورحلات الى الوطن الأم.

تؤدي الجمعيات الإثنية دوراً فاعلاً في عمليات بناء الهوية الشتاتية الشركسية وتفعيلها. تأسست الجمعية الأولى " دوست إيلي ياردیم لاشما ديرنيغي "(جمعية اليد الصديقة للمساعدة) عام ١٩٤٦ بالتعاون مع الاتراك الأذريين. كان ذلك في الوقت الذي كان يتم فيه التأكيد على الهوية الشركسية من قبل النخبة الشركسية. اثناء فترة الحرب الباردة، اتخذت هذه االجمعيات شخصية معادية للسوفييت. رغم امتلاكها خطاباً ثقافياً، الا أن " كوزاي كافكاسيا كولتور دير نيغي " (جمعية شمال القفقاس الثقافية) والتي تأسست في انقره عام ١٩٦٤، ميزّت الهوية الشركسية عن الإرث الإثني التركي. وأسهمت هذه الجمعية في توكيد حقيقة الثقافة الشركسية في الشتات بالتشديد على نشر الثقافة شعبياً.

إن " كولتور ديرنيغي " (كاف - دير، الجمعية القفقاسية)، المؤسسة عام ١٩٩٣ كجمعية مظلة، تشكل الشبكة الشركسية الأكبر بين الجمعيات في تركيا، ولديها ٣٤ فرعاً في مدن عبر البلاد ويوجد مقرها الرئيس في انقره. تذهب كاف - دير الى أبعد من الخطاب الثقافي التقليدي بأن تتولى مشاريع متنوعة مثل التمثيل السياسي للشتات الشركسي في تركيا وتطبيقه على الحياة المدينية. لدى كاف - دير خطاب ليبرالي - قومي، وتولي أهمية خاصة للهوية الشركسية. ثمة جمعيتان رئيستان أخريان تأسستا عام ١٩٩٥ " كافكاس واكفى " (المؤسسة القفقاسية)" وبيرليشيك كافكاسيا ديرنيغي "(الجمعية القفقاسية المتحدة). وهما ذات توجه إسلامي، وتسعيان الى فكرة تأسيس كونفدرالية اسلامية في شمال القفقاس. انشغلتا مؤخراً بحركة الاستقلال الشيشاني ضد السلطات الروسية. يجب أيضاً ملاحظة ان هاتين الجمعيتين

قد اصبحتا اكثر سلبية مؤخراً لأن السياسة الرسمية لتركيا تجاه قضية الشيشان قد انحازت جزئياً على حساب الجانب الشيشاني. وهكذا، فان أنشطة هاتين الجمعيتين واقعة تحت رقابة مشددة من قبل الجهات التركية الرسمية. هنالك ما يقرب من ٨٠ جمعية مختلفة عبر البلاد.

نكرر، إن النهوض الإثني والثقافي بين شراكسة الشتات لا يتوافق بالضرورة مع الطبيعة الحيوية للشراكسة الذين يعيشون في المنفى. كما قلنا، ربما يكون التشديد على المحور الخصائصي للهويات الشتاتية مؤشراً على الشخصية الاستبعادية للبلد المضيف فيما يتعلق بالوصول الى الحقوق السياسية. عندما لا تسمح الانظمة السياسية والقانونية المسيطرة للأقليات ان تستخدم مؤسسات سياسية شرعية مثل البرلمان والاحزاب السياسية للإنخراط في السياسة، فان هذه الجماعات تميل الى التآخي مع سياسات الهوية بابراز خصائصها الثقافية، والإثنية والدينية.

على أية حال، فان استبدال سياسات الأقلية بهوية شتاتية معاصرة حديثة تبرز العنصرين الإثني والثقافي قد تم تعزيزه أيضاً بواسطة تطورات اجتماعية وسياسية حديثة في تركيا.

من الواضح أن العديد من مجموعات الاقليات الاثنية في اوروبا الغربية تحاول ان تتجاوز الدول – القومية التي اخضعت اليها عن طريق إيصال مخاوفها الى الاتحاد الاوروبي (Eu) مباشرة فمثلاً، أخذ الباسك، والكورسيكيون والكاتالان مطالبهم على أساس عبر - قومي الى اللجنة الأوروبية لحلها. كذلك فقد قام الشراكسة والعلويون والأكراد بمناورات سياسية مشابهة. في الحقيقة، فان لديهم اسباباً عقلانية لعمل ذلك. لقد تخلى الاتحاد الاوربي مؤخراً عن استخدام خطاب الأقلية بسبب تصاعد مشكلة الأقليات في أوروبا. وكما يمكن رؤيته بوضوح في نص الدخول في الشراكة، والذي يوضح المتطلبات من تركيا لعملية الدخول في الاتحاد الأوروبي، فان تعبير " أقلية " قد استبدل بتعبير " التنوع الثقافي " للتنويه " بالوحدة في التنوع ". لقد تخلت الجمعيات الشركسية مثل كاف - دير والمنتدى الديمقراطي الشركسي عن سياسات الأقلية في وجه الخطاب السياسي المتغير حالياً في الغرب.

١٠- جمهورية طاجيكستان[1]

تقع في وسط آسيا ويحدها كل من الصين، قيرغيزستان، وباكستان، وافغانستان واوزبكستان. وهي افقر دول المنطقة، ويعتمد سكانها البالغ تعدادهم اكثر من سبعة ملايين نسمة، على زراعة القطن والرعي وصناعة الالمنيوم، حيث تحوي اكبر مصنع المنيوم في آسيا، والثالث على مستوى العالم. كذلك يشكل الدخل المتأتي من العمالة الطاجيكية المغتربة حوالي ٣٦ ٪ من الدخل القومي. تبلغ مساحتها حوالي ١٤٣,٠٠٠ كيلو متر

معظم السكان مسلمون سنة، مع قليل من الشيعة وأيضاً قليل من المسيحيين.

طاجيكستان جمهورية بالمعنى الرسمي، لكن المراقبين الدوليين يعتقدون أن نظام الرئيس إمام علي رحمانوف يزور النتائج بشكل رهيب.

وهي من بين الدول القليلة في المنطقة التي تسمح بوجود معارضة سياسية وكثيراً ما تصطدم قوى المعارضة في البرلمان بحزب الدولة.أما الاحزاب الفاعله فهي:

- الحزب الرئيس هو حزب الشعب الديمقراطي لطاجيكستان، وقد حصل على ٥٢ نائب من اصل ٦٣ في انتخابات عام ٢٠٠٥.

- حزب البعث الاسلامي: تأسس عام ١٩٧٦ وقام بتنظيم المظاهرات ضد التدخل السوفييتي

- في افغانستان. كذلك عقد الحزب مؤتمراً في ساراتوف بروسيا عام ١٩٩٢ حضره اسلاميون من كافة مناطق آسيا الوسطى السوفييتية السابقة، كما حظر بعد استقلال طاجيكستان عام ١٩٩٣، ثم استرد شرعيته بعد انتهاء الحرب الأهلية عام ١٩٩٨. وصل الى مرتبة ثاني اكبر حزب في البلاد، رغم ذلك لم يفز الا بثمانية في المئة من الاصوات ونائبين من اصل ٦٣.

- الحزب الشيوعي لطاجيكستان: فاز بنسبة ١٣ ٪ من الاصوات و ٤ نواب.

---

(1) • http://en.wikipedia.org/wiki/list-of-political-parties-in-Tajikistan 132006/11/

• http://en.wikipedia.org/wiki/Islam-in-Tajikistan 152008/10/

• http://en.wikipedia.org/wiki/Tajikistan/Etymology 152008/10/

الحرب الأهلية

اندلعت هذه الحرب في ايار عام ١٩٩٢ عندما قامت جماعات من الغاضبين على نتائج انتخابات ١٩٩١ الرئاسية، من منطقتي جارم وجورنو - باداخشان، بالتظاهر ضد حكومة الرئيس إمام علي رحمانوف. تطور الأمر الى قتال بين الديمقراطيين، الاصلاحيين الليبراليين والاسلامين، ثم اتحدت هذه القوى لتشكيل " المقاومة الطاجيكية المتحدة "

في البداية، قام الرئيس رحمان نبييف ورئيس مجلس السوفييت الأعلى صفر على كنجاييف بتوزيع الاسلحة على الميليشيات الموالية للحكومة، بينما اتجهت المعارضة الى ثوار افغانستان كمصدر للسلاح.

اندلع القتال في ايار ١٩٩٢ بين مؤيدي الحرس القديم للحكومة، المدعومين من موسكو، وجماعات المقاومة. استقال رحمان نبييف في ايلول ١٩٩٢.

هزمت القوات الموالية للحكومة المعارضة بدعم من الجيش الروسي واوزبكستان. شكلت حكومة جديدة في كانون اول ١٩٩٢ برئاسة امام علي رحمانوف. وقد مثلت تغيراً في ميزان القوى من لينين أباد الى ميليشيات كولياب، مسقط رأس رحمانوف.

بلغ القتال الى الذروة بين عامي ١٩٩٢ و ١٩٩٣ حينما وقفت ميليشيات كولياب ضد تشكيلة من ميليشيات حزب المقاومة الاسلامية، والباميريين من جورنو - باداخشان. انتصرت ميليشيات كولياب جراء الدعم الروسي والاوزبكي، وبدات عملية تطهير عرقي ضد الباميريين والجارميين، ادت الى مقتل الزعماء وعشرات الآلاف من سكان قرآن - تيبه، بينما هرب الآلاف الى افغانستان كما هرب معظم السكان الروس الذين كان تعدادهم حوالي ٤٠٠,٠٠٠، بحيث لم يبق سوى ٢٥٠٠٠، وهرب أيضاً معظم اليهود الذين لم يبق منهم سوى بضع مئات.

حاول حزب المقاومة الاسلامية الاستيلاء على الحكم لتطبيق الشريعة الاسلامية. لكنهم اصطدموا بحوالي ٢٥٠٠٠ جندي روسي. كذلك دعمت القوة الروسية المتواجدة في كولياب، قاعدة رحمانوف، القوات المناوئة لطالبان في افغانستان.

غالباً ما صورت الصحافة الغربية الصراع على أنه قتال بين القبائل او الزعامات الاقليمية، بسبب تعقيد الاوضاع وكثرة القوات المتصارعة مع تقلبات ولائها.

فمثلاً، لم تقبل الميليشيات الموالية للحكومة تطبيق اصلاحات جورباتشيف المقترحة (١٩٨٥ – ١٩٩١) لانهم كانوا طامعين في الاستمرار بالتمتع بمزايا العهد الشيوعي البائد. كما انقسمت قوات المعارضة حول الشكل الذي يجب ان تتخذه طاجيكستان الجديدة: الديمقراطية البرلمانية العلمانية، ام الاصلاحية الوطنية، او الاسلامية. حتى انصار الحكم الاسلامي انقسموا حول شكل الحكم وسرعة التغيير. بدأت المفاوضات تحت رعاية الأمم المتحدة في نيسان ١٩٩٤، وعقدت ستة اجتماعات رئيسة حتى بداية ١٩٩٦، بحضور اطراف الصراع ومراقبين من روسيا، دول آسيا الوسطى، وايران، وباكستان، والولايات المتحدة ومنظمة المؤتمر الاسلامي ثم منظمة الأمن والتعاون في اوروبا. توصلت هذه الاجتماعات الى وقف اطلاق نار في تشرين اول عام ١٩٩٦. ولكنه اخترق من الجانبين عدة مرات. ثم شكلت الأمم المتحدة بعثة مراقبين قوامها ثلاثة واربعون رجلاً.

كان الدور الرئيس في القتال وبيع الاسلحة الى جميع الاطراف المتحاربة، للقوة الروسية (الفرقة ٢٠١) التي باعت كل شيء: الدبابات، والمدافع، والصواريخ، إضافة الى الاسلحة الخفيفة.

كما خاضت عدة معارك على الحدود مع افغانستان. حتى ان قائدها العقيد الكسندر شيشليا نيكوف اصبح وزيراً للدفاع عام (١٩٩٣ – ١٩٩٥). تم توقيع السلام بين الرئيس رحمانوف وزعيم المعارضة الطاجيكية المتحدة: سعيد عبدالله نوري، والممثل الخاص للأمين العام للأمم المتحدة جيرد ميريم وبروتوكول موسكو يوم ٢٧ حزيران ١٩٩٧ في موسكو. بلغ عدد القتلى في الصراع قرابة مائة ألف شخص.

الإسلام في طاجيكستان

دخل الإسلام الإقليم على يد الفتح العربي الاسلامي في القرن السابع الميلادي، واصبح منذ ذلك الحين جزءاً اساسياً من الثقافة الطاجيكية. لم تنجح الجهود السوفييتية كثيراً في علمنة المجتمع، وقد شهدت الحقبة بعد – السوفييتية زيادة ملحوظة في الممارسات الدينية. فقد بلغت نسبة صائمي شهر رمضان المبارك من المسلمين في الارياف ٩٩٪ بينما بلغت ٧٠٪ في المدن. تبلغ نسبة الشيعة حوالي ١٥٪ من المسلمين.

الحقبة السوفييتية: خلال سبعة عقود من السيطرة السياسية، لم يتمكن صناع السياسة السوفييت من القضاء على التقاليد الإسلامية، رغم محاولاتهم المتكررة. حدثت

اكثر الحملات قسوة ضد الاسلام منذ أواخر العشرنيات وحتى أواخر الثلاثينات من القرن العشرين، كجزء من اندفاع ضد الدين على مستوى الاتحاد بشكل عام. في هذه الفترة، قتل العديد من رجال الدين المسلمين، وجرى حظر التعليم والعبادات الدينية بحدة. بعد الهجوم الألماني على الاتحاد السوفييتي عام ١٩٤١، مالت السياسة الرسمية تجاه الإسلام الى الإعتدال. وكان احد التغيرات، التي تلت ذلك، هي تأسيس المجلس الإسلامي لآسيا الوسطى. هذا بالإضافة الى ثلاث منظمات مشابهه لاقاليم أخرى من الاتحاد السوفييتي والتي تضم سكاناً مسلمين.

بقيت إدارة هذه المنظمات خاضعة للكرملين، الذي اشترط ولاء المسؤولين الدينيين. ورغم ان موظفيها وتنظيماتها لم تكن ملائمة لخدمة حاجات سكان الإقليم المسلمين، الا أن هذه المؤسسات أضفت الشرعية على بعض المنظمات الإسلامية، اضافة الى انشطة المسؤولين الدينيين، وعددٍ قليلٍ من المساجد، ومدرستين دينيتين في اوزبكستان.

خلال اوائل الستينات، صعَّد نظام خروتشيف الدعاية المضادة للإسلام. بعد ذلك، وعلى فترات في السبعينات والثمانينات، دعت زعامة الكرملين الى تجديد الجهود لمحاربة الأديان، بما فيها الإسلام. انطوت هذه الحملات على تحويل المساجد الى الاستعمال العلماني، على محاولات لإعادة تعريف العادات المرتبطة تقليدياً بالاسلام وربطها بالقومية عوضاً عن الدين، والدعاية التي تربط الإسلام بالتخلف، الخرافة، والتحامل.تنامت العداوة تجاه الاسلام عام ١٩٧٩ مع انغماس السوفييت العسكري في افغانستان المجاورة وزيادة التوكيد لحركة النهوض الاسلامي في عدة دول. منذ ذلك الزمن وحتى الحقبة ما بعد - السوفييتية المبكرة، حذَّر بعض المسؤولين في كل من موسكو وطاجيكستان من خطر اسلامي متطرف، وكثيراً ما كانت التحذيرات مبنية على شواهد محدودة أو محرَّفة. رغم كل هذه الجهود، بقي الإسلام جزءاً مهماً من هوية الطاجيك والشعوب المسلمة الأخرى في طاجيكستان عند نهاية الحقبة السوفييتية والسنوات الأولى من الاستقلال.

منذ الاستقلال: يشترك في إتخاذ هوية الإسلام كجزء أساسي من الحياة كل من الطاجيك من سكان المدن والقرى، الصغار والكبار، المثقفون وسواهم على حد سواء.

يتنوع الدور الذي يقوم به الدين في حياة الأفراد بدرجات كبيرة. فبالنسبة لبعض الطاجيك، فان الاسلام اكثر أهمية وهو جزء أساس من تراثهم الثقافي، وليس مجرد ديانة بالمفهوم العادي، بينما بعض الطاجيك غير متدينين مطلقاً.

على أية حال، فقد اثبت الطاجيك خطأ التأكيد السوفييتي على أن قوة العمل الصناعية القاطنة في المدن، والسكان المتعلمين ليس لهم شأن " ببقايا عهد زائل " مثل الإسلام. فقد حدث تطور جدير بالملاحظة في العهدين: السوفييتي المتأخر، واوائل الاستقلال، انحصر في زيادة الإهتمام، خاصة بين الشباب، بفهم العقيدة الإسلامية. في عهد ما بعد السوفييت، اصبح الإسلام عنصراً مهماً في النقاشات الوطنية لبعض المثقفين الطاجيك. لقد عاش الإسلام في طاجيكستان باشكال واسعة التعدد بسبب قوة الإسلام الشعبي والمختلف كلياً عن الإدارة الاسلامية الموافق عليها من قبل السوفييت. قبل الحقبة السوفييتية بوقت طويل، كان لفلاحي آسيا الوسطى، بمن فيهم اولئك الذين اصبحوا مواطنين في طاجيكستان، امكانية الوصول الى امكنتهم المقدسة. كذلك كانت توجد مدارس دينية محلية صغيرة وأفراد داخل مجتمعاتهم، محترمون بسبب تقواهم وعمق معرفتهم الدينية. حافظت هذه العناصر على الدين في الريف، بشكل مستقل عن الأحداث الخارجية. تحت الانظمة السوفييتية، استخدم الطاجيك هذه البقية الضخمة من الاسلام القروي الشعبي، للإستمرار في بعض المظاهر على الأقل، من تعاليم وممارسات دينهم بعد التضييق على أنشطة المؤسسات الاسلامية في المدن. كذلك أدى الاسلام الشعبي دوراً مهماً في بقاء الاسلام حياً بين السكان القرويين.

احد اشكال هذا الإسلام الشعبي هو الصوفية - والتي كثيراً ما توصف على أنها الغموض الاسلامي، وتمارس من قبل الأفراد بطرق متنوعة. اهم اشكال الصوفية في طاجيكستان هي النقشبندية، وهي نظام صوفي له اتباع في امكنة بعيدة تصل الى الهند وماليزيا. الى جانب الصوفية، هناك أشكال أخرى من الإسلام الشعبي تشترك مع المذاهب المحلية والامكنة المقدسة أو مع اشخاص جعلتهم معرفتهم أو صفاتهم الشخصية ذوي نفوذ.

بحلول عام ١٩٨٩، بدأ تساهل عهد جورباتشيف مع الديانة يؤثر على ممارسات الاسلام والارثوذكسية الروسية. ازداد التعليم الديني، افتتحت مساجد جديدة. اصبحت ممارسة الشعائر اكثر انفتاحاً، وزاد عدد المشاركين. خرج الى العلن ناطقون اسلاميون جدد في طاجيكستان، وأمكنة أخرى من آسيا الوسطى. تهاوت سلطة المجلس الاسلامي الرسمي لآسيا الوسطى، والذي مقره في طشقند، اصبح لطاجيكستان معهدها الخاص بها في دوشانبه، منهية اعتمادها على معهدي الإدارة في اوزبكستان.

بحلول عام ١٩٩٠، كان القاضي الأكبر، الحاج أكبر توراجونزودا، رئيس المجلس الاسلامي في دوشانبه منذ العام ١٩٨٨، قد أصبح شخصية عامة مستقلة ويحظى بتبعية واسعة. اثناء

المعركة السياسية الطائفية التي تلت الاستقلال، انتقد توراجونزودا الشيوعيين المتشددين ودعم الاصلاح السياسي والاعتراف الرسمي بأهمية الإسلام في المجتمع الطاجيكي. وفي الوقت نفسه، نفى بشكل متكرر اتهامات المتشددين له بأنه يسعى الى تأسيس حكومة اسلامية في طاجيكستان. بعد انتصار المتشددين في الحرب الأهلية نهاية عام ١٩٩٢، هرب توراجونزودا من دوشانبه واتهم بالخيانة. الأمر المثير للسخرية، هو أنه بعد تقاسم السلطة عام ١٩٩٧ بين الإدارة الحالية ومجموعات المعارضة السابقة، تم تعيين توراجونزودا نائباً لرئيس وزراء طاجيكستان، ويدعم النظام الحاكم بدون تردد.

كذلك نظم الاسلاميون صفوفهم سياسياً منذ اوائل التسعينات. عام ١٩٩٠، وبينما كان المواطنون في انحاء عديدة من الاتحاد السوفييتي يشكلون منظماتهم المدنية الخاصة بهم، قام المسلمون في انحاء عديدة من الاتحاد بتأسيس حزب البعث الإسلامي. مع حلول اوائل التسعينات، أدى نمو الانخراط السياسي الجماعي بين مسلمي آسيا الوسطى الى قيام جميع الاحزاب السياسية - بما فيها الحزب الشيوعي لطاجيكستان - بالتحوط للتراث الإسلامي العميق لغالبية سكان طاجيكستان.

كذلك اضطلع الإسلام بدور سياسي بارز للنظام القائم اوائل التسعينات. فقد أثار الحرس الشيوعي القديم مخاوف محلية ودولية من ان يقوم الأصوليون الاسلاميون بزعزعة الحكومة الطاجيكية حينما كانت تلك الرسالة نافذة في تعزيز موقف المتشددين ضد قوات المعارضة في الحرب الأهلية. على أية حال، فقد كان نظام نبييف بدوره راغباً في تقديم نفسه على أنه حليف لجمهورية ايران الاسلامية بينما وصف المعارضة الطاجيكية بانها مكوّنه من " مسلمين غير مؤمنين ".

التطورات الأخيرة: قامت وزارة التعليم الطاجيكية في تشرين الأول عام ٢٠٠٥ بمنع الطالبات اللاتي يرتدين غطاء الرأس الإسلامي من دخول المدارس العلمانية - فقد قال وزير التربية عبد الجابر رحمانوف " أن ارتداء الحجاب في المدارس العلمانية غير مقبول، ويخالف الدستور والقانون الجديد حول التعليم ".

كذلك عبر عن قلقه من ان الطلاب يقضون أوقاتاً كثيرة في المساجد على حساب تعليمهم." يقضي العديد امسياتهم في المساجد ولايؤدون فروضهم المنزلية " قال رحمانوف، مضيفاً أنه خلال شهر رمضان المقدس، لم يحضر الكثير الى الصفوف بعد صلاة الجمعة.

في الآونة الأخيرة، اغلقت الحكومة الطاجيكية مئات المساجد غير المسجلة، الأمر الذي دفع السكان المحليين الى الاعتقاد بأن هناك حملة ضد الدين الاسلامي. هناك تقارير تفيد بان بعض المساجد قد تم تدميرها، بينما تم تحويل البعض الآخر الى صالونات تجميل. تكهن البعض بأن الحملة ضد المساجد هي جراء اهتمامات حكومية تتعلق بكون المساجد " غير آمنة "، أو ان الأئمة فيها لا يتصرفون " بمسؤولية ".

١١- جمهورية قازاخستان [(١)]

تبلغ مساحة قازاخستان ٢,٧٢٧,٣٠٠ كيلو متر مربع، وهي بذلك اكبر من كامل اوروبا الغربية، ولا يتجاوز عدد سكانها ١٥,٣٠٠,٠٠٠ نسمة .

اعلنت انفصالها عن الاتحاد السوفييتي يوم ١٦ كانون الأول عام ١٩٩١، وهي بذلك آخر جمهورية تعلن استقلالها.

تولى نور سلطان نزار باييف الحكم عام ١٩٨٩ كرئيس للحزب الشيوعي لقازاخستان، ولايزال. ورغم كثرة الاصلاحات السياسية وتحول البلاد الى اقتصاد السوق، فقد اصدر البرلمان قانوناً في حزيران عام ٢٠٠٧ يجعل من نزار باييف رئيساً مدى الحياة ويمنحه الحصانة من الملاحقة القانونية الجنائية، وأيضاً السلطة على السياستين: الداخلية والخارجية.

فرض نزار باييف رقابة شديدة على الصحافة، وحجب المواقع الالكترونية للمعارضة، كما منع المذهب الوهابي الديني.

لدى قازاخستان برلمان من مجلسين: النواب وينتخب منهم ٦٧ نائباً بالاقتراع المباشر، وهناك عشرة اعضاء يتم انتخابهم عن طريق القوائم الحزبية . كما يتألف مجلس الاعيان من ٣٩ عضواً، يتم تعيين عضوين عن كل محافظة وعددها ١٤، اضافة الى عضوين لكل من مدينتي استانه وألماتي، ويعيّن الرئيس نزار باييف الاعضاء السبعة الباقين.

(1) • http://en.wikipedia.org/wiki/Kazakhstan   25/ 12/ 2007

• http://en.wikipedia.org/wiki/Islam-in-Kazakhstan 15/ 10/ 2008

• http://en.wikipedia.org/wiki/political-parties -in- Kazakhstan 20 entries 132006/11/

تضم قازاخستان ثمانية عشر حزباً سياسياً تمثل معظم الوان الطيف السياسي. اكبرها حزب اوتان أو الوطن الأب، وهو الحزب الحاكم، وقد حصل على ٤٢ مقعداً في الانتخابات الأخيرة.

يسيطر هذا الحزب على أجهزة ووسائط الاعلام في البلاد، انضم اليه مؤخراً حزب آصار(التجمع) الذي ترأسته داريجا نزار باييفا، إبنة الرئيس نور سلطان فارتفع عدد نوابه في البرلمان الى ٤٦.

كذلك، أعلن في تشرين أول عام ٢٠٠٦ عن انضمام حزب الشعب بنوابه الأحد عشر الى حزب أوتان.

ينمو اقتصاد قازاخستان ويتطور بسرعة، واهم صادراتها البترول والغاز والقمح، والمنسوجات، والماشية. تتوقع قازاخستان ان تصبح أكبر مصدر لليورانيوم بحلول العام ٢٠١٠.

كما لديها ثاني اكبر احتياط من معادن اليورانيوم، والكروميوم، والرصاص والزنك، اضافة الى ثالث اكبر احتياط من المنجنيز، والخامس من النحاس، وهي من بين الدول العشر الأكبر المصدرة للفحم الحجري، والحديد والذهب. كما تصدر كميات من الماس والبوتاسيوم.

الاسلام في قازاخستان

الإسلام هو اكبر ديانة تمارس في قازاخستان. المواطنون الأصليون هم تاريخياً مسلمون حنفيون.

وصل الإسلام الى قازاخستان إثر الفتح العربي في القرن الثامن، وبدأ الفاتحون باحتلال جنوب تركستان ثم انتشروا شمالاً. كذلك مدَّ الإسلام جذوره بقوة بفضل جهود الحكام السامانيين. اضافة الى ذلك، فقد قامت الحشود الذهبية بنشر الإسلام بين القازاخ وقبائل آسيا الوسطى الأخرى. تنامى النفوذ الروسي باتجاه الإقليم بسرعة في القرن الثامن عشر. أظهر الروس بقيادة الامبراطورة كاثرين في البداية ميلاً الى السماح للإسلام بان يزدهر حيث دعي الشيوخ المسلمون الى الإقليم للتبشير للقازاخ الذين اعتبرهم الروس " متوحشين " و " جهلة ". على أية حال، تغيرت السياسة الروسية تدريجياً باتجاه إضعاف الاسلام عن طريق تقديم عناصر ما قبل الإسلام للوعي الجماعي. ضمت مثل هذه المحاولات اساليب تعظيم الشخصيات التاريخية قبل - الإسلامية، وفرض نوع من الشعور بالنقص بارسال

القازاخ الى المؤسسات العسكرية الروسية الراقية. جاء رد فعل القادة القازاخ الدينيين بمحاولة تعزيز الحماس الديني باعتناق مطالب الوحدة التركية، مع أن الكثير لوحقوا واضطهدوا نتيجة لذلك. اثناء العهد السوفييتي، بقيت المؤسسات الدينية حية فقط في الأماكن التي زاد فيها عدد المسلمين عن غيرهم بشكل واضح، بفضل الممارسات الدينية الإسلامية اليومية. في محاولة لدمج القازاخ في العقيدة الشيوعية، استهدفت العلاقات الجنسية، والنواحي الأخرى، من ثقافة القازاخ ضمن برنامج التغيير الاجتماعي.

على أية حال، فقد وظف القازاخ مؤخراً جهوداً جدية مصممة على إعادة احياء المؤسسات الدينية الإسلامية بعد سقوط الاتحاد السوفييتي. رغم ان القازاخ ليسوا أصوليين بقوة، الا انهم يستمرون في الانتماء الى الدين الاسلامي، وهم أكثر محافظة في الأرياف. يحصل أولئك الذين يزعمون بتحدرهم من نسل المقاتلين والمبشرين الاسلاميين الاوائل باحترام كبير في مجتمعاتهم. كذلك شددت الشخصيات السياسية القازاخية على الحاجة الى الإشراف على الوعي الإسلامي. فمثلاً شدد وزير الشؤون الخارجية القازاخي مارات تاجين مؤخراً على ان قازاخستان تضفي أهمية كبرى على استعمال " الامكانيات الايجابية الكامنة في الإسلام، والتعليم من تاريخه وثقافته وتراثه ".

حاولت السلطات السوفييتية ان تشجع نمطاً مسيطراً عليه من الاسلام تحت اشراف الإدارة الروحية للمسلمين في آسيا الوسطى وقازاخستان كقوة توحيد للمجتمعات في الإقليم، بينما استمرت في كبح الحرية الدينية الحقيقية.

منذ الاستقلال، تنامى النشاط الديني بدرجة ملحوظة. تسارع بناء المساجد والمدارس الدينية اثناء التسعينات، بمساعدات مالية من تركيا، ومصر، وبشكل اساس من المملكة العربية السعودية. عام ١٩٩١، كان هناك ١٧٠ مسجد عاملاً، واكثر من نصفهم مبني حديثاً. في ذلك الوقت، كان هناك ما يقدر ب ٢٣٠ جمعية اسلامية ناشطة في قازاخستان.

الإسلام والدولة: أنشأ نور سلطان نزارباييف عام ١٩٩٠، أساساً حكومياً للإسلام حينما سحب قازاخستان من سلطة المجلس الاسلامي لآسيا الوسطى، وكان هو حينها السكرتير الأول للحزب الشيوعي القازاخي. وأنشأ دار افتاء مستقلة، وهي السلطة الدينية للمسلمين القازاخ.

منع العلماء الذين كتبوا دستور عام ١٩٩٣، وبشكل محدد، قيام الأحزاب السياسية الدينية، وذلك بسبب تخوفهم من قيام اوضاع مشابهة للحكومات الاسلامية في كل من افغانستان وإيران. كذلك فان دستور عام ١٩٩٥ يحظر الاحزاب والمنظمات التي تسعى الى تنشيط الخلافات الدينية، أو العرقية أوالسياسية، ويفرض رقابة حكومية مشددة على المنظمات الدينية الأجنبية. يشدد هذا الدستور على كون قازاخستان دولة علمانية. وهكذا، فان قازاخستان هي الدولة الوحيدة في آسيا الوسطى التي لا يحدد دستورها اي دور أو مكانة خاصة للإسلام. هذا الموقف مبني على السياسة الخارجية لحكومة نزاربابيف بقدر ما هو مؤسس على الاعتبارات المحلية. وبسبب ادراكه لاحتمالات الاستثمارات الاسلامية من دول الشرق الاوسط، قام نزاربابيف بزيارة ايران، وتركيا، والمملكة العربية السعودية، لكنه، على كل حال، حاول وفي الوقت نفسه، أن يظهر قازاخستان كجسر يربط الشرق المسلم بالغرب المسيحي. فمثلاً، قبل في البداية بمرتبة المراقب في منظمة التعاون الاقتصادي، والتي تتألف كل دول اعضائها من المسلمين.

جاءت زيارة نزاربابيف لاداء فريضة الحج عام ١٩٩٤، كجزء من برنامج ضم بالاضافة زيارة الى البابا يوحنا بولس الثاني في الفاتيكان.

١٢- جمهورية قيرغيزستان(١)

تقع في وسط آسيا، وهي بلاد جبلية، وليس لديها اي منفذ الى البحر. تحدها قازاخستان شمالاً، واوزبكستان غرباً، وطاجيكستان في الجنوب الغربي والصين في الجنوب الشرقي. تبلغ مساحتها قرابة ٢٠٠,٠٠٠ كيلو متر مربع. عاصمتها بيشكيك. يبلغ عدد سكانها حوالي خمسة ملايين نسمة، يشكل القيرغيز - وهم شعب من اصول تركية - حوالي سبعين بالمئة من السكان، مازالوا يعتاشون على تربية المواشي مثل الأغنام والخيول والياك. كما تضم قيرغيزستان الروس والاوزبك وخليطاً من التتار والأوغير والطاجيك والقازاخ والاوكرانيين.

(1) • http://www.worldstatesmen.org/Kyrgyzstan.htm 132006/11/

• http://en.wikipedia.org/wiki/Kyrgyzstan 252007/12/

• http://en.wikipedia.org/wiki/Islam-in-Kyrgyzstan 152008/10/

• http://en.wikipedia.org/wiki/political -parties 252007/12/

دخلت قيرغيزيا الحكم الامبراطوري الروسي عام ١٨٧٦. قامت عدة ثورات ضد الحكم القيصري، ادت الى هجرة جماعات من الشعب الى افغانستان وجبال البامير. كذلك ادت ثورة عام ١٩١٦ الى نزوح العديد الى الصين.

تأسست جمهورية القيرغيز السوفييتية الاشتراكية عام ١٩٣٦ ضمن الاتحاد السوفييتي.

حفلت تسعينات القرن العشرين بالتغيير في قيرغيزستان، حيث تطورت حركة قيرغيزستان الديمقراطية لتصبح قوة سياسية مدعومة في برلمانياً.

انتخب عسكر آكاييف رئيساً للجمهورية في تشرين أول عام ١٩٩٠.

اعلنت البلاد استقلالها عن الاتحاد السوفييتي يوم ٣١ آب عام ١٩٩١.

وفاز آكاييف بالرئاسة بنسبة ٩٥ ٪ من الأصوات. انضمت قيزغيزستان الى مجموعة الدول المستقلة (عن الاتحاد السوفييتي)، ودخلت الأمم المتحدة عام ١٩٩٢.

لا تزال قيرغيزستان غير مستقرة سياسياً وأمنياً، بسبب التنافس على السلطة ونفوذ الجريمة المنظمة. فقد اغتيل أربعة نواب في البرلمان عامي ٢٠٠٥ و ٢٠٠٦، بسبب ما عرف عن علاقتهم بصفقات غير قانونية.

أقيمت انتخابات برلمانية عام ٢٠٠٥، لكنها اتسمت بالفساد، مما أدى الى قيام انقلاب غير دموي يوم ٢٤ آذار ٢٠٠٥، هرب على أثره الرئيس آكاييف من البلاد، وتولى الرئاسة نائبه قرمان بك باكييف، فيما عرف وقتها بثورة " التيوليب ".

يبلغ عدد الاحزاب السياسية في قيرغيزستان ٢٥ حزباً، تتمتع بحرية ونفوذ كبيرين من حيث العمل والقيام بالحملات الانتخابية. لم يكن الأمر كذلك اثناء حكم آكاييف، الا ان ثورة التوليب افضت الى نظام حكم متعدد الأحزاب .

الإسلام في قيرغيزستان

دخل الإسلام الى القبائل القيرغيزية بين القرون الثامن وحتى الثاني عشر. حدث اكبر دخول في الاسلام اثناء القرن السابع عشر، عندما دفع الجونغار قبائل اقليم تيان شان القيرغيزية نحو وادي فرغانة، الذي كان جميع سكانه من المسلمين. على اية حال، مع إنحسار خطر الجونغار، ارتدت عناصر من شعب القيرغيز الى بعض من دياناتها القبلية. وعندما

زحفت خانية القوقون على شمال قيرغيزستان في القرن الثامن عشر، ظلت قبائل متعددة من القيرغيز بعيدة عن الممارسات الاسلامية الرسمية لذلك النظام. مع حلول نهاية القرن التاسع عشر، كان جميع السكان القيرغيز، بمن فيهم قبائل الشمال، قد اعتنقوا الإسلام السني.

الديانة القبلية: الى جانب الإسلام، تمارس بعض القبائل الديانة التنجرية، وهي الاعتراف بالقربى الروحية مع حيوان من نوع معين. جراء هذا النظام الإيماني، الذي سبق اتصال القبائل القيرغيزية بالإسلام، فقد تبنوا الوعول، والإبل، والأفاعي، وطيور البوم، والدببة كرموز للعبادة. كذلك تؤدي الشمس والقمر والنجوم دوراً دينياً مهماً. فقد عزز الاعتماد القوي للبدو الرحل على قوى الطبيعة مثل هذه الصلات وقدَّم للإيمان بالشامانية. تبقى آثار من هذه المعتقدات في الممارسات الدينية للعديد من القيرغيز القاطنين في الشمال.

يقال إن المعرفة و الإهتمام بالإسلام هما اكثر بكثير في الجنوب، خاصة حول أوش، منها في الشمال. ان الممارسة الدينية في الشمال اكثر اختلاطاً بعبادة الحيوانات والممارسات الشامانية، الأمر الذي يشابه الممارسات الدينية في سيبيريا.

الإسلام والدولة: بينما لم يؤدِّ الدين دوراً متميزاً بشكل خاص في سياسات قيرغيزستان، فقد تم التشديد على الكثير من القيم الإسلامية التقليدية على الرغم من النص الدستوري على علمانية الدولة. ورغم ان الدستور يمنع ادخال أي عقيدة أو دين في إدارة شؤون الدولة، إلا أن عدداً متزايداً من الشخصيات العامة قد عبر عن دعمه لتطوير التقاليد الإسلامية.

كما حدث في اجزاء أخرى من آسيا الوسطى، فقد ابدى الآسيويون الآخرون قلقهم من احتمال قيام ثورة أصولية إسلامية يمكن ان تقلد إيران وافغانستان بجلب الإسلام مباشرة الى صنع سياسة الدولة، الأمر الذي سيضر بمصالح السكان غير المسلمين. بسبب الحساسية من العواقب الاقتصادية لاستمرار خروج الروس - وهو نزيف أدمغه - فقد بذل الرئيس عسكر آكاييف جهوداً استثنائية لطمأنة غير القيرغيز بعدم وجود تهديد بقيام ثورة إسلامية. فقد قام آكاييف بزيارات علنية الى الكنيسة الارثوذكسية الروسية الرئيسة في بيشكيك وخصص مليون روبل من خزينة الدولة لصندوق بناء الكنائس فيها. كذلك خصص الدعم من الحكومة المحلية لبناء مساجد ومدارس دينية بمساحات أكبر. إضافة الى ذلك، فقد تم اقتراح مشاريع قوانين مؤخراً لتحريم الإجهاض. كذلك، جرت عدة محاولات لإزالة

صفة الجريمة عن تعدد الزوجات، والسماح للمسؤولين باداء فريضة الحج مقابل اتفاقية إعفاء من الضرائب.

الوضع الحالي: صرحت بيرميت آكاييفا، إبنة الرئيس السابق عسكر آكاييف، اثناء مقابلة في تموز عام ٢٠٠٧، ان الاسلام يمد جذوره بشكل متزايد في قيرغيزستان، وشددت على انه تم بناء العديد من المساجد، وان القيرغيز يميلون الى الدين بدرجة متنامية، الأمر الذي اعتبرته " ليس سيئاً في حقيقته. إنه يحفظ مجتمعنا بطريقة انظف واكثر أخلاقية ".

تعترف الدولة بعيدين اسلاميين كعطلتين رسميتين: عيد الفطر (اوروز آيت)، وعيد الأضحى(قربان آيت). وتعترف الدولة كذلك بعيد الميلاد الارثوذكسي، فضلاً عن عيد النيروز الفارسي التقليدي.

• المرجع: موسوعة Wikipeid - تواريخ متعددة.

الفصل الرابع [1]

الشراكسة والفدرالية الروسية

العلاقة بين الشراكسة وروسيا عمرها مئات السنين، قد تناوبت عليها مراحل عديدة من الصداقة والعداوة، ولكن المؤسف فيها تاريخياً انها لم تكن علاقة الانداد، فقد ظل القياصرة وجنرالاتهم ينظرون الى الشراكسة بكثير من الاستعلاء، ويعتبرونهم رعايا يتوجب عليهم الطاعة على الدوام.

أولى بوادر وجود علاقات يمكن أن تسمى سلمية هي زواج القيصر إيفان الرابع (الرهيب) من الأميرة القباردية كوشيني كواشه تيمروقا عام ١٥٦١، والذي أدى الى قيام وفود من القباردي بزيارة سانت بطرسبرج عدة مرات لتقديم الولاء الى القيصر مقابل حصولهم على شهادات وتوصيات الى حكام الاقاليم بمعاملة الشراكسة معاملة حسنة. وبالمقابل،دأب امراء ونبلاء القباردي على تقديم " الأمانات ": وهم ابناؤهم، يرسلونهم الى البلاط الروسي كرهائن لضمان الولاء الشركسي: فكان القياصرة يدخلون هؤلاء الشباب المدارس الروسية ثم الكليات العسكرية ويلحقونهم بخدمة البلاط القيصري ليصبحوا بعدها جنرالات، وكان من الطبيعي أن يبقى هؤلاء في امكنة عملهم، فظل بعضهم على نصرانيته وانخرط في المجتمع الروسي بشكل كامل.

إلا أن السلام لم يكن يدوم فترات طويلة، بل تخللتة ثورات عديدة وغزوات من قبل الشراكسة، يقابلها عمليات انتقام وحشية من قبل الروس بسبب جهل الجنرالات الروس، قادة المناطق المحاذية لبلاد الشراكسة، بعاداتهم وتقاليدهم وكبريائهم، ورغبة الجنرالات، من ناحية أخرى، في اخضاعهم للحكم العسكري، وتقييد حرياتهم. ظلت العلاقات بين مد وجزر، بشكل خاص، في حالة قبائل القباردي، حتى بدأ الروس، يبنون خطاً عبر القفقاس

_____

(1) • Intrnational Relations and Security Network (ISN) 2006 ISN

الدفاعي - وهوفي الحقيقة قواعد هجومية في زمن كاثرين الثانية (العظيمة)، ما أدى الى قضم اراضي الرعي والزراعة التي كانت مملوكة للشراكسة على الشيوع، كذلك ادت حركة التحديث، داخل الامبراطورية الروسية، الى الاستعانة بالقوزاق: المقاتلين المزارعين، شذاذ الأفاق، الهاربين من الخدمة العسكرية، فلول البولنديين والمجرمين الفارين الذين يعملون كمرتزقة لدى القياصرة بدون أي رواتب، بل يحق لهم اقتطاع أراضي الشراكسة وزراعتها باسم القيصر، مقابل الاستعانة بهم في الحروب وحملات التنكيل والإبادة. اضافة الى نزوح الاقنان الروس المحررين جنوباً وبدء استعمار الاراضي الشركسية لزراعتها. حدث هذا في القرن الثامن عشر،وأدى الى قيام حرب استمرت زهاء مائة عام، وانتهت بهزيمة الشراكسة كأمة، من القباردي في الشرق والوسط حتى الشابسوغ والوبيخ والبزادوغ والابزاخ وغيرهم في الجبال الغربية وعلى شواطئ البحر الأسود.

وهكذا ساد سلام مشوب بالضيم بعد طرد المهجرين وانتهاء السيادة الشركسية على أراضيهم. قامت الثورة البلشفية عام ١٩١٧، وبدأت معها معاناة من نوعية أخرى، لأن العهد البلشفي كان استمراراً للحكم القيصري من حيث التمسك والتشبث ببلاد الشراكسة وغيرهم، فعلى الرغم من محافظة النظام الشيوعي على خصوصية القوميات الواقعة تحت حكمه، وإقامة ثلاث جمهوريات شركسية ذات حكم محلي الى حد ما، الا أن السوفييت سجنوا الشراكسة خلف ستار حديدي ومنعوا الشراكسة في الخارج من زيارة البلاد وأقاربهم في القفقاس قرابة نصف قرن.

يطول الحديث ويتشعب عن الحقبة الشيوعية،لكن الحقيقة الجديرة بالإهتمام هي أن الشراكسة في الاردن وسورية وتركيا لا يمكنهم أن ينسوا مواقف الاتحاد السوفييتي المشرفة تجاه القضايا العادلة للأمة العربية ودول افريقيا وامريكا الجنوبية وجنوب شرق آسيا امام هيمنة الدول الاستعمارية الغربية سواء في المحافل السياسية أو مدهم بالسلاح بسعر رخيص أو حتى بدون مقابل أحياناً، بل والقتال الى جانبهم في بعض الأحيان.

وقد ظل الشركسي المقيم خارج الإتحاد السوفييتي يربط روسيا الدولة المسيطرة في الاتحاد السوفييتي بشكل عام، بكل هذه المواقف المشرفة.

وربما يفسر هذا الموقف، ومحاولات روسيا الحديثة النهوض بدولتها الفتية واستعادة امجاد الاتحاد السوفييتي لإنهاء التفرد الامريكي الذي تسبب بالعديد من المآسي والكوارث، وكذلك التعاطف مع حرب الرئيس فلاديمير بوتين غير المعلنة ضد السيطرة الصهيونية على

اقتصاد بلاده، متناسين الآلام الرهيبة والمذابح التي قامت بها روسيا القيصرية قديماً، حتى أن الشراكسة يصعب عليهم الربط بين روسيا القيصرية ومذابحها واستيلائها على بلادهم، وبين روسيا الحديثة التي مازالت تطبق على الجمهوريات الشركسية الثلاث في القفقاس بقبضة فولاذية مغلفة بالحرير.

وحتى تقال الحقيقة كاملة، فان الاتحاد السوفييتي لم يسمح للجمهوريات الشركسية بالتطور اقتصادياً، رغم غنى القفقاس بالمعادن المهمة للصناعة، ورغم خصوبة اراضيه، بل ابقاه في حالة نهب مستمر لكافة مقدراته، وترك المسؤولين الفاسدين: الروس والشركس يعيثون الفساد المالي والنهب المنتظم لاقتصاد القفقاس، طالما أبقوا على الخضوع الظاهري للنظام.

أما في الحاضر، فإن واقع الشراكسة في جمهورياتهم الثلاث غير مطمئن ولايبشر بالخير مستقبلاً، فالبطالة بين الشباب تبلغ اكثر من ثلاثين بالمئة، وكلفة المعيشة في تصاعد مستمر، ولا توجد اي فرص عمل للشباب الا بالرحيل الى موسكو وباقي المدن الروسية الكبرى، لأن العهد الجديد أهمل الصناعة، وسمح بنهب المصانع القليلة القائمة: الأمر الذي اطلق الشائعة القائلة بأن الفدرالية الروسية تفاهمت مع الاتحاد الاوروبي على ابقاء القفقاس منطقة زراعية مقابل استمرار الدعم الاوروبي بكافة اشكاله للفدرالية الروسية.

وهكذا، فأن الظرف الحالي غير ملائم لتخلي الشراكسة عن المساعدة الروسية، فالروس يؤمِّنون المواصلات والاتصالات وبترول التدفئة وخدمات أخرى، وهم يوفرون الأمن والنظام لجمهوريات الحكم الذاتي الثلاث، حتى يمكن القول أن هذه الجمهوريات لن تتمكن من الحفاظ على مستواها الاقتصادي الحالي لوحدها، رغم ضعفه.

كذلك، ثمة شبكة متداخلة من المصالح الروسية- الشركسية، عمرها مئات الاعوام، بحيث لا يمكن تفكيكها بسهولة، فالروس القاطنون في القفقاس- وهم في الغالب احفاد القوزاق والأقنان المحررين - يمتلكون قسماً كبيراً من الأراضي الشركسية منذ عشرات السنين، وهم يشكلون ثقلاً اقتصادياً يستحيل تجاهله، واي حديث عن انتزاعهم من الاراضي وطردهم خارجها هو دعوة مفتوحة الى الفوضى والدمار، ويكفي دليلاً على ذلك نظرة واحدة الى مدينة جروزني، عاصمة الشيشان التي أحالتها الحرب الروسية - الشيشانية الى مدينة اشباح مدمرة.

يضاف الى ماتقدم، ان شراكسة القفقاس يتوجسون خيفة من أي تحرك علني يدعو الى الاستقلال عن روسيا، اومناهضة الاحتلال الروسي بأي وسيلة، لانه - حسب رأيهم - لا يحقق سوى التضييق عليهم، ويؤدي الى قيام أجهزة المخابرات الفدرالية، في الجمهوريات الشركسية الثلاث، باعتقال المئات، وزجهم في السجون، وطرد الناشطين من وظائفهم.

هناك عامل آخر يتعلق بالفدرالية الروسية هو تصاعد حركة التشدد الديني بين الشراكسة في الوطن الأم وخارجه، والذي أدى الى قيام افراد من بعض التنظيمات المتشددة بمهاجمة مقار الشرطة و المخابرات في نالتشك في تشرين الثاني من عام ٢٠٠٥، ما أدى الى مقتل وجرح المئات من الشراكسة، بعضهم من عناصر الشرطة والمخابرات، وبعضهم الآخر من المارة والسكان الابرياء.

وقد تبين، فيما بعد، أن المهاجمين هم نتاج عمل وتحريض بعض الدعاة القادمين من افغانستان والشيشان، وبعض الدول العربية تحت غطاء الدعوة الى الإسلام، فقاموا بنشر التطرف والعداء بين المواطنين والمقيمين الروس، والدعوة الى الثورة. طبعاً هناك من يضيف البطالة وسوء الوضع الاقتصادي الى اسباب هذا الهجوم.

جاءت نتيجة هذا الهجوم عكسية كلياً، فبالإضافة الى مقتل وجرح مئات الابرياء، قامت السلطات الفدرالية بحملة أعتقالات مكثفة لكل المدارس الدينية، ومرتادي المساجد في طول البلاد وعرضها، حتى أنها قامت بتركيب آلات تصوير تعمل على مدار اوقات الصلوات الخمس لتصور كل من يدخل أحد الجوامع الرئيسة !

يقودنا هذا الى الاستنتاج المنطقي الوحيد وهو انتهاج السبيل السلمي في التعامل مع المطالب الشركسية لدى روسيا الفدرالية، والتي يفترض أن تتركز، ويشكل تدريجي، على مايلي:

١ - تحسين وتسهيل تواصل شراكسة الخارج مع اقاربهم واصدقائهم في الوطن الأم، وتسهيل تعرف الشراكسة في الخارج على الوطن الام، وذلك بانشاء خطوط طيران منتظمة بين مدن تواجد الشراكسة الرئيسة مثل عمان، ودمشق، وحلب، وأنقرة واستنبول: وبين عواصم الجمهوريات الشركسية الثلاث نالتشك ومايكوب وتشيركيسك، لأن الوضع الحالي متعب ومزعج، فالمسافرمضطر الى الذهاب الى حلب اواستنبول في ايام معينة والانتظار في مطاري هاتين المدينتين لحين قدوم الطائرات المستأجرة التي لا تلتزم بمواعيد القدوم

والمغادرة، بل يغلّب اصحابها مصالحهم على إنتظام قدوم وإقلاع طائراتهم، ما يضطر المسافرين الى قضاء ليلة أو أكثر في رحلة الذهاب ومثلها في العودة. هذا بالإضافة الى أن نوعية الطائرات العاملة غير ملائمة للسفر الجوي الآمن بسبب سوء صيانتها وتحويل اجزاء كبيرة من مقصورة الركاب الى عنبر شحن مليئ بأكياس الملابس وغيرها.

٢- تسهيل منح سمات السفر الى شمال القفقاس، وتصاريح الإقامة هناك، لأن الوضع الحالي يضطر الزائر الى ألانتظار، مدة طويلة للحصول على سمة الدخول، كما أن شروط الإقامة شديدة التعقيد.

٣- السماح للشراكسة بشراء الأراضي وتملكها طالما تمكنوا من أثبات هويتهم الدالة على تحدرهم من أصول شركسية، كذلك تملك الشقق والمتاجر، وإقامة المصانع، وممارسة الزراعة، وكافة الانشطة الاقتصادية بدون أي قيود أو ضغوط، خاصة فيما يتعلق بانتقال رؤوس الأموال وممارسة الاعمال بحرية، ثم اخراج الأرباح واستعادة رؤوس الأموال ضمن مناخ مطمئن بحماية قوانين عصرية.

تنبع ضرورة السماح بهذة الأعمال من خطورة الاوضاع القائمة حالياً، والتي تقوم فيها مجموعات من اليهود والأرمن والروس والجورجيين وغيرهم بشراء أراضي الشراكسة، مستغلين الرخص النسبي لأسعار العقارات في الجمهوريات الشركسية، والعائد بصورة كبيرة الى ارتفاع نسبة البطالة. الأمر الذي يهدد بضياع الحقوق التاريخية للشراكسة في الوطن الأم، إذ ما معنى وجود وطن إسمي يمتلكه الأجانب؟

٤- مطالبة حكومة الفدرالية الروسية بالسماح للشراكسة المقيمين في الخارج باستعادة الجنسية الشركسية/الروسية عند مطالبتهم بها، دون الاضطرار الى المرور بالاجراءات المطولة الحالية مثل الإقامة المسبقة المستمرة لفترة طويلة واتقان اللغة الروسية والخضوع لبعض الامتحانات الخ....

وفي هذا الإطار، لابد من التنويه الى ضرورة موافقة حكومة الفدرالية الروسية على استمرار الشراكسة المقيمين خارج الوطن الأم في حمل جنسيات البلدان التي يقيمون فيها، بعد حصولهم على الجنسية الشركسية/ الروسية، لأن الغاية هي حصول الشركسي على حق العودة والاستثمار في الوطن الأم، حتى لوكانت ظروفة لاتسمح له بالعودة الفعلية الدائمة الى القفقاس، بصرف النظر عن طبيعة هذه الظروف، لأنه لا يمكن تخيل قدرة أو رغبة

جميع شراكسة الشباب في التخلي عن كل شي في مواطنهم الحالية واقتلاع جذورهم التي بلغ عمرها قرابة قرن ونصف من الزمان، وامتدت عميقة في الأوطان، والعودة الى القفقاس. لكن امتلاك هذا الحق يمثل أهمية قصوى من كافة النواحي.

٥- متابعة التطورات السياسية العالمية، والتطورات داخل روسيا الفدرالية، في كل ما له علاقة بقضية الشراكسة، والعمل على تفعيل وتطبيق كافة القرارات الدولية الصادرة عن المحافل السياسية الدولية، ومطالبة روسيا الفدرالية بالعمل على تطبيق تصريحات الرئيس الروسي السابق بوريس يلتسين حول حقوق الشراكسة على اعتبار انها تمثل ترجمة لسياسة رسمية، في حينها، وكذلك العمل على الإفادة من قرار الكونجرس الامريكي بشأن قضية الشراكسة بكل السبل الممكنة، وتفعيله بما يخدم حقوق الشراكسة لدى حكومة روسيا الفدرالية، في بلاد الشراكسة التاريخية بكل اشكال التعويض والإعادة والتوطين حيثما كان ذلك ممكناً وقابلاً للتطبيق على أرض الواقع.

جدير بالذكر أن موضوع العودة والتوطين قد تم تطبيقة، في اواخر التسعينات على حوالي مئتي شركسي من سكان كوسوفو، تمت اعادتهم الى جمهورية الأديغي عندما تضافرت جهود الشراكسة في الخارج مع المسؤولين في الأديغي.

٦- بدء العمل الجاد المنظم على استعادة الحقوق التاريخية للأمة الشركسية في وطنها الأم: هناك حقيقة ثابتة مؤكدة على تهجير وطرد شعب بأكمله، ملايين الناس من وطنهم التاريخي، بتوفير الأدلة والوثائق والبراهين والسجلات التي تتحدث بتفصيل مذهل عن أمه جرى ترحيلها بالقوة الغاشمة الى مناطق غير مؤهلة، وغير مستعدة، لايوائهم، فمات حوالي نصف الأمة الشركسية على الطرقات في المهاجر وفي البحار وعلى يد القوات الروسية القيصرية.

يتطلب هذا العمل جهوداً حثيثة وتضحيات جسيمة، لكن القضية تستحق كل مايمكن بذله من جهد وانفاقه من أموال.

فيما يلي مجموعة من المقالات والدراسات الموثقة والمستندة الى مراجع تاريخية علمية يمكن لمن يريد التعمق في تفاصيلها، ان يرجع اليها، وهي ذات دلالة على نوعية العلاقة التي سادت ومازالت سائدة بين الشراكسة والانظمة الروسية المتعاقبة.

• الشراكسة[1]

هل هي إبادة عرقية منسية؟

من هم (أو من كان) الشراكسة؟

هذا هو السؤال الذي يطرح عليّ في العادة اذا حدث وذكرت اهتمامي بالشراكسة على الإطلاق. ففيما عدا المتخصصين في شؤون القفقاس، هناك قلة من الناس في العالم الغربي (مع أنه يوجد أناس اكثر في الشرق الاوسط) ممن يتذكرون من كان الشراكسة، من أين جاءوا أو ماذا حدث لهم. انهم شعب يكاد يكون منسياً. لن تجد أي مكان يسمى "بلاد الشراكسة" على أية خارطة معاصرة. أقرب ما ستصل اليه، وذلك اذا حدث وكنت تعرف ما تعنيه الكلمة الروسية المرادفة "للشركسي" (والمستعارة من اللغة التركية)، هي "شركس"، فهي منطقة قرشاي – شركس ذات الحكم الذاتي في روسيا الجنوبية. في الواقع أن هذه المنطقة تقع الى الشمال قليلاً من بلاد الشراكسة التاريخية: وهي المنطقة التي أعيد إسكان بعض الشراكسة فيها على أثر الاحتلال القيصري لوطنهم. اضافة الى ذلك، فإن اسم المنطقة خاطىء الى حد ما، لأن الشراكسة الذين يشاركون فيها مع شعب القرشاي ذي الأصول التركية، يشكلون فعلياً مجرد عشرة بالمئة من عدد سكانها البالغ قرابة نصف مليون [1].

ربما، على أية حال، تحب أن تتأمل الخرائط القديمة، كما أفعل أنا. إذا كان الأمر كذلك، ألقِ نظرة على خارطة لروسيا يعود تاريخها الى بدايات القرن التاسع عشر، وستجد بلاد الشراكسة مشاراً اليها بوضوح - بلاد في الشمال الغربي للقفقاس، وبمحاذاة الشاطىء الشمالي الشرقي للبحر الأسود، تمتد جنوباً من ضفاف نهر الكوبان، الذي كان وقتها يشكل خط الحدود الجنوبية للإمبراطورية الروسية. ويمكنك أن تقرأ عن بلاد الشراكسة في الكتب القديمة لرحالة القرن التاسع عشر من القنصل الفرنسي جامبا (١٨٢٦)، والمغامر الانجليزي جيمس بيل (١٨٤١)، والزوجين الفرنسيين دي هيل (١٨٤٧)، والأمريكي جورج لي ديتسون (١٨٥٠)، والقنصل الهولندي دي ماريني(١٨٨٧). وإذا رجعت في الزمن، بضعة عقود وتفحصت خارطة مرسومة في منتصف القرن الثامن عشر، فإنك سترى الأسم "بلاد الشراكسة" جالساً بأحرف كبيرة فوق ضفتي نهر الكوبان، من الأراضي المنخفضة شرقي

---

(١) ستيفين شاينفيلد: باحث مستقل، ومترجم، يعيش في الولايات المتحدة، متخصص في الشؤون الروسية وشؤون ما بعد الحقبة السوفييتية.

بحر آزوف، ما بين نهري الكوبان والدون، وصولاً الى حدود أوسيتيا وبلاد الشيشان صعوداً الى سلسلة جبال القفقاس الرئيسة، وبمحاذاة شاطيء البحر الأسود من برزخ بحر آزوف وحتى ابخازيا [٢]. كانت بلاد الشراكسة، في ذلك الوقت، قبيل الاحتلال القيصري الروسي، تشكل ما مساحته ٥٥,٦٦٣ كيلو متراً مربعاً - تكاد تكون أكبر من مساحة الدنمارك - ويقطنها شعب أصلي قوامه اكثر من مليوني نسمة [٣].

يمكن تتبع أصول الشراكسة رجوعاً الى المملكة البوسفورية العائدة الى القرن الثامن قبل الميلاد، وربما تعود الامبراطورية السيمرية التي قامت على شواطىء بحر آزوف قبل العام ١٥٥ قبل الميلاد. اقاموا علاقات ثقافية وتجارية وثيقة مع قدماء الاغريق، خاصة الاثينيين، حتى أنهم شاركوا في الألعاب الأولمبية. وكذلك فان آلهتهم تشبه، بشكل قريب، آلهة الاغريق: شيبله، إله الرعد، هو ما يقابل زيوس. تلبش، اله الحديد والنار، هو هيفايستوس [٤].

ظلوا شعباً مزارعاً معظم فترات حياتهم. وقام لديهم نظام (اجتماعي، اقطاعي وأبوي) تشكل من الامراء، النبلاء، والرجال الاحرار، والأقنان. تصفهم معظم الروايات بانهم تشكلوا من "قبائل"، ويبدو أن عدد هذه القبائل اختلف كثيراً عبر الأزمان.

كانت هذه القبائل ذات صلات قريبة جداً من بعضها بحيث لا يمكن اعتبارها مجموعات عرقية أو فروع عرقية منفصلة. تحددت هوية الشراكسة بسلسلة من مجموعات القرابة المتداخلة، الممتدة خروجاً من أقرب اقرباء الفرد وحتى الأمة الشركسية (أو الأمة المتقاربة، إذا كان المعنى أفضل) بشكل كامل [٥].

تبنّت بلاد الشراكسة المسيحية تحت التأثير البيزنطي بين القرنين الخامس والسادس الميلاديين. مع أن بلاد الداغستان في شمال شرق القفقاس دخلت الدين الاسلامي في وقت مبكر قرابة القرن الثامن، فقد بقيت بلاد الشراكسة خارج دائرة التأثير العربي والاسلامي [٦]. دخلت منذ القرن السادس عشر في تحالف مع جورجيا: ظل الجورجيون والشراكسة يعتبرون انهم يشكلون جزيرة مسيحية واحدة في البحر الاسلامي، وتقدموا بطلب حماية مشترك من روسيا. تزوج القيصر ايفان الرهيب إمرأة شركسية. لايعود تاريخ النفوذ الإسلامي بين الشراكسة الى ابعد من القرن السابع عشر، ولم يتقبلوا الاسلام الا في القرن الثامن عشر، تحت تهديد الغزو الروسي الوشيك، على أمل تسهيل قيام تحالف دفاعي مع تركيا العثمانية وخانات تتار القرم.

قاتل الشراكسة ضد الاحتلال الروسي لاكثر من قرن، من ١٧٦٣ وحتى ١٨٦٤ - اكثر من أي شعب آخر من شعوب القفقاس، حتى الشيشان. أدت هزيمتهم النهائية في ستينات القرن التاسع عشر الى قيام مذابح وتهجير قسري، عبر البحر الاسود الى تركيا بشكل رئيس، هلك أثناءه قطاع كبير منهم. كذلك استخدم العديد من الشراكسة من قبل العثمانيين في مناطق البلقان لإخضاع الصرب الثائرين، لكن معظم هؤلاء أعيد ترحيلهم لتوطينهم في وسط الاناضول لاحقاً.

منذ ذلك الزمن، عاشت الأغلبية العظمى - حوالي ٩٠ بالمئة - من الناس المتحدرين من أصول شركسية، في بلاد الشتات، على الأغلب في تركيا والاردن وأماكن أخرى من الشرق الاوسط. لم يبق في روسيا والأجزاء الأخرى من مناطق ما بعد السوفييت، سوى بقايا معزولة قوامها من ثلاثمئة الى أربعمئة الف شخص في المجموع. خلال العقود الأخيرة من العهد القيصري، أعيد إشغال الاراضي الشركسية المدمرة والمفرغة من سكانها بالمستعمرين الروس، والأوكرانيين، والأرمن وآخرين غيرهم. استقر لاحقاً العديد من الجورجيين في ابخازيا، مثيرين بذلك مشاعر سخط تصاعدت حتى شبت الحرب الأبخازية - الجورجية مؤخراً - وهو صراع لا يمكن فهمه الا على خلفية المأساة الشركسية في القرن الماضي (التاسع عشر).

المذبحة والتهجير

قررت الحكومة الروسية عام ١٨٦٠، وبعد أن اخفقت في إخضاع الشراكسة خلال سبعة وتسعين عاماً من الحروب، إجبارهم على التهجير الجماعي الى مناطق أخرى من الامبراطورية أو تركيا. أوكل الجنرال يفدوكيموف بتنفيذ هذه السياسة، فتقدم داخل الاجزاء غير المحتلة، بعد، من بلاد الشراكسة على رأس طوابير متحركة مشكلة حديثاً من الرماة والفرسان القوزاق. في الاجزاء الشمالية التي اخترقها، في البداية، خضع الشراكسة لإرادته: ففي تلك السنة، أبحرت أربعة الآف عائلة الى تركيا من مصب نهر الكوبان بدون إبداء أي مقاومة (٧). على أية حال، استعدت القبائل التي تعيش في مناطق أبعد الى الجنوب الشرقي، للمقاومة. شكّل الابزاخ، والشابسوغ والوبيخ مجلساً في المكان الذي يقع فيه حالياً منتجع سوتشي الشهير في ايلول من عام ١٨٦١. قام الامبراطور نفسه، القيصر الكسندر الثاني، بزيارة ييكاتيرينودار، المدينة الروسية الأقرب الى مواقع القتال، واستقبل هناك وفداً من زعماء الشراكسة. عبَّر الزعماء عن استعدادهم للاعتراف بالسيادة الروسية شريطة أن يتم سحب الجنود الروس والقوزاق من الاراضي الشركسية الى ما وراء نهري الكوبان

واللابا. رفض هذا الاقتراح. الا ان الابزاخ وافقوا على الرحيل الى أراض جديدة عرضت عليهم في مناطق أبعد الى الشمال (العديد من سكان منطقة الأديغي للحكم الذاتي هم من أحفادهم) بينما رفض زعماء القبائل الأخرى أن يرحِّلوا شعوبهم.

بدأت العمليات العسكرية التالية ضدهم: في ربيع العام ١٨٦٢ [٨] قام الجنود الروس باحراق القرى الشركسية بشكل نمطي، أحرقت جميع قرى الشابسوغ بلا استثناء - بينما ديست المحاصيل النابته في الحقول تحت سنابك خيول القوزاق [٩] اقتيد بعدها أولئك السكان الذين أعلنوا الخضوع للقيصر بعيداً، تحت رقابة المشرفين الروس، وذلك لإعادة توطينهم على السهول الى الشمال بينما أرسل اولئك الذين رفضوا الخضوع نزولاً الى شاطىء البحر لينتظروا التسفير الى تركيا. هرب العديد من الآخرين - رجالاً، ونساءاً وأطفالاً - من قراهم المحترقة ليلقوا حتفهم جرَّاء المجاعة والبرد في الغابات والجبال.

بعد أن أكمل طابور الجنرال بابيش احتلال اراضي الشابسوغ والابزاخ، - يقول المؤرخ الشركسي شوكت المفتي - اتبع الطريق الساحلي جنوباً، مدمراً القرى أثناء مسيره.

"وصلوا الى حدود اراضي الوبيخ. جاء طابور آخر من جانب ممر الجويتخ لمقابلتهم. اصبحت منطقة الوبيخ الصغرى قلعة الحرية الشركسية الأخيرة. قام الوبيخ بمحاولة أخيرة لإطالة العذاب، لكن الروس ضَّيقوا حلقة الخناق اكثر فأكثر. أنزل الجنود في الجنوب من السفن دخولاً الى قلب بلاد الوبيخ، بينما تقدمت ثلاثة طوابير من خلال الجبال في الشمال وبمحاذاة الساحل. تحطمت أخر جيوب المقاومة [١٠]"

يكمل تراخو، وهو مؤرخ شركسي آخر، القصة:

"لم يبق سوى القبائل الساحلية الصغيرة: البشكو، الاختسيبسو، الايبغو والجيجيت. تمت إبادة هذه القبائل حتى آخر رجل وإمرأة وطفل تقريباً خلال شهر أيار عام ١٨٦٤. عندما رأى بقية الشراكسة هول ما حصل، اجتمعوا من أركان البلاد الأربعة في يأس مجنون وألقوا بأنفسهم في وادي الأيبغو. تمكنوا من صد الروس لمدة أربعة أيام (٧ - ١١ أيار) وكبدوهم خسائر فادحة. بعد ذلك جيء بالمدفعية الثقيلة وبدأت تصب النار والدخان داخل الوادي الصغير. لم ينجُ أحد من المدافعين. كان الاستيلاء على هذا الوادي الصغير، الضائع بين الجبال، الفصل الأخير في المأساة الطويلة للشعب الشركسي. يوم الحادي والعشرين من أيار، جمع الأمير الأكبر ميخائيل نيكولايفيتش جنوده في فسحة وأقاموا قداس صلاة شكر. [١١]"

عن هذه المعركة - المذبحة الأخيرة نفسها، يكتب شوكت المفتي:

"وقعت المعركة الأخير في منطقة البحر الأسود قرب مايكوب، في وادي خودز (أي وادي الأيبغو) قرب بلدة اختشيب. شكلت تلك المنطقة الجبلية الوعرة المعقل الأخيرة الذي أجتمع فيه الاطفال والنساء للإحتماء من الزحف الروسي. القت النساء بمجوهراتهن في النهر، حملن السلاح وانضممن الى الرجال لخوض معركة الموت دفاعاً عن شرفهن ووطنهن، مخافة أن يقعن أسرى في الأيدي الروسية. تقابل الجمعان في معركة رهيبة تحولت الى مذبحة غير مسبوقة في التاريخ. لم يكن الهدف من المعركة (بالنسبة للشراكسة) إحراز النصر او النجاح، بل الموت بطريقة مشرفة والتخلص من حياة لم يبق فيها أمل مشرف. ذبح الرجال والنساء في تلك المعركة بلا رحمة وسال الدم انهاراً، حتى قيل أن "اجساد الموتى سبحت في بحر من الدماء". رغم ذلك، لم يقتنع الروس بما فعلوه، بل سعوا الى ارضاء غرائزهم بجعل الاطفال الذين بقوا على قيد الحياة، أهدافاً لقذائف مدافعهم.[١٢]" بدأت عمليات الترحيل الى تركيا يوم ٢٨ أيار. حدثت تحت ظروف مرعبة. يشهد المؤرخ الروسي بيرجي على حالة الشراكسة حتى وهم ينتظرون الترحيل على ساحل البحر الأسود:

"لن انسى أبداً الانطباع الساحق الذي اوقعه في نفسي الجبليون في خليج نوفوروسيسك (روسيا الجديدة) حيث تجمع قرابة سبعة عشر الفا منهم على الشاطىء. وقد أحال الطقس الذي تأخرت برودته ذلك العام، الغياب الكلي لأية وسائل إدامة من طعام او شراب، وانتشار وبائي التيفوس والجدري بينهم الوضع الى أمر يائس. وحقيقة، من هو الذي لن يتأثر قلبه عندما يرى، مثلاً، الجثة المتيبسة لأمرأة شركسية شابة راقدة على الخرق فوق الارض الرطبة تحت السماء المكشوفة ومعها طفلين، أحدهما يعاني سكرات الموت، بينما يسعى الآخر الى اطفاء جوعه لدى ثدي أمه؟ ولم تكن المناظر الشبيهة بهذا قليلة.[١٣]"

سيق أولئك الذين الذين نجوا من هذه المحنة، حتى تلك الساعة، من قبل الجنود الروس، بالجملة الى عوامات وسفن تركية ويونانية صغيرة، حملوها بأضعاف ما تستطيع حمله من الركاب. غرق العديد من هذه السفن وغرق ركابها في البحر المفتوح.

لم تكن الأوضاع اقل رهبة في تركيا بالنسبة لأولئك الذين نجوا من الرحلة، عند الوصول. فقد كانت الترتيبات التي أجريت من قبل الحكومة التركية لإستقبال وإعادة توطين المهجرين غير ملائمة مطلقاً.

ارسل موشنين، القنصل الروسي في طرابزون على الساحل التركي، التقرير التالي:

"أنزل حوالي ستة الآف شركسي في باطوم، وأرسل حوالي أربعة الآف الى تشوروكسو على الحدود (مع تركيا). جاؤا مع مواشيهم العجفاء المشرفة على الموت. معدل الوفيات سبعة أشخاص في اليوم. لقد وصل الى طرابزون ومحيطها حوالي ٢٤٠,٠٠٠ شخص، مات منهم ١٩٠٠٠... معدل الوفيات مئتا شخص في اليوم. يجري ارسال معظمهم الى سامسون، بقي ٦٣,٢٩٠ شخص. هناك حوالي خمسة عشر الف شخص في جيريسون. في سامسون وجوارها اكثر من ١١٠,٠٠٠ شخص. معدل الوفيات حوالي مئتي شخص في اليوم. مرض التيفوس منتشر لدرجة الوباء.[١٤]"

كم شركسي، اذاً، لقي حتفه في المعركة، في المذبحة، بالغرق، الجوع، التعرض للطقس والمرض؟ قبل الاحتلال الروسي، كان عدد الشراكسة (بمن فيهم الأبخاز) يبلغ حوالي المليونين. بحلول عام ١٨٦٤، كان شمال غرب القفقاس قد أفرغ من سكانه الاصليين بدرجة قريبة من الكلية. أعيد توطين حوالي ١٢٠,٠٠٠ - ١٥٠,٠٠٠ شركسي في أمكنة مختلفة أخرى من الامبراطورية في اراض خصصت من قبل الحكومة. (بحلول إحصاء عام ١٨٩٧، لم يعد في روسيا غير ٢١٧,٠٠٠ شركسي). حسب ما يورده بروكس، فقد تم ترحيل ٥٠٠,٠٠٠ شخص الى تركيا.[١٥]، إضافةً الى ذلك، فقد هاجر ثلاثون الف عائلة - ربما يبلغ عددها ٢٠٠,٠٠٠ شخص - طواعية الى تركيا عام ١٨٥٨، قبيل عمليات الترحيل. وهذا يعني ان اكثر من نصف السكان الأصليين غير معروفي المصير، ويجب اضافة الذين ماتوا في البحر او عند الوصول. لذلك، فمن الصعب تخيل عدد الذين ماتوا في الكارثة الشركسية لستينات القرن التاسع عشر بأقل من مليون نسمة، وربما كانوا أقرب بكثير الى المليون والنصف.[١٦]

هل كانت تلك إبادة جماعية؟

هل يشكّل الإجتياح الروسي، وترحيل الشراكسة، ابادة جماعية متعمدة، لشعب ما، أم أنه "مجرد" حالة من التطهير العرقي نفذت باهمال وحشي للمعاناة البشرية؟ تتضمن محاولة إجابتي على هذا السؤال الصعب أولاً تفحص خلفية المعاملة الروسية السابقة والمعاصرة للشعوب التي تم اجتياحها حديثاً. هل اقدمت الامبراطورية الروسية، قبلاً، على الإبادة الجماعية أو أنها تقدم عليها، في أمكنة اخرى خارج القفقاس؟ ثانياً، ابحث في نظرة النخبة السياسية والعسكرية الروسية خلال القرن التاسع عشر الى الشراكسة. هل جرى التفكير في احتمالية الابادة الجماعية كحل للمشكلة التي تمثلها المقاومة الشركسية للإجتياح؟ أو، باستخدام العبارة

التي أطلقها وأشهرها نورمان كوهن: هل كانت هناك حاجة ملحة للإبادة الجماعية؟ [١٧].

وثالثا، لماذا اتخذ القرار لصالح الترحيل؟ ماذا كان تفكير القيصر ومستشاريه الذي شكّل خلفية لهذا القرار؟ هل يظهر هناك احتمال بأن غايتهم الحقيقية كانت الإبادة الجماعية؟

أم هل يجب أن نكتفي، في هذا المضمار، ببحث مثالين آخرين مهمين حول علاقات روسيا مع الشعوب التي تم إجتياح بلادها حديثا: إجتياح شعوب سيبيريا الأصليين في القرن السابع عشر، وضم قبائل القازاخ الرحَّل في القرن التاسع عشر. [١٨] وقد وصلت العملية الثانية الى مرحلة إكتمالها حوالي الوقت نفسه الذي جرى فيه اجتياح بلاد الشراكسة (١٨٦٤).

كانت تنقص شعوب سيبيريا الأصلية الأعداد، الوحدة السياسية أو القوة العسكرية التي يمكن بواسطتها ان يوقفوا التقدم العسكري الروسي المستمر شرقا نحو المحيط الهادىء، لكنهم استطاعوا، في بعض الاحيان، ان يقاوموا الاستغلال الاقتصادي وهكذا، فقد تسببت الوحشية الروسية في تحصيل ضريبة الفراء (ياساك) في قدح شرارة الثورة بين صفوف الياكوت والقبائل التي تتكلم لغة تونجوسيك بمحاذاة نهر لينا عام ١٦٤٢. رد الروس بحكم الرعب: احرقت مستوطنات الأهالي، وعذب المئات، وقتلوا. يقدر النقص الحاصل في تعداد السكان الياكوت بحوالي سبعين في المئة بين عامي ١٦٤٢ و ١٦٨٢. على أية حال، فقد كانت نية الحكومة، في موسكو، تتجه الى استغلال السكان الاصليين، وليس إبادتهم. وفي مسعى لإعادة احياء واردات الفراء، اتخذت خطوات تجاه نهاية القرن لحمايتهم: مثلا، لم يعد يسمح بتنفيذ احكام الإعدام بـدون موافقة موسكو.

تدخلت موسكو مرة اخرى، بعد الحادثة الاكثر قسوة على الاطلاق، وهي غزو شبه جزيرة كمشاتكا عامي ٩٩-١٦٩٧ من قبل القائد فلاديمير اتلاسوف. فقد قتلت قوته المؤلفة من مئة رجل اثني عشر ألفا من التشوكتشي، وثمانية الآف من الكورياك والكامشادال على التوالي. ومع ذلك، فبعد انتشار " وباء " الانتحار، صدر الامر للسلطات المحلية بمنع المحليين من الانتحار. [١٩] وهكذا، فمع ان نسبة كبيرة من السيبيريين الاصليين قد هلكت جراء الاجتياح الروسي لاراضيهم، فقد حصل هذا نتيجة للاستغلال الاقتصادي، والاخماد الوحشي للثورات والحماس الاجرامي لدى القادة العسكريين بشكل افرادي، وليس نتيجة لأي سياسة متعمدة للإبادة الجماعية من قبل الدولة. يمكن التوصل الى استنتاج مشابه فيما يتعلق بمعاملة القازاخ الرحَّل. فقد تم تأسيس مواقع روسية متقدمة بمحاذاة الاطراف الشمالية لسهوب القازاخ منذ أوائل القرن السادس عشر، ولكن لم يتم ضم الداخل الا بحلول القرن

التاسع عشر، مابين عشرينات وستينات القرن. مثل السيبيريين الاصليين، انحنى القازاخ أمام القدر المحتوم، ولم يقدموا على مقاومة واسعة الانتشار للزحف الروسي. على أية حال، فقد حصلت بعض الثورات المحلية (كما في عامي٣٧- ١٨٣٦)، والتي اثارتها مصادرة اراضي المراعي التقليدية. مع انقضاء القرن التاسع عشر، لحق بالقازاخ إفقار شديد بسبب حشرهم مع قطعانهم في مناطق متناقصة من السهوب لخلق مساحات جديدة للمستوطنين الروس، ما أدى الى وفيات بين السكان، رغم انها لم تكن على مستوى الإبادة الجماعية الفعلية [٢٠]. لذلك، فإن مفهوم التخلص من شعب بأكمله، سواء عن طريق الترحيل القسري أو الإبادة الجماعية، لايبدو أنه ظهر في الممارسات الروسية السابقة. اما قرار ترحيل الشراكسة فهو يمثل تطورا جديدا. نجد انعكاسا مثيرا للإهتمام للمفاهيم الروسية المعاصرة عن الشراكسة في كتب الرحالة الغربيين الذين يتعاطفون مع الطموحات الروسية في القفقاس. إذ يتم تصوير الشراكسة، بشكل نمطي، على انهم برابرة بدائيون مولعون بالقتال ورجال عصابات متوحشون. يكتب دبلوماسي فرنسي " لقد اعتاشت شعوب الشراكسة وأبخازيا على القرصنة وقطع الطرق منذ الأزل.... إن شغفهم المسيطر هو الغضب، حب الانتقام، والطمع..." ويقدم زوجان فرنسيان سائحان على تسلية قرائهما بحكاية السيدة البولندية التي اختطفت من قبل الشراكسة وهي في طريقها للمعالجة بالمياه في مصح كيسلوفودسك، ويقصان كيف استطاعا ان يهربا من الخيالة الشراكسة الذين يلاحقونهما اثناء مرورهما خلال المنطقة الحدودية من ستافروبول الى ييكاتيرينودار [٢١].

هل تشكل هذه الأنماط المعادية مسوغاَ للإبادة الجماعية؟ إن قراءة مؤلفات بعض الكتاب، تجعل تجنب الإجابة بنعم أمراً صعبا. وهكذا فان جورج ديتسون، الذي يدعي انه الامريكي الأول الذي يزور بلاد الشراكسة، ويهدي كتابه الى حاكم القفقاس الروسي الأمير فورونتسوف، يرسم خطاً موازيا بين إخضاع الشراكسة وإخضاع الهنود الحمر الامريكيين الذي تم تنفيذه حوالي الفترة نفسها. تبين، فيما بعد، ان افكاره قد تم اقتراحها عليه من قبل الامير الروسي كوشوباي، والذي يقتبس كلامه موافقا عليه: " إن هؤلاء الشراكسة يشبهون الهنود الحمر لديكم - غير متمدنين وغير قابلين للترويض بنفس الدرجة... وبالنظر الى شخصياتهم ذات الصبغة المشحونة بالطاقة، لن يبقيهم هادئين إلا الإبادة." ورغم أنه يعرض البديل القاضي بتوظيف اذواقهم القتالية الشرسة ضد الآخرين "[٢٢].

شدد مؤرخو روسيا القيصرية، بشكل تقليدي، على الرغبة في وضع حد لغارات الشراكسة على المستوطنات الروسية القائمة، وعلى تهيئة الاراضي الخصبة الجديدة لتوطين الفلاحين

الذين لايملكون الاراضي من روسيا المركزية في اعقاب الغاء نظام الاقنان كدافع وراء القرار بترحيل الشراكسة. كما يرويها أحد التقارير ذات النفوذ: " في بلاد الشيشان والداغستان (الاجزاء المركزية والشرقية من شمال القفقاس) كان الروس راضين بخضوع المواطنين الأصليين، ولكنهم عقدوا النية على الاستيلاء على الأراضي الواسعة والخصبة للشراكسة لتوفير الأرض للموجة الهائلة من التهجير لفلاحي الروس التي نتجت عن قانون تحرير الأقنان لعام ١٨٦١. في كل سنة، استمر القوزاق والمهجرون الروس الفلاحون القادمون من وسط روسيا في التوغل ابعد وابعد صعودا في ضفاف انهار الكوبان، اللابا، البيلايا و الاوروب. وكثيرا ما كان الشراكسة يغيرون على هذه القرى والستانيتزي (مستوطنات القوزاق)، إذ كانوا يستنكرون الاستيطان الروسي على اراضيهم القبلية "[٢٣].

وكما يشير المؤلف نفسه، فقد ثبت ان إعادة الاستيطان للاراضي الشركسية هي عملية فاشلة جزئيا. لأن اقليم الكوبان آهل بالسكان، بكثافة، ولكن المستعمرين الروس، والألمان، واليونان، والبلغار الذين حاولوا استيطان سواحل البحر الأسود، لم يتمكنوا من تحمل المناخ المشبع بالرطوبة وبيئة الغابات، واليوم فان الاعشاب والشجيرات البرية قد غزت البساتين والحدائق الشركسية "[٢٤].

وفي تحليل اكثر حداثة، طرح بروكس رأيا بديلا، مبنياً، بشكل اعمق، على ابحاث مفصلة في كتابات المسؤولين الروس البارزين وجنرالات ذلك الزمن[٢٥]. يقول أن دافعهم الرئيس كان تأمين سيطرة سياسية - عسكرية يمكن الاعتماد عليها، من قبل روسيا، على تلك المنطقة المهمة استراتيجيا من القفقاس. بدا هذا الدور أكثر إلحاحاً واستعجالاً بكثير في خمسينات القرن التاسع عشر بعد حرب القرم، والتي شددت على خطر التدخل الاجنبي في اقليم البحر الاسود وضرورة استباقه. على اية حال، فقد اقنعت الحروب غير الناجحة على مدى قرابة قرن، صنّاع السياسة الروس المحبطين ان الشراكسة لايمكن اخضاعهم، بل فقط اما ترحيلهم او ابادتهم. وهكذا فان الحملة العسكرية لم تكن استجابة لحاجات الاستيطان الطارئة. على العكس، اذ لم يبدأ الجنرالات بالضغط (عبثا) لتسريع الاستيطان تمهيدا لتدعيم الإجتياح، الا بعد احراز النصر. كذلك، ومع ان الامر القيصري قضى بترحيل الشراكسة، وليس ابادتهم، فقد رأينا من خلال تعليق الامير كوشوباي، المقتبس أعلاه، ان المسؤولين والجنرالات الروس لم يكونوا معارضين لفكرة إبادة قسم كبير من الشراكسة. كذلك أكد الجنرال ناديف هذا المبدأ عندما كتب أن الروس قرروا " ابادة نصف الشعب الشركسي من اجل اجبار النصف الآخر على إلقاء اسلحته "[٢٦].

وهكذا، فهل كان ما حدث إبادة جماعية؟ يمكن، حتما،النظر الى ترحيل الشراكسة على انه مثال على " التطهير العرقي "، والذي ساعد فيه احراق القرى وارتكاب المذابح في اجبار الشراكسة على الهجرة قسراً.

يستنتج هينتزه قائلاً:" هذا الخروج العظيم، شكّل اولى حالات النقل الجماعي العنيف للسكان الذي عانى منه هذا الجزء من العالم في الازمنة الحديثة ". على أية حال، فهو يمضي قدما ليقترح انها شكّلت سابقة للمذبحة الارمنية، ملمحا الى ان ما حدث كان، على الاقل، قابلا للمقارنة بالابادة الجماعية.[٢٧] لم يكن هناك اي استحواذ للقضاء على كل فرد شركسي، ولكن كان هناك تعميم على التخلص منهم بدون تأخير، مع المعرفة الأكيدة بأن قسما كبيرا منهم سيموت في العملية لا محالة. وكما يتذكر الكونت يفدوكيموف " لقد كتبت الى الكونت سوماروكوف: لماذا يذكّرنا في كل تقرير بالجثث المتجمدة التي تغطي الطرقات؟ ألسنا، الأمير العظيم وانا نعرف هذا الامر حقيقة؟ ولكن هل يستطيع اي شخص ان يرجع الكارثة الى الوراء فعلا؟ [٢٨] يذكرنا مثل هذا التنكر الممزوج بالسخرية بالقيصر الذي " خفف " عقوبة اعدام فرضت على جندي بمئة جلدة. وهو يعرف تماما انه لن ينجو بحياته من مثل هذا العذاب.

هل هي نهاية الشراكسة؟

لقد عرّضت الكارثة التي حلّت بالشراكسة في ستينات القرن التاسع عشر مسألة استمرارهم في الحياة كأمة للخطر سواء كان ذلك في داخل الامبراطورية الروسية (ولاحقا الاتحاد السوفييتي والدول التي تلته)، أوفي المنفى. تنوع تأثير عمليات الترحيل على العشائر الشركسية المختلفة بشكل واسع. الأسوأ تأثرا هم القبائل الغربية والوسطى، والتي اختفى العديد منها من القفقاس بشكل كلي، وابرزهم الوبيخ، بينما خلف البعض الآخر بقايا صغيرة. [٢٩] وبهذه الطريقة اختصر شعب مواطن كان يملأ بلاد الشراكسة بالسكان، الى اشلاء " جزر " تم فصلها عن بعضها بمرور الزمن بواسطة " بحر " دخيل من المستوطنين السلاف وغيرهم. بحلول عام ١٩١٧، تبعثر احفاد الشراكسة الباقون في روسيا فوق مساحات غير متصلة ولا متجانسة، شكلوا في معظمها أقليات. لم تبق بلدة واحدة تحوي اكثرية شركسية[٣٠].

كان تأثير هذه العملية هو إضعاف الهوية الشركسية العامة وابراز الهويات الأضيق. وهكذا فقد سهلت ازالة الوبيخ الذين شكلوا جسرا جغرافيا ولغويا بين الأبخاز وشراكسة

الشمال، تطوير وابراز هوية ابخازية اكثر تحديدا. كذلك، فان عزلة مجتمعات الشابسوغ عن باقي المجتمعات الشركسية لتلك القرى التي بقيت في منطقة طوابسه قد عززت من الاحساس بهوية الشابسوغ المنفصلة. فقد مالت القبائل بشكل طبيعي الى التطور نحو مجموعات عرقية منفصلة تحت الشروط السكانية والجغرافية التي خلقها الإجتياح، والترحيل وتيارات المستوطنين. لم يفقد الشعور بكون الشخص شركسياً بشكل مطلق، ولكن الشعور الذي ظل سائدا بوجود شعب واحد، اصبح ينظر اليه على شكل عائلة من المجموعات الإثنية المتباينة، رغم تماسكها.

لقد كانت نتائج الحقبة السوفييتية على الهوية الإثنية للشراكسة، كما هي على الشعوب الاصلية الاخرى، معقدة ومتغيرة. فقد ساعدت سياسات " التأصيل " (كورينيزاتسيا)، خلال عشرينات وثلاثينات القرن العشرين، في الحفاظ على اللغة والعادات الشركسية من ضغوط الروسنة. تم إيجاد أربعة اقاليم إثنية خصيصا لمجموعات مختلفة من الشراكسة ضمن الفدرالية الروسية. [٣١] بالاضافة الى ذلك، تمتع الأبخاز باستقلال ذاتي واسع ضمن جمهورية جورجيا، حتى انه كان لهم اتحاد جمهوريات خاص بهم لبضع سنوات (١٩٢١-١٩٣١) مرتبط بجورجيا ارتباطا غير وثيق. من الناحية الاخرى، فان مظاهر أخرى من سياسة التأصيل قد أدت الى المزيد من إضعاف وتشرذم الهوية الشركسية وتشرذمها. ففي عام ١٩٢٧، انفصلت اللغة الادبية الشركسية الواحدة لتصبح لغتين أدبيتين منفصلتين هما القباردية الشركسية والأديغي. [٣٢] كذلك فقد جرى ضم الشراكسة عام ١٩٢٠، ومابعدها، قسرا الى القرشاي والبلقار الذين يتكلمون لغة ذات اصول تركية، ليشكلوا اقاليم مختلطة اثنيا.[٣٣] كما شهدت الحقبة السوفييتية المتأخرة عوده الى سياسة الروسنة - أو، في حالة الأبخاز، الذين هضمت حقوقهم الثقافية في زمن ستالين - التحول الى الجورجية.[٣٤] منذ عام ١٩٦٠ فصاعداً، لم تعد اللغة الشركسية تدرَّس الا كمادة في مدارس الاقاليم الإثنية، ولم تعد تستخدم كأداة للتدريس.

مع انهيار الاتحاد السوفييتي، سهَّل رفع السيطرة عن الحركة والاتصالات إعادة الحياة، بشكل جزئي، الى مفهوم الهوية الشركسية المشتركة. وفي بعض العائلات، جرى تناقل "تاريخ عرقي غير مصرح به" يشدد على الجذور الشركسية المشتركة للقباردي، الاديغي، الشركس، الأباظة والابخاز، سراً من جيل الى الآخر، ويمكن نشر هذا التاريخ حاليا بشكل علني. [٣٥] تم تأسيس صلات مع احفاد المنفيين الشراكسة، على الرغم من ان الجهود لاجتذاب هؤلاء للعودة الى " الوطن " لم تعط الا نتائج متواضعة.

على اية حال، فقد استطاعت الاغلبية العظمى من الشراكسة الذين يعيشون، في المنفى، ان تحتفظ بهويتها في مقابل الهويات الأضيق. كان التحدي الذي واجهته من نوع آخر - وهو الدمج التدريجي في المجتمعات المتعددة في تركيا والشرق الأوسط. أصبح الشراكسة المنفيون، مع مرور الزمن، يميلون الى ان يصبحوا أتراكاً أو" أردنيين... الخ " من اصل شركسي. ورغم ذلك، فما زال الجيل الشاب حتى في تركيا، يتحدث اللغة الشركسية - ولو انها ضعيفة، كلغة ثانية - ويضمرون كبرياء عاطفية في موروثهم الشركسي.[٣٦] مازالت توجد مجتمعات شركسية متماسكة في الأردن، وفلسطين - اسرائيل، المملكة العربية السعودية* وبلدان اخرى شكلت فيما مضى جزءاً من الامبراطورية العثمانية. يشغل الشراكسة، في الاردن، وظائف مهمة كضباط في الجيش، وكرجال اعمال. بقيت قريتان شركسيتان في دول البلقان، واحدة في كوسوفو، والاخرى في ترانسلفانيا.

وهكذا فقد حافظ الشراكسة على وجودهم كشعب. اتوقع ان يستمروا في التواجد، في المستقبل، المنظور خاصة اذا اخذنا، بعين الاعتبار، المناخ الاجتماعي في اقليم ما بعد السوفييت، وفي عالم اصبح الآن اكثر تقبلاً للحفاظ على الهوية الإثنية واعادة إحيائها.

حتى الجماعات الشركسية الفرعية التي كان يعتقد انها على حافة الانقراض - او تجاوزتها - ستتمكن من النجاة. على سبيل المثال، توصف لغة الأوبيخ، في كثير، من الاحيان، بانها لغة ميتة، وقد تم الابلاغ عن وفاة آخر المتحدثين بلغة الاوبيخ اكثر من مرة. على اية حال، يخبرني متخصص بارز في شؤون الشراكسة، هو البروفيسور جون كولاروسو،[٣٧] انه توجد الان مجموعة صغيرة من الشباب المتحدرين من الويبخ الذين يعيشون في تركيا، يقوم افرادها بتعلم لغة الاوبيخ من اجدادهم، وهم مصممون على الحفاظ على هوية الاوبيخ حية. وهكذا، فان الشراكسة، ومقاومتهم البطولية العنيدة للاجتياح والاهوال التي ارتكبت بحقهم، من قبل غزاتهم، لن يتم نسيانهم في نهاية المطاف. ومع ذلك فكم اقتربوا من الانزلاق الى النسيان. اذا كان مصير الارمن، في تركيا، واليهود في اوروبا، مازال يذكر بشكل موسع، أليس الفضل في ذلك بشكل كبير عائد الى الطبقة الاجتماعية الرفيعة، والنفوذ اللذين يتمتع بهما العديد من المجتمعات الارمنية واليهودية التي كانت سعيدة الحظ لانها حافظت على حياتها في امكنة اخرى؟ ان القضية المعاكسة للشراكسة تذكرنا بمدى سهولة الغياب التدريجي والنسيان لمذبحة شعب كامل، ضمن الظروف الاقل ملاءمة، بحيث تختفي من وعينا التاريخي.

• هذا الرأي للكاتب لايتفق معه المترجم.(المؤلف)

ملاحظات

١ - هذا الرقم مقتبس من نتائج الاحصاء السكاني السوفييتي لعام ١٩٨٩، والذي سجل مجموع سكان مقاطعة شركس - قرشاي ذات الحكم الذاتي على انها ٤١٥,٠٠٠(انظر جوسكومستات SSSR Natsional'nyi sostav naseleniya SSSR po dannym rcesoyuznoi perepisi Naseleniya 989g.(Moscow, 1991), ٤٢. إذا أعتبر الاباظة القريبون شراكسة، فان نسبة السكان الشراكسة ترتفع الى ١٦ بالمئة. تتألف بقية السكان من القرشاي، والروس، والنوغاي والمجموعات العرقية الاخرى. يدعو الشراكسة انفسهم اديغه بلغتهم الخاصة.

٢ - الأبخاز، مثل الاباظة والوبيخ الموشكون على الانقراض، يعتبرون احيانا شراكسة، واحيانا لا. ولكنهم حتما جميعا قرابة حميمة بالشراكسة، وأنا أضمهم اليهم.

٣ - هذه الارقام مأخوذة من كتاب المؤرخ الشركسي تراخو "شركسي" (الشراكسة، القفقاسيون الشماليون) (ميونيخ ١٩٥٦)، ١١٣. كذلك امتدت بلاد الشراكسة في حقب مختلفة من تاريخها القديم اكثر الى الشمال، نحو الاراضي الواقعة وراء بحر آزوف.

٤ - يرى تراخو أن الشراكسة قد تبنوا الاساطير اليونانية، ويرى مؤرخ شركسي آخر انه على العكس، كان اليونان هم الذين اخذوا أساطيرهم من الشراكسة (انظر شوكت المفتي (حبجوقه) أباطرة وابطال (بيروت ١٩٤٤).

٥ - ثمة جدل نظري، لا اريد ان أسهِم فيه، هنا، يخص ما اذا كان يمكن القول بان " الامم" كانت موجودة قبل الحقبة الحديثة. على أية حال، لا يمكن إنكار أنه وجدت بعض الجماعات منذ الازمنة القديمة بإحساس قوي بالأصول والهوية والثقافة المشتركة، مع انها لم تتحد بالضرورة في كيان سياسي واحد. يمكن تسمية مثل هذه الكيانات " اشباه دول ". وهذه حال الشراكسة.

٦ - لقد كان اعتناق الشراكسة لكل من المسيحية والاسلام انتهازيا وسطحيا. فمثلا، يصف أحد

خبراء الأجناس المعتقدات الدينية للأبخاز، بانها مزيج من العناصر الوثنية، والمسيحية والاسلامية. انظر سولابينيت " الأبخاز " شعب القفقاس المعمر (نيويورك ١٩٧٤).

٧ - في الواقع، بدأت الهجرة الى تركيا، على نطاق واسع، عام ١٨٥٨. عندما رحل ثلاثون الف عائلة. على اية حال، فقد اوقفت اخبار الظروف السيئة التي تنتظر اللاجئين هناك التهجير بشكل شبه تام مع حلول نهاية تلك السنة.

٨ - يقتبس التقرير التالي من W.E.D. ALLEN وبول موراتوف " ساحات المعارك القفقاسية: تاريخ الحروب على الحدود التركية – القفقاسية ١٨٢٨-١٩٢١ (كامبردج ١٩٥٣)٨-١٠٧. ويليس بروكس " الاجتياح الروسي وتحييد القفقاس: إعادة الإسكان تصبح مذبحة في حقبة ما بعد حرب القرم " اوراق القوميات: ٤،٢٣ (١٩٩٥) ٨٦-٦٧٥ تراخو " شركسي ٥٦-٣٢: شوكت المفتي " أباطرة وأبطال ".

٩ - لم يكن احراق القرى اجراءً جديداً بأي حال من الأحوال. في بلاد الابزاخ وحدها، تم احراق اكثر من ألف مستوطنة بين عامي ١٨٥٧ و ١٨٥٨، شوكت المفتي، أباطرة وأبطال، ٢٣٧.

١٠ - يخبرنا شوكت المفتي أيضاً ان الوبيخ قد جرى إضعافهم بسلسلة من الكوارث الطبيعية عام ١٨٥٩. فقد دمرت اسراب هائلة من الجراد الحقول، وافنى وباء معظم قطعان الماشية والخيول، كما مات قسم كبير من السكان جراء مرض شبيه بالكوليرا. انظر شوكت المفتي"أباطرة وأبطال".

١١ - تراخو، شركسي، ٥١ -٥٠ .

١٢ - -شوكت المفتي، أباطرة وأبطال، ٢٥٠ (شورا بكمرزا نوغموقه).

١٣- تراخو، شركسي ٥٣ -٥٢ .

١٤- نفس المصدر، توحي ارقام موشنين بأن معدلات الوفيات بعد الوصول الى تركيا بلغت نسبة تتراوح بين ٢,٥ الى ٥ في المئة شهرياً.

١٥- انظر بروكس "الاجتياح الروسي" صفحة ٦٨١.

١٦- هذا تقدير بعيد عن الدقة، بانتظار المزيد من البحث المفصل. هناك اسلوب اخر لتقدير

عدد الناجين هو الاحتساب بالرجوع الى البيانات المتأخرة عن سكان تركيا المتحدرين من المهجرين. وعلى الرغم من معدل الولادات المرتفع، فإن عدد هؤلاء السكان لم يصل الى المليوني نسمة الا اواسط القرن العشرين.

١٧- نورمان كوهن، الاسباب المؤدية الى الابادة: خرافة المؤامرة اليهودية العالمية وبروتوكولات حكماء صهيون. (نيويورك ١٩٦٧).

١٨- "قازاخ" هي الترجمة اللفظية الحرفية للكلمة الروسية لاسم هذا الشعب. بادرت حكومة قازاخستان الى تغيير التسمية الى "كازاك"، وهي الترجمة الحرفية من لغة القازاخ. وأنا هنا أتبع الاستخدام الاكثر شيوعا.

١٩- انظر جون ج ستيفن "الشرق الأقصى الروسي": تاريخ (ستانفورد ١٩٩٤) خاصة ٢٤-٢٣ ، وكذلك ديفيد يوري سليزكين " المرايا القطبية ": روسيا وشعوب الشمال الصغيرة. "(إيثاكا ولندن ١٩٩٤).

٢٠- انظر مارثابريل أولكوت "القازاخ" (ستانفورد ١٩٨٧) - خاصة الفصل الرابع. وشيرين اكينير " تشكيل الهوية القازاخية: من القبيلة الى الامة - الدولة " (لندن، ١٩٩٥).

٢١- انظر لوشيفالييه جامبا (قنصل سلك فرنسا في تفليس)، رحلة في روسيا العظمى وبشكل خاص في المقاطعات الواقعة في القفقاس، مابين عامي ١٨٢٠ و ١٨٢٤ (باريس ١٨٢٦) المجلد رقم ١،٧٨. زافييرهومير دي هيل " رحلات في هضاب بحر قزوين : القرم، القفقاس. (لندن ١٨٤٧) ٢٨٦ و ٣-٣٠١.

٢٣- جورج ليتون ديتسون:"بلاد الشراكسة أو جولة في القفقاس (نيويورك ولندن، ١٨٥٠) XI-X وبول ب. هينزه "المقاومة الشركسية لروسيا" ماري بيننجسين بروكساب "حاجز شمال القفقاس، التقدم الروسي نحو العالم الاسلامي"(لندن ١٩٩٢)، ٨٠. يعتقد جامبا، (رحلة ٩٢-٩١) من الناحية الاخرى، انه يمكن " تمدين " الشراكسة خلال سنوات قليلة من الحكم المنتظم والعمل الجاد. بالنسبة لكتاب غربيين آخرين، معادين لتوسع الامبراطورية الروسية، فقد كان الشراكسة فعلا " شعبا متوحشاً، معروفاً بوحشيته على مدى قرون طويلة - لكنه شعب نبيل اكثر منه وحوشاً تستحق الازدراء، ودود ومضياف للزوار الاجانب الذين يدخلون في ضيافة كوناك (حامي) ذو سمعة طيبة. انظر الفارس تايتبوت دي مارينيي (قنصل جلالة ملك الاراضي المنخفضة في اوديسا)" ثلاث رحلات

في البحر الاسود وساحل بلاد الشراكسة: بما فيه وصف الموانىء وأهمية التجارة: مع رسوم عن العادات، الاخلاق، وديانة الشراكسة (لندن ١٨٨٧)،١٧. والانجليزي جيمس ستانيسلاوس بيل." يوميات اقامة في بلاد الشراكسة في الاعوام ٩,٨,١٨٣٧. (باريس، ١٨٤١)، والذي وجد أن الشراكسة ذوو شخصيات نقية صلبة تذكر بالاغريق القدماء.

٢٣- آلين وموراتوف "ساحات المعارك الشركسية" ٨-١٠٧. أحد الاهتمامات المحدودة المنسوبة الى الحكومة الروسية هو الحاجة الى تأمين الوصول الآمن الى ميناء نوفوروسيسك الجديد على البحر الاسود واستخدامه، لكونه مهدداً من الداخل الشركسي.

٢٤- نفس المصدر، صفحة ١٠٨.

٢٥- بروكس "الاجتياح الروسي".

٢٦- مقتبس من تراخو "شركسي" صفحة ٥١، من كتاب الجنرال فادييف (رسائل من القفقاس) لعام ١٨٦٥.

٢٧- انظر هينزه "المقاومة الشركسية صفحة ١١١".

٢٨- تراخو "شركسي" صفحة ٥١.

٢٩- رونالد ويكسمان "النواحي اللغوية للنماذج والاسباب الإثنية في شمال القفقاس". (جامعة شيكاغو، قسم التاريخ، ورقة بحث رقم (١٩٨٠،١٩١) ٧٩-٧٨).

٣٠- انظر ريكس سميتس "بلاد الشراكسة" مسح لوسط آسيا، ١٤(١٩٩٥) ١٢٥-١٠٧ لتقرير عن وضع الشراكسة اثناء الحقبة السوفييتية.

٣١- كان هؤلاء (١) منطقة الحكم الذاتي الاديغي - شركس، التي وجدت عام ١٩٢٢، واعيدت تسميتها منطقة الاديغي للحكم الذاتي عام ١٩٣٦. (٢) منطقة الشركس للحكم الذاتي، ١٩٢٦ (٣) منطقة القباردي للحكم الذاتي ١٩٢١. و(٤) بلاد الشابسوغ الوطنية، ١٩٢٢.

٣٤- تمت المحافظة على المناطق الإثنية للاديغي، والشركس والقباردي بشكل رسمي. ولكن الشابسوغ فقدوا مناطقهم الإثنية، بعد الحرب، وقد رفضت كل النداءات المتكررة لاعادتها باصرار من السلطات الاقليمية.

٣٥- انظر باولاجارب "الإثنية وبناء التحالفات في القفقاس" (ورقة بحث قدمت في مؤتمر "الانتشار الدولي وادارة الصراعات الإثنية" جامعة كاليفورنيا، ديفيس، آذار ١٩٩٥) لقد شكلت الاحتفالات الثقافية التي جرى تنظيمها بعد عام ١٩٩٠ من قبل كونفدرالية الشعوب الجبلية للقفقاس، ومشاركة متطوعين شراكسة من شمال القفقاس في الجانب الأبخازي في الصراع الجورجي – الأبخازي، عوامل اضافية في احياء الهوية الشركسية.

٣٦- يمكن العثور على التقييمات المتفاوته لدرجة الانصهار الشركسي في تركيا في كتاب هينزه (المقاومة الشركسية، ٦٣)، والذي يجادل باستمرار بشأن وجود هوية شركسية حقيقية فاعلة بينهم، وكتاب سميتس (بلاد الشراكسة ١٢٥-١٠٩) المتشكك.

٣٧- من جامعة مكماستر، هاملتون، اونتاريو.

هذا النص لمؤلفه ستيفين شاينفيلد، وهو مقتبس من كتاب (المذبحة في التاريخ). الذي دققه كل من مارك ليفين وبيني روبرتس، وتنشره دار بيرجهاهن (.www.berghahnbooks com) في اوكسفورد و نيويورك.

(1999+ 2006 Stephen D. Shenfield and Barghahn Books, Oxford)

تقارير وشهادات حول الحرب[1]

الروسية – الشركسية والإبادة الجماعية الشركسية

الشراكسة – إبادة جماعية منسية؟

١ – الدوق الأكبر ميخائيل: " لم نتخلَّ عن واجباتنا ونحن نظن ان الجبليين لن يستسلموا. للقضاء على وجود النصف، توجب تدمير النصف الآخر.

٢ – رئيس أركان جيوش القفقاس ميليوتين: " يجب ان نرسل الجبليين بالقوة الى الامكنة التي نريد. اذا دعت الحاجة، يجب ترحيلهم / نفيهم الى إقليم الدون. ان هدفنا الرئيس هو توطين الروس في الأقاليم المحيطة بالجبال القفقاسية. ولكن يجب ان لا نسمح للجبليين بمعرفة هذا الأمر. "

٣ – قال الإيرل ايفدوكيموف في الكتاب الذي ارسله الى وزارة الحربية في تشرين الاول عام ١٨٦٣ " الآن يجب علينا ان ننظف الشريط الساحلي كجزء من خطتنا لاكتساح القفقاس الغربي (من ارشيف تاريخ الدولة).

٤ – المؤرخ الروسي سولوجيين: " ما كنا لنتخلى عن قضيتنا لمجرد أن الجبليين لم يكونوا يستسلمون. لقد دعت الحاجة الى تحطيم نصفهم للاستيلاء على اسلحتهم. ابيد العديد من القبائل إبادة شاملة اثناء الحرب الدموية. بالإضافة، قامت عدة امهات بقتل اطفالهن حتى لا تعطيهم إلينا ".

٥ – المؤرخ الروسي زاخاريان: " الشراكسة لا يحبوننا. لقد نفيناهم عن مراعيهم الحرة. لقد دمرنا بيوتهم وتم تدمير العديد من القبائل كلياً ".

٦ – المؤرخ الروسي واي. دى. فيليسين: " لقد كانت هذه حرباً وحشية حقيقية. احرقت مئات القرى الشركسية. لقد تركنا خيولنا تجري فوق محاصيلهم وحدائقهم لتدميرها، واحلناها في النهاية الى خرائب ".

٧ – الإيرل ليو تولستوي: " أصبح دخول القرى في الظلام عادتنا. كان الجنود الروس يدخلون

(1) • http://www.circassianworld.com/reports.html   182007/03/

البيوت واحداً تلو الآخر في عتمة الليل. لقد كان هذا والمناظر التي تلته مرعباً الى درجة ان أحداً من المراسلين لم يمتلك الشجاعة الكافية ليكتب عنه ".

٨ - ن. ن. رايفسكي من مجموعة المعارضة: " لقد كانت الاشياء التي فعلناها في القفقاس مشابهة لما فعله الاسبان في الأراضي الامريكية. اتمنى على الله القدير ان لا يترك آثاراً من الدماء على التاريخ الروسي. "

٩ - صحف " ترجمان " و " احوال " و " تصوير افكار ": " لقد دمر الروس القفقاس كلها. احرقوا القرى. وكانوا ينفون السكان الاصليين عن أوطانهم بعد الحرب ".

١٠ - المراسل الفرنسي فونفيل: " البحارة جشعون. كانوا يأخذون ٢٠٠ - ٣٠٠ شخص في سفن سعتها ٥٠ - ٦٠. غادر الناس مع كميات قليلة من الخبز والماء. استهلكت هذه كلها خلال ٥ - ٦ أيام، ثم أصيب الناس بأمراض وبائية نتيجة الجوع، وكانوا يموتون في طريقهم الى الامبراطورية العثمانية، وكان الذين يموتون يلقى بهم في البحر. انهت السفينة التي بدأت رحلتها وعلى متنها ٦٠٠ شخص رحلتها بوجود ٣٧٠ شخص احياء".

إن قبيلتي الوبيخ والجيغيت يركبون مسرعين نحو طرابزون . في الواقع، وبعد ان احيلت اراضيهم الى دمار بواسطة السيف والنار، فان الهجرة الى تركيا هي البديل الوحيد المسموح به لهؤلاء الجبليين الذين يرفضون ان ينقلوا انفسهم الى هضاب الكوبان ويساهموا في الميليشيات بين الحين والآخر (وزارة الخارجية ٨٨١ - ١٢٥٩ ديكسون الى راسل، سوخوم كاله، ١٣ نيسان ١٨٦٤).

لقد نهب الروس معظم الأبخاز من كل شيء قبل ركوبهم السفن، ولم يسمح لهم باصطحاب الا الضرورات الحياتية الأساسية لفترة قصيرة. في العديد من القرى، خاصة في مقاطعة زبيلده، احرقت بيوتهم بوحشية من قبل جنود القوزاق، وصودرت مواشيهم واملاكهم بالقوة او بيعت بالإكراه الى التجار الروس بأسعار إسمية (وزارة الخارجية ٩٧ - ٤٢٤ رقم ١٣ بالجريف الى ستانلي، طرابزون، ١٦ أيار ١٨٦٧).

١١ - العقيد البولندي تيوفيل لابينسكي: " لقد كان وضع الناس المنفيين يتحول الى كارثة . كان الجوع والأوبئة في أوجهما. تناقصت المجموعة التي وصلت الى طرابزون من ١٠٠,٠٠٠ الى ٧٠,٠٠٠ شخص. وصل الى سامسون ٧٠,٠٠٠ شخص. كانت حصيلة الوفيات اليومية حوالي ٥٠٠ شخص. وكان العدد حوالي ٤٠٠ في طرابزون. و٣٠٠ شخص

في مخيم جيريده، وكانت حصيلة الموت اليومية في اكتشاكاله وساري ديره حوالي ١٢٠ - ١٥٠ شخص."

يكتب الإيطالي الدكتور باروتزي في تقريره الملاحظة الهامة التالية " يحاول الناس البقاء على قيد الحياة بتناول الاعشاب وجذور النبات وفتات الخبز ".

١٢ - الباحث الروسي أ. ب. بيرج: " لن أنسى الأشخاص ال ١٧٠٠٠ الذين رأيتهم في خليج نوفوروسيسك. أنا واثق من ان هؤلاء الذين شاهدوا وضعهم لم يتمكنوا من التحمل ولابد أن ينهاروا، بغض النظر عن الديانة التي ينتمون اليها مسيحيين، مسلمين أو ملحدين.

في الشتاء البارد، في الثلوج، بدون بيت، بدون طعام، وبدون أية ملابس ملائمة، وقع هؤلاء الناس في يد أمراض التيفوئيد، التيفوس والجدري. كان الاطفال يبحثون عن الحليب من صدر امهاتهم المتوفيات. لقد سببت هذه الصفحة السوداء الرهيبة في التاريخ الروسي الأذى الكبير للتاريخ الأديغي. لقد تسبب النفي في ايقاف التقدم والتطور التاريخي، الاجتماعي، الاقتصادي والثقافي وفي وقف عملية التوحيد / الإتحاد الفدرالي السياسي."

١٣ - الموفد الانجليزي الإيرل نابيير: " يتم توطين السلاف والمسيحيين الآخرين في الأراضي التي تفرَّغ من الشراكسة ".

١٤ القنصل الانجليزي جيفورد بالجريف: " لقد ارتحلت عبر ابخازيا كلها يوم ١٧ نيسان ١٨٦٧. من المؤلم جداً مشاهدة تدمير أرض ابخازيا ورؤية إبادة الشعب الأبخازي الذي ذنبه الوحيد انه ليس روسياً ".

١٥ - القنصل الانجليزي آر. هـ. لانج : " عندما وصل ٢٧١٨ شخص الذين غادروا سامسون للقدوم الى قبرص، توفي منهم ٨٥٣ ولم يكن الآخرون مختلفين كثيراً عن كونهم اموات. إن الحصيلة اليومية للمتوفين هي حوالي ٣٠ - ٥٠ ".

١٦ - من كلمة عضو البرلمان الانجليزي م. آنتسي: " إنني ألوم اللورد بالمرستون على خيانة بلاد الشراكسة، التي اصبحت تابعة لانجلترا والتي ستكون لها علاقة متاجرة مع انجلترا.

لقد خنت انجلترا كذلك بتسليم شمال القفقاس المستقل الى روسيا وانت تعرف عن مصالحنا في الهند ".

بعد ثماني سنوات كان اللورد بالمرستون نفسه يخاطب البرلمان نفسه: " اعزائي اللوردات، صحيح اننا تركنا الشراكسة لوحدهم مع مصيبتهم الرهيبة. ومع ذلك فقد كنا بحاجة الى مساعدتهم واستغليناهم ".

١٧ – بينسون: " إن نسبة وفيات الشراكسة على شواطئ البحر الأسود تبلغ حوالي خمسين بالمئة. فقد توفي ٥٣,٠٠٠ شخص في طرابزون وحدها. نحن لا نعرف كم سفينة والتي هي " قبور عائمة " قد غرقت. إن عدد العائلات المنفية من القفقاس الى البلقان يبلغ حوالي ٧٠,٠٠٠. إديرنه ٦٠٠٠، سيليستر - فيدين ١٣٠٠٠، نيش - صوفيا ١٢٠٠٠، دوبروكاسوفو -بريستينا - سفيستا ٤٢٠٠٠ عائلة. المجموع حوالي ٣٥٠,٠٠٠ شخص. نسبة الوفيات اقل وتبلغ حوالي ١٥ - ٢٠ بالمئة ".

١٨ – كتب واي ابراموف في كتابه " الجبليون القفقاسيون " " لا توجد كلمات تصف وضع الجبليين هذه الأيام. لقد توفي الآلاف منهم في الطرقات، وتوفي آلاف بسبب الجوع والمرض. كانت المناطق الساحلية ملأى بالناس المتوفين او على مشارف الموت.

ان الاطفال يبحثون الحليب في اثداء اجساد امهاتهم الباردة الميتة، امهات لا يتخلين عن اطفالهن الميتين من شدة البرد، والناس الذين يموتون حتى وهم يتقاربون طلباً للدفء. هذه امثلة على المشاهد التي اصبحت عادية على شواطئ البحر الأسود. "

١٩ – آي. درازوف الروسي: " لقد توفي نصف الذين غادروا للذهاب الى الامبراطورية العثمانية قبل ان يصلوا الى هناك. إن هذه الحالة من البؤس نادرة في تاريخ الجنس البشري ".

٢٠ – جاء في رسالة التهنئة من القيصر الكسندر الثاني الى الإيرل يفدوكيموف: " لقد قمت بتنظيف وتدمير الأمم الأصلية الثائرة في القفقاس الغربي خلال السنوات الثلاث الماضية. سوف نتمكن من استرداد كلفة هذه الحرب الدموية الطويلة من هذه الأرض الخصيبة في وقت قصير جداً ".

٢١ – " بعد ان قامت مفرزة روسية بالاستيلاء على قرية طوباه على نهر سوباشي، والتي يسكنها زهاء مائة من الابزاخ، وبعد أن استسلم هؤلاء كأسرى، تم ذبحهم جميعاً من قبل الجنود الروس. كان من بين الضحايا إمراتان في حالة متقدمة من الحمل و خمسة أطفال. المفرزة المعنية عائدة الى جيش الكونت يفدوكيموف، ويقال انها تقدمت من وادي بشيش.

مع استيلاء الجنود الروس على الأرض الساحلية، لا يسمح للوطنيين بالبقاء هناك تحت أية شروط، بل يرغمون اما على نقل انفسهم الى سهول الكوبان أو الهجرة الى تركيا ". (وزارة الخارجية ٩ - ٤٢٤ رقم ٢. ديكسون الى راسل، سوخوم كاله، ١٧ آذار ١٨٦٤).

٢٢ - يان كارول: " إن الإكتساح الروسي للقفقاس مثال رهيب على ازمنتنا الهمجية. تطلب الأمر ستين سنة من الرعب العسكري والمذابح لكسر مقاومة الجبليين القفقاسيين "

٢٣ - يقول كل من حاخورات إس. واي وليتشكوف إل. اس في كتابهما المعنوَن الأديغيه " رحَّلت/ نفت الإدارة القيصرية مئات الآلاف من الشراكسة من موطنهم القفقاس. طردوا شعوباً من الجبليين من موطنهم بواسطة حرب دموية ".

٢٤ - الدوق الاكبر ميخائيل: عندما حضر الدوق الاكبر ميخائيل الى القفقاس عند نهاية الحرب، زاره وجهاء الشراكسة وقالوا انهم هزموا، وطالبوا بالسماح لهم بالمعيشة على اراضيهم وقبول الإدارة الروسية. فقال لهم: " امهلكم شهراً. خلال شهر واحد، إما ان تذهبوا الى الأرض التي ستعرض عليكم خلف الكوبان، او تذهبوا الى أرض الامبراطورية العثمانية. سوف يعامل القرويون والجبليون الذين لا يرحلون الى الإقليم الساحلي على أساس أسرى حرب ".

٢٥ - صحيفة روسية من سانت بطرسبرج : " بدأوا يهربون من خلال الشواطئ التي خلدوها بمقاومتهم ودفاعهم. لم تعد بلاد الشراكسة موجودة. سوف يقوم جنودنا بإزالة المتبقين في الجبال قريباً جداً وسوف تنتهي الحرب خلال وقت قصير جداً ".

٢٦ - مؤرخ تقليدي: " غرس زاس رؤوساً شركسية على أسنة الرماح فوق تلة صغيرة معدة خصيصاً، وظلت لحاهم تتطاير في الهواء. كانت رؤية هذا المنظر مزعجة كلياً. وافق زاس في احد الأيام على إزالة الرؤوس عن الرماح بناءً على طلب سيدة زائرة. كنا ضيوفه بدورنا في ذلك الوقت. عندما دخلت مكتب الجنرال، صدمتني رائحة قوية مقرفة.

اخبرنا زاس وهو يضحك انه توجد صناديق وضعت فيها رؤوس تحت سريره. ثم سحب صندوقاً كبيراً يحتوي على رأسين منظرهما مرعب بعينين كبيرتين جاحظتين. سألته لماذا يحتفظ بها هناك فأجاب " إنني اقوم بغليها، وتنظيفها، ثم أرسلها الى اصدقائي البروفيسورين في برلين لغرض الدراسة التشريحية ".

كانت هناك نساء روسيات - قازاخيات يمشين في ميادين القتال ويقطعن رؤوس الرجال الشراكسة، بعد انتهاء الحرب. كان الجنرال زاس الالماني الاصل، يدفع لهن مقادير كبيرة من المال مقابل قيامهن بذلك. استمر الجنرال زاس بغلي الرؤوس وتنظيفها وإرسال العديد منها الى برلين الى ان حذره رؤساؤه من الاستمرار في ذلك العمل.

٢٧ - خطاب الموفدين الشركسيين (الحاج هايدن حسن وقسطار أوغلي اسماعيل) الى ملكة انجلترا في لندن، ٢٦ آب ١٨٦٢ (نشر في ملحق " الصحافة الحرة "، مجلة لجان الشؤون الخارجية) ٧ كانون الثاني، ١٨٦٣.

" كما تعلمين جلالتك، فانه منذ وجد العالم، لم تحاول أية أمة ان تكتسح بلادنا. وحدها روسيا قامت بغزونا قبل بعض الوقت، متذرعة بأنها حصلت على بلادنا عن طريق معاهدة مع الامبراطورية العثمانية، مستخدمة قوات غاشمة متفوقة، وبدأت حرب إبادة ضدنا، وقد خاضت هذه الحرب لمدة اربعين سنة، ومازالت تشنها، بكلفة الآلاف العديدة من الارواح البشرية.

لم يكن لدى الحكومة العثمانية اي حق مهما كان في تسليمنا الى الروس، لأنها لم تمتلك بلادنا أبداً. ليس بيننا وبين العثمانيين اي تعاطف سوى تشابه الإيمان والمعتقد الأمر الذي يجعل كلينا ينظر الى السلطان على أنه خليفة رسولنا.

لم يتوقف طغيان الروس عند الاستيلاء على مواشينا، إحراق مساكننا، ومساجدنا، وفظاعات لم يسمع بها من قبل، ولكنهم دمروا جميع محاصيلنا النامية في السهول من اجل قتلنا جوعاً في الجبال، ثم استولوا على اراضينا. في الواقع، فقد عاملونا باسلوب همجي لا يحتمل، غير مسبوق في دواوين وسجلات الحرب. بعد ان دفعونا الى اليأس، صممنا على ان نقوم بوقفة ثابتة نهائية ضد اعدائنا بكل الطاقة التي نمتلكها، واستمرت الحرب بهمة متجددة، قبل ثمانية أشهر، مما تسبب في خمسة وعشرين الف ضحية بشرية من الجانبين، اضافة الى تدمير هائل في الممتلكات. بينما نقوم نحن بصد اعدائنا من ناحية، ونحاول من الناحية الأخرى أن نحسّن حكم بلادنا، فان روسيا تحاول ان تكتسحنا بالقوة الغاشمة. انها تقوم بأسر أية سفينة تحمل أياً من ابناء جلدتنا على البحر الأسود المحايد، كلما استطاعت ان تفعل ذلك، بحيث لا يبقى لدينا موئل على الارض، ولا وسيلة للسفر أو اللجوء بواسطة البحر. ومع ذلك فنحن نفضل الموت على الخضوع لنير روسيا. اذا اضطرنا الى الهجرة، والتخلي عن بيوتنا، التي حماها اجدادنا اجيالاً، والذين نزفوا الدماء في سبيلها، فان فقرنا

سيثبت أنه صعوبة كبرى في هذا السبيل. في الواقع، كيف سنتمكن من اصطحاب زوجاتنا واطفالنا، والأرامل، الأيتام، والأقارب العاجزين لآولئك الذين قتلوا في هذه الحرب؟ ان مثل هذا الاجراء سوف يفرِّق المهاجرين، ويمحي اسمنا الشركسي عن وجه الأرض الى الأبد ".

٢٨ - غضب الحكومة الروسية في القفقاس على ملكة انجلترا.

الصحافة الحرة، مجلة لجان الشؤون الخارجية ٣ حزيران، ١٨٦٣.

" لقد تم ارتكاب عمل وحشي في قرية " حافيفا " في بلاد الشابسوغ. لقد كان رجال تلك القرية على الحدود لخدمة المراكز المتقدمة. استغل جنود القيصر فرصة غيابهم وانقضوا على بقية السكان العزل، فقتلوهم واحرقوهم ونهبوهم. بين الضحايا كانت ثمانية عشر إمرأة مسنة، ثمانية اطفال، وستة رجال مسنين. تركت لوحة على ظهر احدى النساء المقتولات تحمل هذه الكلمات " اذهبوا واشتكوا الى الكراليتزا (ملكة) انجلترا، التي ذهب مندوباكم لطلب مساعدتها ". وجدت الكتابة التالية على جثة صبي صغير " ابقوا هنا بدل الذهاب لبيع انفسكم الى حماتكم، الاتراك ". في النهاية، كتب على جثة رجل عجوز فقئت عيناه " اذهبوا وانضموا الى مندوبيكم، سوف تجدون بعض اطباء العيون البارعين في باريس " - كورييز دورينت (مراسل الشرق).

٢٩ - كتاب من الشراكسة الى داود بك (ديفيد اوركهارت): الصحافة الحرة، مجلة لجان الشؤون الخارجية، ٢ كانون الأول، ١٨٦٣.

" لقد بدأ الروس يميلون اكثر نحو العنف والظلم، وهم يسخرون منا ويهزأون، وعندما سمعوا هذه الإهانات، دفعوا ببعض الجنود الى الأمام، وحاصروا مائتي بيت عائدين لشعبنا، وحتى لجيراننا في الليل، وقتلوا الرجال ثم اخذوا النساء والاطفال اسرى، وقد وصل عدد الذين قتلوهم الى الف وثمانين شخصاً، والذين اخذوهم اسرى الفاً وثلاثمائة شخص.

٣٠ - الصحافة الحرة، مجلة لجان الشؤون الخارجية، ٣ آب، ١٨٦٤.

" طرد الشراكسة "

نفسح مجالاً للخطاب التالي بعد أن رفضت " التايمز " نشره، كاحدى الوثائق المرتبطة باعمال اللجنة الشركسية:

استقبال الشراكسة في تركيا، القسطنطينية، ٧ تموز، ١٨٦٤.

سيدي العزيز،

إنني آمل بثقة ان تكون رسائلي اليك، والى الفيكونت ستراتفورد دي ريدكليف، قد وصلت، بأمان،وفي الوقت المحدد، إضافة الى نسخة من الوثائق المرفقة معها. لقد كنت قلقاً - لمعرفتي بقوة الانطباع الذي احدثه التقرير الرسمي للدكتور باروتزي من سامسون عبر انجلترا كلها - على إرسال التقرير الذي قدمه، لدى عودته من مهمته التفتيشية الصحية، الى مجلس الصحة. وقد كنت مقتنعاً بان الحقائق التي اخرجها الى النور ليست فقط جديرة بالمتابعة، بل بزيادتها عشرة اضعاف لزيادة الإهتمام وإظهاره لصالح المنفيين الشراكسة.

ولكنني آسف بعمق، على كل حال... بان مؤلف هذا التقرير الكفؤ كان يجب ان يجعل نفسه مداناً ويستحق اكثر اللوم جدية: وذلك لأنه، عندما قام بتعداد الاسباب المختلفة التي سببت الأمراض التي حصلت وتستمر في الحصول وتسبب الاعداد المريعة من الوفيات بين الشراكسة، لم يقل كلمة واحدة تشير الى السبب الرئيس بين هذه الأسباب - أي، المعاملة الهمجية التي تلقاها هؤلاء المنفيون من قبل السلطات العسكرية الروسية قبل صعودهم الى السفن متجهين الى تركيا.

إن حدود الرسالة لا تسمح لي بنشر حكاية الأهوال التي اقترفت تحت رعاية الدوق الاكبر ميخائيل في بلاد الشراكسة من قبل الجنرالين بالبييتش و يفدوكيموف. إن رواية العذابات التي عانى منها السكان بعد اكتساح البلاد من قبل روسيا، قد تملأ عدة مجلدات.

السؤال الذي يجب التعامل معه في الحاضر هو، ما إذا كانت الاجراءات التي تبناها الجنرالان الروسيان لإتمام " تهدئة " المقاطعات المكتسحة، محسوبة لكي تسبب الأمراض التي قد دمرت حتى الآن مائتي الف من سكانها، وتستمر أيضاً في الانتقاص من صفوف الناجين بعد ان وجدوا ملاذا في تركيا؟

لقد كانت اجراءات التهدئة كما يلي: حيثما جعل الروس أنفسهم اسياداً على مقاطعة ما، كان السكان الأصليون يتم استدعاؤهم لتقديم انفسهم أمام قائد الجنود، ثم يقال لهم بواسطته ان الامبراطور، بدلاً من الموافقة على الإبادة العامة التي يستحقونها، فقد أمر بكرم منه تفريغ بلادهم ويترك لهم الخيار: إما الهجرة مع عائلاتهم الى الهضاب الواقعة خلف الكوبان، حيث ستخصص لهم قطع من الأراضي، أو أن يغادروا الى تركيا. كان يقال لهم انهم منحوا ثلاثة أيام ليصلوا الى قرار، وان يكملوا استعداداتهم للرحلة. في اليوم الرابع

كانت النار تضرم في مساكنهم، والسكان الذين أبدوا النية على البحث عن ملاذ في تركيا، كانوا يساقون فوراً الى اقرب نقطة على الساحل. عند وصولهم الى تلك النقطة، كان شريط عسكري يحيط بالمعسكر لمنع اي اتصال مع الداخل.

وضعت السفن الحربية والسفن الأخرى – وهي المذكورة رسمياً في تقرير اللورد نابيير، تلبية لطلب الدوق الاكبر ميخائيل، تحت سيطرته الكاملة، لتسهيل عملية الهجرة الشركسية – أصبح قدر آلاف الاشخاص الذين لم يكن لهم وجود سوى على الورق، ان يجتمعوا على الشاطئ ويبقوا هناك تحت رحمة عناصر الطبيعة لأسابيع وشهور، ينتظرون وصول سفينة ما عن طريق العناية الآلهية، من تركيا. بعد نفاذ المؤن القليلة التي احضروها معهم كان الجوع يدفع الناس الى البحث عن اوراق وجذور الأشجار التي يستطيعون الوصول اليها.

مات المئات من النساء والأطفال اما من المجاعة أو من تأثير طعام مسمم لأجسامهم، لأن السلطات الروسية لم تقدم أية مساعدة في أية مناسبة. من المنطقي إذاً ان معدل الوفيات ازداد من يوم الى الآخر بتواتر مرعب، وان الناجين كانوا يبدون لحظة الصعود الى السفن، مثل الأشباح وليس البشر. طبعاً، عندما تصل مجموعة من الاشخاص الى تلك الحالة المحزنة، وتتجمع على ظهر سفينة لا تكاد تقدر على حمل عشر عددها، وماء البحر هو السائل الوحيد الذي يمكنهم الوصول اليه، فإن النتيجة المحتومة ستكون زيادة مؤلمة في معدل الوفيات، وسوف تنتشر العدوى مثل النار الخارجة عن السيطرة. إن عدم وفاتهم جميعاً قبل وصولهم الى المعسكر المعد لاستقبالهم، مسألة باعثة على الدهشة ".

ت. ميللينجين.

المرفقات

٣١ – ملخص للمعلومات المتلقاة خلال الأسبوع المنصرم في مجلس المكتب الصحي.

- الأول من تموز – وصلت سفينة تركية الى الميناء قادمة من هيراكليا، وعلى متنها ٨٠ مجند شركسي.

- الثاني من تموز – وصلت " الطائف " من سامسون وعليها ٢٢٠٠ شركسي، ٣٠ منهم مرضى، ١١ حالة وفاة. كانت هذه الفرقاطة البخارية تسحب سفينتين، الأولى تحمل ٧٠٠، والثانية ٥٣٣ راكباً، منهم ١٥٠ مريض – ٤٤ حالة وفاة. ارسلت

الى جاليبولي، حيث سيتم توطينهم. سفينة " التوناه " من طرابزون، وعلى متنها ١٦٠٠ راكب، توفي منهم ٦٠ في البحر، و ٦٢ مريض، هناك سفينة تسحبها التوناه، كان عليها ٥٥٠ راكب، توفي منهم ١٥ في البحر، ٣٥ مريض. سفينة ال " شاهبر " من طرابزون، عليها ٧٥٠ راكب.

- الخامس من تموز – سفينة "مالاكوف" على متنها ١٤٦٨ راكب، ٣٤ حالة وفاة، ٣٨ مريض.

- السادس من تموز – وصلت برقية من طرابزون تعلن عن نزول ٣٣٤٠ شركسي الى البر. مجموع المهاجرين الذين نزلوا الى البحر حتى تاريخه على النقاط المختلفة لساحل بحر مرمرة هو ٢١,٧٠٣ اشخاص.

- خطاب مؤرخ من سامسون يوم ٣٠ الشهر الماضي، يتحدث عن وصول ١٠٠, ٠٠٠ مهاجر، و ٣٠٠ حالة وفاة يومياً.

الواصلون الجدد من بلاد الشراكسة يعادلون المغادرين.

- تقارير من باطوم، مؤرخة في ٢٦ الشهر الماضي، تعلن عن وصول ٨٥٠٠ شركسي من ارديلار.

- ٣٠ حزيران، فارنا، ٥٣٠ راكب شركسي من ثيودوسيا.

- تقرير من ويدين يقول أن ٣٥,٠٠٠ مهاجر قد تم توزيعهم بين زومبالانكا، صوفيا ونيش، ٦٦٤ حالة وفاة بعد مغادرتهم ويدين. انهم ينشرون عدوى التيفوس والجدري حيثما استقروا. لقد اصيب بحمى التيفوس قرابة ٢٠٠ من بحارة السفن التركية التي تنقل المهاجرين، وقد تم ارسالهم الى مستشفى البحرية. هذا الظرف لا يمنع الحكومة من إرسال السفن لنقل المهاجرين، كما كان مقرراً من قبل.

- رد شوتسيجوكو تسيكو الى القيصر الكسندر الثاني (جاء القيصر الكسندر الثاني الى القفقاس عام ١٨٦١، واشترط على الشراكسة الاستسلام بدون أية مقاومة والنزول من المناطق الجبلية الى الاراضي المنخفضة).

- " ربما تصبح القفقاس روسية، ولكن طالما توجد دماء تجري في شرايين الشراكسة، فهم لن يصبحوا عبيداً للقيصر الروسي، ولن نتخلى عن موطننا طالما بقينا أحياء.

إن الموت أفضل من الحياة كعبيد. نحن لن نسمح بتدنيس مجد اجدادنا المقاتلين " ياوتليم، ياوتلان – إما ان تكون بطلاً، أو تموت ".

أحداث نالتشك – ٢٠٠٥ [1]

كان الهجوم على نالتشك عام ٢٠٠٥ عبارة عن غارة شنتها مجموعة كبيرة من المتشددين على نالتشك، عاصمة جمهورية قباردينو – بلقاريا، والتي يبلغ عدد سكانها ٢٥٠,٠٠٠ نسمة.

استهدفت الغارة عدداً من الأبنية التي لها علاقة بقوات الأمن الروسية.

ذكرت تقارير عدة أنه توفي جراء هذا الهجوم اكثر من مائة شخص (١٤٢ حسب المصادر الرسمية)، بمن فيهم ١٤ مدنياً على الأقل في القتال الذي بدأ صباح يوم ١٣ تشرين الأول، واستمر حتى ظهيرة اليوم التالي. كما جرح العديد من كافة الأطراف.

بعد الغارة، اعترف أرسين كانوكوف، الرئيس المنتخب / المعين حديثاً في ذلك الوقت لجمهورية قباردينو - بلقاريا، علناً بأن السبب يمكن ان يكون جزئياً، على الأقل، الاعتداءات الوحشية للشرطة المحلية.

اندلاع القتال:

تقول وكالة الانباء الروسية اجينتورا أن القتال اندلع قرابة الساعة التاسعة من صباح يوم ١٣ تشرين الأول، واستهدف تسعة مواقع:

١ – مركز تي لخدمة مكافحة الإرهاب التابع لوزارة الداخلية.

٢ – فيديرالنايا سلوجبا بيزوباسنوستي (FSB) منظمة أمن الدولة.

٣ – حرس الحدود (FSB).

٤ – وحده أومون شبه العسكرية – ميليشيا مكافحة الشغب.

٥ – لواء دوريات الطرق – الشرطة.

---

(1) • http://en.wikipedia.org/wiki/October-2005-Nalchik-attack 212008/10/

٦ - مديرية خدمة الضرائب الفدرالية.

٧ - مكتب التسجيل والتطوع العسكري (فويين كومات).

٨ - مطار نالتشك.

٩ - الإدارة الاقليمية لنظام السجون الروسي.

وبعد ذلك، بوقت قصير، تم نهب مستودع اسلحة يدعى آرسينال وهوجمت ثلاثة مخافر للشرطة.

على مديرية مكافحة الجريمة المنظمة في نالتشك، كهدف عاشر، بمحض الصدفة.

توقف النقل العام عبر نالتشك، واستمر القتال بشكل متقطع عبر المدينة حتى الظهر على الأقل.

في الساعة ١:٢٠ بعد الظهر، اعلن الرئيس كانوكوف، عبر راديو صدى موسكو أنه تم القاء القبض على العديد من المهاجمين احياء. أعلن كذلك ان جميع مقاتلي الاعداء الذين القي القبض عليهم حتى ذلك الوقت كانوا اعضاء في مجموعة راديكالية معروفة باسم " جماعة اليرموك ".

في الساعة ١:٤٥، وحسب أحد مصادر ال FSB التي اقتبس منها صدى موسكو، فقد حاول المهاجمون الاستيلاء على بناية عائدة لل FSB، الا انهم صدوا. وقد قتل قناص من الثوار احد عمال FSB وجرح أربعة، وان البناية اصيبت باضرار بالغة واحترقت.

الساعة ٢:٣٠ تمكنت مجموعة من رجال الشرطة المحاصرين في احدى البنايات من تحرير نفسها، كذلك تقول وكالة اجنتورا أنه تم نشر أوائل التصريحات من المهاجمين على موقع كافكازسنتر العنكبوتي.

الساعة ٣:٠٠ اعلنت وكالة نوفوستي، على لسان الكسندر تشيكالين، وزير الداخلية الروسي، ان الرئيس فلاديمير بوتين قد أمر بحصار نالتشك بشكل كامل. اعلن تشيكالين ان وزارتي الداخلية والدفاع، اضافة الى FSB، يقومون بعملية مشتركة يتم بموجبها اعتبار " كل من يحمل السلاح ويبدي مقاومة مسلحة، عرضة للتصفية ".

بحلول عصر ذلك اليوم، كان ديميتري كوزاك، مبعوث الرئيس بوتين قد وصل الى نالتشك قادماً من روستوف -نا-دونو، ونقل عنه راديو اوروبا الحرة قوله "إن الوضع يعود

الى الطبيعي.....على الأقل بالنسبة للاضطراب العام، كما تم القضاء على الهجمات. لقد تفرق رجال العصابات الذين هاجموا قوات تطبيق النظام اليوم. بقيت جيوب مقاومة قليلة – اثنان على وجه التحديد. مازال القتال دائراً قرب الدائرة الثالثة لوزارة الداخلية، حيث يجري الاحتفاظ ببعض السكان رهائن، لسوء الحظ.

هنالك عملية قائمة هناك حالياً، لكن ليس هناك المزيد من التهديدات ".

على أية حال، فقد نقل راديو اوروبا الحرة تقارير عن قناة التلفزيون الروسية الرسمية ORT مفادها " مازال يمكن سماع اطلاق النار الغزير قرب السوق المركزية بحلول العصر، وقد تم الإبلاغ عن عدة انفجارات في ضواحي نالتشك المختلفة ".

في نهاية المطاف، انسحبت اغلبية القوات الثائرة الباقية على قيد الحياة نحو الجبال.

اليوم الثاني: حوصرت قلة من المهاجمين ومعظمهم من الجرحى، من قبل التعزيزات الفدرالية، ومعهم رهائن من المدنيين والشرطة في ابنية مستولى عليها (بما فيها مخفر للشرطة ومخزن تحف)،لكنهم قتلوا من قبل القوات الخاصة في اليوم التالي. حسب المصادر الروسية الرسمية، لم يقتل أي من الرهائن خلال هذه الجولات النهائية من القتال. تقول قناة MSNBC ان المهاجمين اطلقوا النار صباح يوم ١٤ تشرين الأول، على سيارة للشرطة في ضاحية خاسانيا، خارج نالتشك، فقتلوا اثنين من ضابط شرطة مكافحة شغب من جهاز OMON.

كذلك وصفت قناة MSNBC الأوضاع في وسط نالتشك صبيحة اليوم التالي:

" بقيت الجثث الدامية ملقاة في الشوارع يوم الجمعة. كانت احداها قرب مدخل مخفر الشرطة رقم ٢، والمقر الإقليمي لمكافحة الارهاب، حيث تحطمت اغلبية الشبابيك، حتى خطوط الترام في الخارج تحطمت. تفرقت سبع جثث أخرى عبر الشارع، معظمها مصاب بجروح فظيعة في الرأس. دأب رجال الشرطة المسلحون بدرجة ثقيلة على ركل الجثث ودفعها، والتي يعتقد انها عائدة للمتطرفين، الذين يرتدون ملابس الرياضة وأحذية الركض. خارج مبنى القوات الأتحادية الأمنية المحلي، انشغل الضباط المسلحون في نبش محتويات كيس أسود من الواضح أنه عائد لأحد المتطرفين، يخرجون اصبع حلوى، زجاجة ماء وقميص تي – شيرت أسود اللون ".

بحلول منتصف يوم ١٤ تشرين الأول، أخبر رئيس الحكومة الإقليمية، جينادي غوبين، وكالة انترفاكس بأنه " تم القضاء على جميع نقاط مقاومة المتمردين وتحرير الرهائن. والآن تقوم قوات الأمن بمسح المدينة للعثور على المتمردين المختبئين ". ارسلت الحكومة الروسية ١٥٠٠ جندي نظامي و ٥٠٠ من جنود القوات الخاصة الى نالتشك لإستعادة السيطرة الحكومية على المدينة.

الخاتمة، هوية وعدد المهاجمين: كان هناك قدر من انعدام اليقين حول حجم القوة المتمردة. تضع المصادر الروسية الرقم بين ٨٠ و ٣٠٠، بينما ادعى باساييف ان ٢١٧ مقاتلاً شاركوا في العملية. اخبرت الشرطة ووكالة تاس ان المهاجمين عملوا في عشر مجموعات متحركة، هاجمت كل مجموعة اهدافاً محددة مسبقاً.

نقلت قناة MSNBC عدة تصريحات منسوبة الى وكيل وزارة الداخلية اندريه نوفيكوف ادلى بها إلى الصحفيين في نالتشك، وقد أعلن نوفيكوف بشكل خاص:

١ - قاد الهجوم الياس غورتشخانوف، وانه قتل.

٢ - كان ثلثا المتمردين من السكان المحليين.

٣ - تواجد مائة مهاجم على الأقل في المجموع.

٤ - كان معظمهم ما بين ٢٠ الى ٣٠ سنة من العمر.

يقول موقع كافكازسنتر " ان العملية نفذتها قوات من قطاع قباردينو - بلقاريا لجبهة القفقاس مع وحدات مشاركة من قطاعات أخرى من الجبهة القفقاسية، وقد شارك ما مجموعة ٢١٧ من " المجاهدين " في العملية "

عندما سئل رئيس وزراء الشيشان الموالي لروسيا: رمضان قادروف عمَّن يقف وراء العملية، أجاب بأنه لم تكن للشيشان علاقة بها. " لو كان الشيشان متواجدين هناك، لما انتهت بتلك السرعة. لقد كان أناسهم هناك. كانوا اشخاصاً ضعفاء، وهذا سبب انتهائها بهذه السرعة - لقد تغلبوا عليهم خلال ساعتين ".

عمليات الاعتقال: بعد الغارة، اعتقل ضباط الأمن عشرات الاشخاص، ويقال أن العديد من المعتقلين قد جرى تعذيبهم. وهناك تقارير عن " اختفاء " شخص واحد على الأقل بعد الغارة. بعد التقصي، تبين أن بعض المعتقلين قد وجهت اليهم تسع تهم مثل: الإرهاب،

القتل، التمرد المسلح، والاعتداء على حياة ضباط الشرطة. هناك عدد من حالات التعذيب الموثقة للمعتقلين وقد تم انتقاد مجريات التحقيق من قبل جماعات حقوق الانسان الروسية والدولية. نشرت وسائل الاعلام صوراً لمعتقلين يحملون آثار التعذيب. أضيفت اسماء هؤلاء الذين توفوا داخل السجون قبل المحاكمة الى اولئك الذين قتلوا في الشوارع.

نشرت كوميرسانت تقريراً يوم ٢٨ تشرين الأول عام ٢٠٠٦ تضمن تصريحات محامي المعتقلين، قالوا فيها ان التهم قد اسقطت عن ١٣ معتقلاً بسبب صدور عفو، بينما تم تمديد فترة اعتقال الأشخاص ال ٥٦ الباقين حتى نيسان ٢٠٠٧. هناك ٣٩ شخصاً متهمون بالضلوع في الغارة، ظلوا فارين.

يوم ٢٧ حزيران ٢٠٠٦، قتل روسلان أوديجيف، المعتقل السابق في غوانتانامو، وصديق طفولة انزور أستيميروف، والذي يعتقد أنه قاد الهجوم على مقر قيادة OMON، وأردي قتيلاً في وسط نالتشك، في داخل شقة في شارع شوكينزوكوف بروسبيكت، مقابل المسجد المحلي، وهو يقاوم الاعتقال، مع متهم آخر هو أنزور تينجيزوف.

الإدعاء بالمسؤولية: بعد العملية، ادعى سيد الحرب الشيشاني شامل باساييف بالمسؤولية عن الهجوم في تصريح نشر على موقع كافكازسنتر، قال فيه بأنه كانت لديه " القيادة العملياتية العامة " للهجوم على الأبنية الحكومية. على أية حال، انكر أن مجموعته شاركت في الهجمات على المخازن. جاء هجوم نالتشك بعد سنة من أزمة رهائن مدرسة بيسلان، والتي ادعى باساييف المسؤولية عنها. قيل أن الياس غورتشخانوف، وهو متطرف إنجوشي وقائد " الجماعة الإنجوشية " كان واحداً من قادة الهجوم الميدانيين. ادعى باساييف ان قوات الأمن الروسية قد انذرت قبل الهجوم بخمسة أيام، ماأدى الى زيادة الاجراءات الأمنية في نالتشك. ولكن على الرغم من ذلك، لم يتم الغاء الهجوم.

كما قيل ان الغارة جاءت رداً على شهور من اضطهاد المسلمين الذين كانوا يؤدون العبادات في الإقليم، بما فيها الاعتقال التعسفي والتعذيب من قبل ضباط الأمن، اضافة الى اغلاق المساجد بالجملة.

عندما سئل القائد المتمرد دوكوعمروف في نيسان عام ٢٠٠٦ عن تصاعد الهجمات في الداغستان، إنجوشيتيا وقباردينو - بلقاريا، وعما اذا كان المقاتلون ينسقون هجماتهم مع الثوار الشيشان، قال: " لدينا ثلاث جبهات (خارج بلاد الشيشان) في قباردينو - بلقاريا، إنجوشيتيا والداغستان.

يتخابر المقاتلون في الداغستان وقباردينو - بلقاريا مع الأمير العسكري وبعدها من خلالي. هم ينسقون جميع اعمالهم معنا. إنهم مواطنون مدنيون عاديون، نهضوا ضد اضطهاد المسلمين في هذه الجمهوريات.

مهما حاولنا ان نجعلهم يمتنعون عن العمليات القتالية، لن ننجح. إنهم إخوتنا في الإيمان ولذلك نحن نساعدهم - نحن نشاركهم خبراتنا ونوجههم. إننا نخطط، انشاء الله، لإرسال مدربينا ذوي الخبرة الى هناك هذا العام. لن نتركهم لوحدهم ان مساعدتهم واجب علينا".

المحاكمة: بدأت محاكمة ٥٩ متهماً معتقلاً يوم ١٢ تشرين الأول عام ٢٠٠٧، مع ٤٠٠ ضحية و ٢٠٠٠ شاهد. حسب مصادر صحيفة " موسكو تايمز "، " لم تشهد روسيا اجراءاً قانونياً بمثل هذا العدد من المشاركين ". لقد تطلبت طباعة كل المواد المتعلقة بالقضية ٤٠ طناً من الورق ".

الضحايا: لقد نشرت الحكومة الروسية والمتمردون أرقاماً شديدة التفاوت حول اعداد الضحايا. حسب المصادر الروسية، فقد قتل ٨٩ مهاجماً وأسر ٣٦، بينما مات كذلك ٣٥ موظفاً فدرالياً و ١٤ مدنياً. نشرت قناة CNN أنه أدخل الى المستشفى ٩٧ شخصاً لعلاقتهم بالهجوم، حسب مصادر وزارة الصحة الروسية.

كما صرح باساييف لاحقاً بأن ٣٧ مهاجماً قتلوا في العملية. قدر الثوار خسائر الفدراليين باكثر من ٣٠٠ شخص بين قتيل وجريح. في تصريحه، وجه باساييف اللوم على خسائر المتمردين الى تسريب المعلومات قبيل العملية.

جدل خلافي حول الجثث: قالت المصادر المحلية والمراقبون، بأنه تم تصنيف بعض المتوفين على انهم " ارهابيون " بينما هم فعلياً مدنيون وقعوا وسط تبادل النيران. كذلك صدرت تقارير عن اختفاء بعض الشباب بدون أثر رغم اثبات عدم علاقتهم بالغارة، كما اعتقل البعض الآخر في اليوم التالي للعملية ثم جرى تقديمه متوفياً على أنه من المهاجمين القتلى. ورغم اعتراضات العائلات العلنية، لم يتم الأفراج عن الجثث.

بعد مرور سنة، مازال العديد من الاقارب يطالبون عبثاً ان تعيد السلطات جثامين ٩٢ رجلاً يدعى انهم قتلوا خلال الهجمات، تمهيداً لدفنهم حسب الشرع والتقاليد. قام عدد من العائلات برفع قضاياهم الى المحكمة الاوروبية لحقوق الإنسان في ستراسبورغ، مطالبين

باعادة الجثامين. قالت الحكومة في حزيران عام ٢٠٠٧ انها قد أحرقت جثامين ٩٥ متهماً يوم ٢٢ حزيران عام ٢٠٠٦. يجادل الاقارب بان الاجراء الذي اتخذه احد المحققين للمنطقة الفدرالية الجنوبية، اليكسي سافرولين، ونائب المدعي العام السابق للمنطقة الجنوبية نيكولاي شابيل، كان غير قانوني.

ادعاءات الحكومة الروسية: صرح نيكولاي شابيل يوم ٢٠ تشرين الأول عام ٢٠٠٥ بان الهجوم قد نظم من قبل " منظمات إرهابية دولية "، قامت أيضاً في السابق بتنظيم ازمة رهائن مدرسة بيسلان، الغارة على انجوشيتيا، ثم الهجوم على " غوسناركوكونترول " (وكالة السيطرة على المخدرات) في قباردينو - بلقاريا. كذلك وجه النائب عن الشيشان في الدوما، اللوم على الهجوم، الى الإرهابيين الدوليين.

القي القبض في نالتشك على المعتقل السابق في غوانتانامو، رسول كوداييف، لاتهامه بالمشاركة في التحضير للهجوم، والمشاركة في الهجوم نفسه (الاستيلاء على مركز شرطة الطرق في ضاحية خاسانيا، قرب نالتشك). تقول المصادر نفسها ان رسول كوداييف يدعي بأنه كان في بيته وقت الحادث، الأمر الذي يشهد عليه (حسب قول شقيقه) اقارب وجيران وصحافيون ومحاميه.

قيل وقتها أن المتطرفين ربما يكونوا قد خططوا للاستيلاء على مطار المدينة واستخدام الطائرات الموجودة هناك في هجمات انتحارية شبيهة بهجمات ١١ أيلول. على أية حال، يبدو هذا الاحتمال بعيداً لأن الهجوم لم يكن مركزاًعلى المطار. بل يبدو أن استهداف المطار جاء بسبب وجود وحدة عسكرية متمركزة هناك.

ادعى نائب رئيس وحدة مكافحة الجريمة المنظمة في وزارة الداخلية بقباردينو - بلقاريا، البرت سيجاجيف، يوم ١٤ شباط عام ٢٠٠٦، بان الهجوم في نالتشك جرى تمويله من قبل وكالات استخبارات اجنبية. حسب قناة NTV، قال سيجاجيف ان الهجوم تم تنظيمه من قبل " قادة وحدات عصابات قباردينو - بلقاريا السرية، الذين تمتعوا بالدعم المالي من وكالات اجنبية تقدم خدمات خاصة ".

تقول ايتارتاس، نقلاً عن رئيس دائرة الشؤون الدينية لوزارة الثقافة في قباردينو - بلقاريا جامبولات جيرغوكوف، ان " العصابات السرية " في الجمهورية، قد جرى تمويلها عبر منظمات غير حكومية تعمل في بلاد الشيشان.

يوم ١٧ تشرين الأول عام ٢٠٠٦، صرح وكيل وزارة الداخلية الروسية: أركادي ييديليف لوكالة نوفوستي، عن انزور استيميروف، احد منظمي الهجوم المتشدد: " سوف أقولها بصراحة، بان اشخاصاً مثل (انزور) استيميروف متصلون بالدوائر السرية لبعض الدول التي تخطط للقيام بعمليات حربية خاطفة في اوسيتيا الجنوبية، ابخازيا وجنوب القفقاس، وهم يعملون على تصعيد متشدد في مناطقنا لنقل بعض من مقاتليهم من العراق الى روسيا ".

كرر ييديليف ادعاءاته شخصياً يوم ٤ حزيران عام ٢٠٠٧، ولم يحدد أية دول.

الانبعاث القومي والديني بعد الشيوعية(١)

جمهورية قباردينو - بلقاريا مثالاً

تأثير البيريسترويكا: قابل القادة الشيوعيون لقباردينو - بلقاريا البيريسترويكا في أواخر الثمانينات بالحذر والتشكيك، خلافاً لنظرائهم في بلاد الشيشان والتتارستان. كان أحد الأسباب اعتماد الجمهورية الكبير على المعونات الفدرالية. السبب الآخر كان ضمانة موسكو للنظام السياسي - الاجتماعي القائم، الذي مثل تفاعلاً عجيباً بين المؤسسات الشيوعية وآليات النفوذ وتوزيع الموارد التقليدية. لذلك فان إنهيار ذلك النظام، اضافة الى تلاشي الاقتصاد السوفييتي المركزي، كان كارثياً على الجمهورية. وأدى الى شلل المصانع العسكرية - الصناعية، التي وظفت معظم السكان، ما أدى الى افقارهم السريع، وتصاعد معدلات الجريمة، بما فيها بيع الأسلحة، والمتاجرة بالمخدرات، وأخذ الرهائن مقابل الفدية. كان هناك عنصر زاد في سوء الأوضاع هو القرب من بلاد الشيشان، والذي كان مسؤولاً عن استمرار تدفق اللاجئين الشيشان وانتشار الإرهاب والتطرف (انتشا بادزه وبيربليكين، ٢٠٠١).

امتنعت القيادة الجمهورية بزعامة فاليري كوكوف عن أي أعمال مفاجئة تسيء الى ولائها للكرملين في حال عودة النظام والاستقرار. لم يعلن السوفييت الأعلى (البرلمان) لقباردينو - بلقاريا السيادة الا يوم ٣٠ كانون الثاني عام ١٩٩١، ورفع درجة الجمهورية الى " جمهورية

---

(١) • جالينا ييميليانوفا - جامعة بيرمنجهام www.sagepublications.com

• International Relations and Security Network (ISN) 2006 ISN

إتحاد ".. بعد " الإنقلاب " الفاشل في موسكو في آب عام ١٩٩١، نظم قادة المعارضة عدة اجتماعات واضرابات عن الطعام امام مبنى البرلمان في نالتشك. اتهموا قادة الجمهورية بالتآمر مع الانقلابيين وطالبوا باستقالة كوكوف الفورية وحل البرلمان.

أرغم كوكوف ونوابه، ورئيس الوزراء والوزراء على الاستقالة.

اضطر كوكوف بعد ذلك الى استحداث منصب رئيس الجمهورية، وترأس هو تشكيل حركة " قباردينو – بلقاريا الموحدة " الأمر الذي ضمن له النصر في الانتخابات الرئاسية في كانون الثاني عام ١٩٩٢ (آكييفا، ٢٠٠٢: ٣٥)، لكن سلطة كوكوف ظلت ضعيفة حتى خريف عام ١٩٩٢، ووصلت الجمهورية الى حافة الإنهيار الى اقسام بلقارية، قباردية وروسية.

القومية القباردية: ظهرت أولى المنظمات القومية التعليمية والثقافية القباردية أواخر الثمانينات. كان ابرزها " آشاماس " وهي منظمة أديغه ثقافية، انشئت عام ١٩٨٦ من قبل مجموعة من المثقفين القبارديين بقيادة زاور نالوييف. اشتمل برنامجها على إعادة إحياء اللغة والثقافة القباردية، وإعادة تقييم التاريخ القباردي ودوره في الحرب القفقاسية بشكل خاص، وإعادة توطين أحفاد " المهاجرين " الأديغ (القباردي، التشيركيس والأديغي) من الشتات، خاصة من تركيا. ظلت قضية إعادة الأديغه مركزية في الحوار القباردي القومي منذ أواخر الثمانينات. أسس اعضاء " آشاماس " وغيرهم، صلات مع إخوتهم الأديغه في اكثر من خمسين قطراً، خاصة في تركيا، والشرق الأوسط، واوروبا والولايات المتحدة (كوشخابييف ١٩٩٧: ١٩٤).

عقد نشطاء القباردين القوميون أول مؤتمر " للأديغه خاسه " في تشرين الأول عام ١٩٩٠، والذي خصص لاحياء ثقافة ولغة الأديغه وإعادة توطين الأديغه. على أية حال، فقد ادعى بعض المخبرين أن الأجندة المخفية للمؤتمر ضمت التوحيد الإثني - السياسي لأديغه شمال القفقاس والشتات، وإنشاء فدرالية تشيركيسيا الكبرى على المنطقة الممتدة من البحر الأسود وحتى جبال إلبروز، والتي تضم كراسنودارسكي كراي، كراتشيفو - تشيركيسيا وقباردينو - بلقاريا. شاركت في أهداف الأديغه خاسه: كونجرس كباردينسكوغو نارودا (مجلس الشعب القباردي، والذي سيشار اليه فيما بعد بأحرف KKN)، الذي تشكل عام ١٩٩١، ومنظمة نساء قباردين " ستناي "، وبعض المنظمات القباردية الصغرى.

في أيار عام ١٩٩١، نظم القوميون القبارديون المؤتمر الشركسي الأول في نالتشك بمشاركة مندوبين من شمال القفقاس والخارج. أسس المؤتمر " ميجدونا رودنايا تشيركيسايا اسوتسياتسيا " (الجمعية الشركسية العالمية، والتي سيشار اليها فيما بعد ب MCA) على انها الجسم الأعلى لجميع " الأديغه خاسه " الاقليمية في شمال القفقاس والشتات على حد سواء. تبنى المندوبون اللائحة التأسيسية والبرنامج، الذي وصف MCA بانها منظمة مؤسسة عامة غير سياسية مخصصة لاحياء اللغة، الثقافة، التقاليد والعادات الأديغه والحفاظ عليها. أصبح يوري كالميكوف، نائب رئيس السوفييت الأعلى للاتحاد السوفييتي سابقاً، أول رئيس لها. بدأت MCA بنشر صحيفة NART ومجلة " تشيركيسي مير " (العالم الشركسي)، باللغات الروسية، والانجليزية والتركية. ورغم شخصيتها غير - السياسية المعلنة، الا ان MCA ، وكذلك الأديغه خاسه، تبنت بعض الأهداف السياسية بطريقة غير مباشرة، مثل تلك المتعلقة بإعادة توطين الأديغه ومشروع تشيركيسيا الكبرى. من البارز أن القوميين القبارديين سعوا الى الدعاية الدولية لقضيتهم، مقارنة بنظرائهم البلقار. من بين تحركاتهم الأولى في هذا الاتجاه، جاء نداؤهم الى الأمم المتحدة للإعتراف بالأديغه " كشعب - ضحية للطغيان الروسي خلال القرنين الأخيرين ". (اكباشيف ٢٠٠١، بوروف وغيره ٢٠٠٠: ١١٠). كانت للحركة القباردية القومية علاقات انسجام نسبية مع السلطات في البداية. تعاطفت حكومة كوكوف مع اهداف القوميين القبارديين الذين اعتبرتهم حلفاء طبيعيين في وجه المد البلقاري القومي المتنامي، كأداة ضغط فعالة في التعامل مع المركز الفدرالي الضعيف. في البداية، إتبع كوكوف مثال نظيره التتاري مينتيمير شايمييف، الذي تلاعب بحركة التتار القومية ليحصل على تنازلات من موسكو. (ييميليانوفا ٢٠٠٠). وهكذا استجابت السلطات بايجابية للمطالب القباردية القومية فيما يتعلق باعادة الأديغه، احياء اللغة الأديغه والاعتراف الرسمي بمعاناة الأديغه اثناء الحرب القفقاسية. في آب عام ١٩٩٠، أصدر السوفييت الأعلى للجمهورية قراراً يكرس تاريخ ٢١ أيار كيوم تذكر الضحايا الأديغه للحرب القفقاسية وترحيلهم القسري. في تشرين الأول عام ١٩٩٠، نظمت حكومة كوكوف مؤتمراً في نالتشك وأشرفت عليه، يتعلق بكفاح التحرر - القومي لشعوب شمال القفقاس ومشكلة " المهاجرين " في القرن التاسع عشر. دعت مقررات المؤتمر إلى مراجعة علم التاريخ الروسي والسوفييتي الرسميين للحرب القفقاسية والاعتراف بان السياسة القيصرية تجاه الأديغه كانت إبادة جماعية. حسب توصيات المؤتمر، اتخذت السلطات اجراءات لتسهيل عودة حوالي ٢٠٠٠ أديغه الى قباردينو - بلقاريا، معظمهم من سوريا وكوسوفو.

كذلك اغمضت نالتشك الرسمية عينها عن انغماس حوالي ١٥٠٠ قباردي في الحركة الانفصالية الابخازية ضد جورجيا (كوشخابييف، ٢٠٠١).

في عامي ١٩٩١ - ١٩٩٢ المضطربين، بدأ الانسجام النسبي بين حكومة كوكوف والحركة القومية القباردية، يتداعى. اصبح القوميون اكثر ثقة بأنفسهم وانتقاداً للتردد المزعوم للحكومة حيال الانفصالية البلقارية، وتباطؤ تحقيق التطلعات القباردية القومية. وُجهت هذه الانتقادات في المؤتمر القومي للشعب القباردي في نيسان عام ١٩٩١. استنكر المؤتمر قرارات المؤتمر البلقاري الأول حول السيادة البلقارية. بعد المحاولة الانقلابية ضد جورباتشيف في آب عام ١٩٩١، اتهم متطرفو القباردي زعامة الجمهورية بتحالف سري مع الانقلابيين وعدم الإهتمام بالمصالح القومية للأديغه، وطالبوا باستبدال كوكوف بقائد قباردي اكثر قومية.

شاركوا في آب وايلول من عام ١٩٩١ في المظاهرات المناوئة للحكومة والتي نظمتها ال DKB.

انشأ فاليري كوكوف منصب رئيس الجمهورية في ايلول عام ١٩٩١، والذي يسمح للقبارديين بمأسسة سيطرتهم السياسية. أمّن هذا الاجراء لكوكوف تأييد معظم القوميين القبارديين، بينما ظلت الأقلية القباردية المتشددة، ومعظم البلقار والروس، معارضة له (دوكشوكوف، ١٩٩٨: ١٤٥).

أدخل كوكوف بعض مطالب المتشددين المنهجية، مثل تقوية الصلات بين الأديغه، ازدواجية المواطنة " للمهاجرين " الأديغه، العلاقات المتشعبة مع البلدان ذات الاقليات الأديغه المهمة عددياً، وتأسيس الاكاديمية الأديغه الدولية للعلوم ضمن السياسة الرسمية. ترأس كوكوف عام ١٩٩٧ انشاء " ميج - بارلامينسكي سوفيت " (مجلس العلاقات البرلمانية، سيشار اليه فيما بعد بأحرف MPS)، الذي وحّد برلمانات قباردينو - بلقاريا، كراشيفو - تشيركيسيا والأديغي على أساس خطوط عبر أديغية.

كان الهدف المعلن لل MPS هو التوحيد التدريجي للمجالس التشريعية والتعاون السياسي والاقتصادي الأوثق بين الجمهوريات الثلاث. في أيار عام ٢٠٠١، اصدر برلمان KBR قراراً " حول إعادة توطين الأديغه " الذي منح الأديغه في الشتات، وبشكل رئيس من تركيا، الاردن وسورية، الحق القانوني في العودة والاستقرار في KBR . كذلك دعت الحكومة المؤرخين لإعادة كتابة تاريخ قباردا، وتأليف الموسوعة العالمية الشركسية، لإيجاد مسمى واحد للقبارديين والشركس والأديغي وانشاء حرف أديغه موحد.

من الناحية الأخرى، كثفت السلطات الضغط السياسي والاداري على المتشددين.

في أيار عام ١٩٩٢، تبنى مجلس السوفييت الأعلى قراراً حول " التشكيلات الاجتماعية "، منع بموجبه انشطة المنظمات التي تدعو الى اسقاط النظام الدستوري القائم، أو تهدد سلامة أراضي الجمهورية والفدرالية الروسية بشكل عام.

في تشرين الأول عام ١٩٩٢، أصدر البرلمان قراراً وصف " مجلس الشعب القباردي بأنه " منظمة معادية للدستور " (كباردينو - بالكارسكايابرافدا، ١٩٩٢، ١١ تشرين الأول).

وضعت انشطة ال KKN تحت رقابة الشرطة واخضعت لأنماط متعددة من الإضطهاد. في اجراء موازٍ لإضطهاد القوميين القباردين والبلقار، رفع فاليري كوكوف صورته كرئيس لجميع شعوب قباردينو - بلقاريا، بغض النظر عن اصولهم الإثنية، وكضامن لسلامة أراضي الجمهورية. بحلول نهاية عام ١٩٩٢، تم تهميش جميع القوميين القباردين المتشددين: ادمج العديد منهم في المؤسسة السياسية والاقتصادية، بينما بقيت القلة القباردية غير القابلة للإندماج منتقدة لحكومة كوكوف على خيانتها للقضية القباردية. وفي عام ١٩٩٨ أصبح المتشددون القباردي اكثر ضعفاً جراء هجرة قائدهم فاليري خيتاجوكوف الى موسكو. عام ١٩٩٩ عينت قيادة كوكوف السيد محمد حفيتسه، رئيس تحرير صحيفة " أديغه بساتله " رئيساً (تحماده) لمنظمة " الأديغه خاسه " الموالية للحكومة.

ثم بدأت الحكومة في تطبيق سياسة الغاء تسييس الجمعية الخيرية الشركسية العالمية تدريجياً، وتحويلها الى مؤسسة موالية لها. تبنت المؤسسة السياسية معظم اهدافها غير السياسية. تم تعيين بعض نشطاء MCA في الجهاز الحكومي، بينما تم تهميش الزعماء المتشددين تدريجياً. مع نهاية التسعينات، لم يعد بالإمكان تمييز خطاب ال MCA ونشاطها عن الخط الرسمي. انعكس هذا التطور في قرارات المؤتمرات الأربعة المتتالية لل MCA اعوام ١٩٩٣، ١٩٩٦، ١٩٩٨، ٢٠٠٠. انتخب المؤتمر الخامس الذي عقد في نالتشك عام ٢٠٠٠، السيد زاوربي ناخوشيف، وهو مسؤول قباردي رفيع، رئيساً جديداً، خلفاً لبوريس اكباشيف، الأقل طاعة. عدَّل المؤتمر لائحة نظام MCA باسقاط أية مطالب سياسية والتشديد على توجهه الثقافي المحض. تبنى برنامجاً جديداً يحدد اهداف MCA للفترة مابين ٢٠٠٠ الى ٢٠٠٣.

الإنبعاث الديني: لم يضطلع العامل الاسلامي بدور مباشر في سياسات قباردينو - بلقاريا، مقارنة بما حدث في بلاد الشيشان والداغستان. رغم ذلك، فقد شهدت الجمهورية

ولادة اسلامية جديدة منذ أواخر الثمانينات، الأمر الذي ميَّز معظم الأقاليم التي يسكنها المسلمون في الاتحاد السوفييتي السابق.

حدث نمو ثابت في عدد المساجد، والمدارس والمنشورات الإسلامية. بعد انهيار (المجلس الروحي لمسلمي شمال القفقاس) عام ١٩٨٩، ظهر (المجلس الروحي لمسلمي قباردينو - بلقاريا، وسيشار اليه لاحقاً ب DUMKB) الذي بدأ ينشر صحيفته " غولوس ريليجي " (صوت الدين) باللغة القباردية، ويقدم برنامجاً تعليمياً أسبوعياً عن الاسلام في التلفزيون الجمهوري والراديو باللغات الروسية، القباردية والبلقارية. ترأس DUMKB المفتي شفيق بشيكاتشيف (قباردي).

بحلول نهاية التسعينات، تواجدت ١٤٥ جمعية اسلامية تحت إشراف DUMKB، مقارنة مع ٣٠ جمعية عام ١٩٩٠، اضافة الى ١٣٨ إمام، وعشرة رؤساء أئمة، وأكثر من ٦٠ مدرسة اسلامية ابتدائية (كوتشميزوف، ٢٠٠٣، بشيكاتشيف، ٢٠٠٣). خلال فترة ١٩٩٤ - ٢٠٠٠، ومنذ عام ٢٠٠٣، هناك معهد اسلامي عامل في نالتشك، يقدم برنامج دراسة مدته خمس سنوات، مديره هو شرف الدين تشوتشايف، وهو بلقاري.

في الفترة الأولى، تشكل معظم محاضريه من كليات اسلامية في سوريا، الاردن وتركيا. (اتمور زاييف، ٢٠٠٠). حالياً يتشكل جهاز المعهد من ١١ محاضر، جميعهم من مواطني KBR .

يهدف المعهد الى قبول مابين ١٥ الى ٢٠ طالب كل سنة، رغم انه لم يخرِّج حتى الآن (٢٠٠٣) سوى ٢٥. بين عامي ١٩٩١ و ٢٠٠٢، وجدت " مدرسة دينية ثانوية " في بلدة باقسان سميت بإسم آدم ديموف. حتى عام ٢٠٠١ وجدت أيضاً شبكة من المدارس الإسلامية الابتدائية ومساقات إسلامية طيلة العام (بابيش وياريلكابوف ٢٠٠٣: ١٨ - ١٩) لقد أدت طفرة البناء والنشر الاسلامية الى بعض التغييرات النوعية في الأمة المحلية.

هناك نمو ثابت في حضور المساجد، ممارسة الصيام والعبادات الإسلامية الأخرى، كالزيادة في الإهتمام بالتعليم الاسلامي بين الشباب المسلمين. فمثلاً، تفاوت الحضور اليومي وسط التسعينات في المسجد المفتتح حديثاً في نالتشك بين ثمانية الى عشرة أشخاص مسنين. ارتفع العدد بحلول عام ٢٠٠٠ الى خمسين شخصاً، معظمهم بين ١٥ الى ٣٥ سنة من العمر. لم يعد مستغرباً الآن رؤية أطفال في سن الخامسة في المساجد (بابيش وياريلكابوف ٢٠٠٣: ٥ - ٦، ملباخوفا، ٢٠٠٠). لقد جاء هذا الانبعاث الاسلامي عفوياً، وحدث بمشاركة ضئيلة

جداً من DUMKB أو مجلس الافتاء المحلي، الذي ظل معتمداً على السلطة،بقوة،ولم يتمكن حتى الآن أن يمثل المسلمين بشكل عام ويقدم لهم المواد التي يحتاجونها بشدة او يساعدهم إدارياً، اضافة الى الهداية الروحية. لقد تميز أعضاؤه بتدني مستواهم المهني، وفسادهم المالي، ومحاباتهم لاقاربهم، عدا قلة قليلة. (محمد افندي، ٢٠٠١).

فشلت دار الفتوى في تنظيم عملية تدريب القضاة والأئمة المسلمين، على حد سواء في الداخل أو الخارج. من بين ١٠٠ شاب محلي ارسلوا للدراسة في الخارج من قبل دار الفتوى، لم يحصل على التأهيل المهني سوى سبعة عادوا الى الوطن. حالياً، لا يتوافر سوى ثلث العدد المطلوب من الائمة.

عشرة في المئة فقط من الائمة الحاليين لدى نوع من التعليم الإسلامي، بينما البقية هم ائمة درسوا على انفسهم ونصف أميين طاعنين في السن. لا يتقنون اللغة العربية، ويؤسسون صلواتهم على مايحفظونه من " الخطبة " وقصار السور. إنهم غير قادرين على الحوار الديني، ولايمكنهم التعامل الا بالجانب الادائي من الدين الاسلامي. يمثلون الإسلام المسمى التقليدي او الشعبي، والذي يتكون من تشكيلة غريبة من الاسلام، والعادات، والمعتقدات الوثنية والمسيحية المبكرة وقوانين الاخلاق القفقاسية، وممارسات العهد السوفييتي.

من الشائع جداً ان يكتشف المرء ان هؤلاء الائمة يجمعون بين واجباتهم الدينية وشرب الخمر بكثرة. لقد استنكر المسلمون العاديون الدعم غير المشروط لسياسة السلطة القاسية من قبل دار الفتوى على التطرف الاسلامي: الحقيقي او المتخيل، والتي عانى الكثير من المسلمين العاديين الابرياء نتيجة لها (اتمور زاييف، ٢٠٠٢، كوتشميزوف ٢٠٠٣).

لقد وفر ت الظروف الاجتماعية - الاقتصادية السيئة باستمرار، مع انعدام كفاءة الحكومة، وتقصير دار الفتوى، أرضاً خصبة لأنماط متعددة من الإسلام غير الرسمي، والذي انطوى معظمه على طبيعة أصولية. عرف ممثلو الاسلام غير الرسمي، بدرجة واسعة، على انهم " وهابيون، سلفيون، او مسلمون جدد " مقارنة بالائمة الرسميين، وكانوا مهيأين لمخاطبة المشاكل الاجتماعية الأساسية. تولدت الأفكار الاسلامية الأصولية في المجتمع المحلي، واستوردت من الخارج بنفس المقدار. من بين مفكريها المحليين، على سبيل المثال، هناك رسول كودابيف، وآنزور استيميروف، موسى موكو جيف و روسلان ناخوشيف. لقد قدمت للأصولية الاسلامية الأجنبية أفكار كل من إبن تيمية، محمد عبد الوهاب، ابو العلاء المودودي، وسيد قطب، والترابي. انتشرت هذه المبادئ، في الجمهورية، أواخر الثمانينات،

واوائل التسعينات، عن طريق الحجاج المحليين، والمبشرين والمدرسين الأجانب المرسلين من عدد من المنظمات الإسلامية الرسمية وغير الرسمية.

فتحت بعض هذه المنظمات والصناديق فروعاً لها في نالتشك ومدن أخرى في KBR.

من بين الأخيرة كان هناك مركز حاسوب اسمه " المنارة "، ومنظمة الإغاثة الإسلامية، ومكتبة " اسلامسكي توفاري " (البضائع الإسلامية)، المتخصصة في الادب الاسلامي الأصولي (اتمورزاييف، ٢٠٠٠، بوتاييف، ٢٠٠٠، يارليكابوف، ١٩٩٩).

من الصعب تقييم اتساع وكثافة الحركة الأصولية الفعلي في الجمهورية بسبب نقص المعايير الدقيقة والمتفق عليها في تعريف " الوهابية " ودرجة تسييس القضية ولكن لا شك في انها كانت اضعف بكثير مما هي في الشيشان والداغستان المجاورتين. ورغم ذلك، فقد أظهر " الوهابيون " المحليون بعض التشابه مع نظرائهم الشيشان والداغستان، على مستوى أصغر. وهكذا فقد جرى تمثيلهم، على الغالب، من قبل اولئك الشباب القبارديين والبلقار الذين شعروا بالإحباط تجاه استمرار الفوضى الاقتصادية والاجتماعية، وانتشار الجريمة، والافراط في تعاطي المخدرات والكحول، إضافة الى الفساد المستشري في النظام الحاكم. لذلك رأوا في الإسلام عقيدة قوية لإعادة الاحياء الروحي للشعب. خضعوا من الناحية العقائدية للإسلام " السلفي "، ونظروا الى الممارسات والاساليب ولغة الصلوات الاسلامية القائمة على انها انحرافات عن الإسلام الصحيح.

ركز المسلمون الجدد انشطتهم على التعليم الإسلامي للقبارديين والبلقار، الأمر الذي اعتبروه شرطاً حيوياً لإعادة أسلمة المجتمع التدريجية. نظروا الى المواجهة السياسية المباشرة في قباردينو - بلقاريا على انها غير ملائمة، بالنظر الى التكامل الثقافي والسياسي مع روسيا، والى تدني مستوى التدين، والى تعدد تركيبها الديموغرافي (استيميروف، ٢٠٠٣، كودابيف، ٢٠٠٣).

عام ١٩٩٣، نظم المسلمون الجدد المركز الإسلامي لقباردينو - بلقاريا (لاحقاً المعهد الإسلامي) تحت قيادة موسى موكوجيف. تضمنت اهدافه المعلنة تطوير المعرفة بالإسلام والشريعة والقيم الأخلاقية للإسلام لدى عامة الشعب، الأمر الذي يتعارض مع تزايد انتاج الكحول من قبل النخبة الحاكمة.

اكتسب انتقاد المسلمين الجدد للتقسيم العشوائي للمجتمع المحلي على أساس إثني وطموحهم لاستبداله بهوية اسلامية شمولية، أهمية خاصة. من اللافت للانتباه ان المسلمين الجدد ظلوا اقوى المدافعين عن التضامن عبر القبلي والقومي حتى الآن . استهدفوا صغار السن بين اعمار ١٠ - ١٤ سنة بشكل خاص. كان من بين نجاحاتهم استمالة طلاب عدد من المدارس الرياضية في بلدة تيرناوز. اصبح الطلاب ينتقدون النخبة الحاكمة بدرجات متزايدة قبل اغلاق المدارس عام ١٩٩٨ من قبل السلطات. تركز انتقادهم على السياسات المعادية للإسلام، وعلى زيادة انتاج واستهلاك الكحول في الجمهورية. (احمدوف، ٢٠٠٠، استيميروف، ٢٠٠٣. سيفيرنيي كافكاز ٢٠٠٠، جامبوروف ٢٠٠٠).

انتقد المسلمون الجدد الائمة كبار السن على تشويههم للإسلام والعبادات، وعارضوا الإسراف في مناسبات الحياة الرئيسة، خاصة الجنازات، التي لها تأثير مدمر على اغلبية السكان الذين يعانون من الفقر. كذلك، بدأوا يقيمون الصلوات باللغتين القباردية والبلقارية، بدلاً من العربية التي كان الائمة العجائز يرددونها بدون فهم معانيها، الأمر الذي مكنهم من شرح معاني القرآن الكريم للمصلين. عارض معظم الائمة العجائز هذه الأمور المستجدة، والتي نظروا اليها كمظاهر " وهابية " وتهديد للإسلام التقليدي الذي يدعون تمثيله (اتمورزاييف، ٢٠٠٠). المثير للإهتمام ان المسلمين الجدد ينكرون وجود أي تناقض بينهم وبين الاسلاميين التقليديين، ويناقشون لصالح الحوار البنَّاء والتعاون بين الائمة القدماء والجدد، ويصرون على ان الانشقاق القائم بين " الأمة " المحلية أوجدته بشكل متعمد السلطات والاسلام الرسمي ليخدم غاياتهم السياسية. (دجابوييف، ٢٠٠٣.كودايف،٢٠٠٣).

الى جانب الأغلبية المعتدلة، وجدت قلة من النشطاء الاسلاميين الذين ارتبطوا بقوة بالمتطرفين الشيشان والداغستان والمراكز الاسلامية الدولية. جرى تدريس بعضهم في معسكرات سيرجين يورت الإسلامية، آشخوي - مارتان وأوروزمارتان في الشيشان، والآخرين في معسكرات مماثلة في باكستان وافغانستان لدى " طالبان ".

عام ١٩٩٦، قامت مجموعة من المتطرفين الاسلاميين بزعامة الإمام كازدوخوف، بتنظيم مظاهرة معادية للحكومة، واطلقت شعارات إسلامية. دعوا الى استقالة حكومة كوكوف، وتشكيل إدارة ودار فتوى اكثر ميلاً الى الاسلام، وأقل فساداً. ضمت مطالبهم الدينية عودة الى النقاء الأصلي للإسلام من خلال تنقية الاسلام التقليدي من الوثنية والممارسات الأخرى غير الإسلامية. تعاملت السلطة بخشونة مع المتظاهرين: ألقي القبض على بعضهم، بينما

وضع آخرون تحت رقابة بوليسية مشددة. توفي الإمام كازدوخوف في ظروف غامضة. وصلت انباء عن نشاط اسلامي محدود في منطقتي حسانية وإلبروز بقيادة أتابييف وبيكاييف. ومنذ أواخر التسعينات، أخذ المتطرفون الاسلاميون يعملون بطريقة سرية، أو أنهم هربوا من الجمهورية. من اللافت للنظر أن اثنين من المعتقلين الروس الثمانية في غوانتانامو هما من قباردينو - بلقاريا (جازيتا يوجا، ٢٠٠٢).

بدأت سلطات KBR في خريف عام ١٩٩٩ حملة اعتقالات ضد الاسلاميين الفعليين والمتخيلين.

عكست هذه السياسة تصلب موقف موسكو تجاه التطرف الاسلامي والإرهاب الدولي. بعد اندلاع حرب الشيشان الثانية في ايلول عام ١٩٩٩، عبرت حكومة كوكوف عن تضامنها التام مع موقف الرئيس بوتين من الانفصاليين الشيشان، وحلفائهم الاسلاميين (جيكييف، ٢٠٠٠). اتخذت سلسلة من الاجراءات القاسية ضد المنظمات الاسلامية المحلية والأجنبية. كشفت وزارة الداخلية النقاب عن مخابئ مزعومة " للوهابيين " في نالتشك، وباقسانسكي والبروزسكي. وصف الوهابيون المحليون، بشكل دوري، أنهم مجرمون وإرهابيون تم تدريبهم من قبل الثوار الشيشان، وأنهم ممولون من الاستخبارات الغربية (فيتشيت " فام ني جو ستينيتسا ٢٠٠٠، سيفيرنيي كافكاز ٢٠٠٠، تساغوييف ٢٠٠١). أغلقت السلطات المركز الإسلامي، اضافة الى المدارس التابعة له. جرى ترحيل معظم الارساليات التبشيرية الاسلامية. واغلق معظم مكاتب الصناديق والمنظمات الاسلامية، قطعت الصلات بين المسلمين االمحليين واتباع دينهم في الخارج. عام ٢٠٠٠ تبنى برلمان KBR قانوناً جديداً يحد من الاجتماعات الدينية، تم تعزيز هذا القانون بقرار من البرلمان " ضد التطرف "، والذي تبعه قرار فدرالي عام ٢٠٠٢ حول " محاربة الانشطة المتطرفة ". وفرت هذه كلها قاعدة قانونية لطمس أي معارضة للنظام، دينية كانت أو غيرها. وكما في العهد السوفييتي، بدأ جهاز FSB المحلي (KGB سابقاً) بتجميع قوائم للوهابيين النشطاء والكامنين، اضافة الى المتعاطفين معهم. عام ٢٠٠٢، كان ال FSB قد سجل اكثر من ٣٠٠ " وهابي " (شاشيف، ٢٠٠٣).

قام الإعلام الموالي للحكومة بدور مركزي في تعزيز الهستيريا ضد الوهابية والاسلام. وهكذا، تخصصت صحيفة سيفيرنيي كافكاز في " فضح " الوهابيين في الجمهورية، وكل شمال القفقاس، وكشف صلاتهم المزعومة مع المراكز الإسلامية المتطرفة في تركيا، والامارات العربية المتحدة وسوريا. اشارت الصحيفة الى الصلات بين الوهابيين المحليين

والاسلاميين الاجانب بشكل خاص (يتكوفا ٢٠٠١، داديفيتش ٢٠٠١، أورازاييفا ٢٠٠٠). لقد ادت الحرب الدائرة ضد التطرف الاسلامي الى إحباط " الأمة " المحلية وعززت غربتها عن النظام. اشتكى المسلمون العاديون من خوفهم من الإتهام بالوهابية على أساس ذهابهم الى المسجد، واطلاق اللحى بالنسبة للرجال، أو ارتداء غطاء الرأس للنساء، أو حتى قيادة سيارة فارهة (أحمدوف). أدى هذا، اضافة الى استمرار حالة الفقر لأغلبية السكان والإغناء المذهل للنخبة الحاكمة، الى نشوء تربة خصبة لقبول أشكال مؤسلمة من الاحتجاج الاجتماعي بين المسلمين المحليين.

تركيبة النظام والعشائر[1]

بحلول منتصف التسعينات، كان فاليري كوكوف وبطانته قد توصلا الى ايجاد نظام إثني شمولي خلف واجهة ديمقراطية. وحسب التعريف الاجتماعي، كان النظام يمثل التسمية السوفييتية القديمة، إضافة الى اعضاء من المعارضة وممثلي الأعمال الحرة القريبة من الجريمة. شدد قادة الجمهورية، علناً، على خضوعهم لقواعد اقتصاد السوق الحر، والمجتمع المدني والديمقراطية السياسية. وقد امتدحوا أنفسهم على انجازاتهم المزعومة في تحقيق نمو اقتصادي ثابت، واستقرار اجتماعي، وانسجام بين الأعراق.

بشكل خاص، رفعوا صورة المشاركة الإثنية العادلة المتساوية عند جميع مستويات الإدارة في الجمهورية وقدموا قباردينو - بلقاريا للعالم كمثال متفرد للإهتمام الناجح بمصالح الجماعات الإثنية المختلفة. أشاروا الى دستور عام ١٩٩٧ على أنه يضمن تمثيل الجماعات الإثنية الرئيسة بطريقة نسبية في البرلمان. فالرئيس قباردي، ورئيس الوزراء بلقاري ونائب الرئيس روسي. يرأس احد قسمي البرلمان قباردي، ويرأس الآخر بلقاري. تتمتع اللغات القباردية والبلقارية والروسية بصفة لغات الدولة. (اكييفا ودومانوف ٢٠٠١، جيكييف، ٢٠٠٠).

لكن الحقيقة اختلفت عن هذه الصورة، المصممة أصلاً للاستهلاك الخارجي، فقد حدث تثبيت النظام الحاكم على خلفية التردي الاقتصادي والاجتماعي.

(1) • International Policy Fellowship , 2006 - 2007

• http://People.uncw.edu/horanj/PLS230/worldpolitics-chechnya.htm 272008/10/

رغم الاحصائيات الرسمية، فقد بقيت الجمهورية احدى الأفقر في روسيا ما بعد – الشيوعية. كان خمسون بالمئة من السكان يرزحون تحت خط الفقر. وصلت الصناعة العسكرية التي استخدمت معظم المتخصصين والمهرة، الى الدمار. واندثرت الكولخوزات والسوفخوزات، كما تضاءلت كمية الانتاج الزراعي واعداد الماشية بدرجة كبيرة.

كانت النتيجة التراكمية لاثنتي عشرة سنة من حكم كوكوف ما يلي: الشلل الصناعي، وسيطرة الاسواق الرمادية، والسوداء في نقل وتكرير النفط، وانتاج الكحول والمخدرات والاحتيال المالي. صاحب كل هذا ظهور طبقة من الاثرياء القبارديين والبلقار. شهدت نالتشك وضواحيها بناء فلل فخمة عائدة الى العائلة الحاكمة، ومسؤولي الادارة الذين لم تكن دخولهم الرسمية تغطي حاجاتهم الأساسية. هذا التباين هو أحد مصادر السخط بين افراد الشعب الذين بدأوا ينظرون الى الحكومة القائمة كملاذ للجماعات الاجرامية المحلية. كان من بين النتائج الاجتماعية للإنهيار الاقتصادي تهميش وإفقار معظم السكان وانحطاط قيمهم الأخلاقية، بما فيها انتشار الجريمة، والدعارة واساءة استهلاك الخمور والمخدرات. وانتشرت موجة القتل التعاقدي للساسة ورجال الأعمال وقادة منظمات المعارضة المختلفة   (فيداييف ٢٠٠٢، كليفتسوف ٢٠٠١).

رغم الواجهة الديمقراطية، فقد بقيت سلطة البرلمان رمزية، إذ ظل يوافق على قرارات النخبة.

اخمدت السلطة أي معارضة قابلة للحياة، وحيَّدتها، بقوة، وفرضت رقابة صارمة على الإعلام المحلي. احتكرت بضع عشائر قباردية وبلقارية النفوذ السياسي والاقتصادي الفعليين، وكان اقواها عائلة الرئيس، اذ كان فاليري كوكوف يتمتع بسلطة هائلة أشبه شيء بطغاة القرون الوسطى. كان كوكوف المرشح الحقيقي الوحيد خلال انتخابات اعوام ١٩٩٢، ١٩٩٧ و ٢٠٠٢، رغم المشاركة الرسمية لعدة مرشحين آخرين. كانت النتائج تعرف قبل تاريخها الفعلي (تحابسوييف ٢٠٠٢ " زاتشيم ستولكوشوما؟ " ٢٠٠٢). حل الولاء الشخصي للرئيس مكان المهنية والأهلية، بينما أصبح تفضيل الاقارب والأعوان الأمر السائد للسياسة المحلية. جرى توسيع الجهاز البيروقراطي للجمهورية ليتسع لاصدقاء الرئيس وأقاربه. تم ضمان استقرار النظام عن طريق خدمات قوات FSB المبالغ فيها. ازدحمت الجمهورية بالشرطة وافراد المراقبة. ساهم هذا الوضع في انتشار انعدام الثقة المتبادل بين السكان. تشكل عائلة كوكوف رأس الهرم السلطوي، وهي ال " سيميا " الحاكمة. يقال إن فيوليتا

كوكوف هي اغنى شخص في الجمهورية وتمسك بخيوط محفظة الدولة. فهي تمتلك سلسلة من محطات الوقود، التي تتعامل بالنفط الشيشاني المهرب، اضافة الى عدد من الأسواق والمخازن (لايبانوف ٢٠٠٠). بعد الرئيس، هناك شخصية مركزية سياسية، هو عضو ال " سيميا " خاوتي سوخروكوف نائب رئيس الوزراء للتعليم والعلوم، وهو اقوى من رئيس الوزراء حسين تشيشينوف. سوخروكوف قريب لفيوليتا كوكوفا وكلاهما يتحدر من منطقة اورفانسكي.

العائلات القباردية المتنفذة الأخرى هي: شوجينوف، وكوشخوف، وخاراييف. وأقوى هؤلاء نفوذاً هو هاشم شوجينوف، وزير الخارجية.

حسب التقاليد السوفييتية، فقد احتمت النخبة القباردية الحاكمة المشاركة المحدودة للبلقار في جميع مؤسسات الحكم، ولكن في المراكز والادوار الثانوية غير المؤثرة. حصل تدفق من البلقار الى الإدارة أثناء الازمة السياسية لعامي ١٩٩١ و ١٩٩٢.

اختارت قيادة كوكوف عدداً كبيراً من نشطاء الحركة البلقارية القومية، إضافة الى ممثلين عن اكبر العشائر البلقارية. ومن بين اقواهم كان تشيشينوف، وباباييف وزوماكولوف. حسين تشيشنيوف، رئيس الوزراء، كان زعيم عائلته. كثيراً ما تكون هذه العائلات مثل نظيرتها القباردية، مترابطة عن طريق التزاوج. فمثلاً، إبنة زعيم عشيرة زوماكولوف متزوجة من احد اعضاء عشيرة باباييف.

رغم التقسيم الدقيق لدوائر النفوذ، لم تخل العلاقات بين القبارديين والبلقار من المشاكل. فقد ظل على الدوام ثمة امتعاض خفي من البلقار جراء مواقعهم الثانوية. لذلك فإن " السيميا " ظلت حريصة، بدرجة خاصة، على انتقاء الزملاء البلقار " الملائمين " وهيأتهم مقدماً. كذلك حرصت على تبديل مواقع المسؤولين بشكل دوري لمنعهم من تأسيس شبكات نفوذ على غرار شبكات القبارديين.

لقد ارتبط استقرار النظام الحالي بعلاقته مع موسكو. فقد ظل الدعم السياسي من الكرملين عنصراً حيوياً لاستمرار حكم كوكوف، خاصة بالنظر الى حجم المعارضة. اضافة الى ذلك، فقد شكلت المعونات الفدرالية مصدراً رئيساً لإثراء النخبة الحاكمة. وهكذا ضبطت نالتشك سياساتها وخطابها السياسي مع مايحبه سادة الكرملين. بعد تسلم فلاديمير بوتين مقاليد الحكم عام ٢٠٠٠، و ظهوره كقائد روسي جديد وقوي، سارع الرئيس

كوكوف الى إقامة علاقات وثيقة معه. ابدى دعماً متحمساً لمشروع بوتين الداعي الى المركزية ورحب بضم قباردينو - بلقاريا الى المنطقة الفدرالية الجنوبية بزعامة فيكتور كازانتسيف. أمر كوكوف بتشكيل لجنة خاصة برئاسة المدعي العام يوري كيتوف في حزيران عام ٢٠٠٢، للتغلب على أوجه الاختلاف بين التشريعات المحلية من جهه والفدرالية، من جهة اخرى.

في تشرين الثاني عام ١٩٩٩، القى كوكوف خطاباً في مؤتمر " الاسلام - دين السلام " هاجم فيه " الوهابية " واصفاً إياها بأنها مذهب شمولي لا يتوافق مع المجتمع الروسي، ولا عقلية المسلمين الروس (قباردينو - بلقارياسكايا برافدا، ١٩٩٢، عدد ٢ تشرين الثاني). نظم الحكام سلسلة من المحاكمات والاجراءات ضد" الوهابيين " المحليين، شملت المسلمين الجدد وممثلي الفروع المحلية للمنظمات الاسلامية مثل حزب الله، الإخوان المسلمين، والإغاثة الاسلامية ومركز اللغات - الحاسوب " المنارة ". كذلك اغلقت السلطات المعهد الإسلامي، والمساجد المركزية وبعض المراكز الإسلامية التي لم تكن لها أي علاقة " بالوهابيين ". شنت السلطات حملة تنكيل جديدة في شهري ايلول وتشرين الأول عام ٢٠٠٣ على المتشددين الاسلاميين تضمنت إغلاق عشرات المساجد، والقاء القبض على اكثر من مائة عنصر من المسلمين الجدد (كودابيف، ٢٠٠٣).

في آذار عام ٢٠٠١ قام الرئيس بوتين بتعيين فاليري كوكوف عضواً في مجلس رئاسة الدولة المكون حديثاً، والمؤلف من سبعة اعضاء. أدى ذلك الى زيادة المعونات الفدرالية للجمهورية والدعم غير المحدود لإعادة انتخابه لفترة رئاسية ثالثة في كانون الثاني عام ٢٠٠٢.

الفصل الخامس

العمل السياسي الشركسي حالياً

المجلس العالمي والجمعية الشركسية [1]

عقد المجلس العالمي الشركسي أول اجتماع له في نالتشك – عاصمة جمهورية قباردينو بلقاريا – من ١٩ الى ٢١ أيار عام ١٩٩١. وقد حضر الاجتماع ممثلون عن الجمعية الخيرية الشركسية في قباردينو بلقاريا، والأديغيه وجمهورية قرشاي – تشيركيسك.

كما حضره موفودون من الحركة الشعبية الابخازية، وجمعية الوطن الأم (رودينا أو خيوك)، وممثلون عن الجمعيات الخيرية الشركسية والمراكز الثقافية في كل من تركيا، وسوريا والاردن واسرائيل والمانيا وكذلك هولندا والولايات المتحدة الامريكية.

ضمن هذا المفهوم، فان تعبير "الشراكسة" يشمل كلا من الأديغه والابخاز – أباظه.

كان أحد القرارات الرئيسة للمجلس تأسيس "دونيبسو شركس خاسه" أي الجمعية الشركسية العالمية. وقد تم تشكيل هذه الهيئة من اعضاء منتخبين يمثلون الجمهوريات الشركسية في الفدرالية الروسية، اضافة الى دول الشتات.

لقد كانت المهمة الرئيسة لهذه الهيئة تنسيق الجهود الموجهة نحو تأسيس وتطوير العلاقات الثقافية بين كافة المجتمعات الشركسية حول العالم. كذلك تم تكليف الجمعية الشركسية العالمية بالعمل على حفظ وتطوير الثقافة القومية والفولكلور، والعمل على النهوض باللغة الشركسية، التي تعرضت لضغوط هائلة.

(١) The Circassians: a hand book للأستاذ أمجد جموخه (٨٦ – ٧)

أعلن المجلس أن الجمعية الشركسية العالمية سيعهد اليها بدراسة المشاكل العامة التي تواجه كافة الشعوب الشركسية وايجاد الحلول لها، واجراء البحوث، وكتابة التاريخ الشركسي الفعلي، وضمانة الحرية الدينية، والمحافظة على الهوية القومية للشراكسة.

كذلك تعهدت الجمعية بتقديم كل المساعدة الممكنة للشراكسة الراغبين في العودة الى أراضي اجدادهم، واعادة توطين واستعادة جميع الكنوز التاريخية والثقافية المبعثرة في انحاء الدنيا.

كذلك صادق المجلس على النظام التأسيسي للجمعية، وانتخب قيادة لها، وكان أول رئيس لها المرحوم يورا قاليق، الذي اصبح فيما بعد وزيراً للعدل في الفدرالية الروسية.

اتخذ قراراً بجعل نالتشك مركز الجمعية ومقرها.

[في نهاية المطاف، تمكنت السلطات الروسية من تحييد الحركة القومية باساليب ملتوية وبوضع " رجالها " في مراكز حساسة داخل الرئاسة. على اية حال، مازالت هناك بقية من القوميين المخلصين الذين يتمسكون بالمثل والاهداف السامية لكل من المجلس والجمعية]

مازالت الجمعية في أولى مراحل تطورها، ولم تصبح قوة قومية ذات شأن. فقد اتخذ العديد من القرارات، لكن قلة الامكانيات، وانعدام النفوذ السياسي أديا الى نتائج غير متجانسة حتى الآن،

إذ ليست كل المنظمات في الشتات ممثلة فيها. فقد أدت التدخلات الداخلية من اللوبي الداخلي الى منع دخول بعض الجمعيات في تركيا والأردن من أن يصبحوا أعضاء.

كما يبدو أن هناك قضايا ومسائل في غاية الأهمية، يجري تجاهلها وتعطيلها جراء الخلافات الداخلية، والتنافس الشخصي.

ولفهم بعض مجريات القضايا التي تبنتها الجمعية الشركسية العالمية، أدرج أدناه بعض قرارات المجلس الذي عقد في كراسنودار في الفترة من ٢٥ الى ٢٨ حزيران عام ١٩٩٨:

١ - ممارسة الضغط غلى على روسيا لإصدار اعتذار رسمي عن حرب الإبادة الروسية - القفقاسية

٢ - تسهيل اصدار وثائق الإقامة والجنسية للعائدين.

٣ - رفع الحصار المفروض على ابخازيا من قبل روسيا.

٤ - حث السلطات الفدرالية على إعادة سلطة الحكم الذاتي الى اقليم الشابسوغ.

٥ - إعادة توطين شراكسة كوسوفو (تمت هذه العملية عام ١٩٩٨).

كذلك، ومما هو جدير بالإهتمام، توجيه النداء الى السلطات في الأقاليم الواقعة خارج الجمهوريات الشركسية، ولكنها داخل الفدرالية الروسية، والتي تقيم فيها مجتمعات شركسية، بتسهيل تحقيق تطلعاتهم القومية. وتشمل اقليم كورسكي في ستافروبول ومنطقة اوسبين في كراسنودار. بالإضافة الى ذلك، فقد تم تبني مشاريع طموحة عديدة، مثل انشاء محطة تلفزة قومية، واصدارعمل تاريخي من عدة مجلدات، وموسوعة معارف أديغه.

كان يفترض أن تستكمل هذه المشاريع بحلول شهر تموز عام ٢٠٠٠ موعد انعقاد المؤتمر الخامس.

الجمعية الشركسية العالمية ومنظمة الأمم والشعوب غير الممثلة (UNPO) [1]

انشئت منظمة (UNPO) لتمثيل الجماعات الإثنية حول العالم، والممنوعة من الإنضمام الى الأمم المتحدة لأي سبب كان. تم تأسيسها عام ١٩٩١، واتخذت من لاهاي، بهولندا، مقراً لها.

تضم حوالي ٥٠ عضواً ويبلغ مجموع عدد المنتمين اليهم قرابة ١٠٠ مليون نسمة ومن بين اعضائها القفقاسيين هناك الأبخاز والشراكسة، الذين تمثلهم الجمعية الشركسية العالمية.

كانت جورجيا عضواً فيها قبل ان تحصل على استقلالها عام ١٩٩١.

طالب الحاج مراد خاتوكاييف، الأمين العام للجمعية الشركسية العالمية في كلمة ألقاها في الاجتماع الخامس العام بمدينة اوتيبا في استونيا خلال شهر تموز عام ١٩٩٧، طالب الفدرالية الروسية " بالاعتراف " بالإبادة العرقية ضد الشراكسة، والإقرار بوضعية الشعب المنفي، والقيام بجهود للسماح لهم بالعودة الى وطنهم والاحتفاظ بازدواجية الجنسية (في بلدان اقامتهم الحالية وفي روسيا). وقد صدر قرار، من الجمعية العامة، بدعم هذه المطالب،

---

(1) • Circassians UNPO yearbook 1997.

وجه بموجبه نداءً الى الفدرالية الروسية وبلدان اخرى من العالم بمنح الشراكسة وضعية الأمة المنفية (قرار رقم ١٣) " حول وضع الأمة الشركسية "، الجمعية العامة للشعوب غير الممثلة ومنظمة الامم [١٥ - ١٩ تموز عام ١٩٩٧ TEPAA ١٩٩٧/١٣/UNPO GA5].

كما صرح تيفيج قازانوقوف، وهو عضو آخر في الجمعية الشركسية العالمية، خلال اجتماع للجمعية العامة يوم ٢٨ تموز ١٩٩٨ بأن " عملية توحيد الجمهوريات الأهلية الثلاث تعاني من مشاكل، وأنها تواجه العقبات باستمرار....وان الشراكسة في الشتات يواجهن صعوبات في استخدام لغتهم الأصلية وممارسة ثقافتهم (فمثلاً في تركيا هم لا يستطيعون حتى استخدام اسماءهم الشركسية الصحيحة) وهذا هو السبب في خوفهم من الذوبان، وان هناك ميلاً الى العودة لوطنهم الأصلي التاريخي..... ينبغي على الأمم المتحدة أن تمارس الضغط على حكومة روسيا وان تستخدم العبارة الواردة في البند E، القسم الثالث من المادة ١٩ من قانون "السماح بالجنسية الروسية".

القوميون القبارديون ممثلون بشكل رئيس من قبل الأديغه خاسه، والتي هي عضو في الجمعية الشركسية العالمية، والمطلب الرئيس للقوميين هو استعادة قباردا التاريخية كخطوة أولى نحو إعادة تأسيس بلاد الشراكسة الكبرى " تشيركاسيا "، بشكل متزامن مع إعادة توطين شراكسة الشتات.

لكن تأثير ونفوذ القوميين تناقص، بدرجة كبيرة، بحلول منتصف التسعينات.

كان رئيس الخاسه في اوائل القرن الحادي والعشرين هو فاليري حاتاجوقه (خاتاجوكوف). كما كان المرحوم بوريس اكباشيف (اقباش)، وهو عضو شركسي في برلمان الجمهورية ونائب رئيس الجمعية الشركسية العالمية (اصبح فيما بعد رئيساً) صاحب دور رئيس وشخصية مؤثرة في تنسيق وتوجيه التحركات السياسية لشراكسة جمهورية قرشاي - تشيركيسك في اواخر التسعينات. وقد اتهمه اعداؤه السياسيون بامتلاك خطط سرية لتوحيد القبارديين، والتشيركيس والأديغه في وحده شركسية واحدة.

عندما ألقي القبض على يورا شانيبوف في خريف عام ١٩٩٢ على خلفية اتهامات بتنظيم تجنيد المتطوعين، قام قادة الخاسه والزعماء المحليون للجمعية الشركسية العالمية بتنظيم مظاهرة ضخمة في نالتشك. تجمع الحشد الغاضب في الساحة المركزية، وأحاط الناس بمبنى الحكومة، مطالبين بالإفراج الفوري عن شانيبوف اعلنت حالة الطوارئ ووصلت قوات

دعم على شكل جنود من وزارة الداخلية الروسية.

على أية حال، وصلت المشاعر الى حالة من الغليان بحيث أنه لولا موافقة الرئيس كوكوف آنذاك على مطالب المتظاهرين، لكان أقيل واستولى القوميون على السلطة في تحرك شبيه باستيلاء دوداييف على السلطة في بلاد الشيشان قبل ذلك بسنة واحدة. ورغم الافراج عن شانيبوف، فقد اضاع القوميون فرصة للاستفادة من هذا الدعم الشعبي. بدأ منذ ذلك الحين نفوذ الحركة القومية يضعف ويتراجع.

يدعي بعض القوميين الشراكسة الاعضاء في الجمعية الشركسية العالمية أن كبار المسؤولين في قباردينو - بلقاريا يعتمدون بشكل رئيس على اصوات الناخبين الروس لابقائهم في السلطة. وقد اكدت هزيمة القادة القوميين في انتخابات عامي ١٩٩٥ - ١٩٩٦ المحلية هذا الادعاء.

فقد قلص التوقيع على اتفاقيات المشاركة في السلطة بين موسكو والجمهوريات الشركسية من نفوذ القوميين. لذلك أصبح بامكان الحكام السياسيين الشراكسة ان يتجاهلوا بعضاً من رغبات ومصالح اغلبية الشراكسة القومية.

جمعية الوطن الأم (الخوك، رودينا)

تشكلت " جمعية الوطن الأم " (الخوك، رودينا) من اجل اقامة الصلات والعلاقات الثقافية بين القفقاس ومجتمعات الشتات وتقويتها. وقد افتتح فرعها في نالتشك عام ١٩٦٦. تقوم الجمعية بتنظيم الزيارات المشتركة المتبادلة، وتنظيم عملية دراسة طلاب الشتات في معاهد الدراسات العليا في قباردينو بلقاريا. في كل سنة، يتم إرسال مجموعات من كتب تدريس اللغة والمواد التعليمية والثقافية الأخرى الى الجمعيات الشركسية في الخارج. بعد سقوط النظام السوفييتي، اصبحت الجمعية الشركسية العالمية، والتي غدت جمعية الوطن الأم جزءاً منها، تقوم بهذا الدور التعليمي والثقافي.

النظام الداخلي للجمعية الشركسية العالمية[1]

الفصل الأول

التعاريف، والمركز والفروع

المادة الأولى: يسمى هذا النظام النظام الداخلي للجمعية الشركسية العالمية

يتألف هذا النظام من ستين مادة مقسمة الى عشرة فصول رئيسة هي:

١ - الفصل الأول: التعاريف والمركز والفروع (المادة الأولى وحتى الرابعة)

٢ - الفصل الثاني: الأهداف

أ - ايجاد التضامن والتفاهم بين الشراكسة

ب - تطوير الوضع الاجتماعي والثقافي لجميع الشراكسة.

ج - تعليم اللغة الشركسية (الموحدة الكتابة)

د - تنظيم نشاطات كافة الجمعيات الاعضاء في الجمعية العالمية لايجاد الحلول للمشاكل الاقتصادية، الاجتماعية والثقافية والدينية للشعب الشركسي.

هـ - توسيع وتقوية العلاقات، والصداقة الأخوية لشراكسة المهجر والوطن الأم.

و- إعادة الآثار والمقتنيات القيمة تاريخياً وثقافياً والتي ظهرت خارج الوطن الى متحف / متاحف الوطن.

ز - جمع المؤلفات والمحفوظات بهدف تأسيس مركز معلومات / مكتبة قومية خاصة بالجمعية.

ح - إعادة العلاقات العائلية وتعزيز الاتصالات بين الشراكسة في الوطن التاريخي ودول الشتات، خاصة بين الاطفال والشباب.

---

(١) الجمعية الخيرية الشركسية - المركز - عمان - الأردن

ط – البدء فوراً بمساعدة الشراكسة الذين يرغبون في العودة الى الوطن التاريخي.

٢ – ١ – ايجاد علاقات واتصالات اقتصادية دائمة بين شراكسة الوطن التاريخي والشتات والمساعدة على انشاء شركات مشتركة.

٢ – ٢ – تقوم الجمعية بتمثيل الاهتمامات القومية للشراكسة في جميع المنظمات والمؤسسات والدوائر الحكومية والمنظمات العالمية.

٢ – ٣ – اصدار الجرائد والمجلات وتأسيس دور النشر، للإعلام والدعاية والتعليم

٢ – ٤ – المساعدة على تطوير اتصالات الشراكسة في الوطن التاريخي بشراكسة الشتات.

٢ – ٥ – المساعدة في تنظيم مؤتمرات البحث العلمي، السياسية، الاقتصادية، القانونية، التاريخية، الثقافية، التعليمية بمختلف مراحلها والديموغرافية وغيرها.

٢ – ٦ – منح المكافآت والرواتب والشهادات الصادرة عن الجمعية.

٢ – ٧ – إيفاد الافراد في مهمات خارجية، استقبال الممثلين الأجانب فيما يتعلق بانشطة الجمعية.

٢ – ٨ – البحث عن مصادر تمويل من: جمهوريات الوطن، شراكسة المهجر، دولة روسيا الاتحادية، اوروبا الغربية وامريكا والعالم العربي والإسلامي.

٣ – الفصل الثالث: المؤسسون والعضوية (المواد من السادسة وحتى السابعة عشر)

٤ – الفصل الرابع: الهيئة العامة – الكونجرس (المواد من الثامنة عشر وحتى الثلاثين).

٥ – الفصل الخامس: الرئيس ونائبه وممثلوه (المواد من الحادية والثلاثين وحتى الثالثة والثلاثين).

٦ – الفصل السادس: مجلس الإدارة (المواد من الرابعة والثلاثين وحتى السادسة والثلاثين).

٩ - الفصل التاسع: النظام المالي (المواد من الحادية والاربعين وحتى الثانية والخمسين).

الحركة الشركسية

هي تحرك قومي سياسي في جوهره، قام به عدد من المثقفين الشراكسة النشطاء من حملة الجنسية الأردنية والسورية والتركية وغيرها.

نذكر من ابرزهم:

١ - السيد اكرم قورشه من الأردن، عمل مع هيئة التنمية في الأمم المتحدة زهاء ربع قرن، وهو مساهم في شركة البروز للتنمية والاستثمار، ونائب رئيس مجلس ادارتها.

٢ - السيد حسن داود خورما من الأردن، مؤسس شركة البروز ورئيس مجلس ادارتها ورئيس سابق لمجلس إدارة الجمعية الخيرية الشركسية - الاردن.

٣ - الدكتور احسان صالح من سورية، ومقيم في المانيا، ناشط كبير في العمل الشركسي القومي.

٤ - الدكتور شرف اباظه: سوري، ترأس جمعية المقاصد الخيرية الشركسية في سوريا، وكان عضواً في مجلس الأمة السوري.

٥ - السيد إياد يوغار: سوري المولد، يحمل الجنسية الامريكية وترأس الجمعية الخيرية الشركسية في نيوجيرسي، الولايات المتحدة.

٦ - السيدة تشيتشيك شيق: سورية المولد، ترأست الجمعية الخيرية الشركسية في كاليفورنيا، الولايات المتحدة.

٧ - السيد جيهان جانديمير: من تركيا، رئيس اتحاد الجمعيات الخيرية الشركسية التركية.

٨ - السيد فتحي رجب: من تركيا ومقيم في هولندا.

وقد أجرى هؤلاء النشطاء العديد من الاتصالات مع كبار المفكرين والمتعاطفين مع القضايا الانسانية في العالم، لكسب التأييد والتعاطف مع القضية الشركسية.

أما اهداف هذه الحركة / المؤسسة فتوضحها المادة (٢) من النظام الداخلي للمؤسسة،وهذا نصها:

١ - حماية الاديغه من الانقراض او الانصهار مع الشعوب الاخرى التي تعيش بينها.

٢ - اقرار حقوق الاديغه في القفقاس من قبل روسيا، والاعتراف بحق عودتهم الى بلادهم الاصلية،بحسب ميثاق الامم المتحدة لحقوق الانسان.

٣ - تحسين وضع الاديغه في روسيا وفي العالم ثقافياً ومادياً ومعنوياً.

٤ - اقرار حقوق الاديغه في الحفاظ على لغتهم وتراثهم من خلال تدريس لغتهم وانشاء المدارس والمؤسسات والهيئات الثقافية العلمية وعقد الندوات والمؤتمرات المحلية والاقليمية المتخصصة لشؤون الاديغه.

٥ - انشاء صندوق قومي يساهم فيه جميع الاديغه بشكل طوعي وبمبلغ لا يقل عن دولار امريكي واحد عن كل فرد من افراد الاسرة. ولتسهيل ذلك فتح صناديق قومية فرعية في كل بلد يتواجد فيه الاديغه.

٦ - تجهيز ملف تاريخي - احصائي - سياسي شامل عن القضية الشركسية مع التركيز على الفترة ما بين ١٨٢٠ وحتى ١٩٩٠ لابراز حجم المأساة التي احاطت بشعوب الاديغه واحتلال اراضيهم وابعادهم عنها قسراً اما خارج روسيا او داخلها بقصد نشر المعرفة عالمياً عن الحقوق الشركسية المسلوبة وكسب التأييد السياسي لاعادة هذه الحقوق لاصحابها بحسب شرائع الامم المتحدة.

٧ - الاتفاق مع مكتب استشاري قانوني مقيم في اوروبا بحيث يقوم هذا الاستشاري بتدعيم جهود المتابعة لتحصيل الحقوق الشركسية من الناحية القانونية أيضاً.

كذلك ورد في مذكرة السيد اكرم قورشه ليس من باب الصدفة ان جميع التجمعات الشركسية اينما كانت اليوم، لم تنخرط او تمارس اي نشاط تجمع سياسي أو قومي، إنما اتجهت جميعها نحو العمل الخيري - التطوعي.

من الواضح أن لجوء الشراكسة الى " دار الإسلام "، قد حرم هذه الجماعات من الشعور بالضعف الذي يلازم الاقليات في كل مكان، ويؤدي الى بناء دفاعات اجتماعية وسياسية واقتصادية داخلية، لتحقيق التوازن داخل المجتمع الأكبر المختلف، وبالتالي الديمومة وعدم الضياع. ولذا انحصرت مسألة الأمان في الفرد ولم تصبح جماعية سوى لفترة قصيرة في تركيا وربما أيضاً في سوريا بسبب ايديولوجيات قومية ضيقة. أدى كل هذا الى عدم مواجهة النزعة الفردية الشركسية التاريخية بأية تحديات تستدعي التضحية بشيء من مظاهرها لتحقيق الحماية ضد المجتمع الاكبر الخارجي. ولذلك، فان العمل الذي نحن بصدده يتطلب مجهودات مضاعفة وهمم متجددة ومتابعة حثيثة. وليس من المجدي اضاعة الوقت والجهد في توفير قاعدة عددية، بل يتحتم التركيز في البداية على ايجاد نواة نوعية تكبر تدريجياً كلما استدعت خطة العمل، فتضم عناصر جديدة تعمل من داخلها وتسعى الى ديمومة مسيرتها.

وقد وضعت المذكرة المذكورة خطة عمل تتلخص في تشكيل نواة من عشرة اشخاص الى خمسة عشر شخصاً تتوزع بينهم المهام التالية:

١ - الإتصال بجميع التجمعات الشركسية في داخل القفقاس وخارجه لمعرفة وتحديد مدى ما توصل اليه عملها الجماعي في سبيل تحقيق حصول الشراكسة على حقوقهم في وطنهم، والاتفاق مع هذه التجمعات على اهمية وضرورة وضع استراتيجية يتفق عليها الجميع ويتم اعدادها بمشاركة الجميع لضمان نجاح اهدافها.

٢ - تجميع اكبر عدد ممكن من الوثائق المكتوبة والمسموعة والمرئية التي تصلح لأن تكون مادة تعريف بالقضية الشركسية لمن لا يعرف عنها الكثير من اجل تحقيق الدعم المطلوب للمسألة الشركسية.

٣ - تحديد مراكز النفوذ الأوروبية الجماعية والفردية القادرة والمهيأة للعب دور فاعل في فهم وتبني المسألة الشركسية والاتصال بهؤلاء الافراد / الجماعات لتأمين مساندتها.

٤ - التحقق من دور القانون الدولي السياسي والخاص والاتصال ببيوت الخبرة القانونية للتعاقد معها لتجنيدها للسير بالقضية الشركسية نحو اهدافها المرسومة.

٥ - مخاطبة الإعلام الاوروبي والعالمي لتفعيل القضية الشركسية والمبادرة الى كسب أهم وانجح ما في المؤسسات الاعلامية لخدمة القضية.

ولالقاء مزيد من الضوء على التوجهات الفكرية والسياسية لهذه الحركة، نورد فيما يلي مجموعة من الأفكار التي طرحتها عام ٢٠٠٥.

١ - منذ انهيار الاتحاد السوفييتي، بدأت ملامح ومؤشرات تفكك تلك الإمبراطورية الكبيرة في الظهور. وكانت البدايات في لتوانيا ثم استونيا وجورجيا وأرمينيا وأذربيجان وابخازيا والشيشان ومؤخراً أوكرانيا وها هي قرغيزيا أيضاً مثل أوكرانيا تتطلع إلى الغرب نحو الاتحاد الأوروبي.

٢ - روسيا التي يحكمها اليوم وحتى عام (٢٠١٠) كولونيل مخابراتي لديه أحلام توسعيه أو على الأقل لديه رغبة أكيدة في المحافظة على روسيا عظمى وقوية سوف يقاوم بضراوة كبيرة أي تحرك في جمهوريات القفقاس والشركسية منها نحو ما يمكن أن يؤدي الى الاستقلال ثم الانفصال. ليس فقط لان معظم سكان هذه الجمهوريات من الروس والموالين لهم من القوزاق وغيرهم وليس فقط لان القفقاس هي بوابة روسيا نحو المياه الجنوبية الدافئة ولكن أيضاً وبشكل أساسي لان القفقاس غني بكل شيء: الثروة المعدنية الهائلة، والمياه المعدنية الممتازة والنفط والغاز والزراعة والثروة الحيوانية. لذا سوف يصبح التخلي عن هذه المنطقة من روسيا الحالية أمراً غير مقبول، لاسيما في المستقبل القريب، أي بعد أن يستفيق هذا النظام الاستعماري من مرارة فقدان أطرافه الآسيوية والأوروبية واحدة تلو الأخرى. ولذا يصبح عام ٢٠٠٥ عاماً هاماً جداً في المسألة الشركسية.

٣ - من الواضح أن مصلحة الولايات المتحدة هي أن تبقى روسيا مشغولة بمشاكل داخلية تتمحور حول حقوق الإنسان المتعارف عليها دولياً كي تعيق أو تؤخر انضمام روسيا الى المجموعة الأوروبية. وواضح أيضاً أن من مصلحة الولايات المتحدة أن لا تزداد قوة الاتحاد الأوروبي بانضمام روسيا له. ولذا من الخطأ الاعتماد على مناصرة الولايات المتحدة للقضية الشركسية والتي هي الآن مثل القضية الشيشانية و القيرغيزيه...الخ أوراق رابحة في يد الولايات المتحدة الأمريكية تلعب بها كيفما اقتضت مصلحتها لتحقيق ما ذكر أعلاه.

٤ - كلما ازداد الاهتمام الأمريكي (والروسي طبعاً) في مخزون النفط والغاز في القفقاس، إزداد طمعهما وتسابقهما في الحصول على مكاسب ثابته على الأرض يصعب الحراك معها في تفعيل المسألة الشركسية إذ لابد ولهذه الحركة أن تهادن أحد هذين القطبين لتستطيع تحقيق أغراضها. وكما يبدو الآن ليس لاحد من هذين القطبين أي اهتمام

مخلص بالقضية الشركسية إنما يمكن أن يستخدمها كلاهما لتحقيق أهدافه ولضرب القطب الآخر. ومن هنا تجيء أهمية التحرك السريع قبل أن تتشعب وتترسخ هذه المصالح النفطية.

٥ - أوروبا كوحدة سياسية واقتصادية متعاظمة أخذت تلعب دوراً مهما في السياسة العالمية. وهي على الأقل تلعب دوراً مصيرياً بالنسبة لشروط انضمام أعضاء جدد لها. وافضل مثال على ذلك هو مثل تركيا التي طلب إليها بالإضافة الى شروط أخرى كثيرة شرطان سياسيان هما الاعتراف بالخطأ عن المذابح الأرمنية عام ١٩١٥ والاعتراف بدولة قبرص واستقلالها. لذا يتوجب علينا كسب جانب أوروبا الى المسألة الشركسية من خلال اتصالات مكثفة مع رموز أوروبا السياسية المؤثرة وشرح القضية الشركسية منذ بداياتها في مختلف وسائل الاتصال والإعلام الأوروبي والدولي والتعاقد مع مكتب مستشارين حقوقيين مقابل عرض مالي مجزي ليقوموا بتحريك المسالة الشركسية قانونياً وسياسياً في أوروبا و في أمريكا والأمم المتحدة بشكل فعال ومنظم وسريع جداً.

٦ - قامت وماتزال مجموعات من شراكسة المهجر بإجراء دراسات واتصالات مهمة جداً وفعالة وخطت في هذا الطريق خطوات عظيمة. لذا يجب علينا الاتصال المكثف معها والانضمام إلى تحركها الهادف واقتراح بعض الخطوات العملية الإيجابية إذا كانوا لم يقوموا بها حتى ألان. ومن الضروري جداً الالتقاء السريع مع الدكتور إحسان وجوخ ومحي الدين اونال لبحث جميع هذه الأمور.

٧ - الرسالة الموجهة من الجمعية الشركسية العالمية في نالتشك إلى الرئيس بوتين وبعض المسؤولين الروس مهمة جداً ويجب دراستها جيداً والبناء عليها وتأييدها. واضح انه يتعذر على أهلنا في القفقاس المجاهرة بشكل واضح عن مضمون التحرك الشركسي العالمي خارج روسيا. ولذا يجب مراعاة ظرفهم ولكن بنفس الوقت يجب عدم فهم موقفهم بأنه غير مؤيد لما يقام من جهد خارج روسيا.

٨ - يجب علينا تحديد أسماء شخصيات سياسية واقتصادية شركسية وغير شركسية مقيمة في موسكو أو سان بطرسبورج لكسب تأييدها للحركة و التحرك في القضية الشركسية وبشكل خاص عضوي البرلمان اللذين أعدّا مذكرة إلى بوتين يعارضان فيها اتجاهه نحو تعيين رؤساء الجمهوريات المختلفة بدلا من انتخابهم شعبياً.

٩ - يبدو لي أن موضوع تنظيم وتنشيط العودة الى البلاد في حال الحصول على حق العودة تنشيط الهجرة المعاكسة إلى القفقاس سيما من تركيا لن تكون سريعة ومكثفة كما يجب أو كما نتوقع. لذا يجب عدم تركيز جهد واهتمام كبير بهذه الهجرة كي لا نفقد فرصة الاهتمام بأمور وإجراءات أخرى مهمة اكثر لحركة القضية الشركسية. ويبدو لي أن اهتمامنا الأساسي الآن يجب أن يتركز على موضوع الاعتراف الروسي الكامل بالحقوق الشركسية غير منقوصة وغير غامضة.

عام ١٩٩٢

حول الإبادة الجماعية للشعب الشركسي في الحرب الروسية القوقازية

قرار المؤتمر الشركسي الأول

في ٢٨ آذار عام ١٩٩٢ / مدينة نالتشك

إن الحرب الروسية القوقازية التي دامت مئة عام من عام ١٧٦٢ ولغاية عام ١٨٦٤ والتي ألحقت ببلاد الشراكسة ويلات وآلاما لا تحصى ولم يكن لها مثيل في التاريخ الحديث حيث تعرض غالبية العرق الأديغي والأبخازي و الأباظي لإبادة جسدية. وقامت الحكومة القيصرية بتهجير حوالي ٣ ملايين شركسي قسرا إلى الإمبراطورية العثمانية.

قرر المؤتمر الشركسي الأول ومن أجل إقرار العدالة التاريخية ما يلي:

١ - اعتبار إبادة الأديغة (الشراكسة) أثناء الحرب الروسية القوقازية وتهجيرهم قسرا من وطنهم الأم إلى الإمبراطورية العثماني إبادة جماعية وجريمة نكراء ارتكبت ضد الإنسانية

٢ - التقدم إلى المجلس الأعلى للفدرالية الروسية بطلب البحث في مسألة الاعتراف بحقيقة الإبادة الجماعية التي وقعت أثناء الحرب الروسية القوقازية

٣ - مطالبة المجالس العليا والرؤساء والقادة في جمهوريات كباردينا بلقاريا والأديغيه وقرشاي شركيسيا لوضع برامج إجراءات تهدف إلى إعادة الشراكسة المهجرين ومنحهم حق الإقامة الدائمة والجنسية المزدوجة.

٤ - العمل على الحصول على وضع (status) الشعب المهجر قانونيا لشراكسة الشتات من خلال المجلس الأعلى للفدرالية الروسية والمنظمات الدولية ذات العلاقة.

تم الإقرار في المؤتمر الشركسي الأول في ٢٨ آذار عام ١٩٩٢

مدينة نالتشك

(المصدر: أرشيف المتحف الحكومي القومي للجمهورية)

حول ضرورة إيجاد حل عاجل لقضية شابسوغ

قرار المؤتمر الشركسي الأول (مدينة نالتشك)

لقد أعلن شعب شابسوغ في مؤتمره الأول في ١ كانون الأول من عام ١٩٩٠ حقه في تقرير مصيره وإعادة إنشاء إقليم شابسوغ القومي في أرضهم التاريخية الواقعة ما بين بلدة غولوفينكا لأقليم لازاريفسكي التابع لمدينة سوتشي وبلدة نوفوميخايلوفسكي لإقليم طوابسيه في مقاطعة كراسندار، وذلك وفقا للمبادئ التي يتضمنه الإعلان العالمي لحقوق الإنسان والمقرر من قبل منظمة الأمم المتحد، وكذلك القوانين الدولية الأخرى ووفقا لقانون الاتحاد السوفييتي "حول حرية ممارسة الحقوق القومية لمواطني الاتحاد السوفييتي" وقانون الفدرالية الروسية "حول إعادة حقوق الشعوب المضطهدة".

قد لاقى هذا القرار تأييدا واسعا من قبل الأديغا والأبخاز وشعوب شمال القوقاز الأخرى كما المنظمات والحركات الاجتماعية والقومية الديموقراطية العاملة في مقاطعة كراسندار والمنطقة بأكملها، وكذلك من قبل برلمانيي جمهوريات شمال القوقاز وقادة المجلس الأعلى للفدرالية الروسية.

ورغم قيام اللجنة التحضيرية لإعادة إنشاء إقليم شابسوغ القومي باتخاذ إجراءات مهمة وتأييد بعض نواب المجلس الأعلى للفدرالية الروسية لم يتم تنفيذ هذا القرار عمليا.

ومن أجل تسريع حل قضية إقليم شابسوغ القومي وإيجاد طرق جديدة للتواصل مع سلطات مقاطعة كراسندار وكذلك إشراك العلماء والمؤرخين والحقوقيين والمنظمات الدولية

تم في ١ كانون الأول عام ١٩٩١عقد المؤتمر الثاني لشعب شابسوغ الذي قام بتشكيل المؤتمر الدائم واللجنة التنفيذية له.

غير أن جميع المشاورات واللقاءات التي جرت بين اللجنة وقادة ولجان المجلس الأعلى للفدرالية الروسية ومجلس نواب مقاطعة كراسندار بمشاركة نواب الفدرالية الروسية الذين يمثلون مصالح الشعوب الشركسية لم تجد نفعا الأمر الذي يدل على وجود قوى سياسية نافذة تعمل ضد إعادة إنشاء إقليم شابسوغ القومي ومركزه مدينة طوابسيه، ومن أبرز تلك القوى محافظ مقاطعة كراسندار ف. ن. دياكوف. كما أن خصخصة أملاك وأراضي الدولة التي تجري حاليا في الخفاء قد تؤدي إلى فقدان شابسوغ حقهم في أراضيهم التاريخية.

كما أن مواقف عدم الاكتراث التي يتخذها بعض النواب المندوبين عن جمهوريات كباردينا بلقاريا والأديغيا وقرشاي شركيسيا لا تخدم قضية شابسوغ، بالإضافة إلى عدم وجود تحرك سياسي من قبل قادة هذا الجمهوريات.

ومن أجل تنفيذ قرارات المؤتمرين الأول والثاني لشابسوغ أقر المؤتمر الشركسي العام ما يلي:

١ - التضامن التام مع مطالبات شعب شابسوغ العادلة والتأكيد على البيان الصادر عن مؤتمره الأول "حول إعادة إنشاء إقليم شابسوغ القومي"

٢ - دعم جهود اللجنة التنفيذية لمؤتمر شابسوغ في إعادة إنشاء إقليم شابسوغ القومي ومركزه مدينة طوابسيه

٣ - التوجه إلى رؤساء جمهوريات كباردينا بلقاريا والأديغيا وقرشاي شركيسيا بطلب تقديم الدعم السياسي الفعال لشعب شابسوغ في إعادة إنشاء إقليمهم القومي وعدم توقيع المعاهدة الفدرالية إلا بعد إعادة إنشاء إقليم شابسوغ القومي.

في ٢٨ آذار من عام ١٩٩٢

مدينة نالتشك

(المصدر: أرشيف المتحف الحكومي القومي لجمهورية الأديغيا)

حول موقفنا من المعاهدة الفدرالية

قرار المؤتمر الشركسي الأول

في ٢٨ من عام ١٩٩٢ - مدينة نالتشك

تبين لنا أنه في ١٣ آذار عام ١٩٩٠ قام ممثلو ١٨ جمهورية من جمهوريات روسيا الفدرالية بتوقيع المعاهدة الفدرالية حول تقسيم الصلاحيات بين السلطات الفدرالية الروسية والسلطات المحلية للجمهوريات داخل روسيا الفدرالية بالأحرف الأولى.

ما جاء في هذه المعاهدة هو في الحقيقة تكرار لنص المعاهدة التي تم رفضها سابقا من قبل أغلبية الجمهوريات، ولم يتغير فيها سوى العنوان، غير أن أصحابها ارتأوا أن يفسروا لنا في العنوان الفرعي للمعاهدة أن روسيا الفدرالية لا تنوي إلا تقسيم الصلاحيات بين السلطات الفدرالية وسلطات الجمهوريات بينما في الواقع لا تترك المعاهدة لسلطات الجمهوريات صلاحيات سوى تلك المتعلقة بشؤون البلديات.

وبالتالي، فإن المعاهدة ليست إلا مصيدة قانونية، ومن دلائل ذلك:

- سوف تدخل المعاهدة الفدرالية في نص الدستور الروسي وبالتالي فستصبح قانونا أساسيا يعود جميع أهم وظائف الحكم بموجبه إلى السلطات الفدرالية الروسية
- تمنح هذه المعاهدة السلطات الفدرالية حقا قانونيا في المطالبة في تطبيق أحكام الدستور الروسي في كامل أراضي الدولة الروسية
- تلغي هذه المعاهدة حق الجمهوريات في الإعلان عن تغيير وضعها القانوني من طرف واحد
- في حقيقة الأمر تلغي هذه المعاهدة حق الجمهوريات في تقرير مصيرها.

كل ذلك يناقض البيانات الصادرة حول سيادة الجمهوريات والدساتير القائمة فيها.

يسعى أصحاب المعاهدة الفدرالية إلى الحفاظ على دولة وحدوية موحدة غير قابلة للتجزئة وهو ما تمت الإشارة إليه في نص المعاهدة. وبعد موافقة برلمانات الجمهوريات على هذه المعاهدة وضم الكيانات الذاتية والأقاليم والمقاطعات إليها وتضمين نص المعاهدة في

الدستور الروسي الجديد سوف يصبح من حق القيادة الروسية قمع كافة المبادرات الداعية إلى الاستقلالية ناهيك عن تطبيق حق تقرير المصير.

وبناء على ما ورد أعلاه يرى المؤتمر الشركسي الأول أنه لا يمكن إقرار المعاهدة الفدرالية بصيغتها الحالية، كما يعلن المؤتمر أنه لا يدعو إلى قطع العلاقات مع الفدرالية الروسية.

أما في حال قيام ممثلي الجمهوريات بتوقيع المعاهدة المقترحة فيطالب المؤتمر المجالس القومية الشركسية باتخاذ إجراءات طارئة لتنفيذ قرارات مؤتمراتها من أجل التأكيد على سيادة الجمهوريات وانتخاب دوائر حكم جديدة قادرة على حماية السيادة الحقيقية للجمهوريات.

أقر في المؤتمر الشركسي الأول في ٢٨ آذار عام ١٩٩٢ في مدينة نالتشك

(المصدر: أرشيف المتحف القومي لجمهورية الأديغيا)

بيان

صادر عن الجمعية العالمية الشركسية بمناسبة مرور ١٣٠ عاما على انتهاء الحرب الروسية القوقازية

انتهت الحرب الروسية القوقازية قبل ١٣٠ عاما، وكأية حرب أخرى جلبت آلاما ومآس لا تحصى للشعوب التي شاركت فيها. وكان النصيب الأكبر من الخسائر للشعب الشركسي الذي طرد من الأراضي الخصبة ليصبح شعبا مهجرا.

في الوقت الذي لا يتجاوز فيه عدد الشراكسة المقيمين الآن في وطنهم الأم ٧٠٠ الف شخص يبلغ عددهم في الشتات عدة ملايين.

الأحداث التاريخية ليست قابلة للتغيير غير أن الظلم المرتكب (بحق الشعب – إضافة من المترجم) لا يمحى عن الذاكرة القومية.

ما يحتاجه الشعب الشركسي الآن هو الاعتراف بحقيقة تلك الجرائم ومنحه وضع (status) الشعب المهجر وإعادة حقوقه الطبيعية في التواصل مع وطنه التاريخي وحق العودة

إلى أقربائهم لمن يرغب في ذلك من أجل الإقامة وإكمال حياتهم في أرضهم التاريخية.

وفي هذه المناسبة التاريخية الحزينة تتوجه الجمعية العالمية الشركسية الى رئيس الفدرالية الروسية والمجلس الفدرالي وحكومة الفدرالية الروسية بتأكيد حرصها على وحدة الدولة الروسية وبطلب تقديم الدعم اللازم للشعب الشركسي في ضوء المطالبات المذكورة أعلاه.

الهيئة التنفيذية للجمعية العالمية الشركسية

٢١/٠٥/١٩٩٤

المؤتمر الثالث

اجتماعات الهيئة العمومية

من ٢٤ - ٢٦ تموز عام ١٩٩٦ - تشيركيسك

القرارات التي اتخذتها الجمعية الشركسية العالمية في اجتماعها الثالث الذي عُقد في مدينة تشيركيسك ما بين ٢٤ - ٢٦ تموز ١٩٩٦.

نيابة عن ممثلي الجمعية الشركسية العالمية والعاملين بها تحدث رئيس الجمعية السيد شحلاخوه أ. أ عن الأعمال والمهمات التي انجزتها الهيئة العليا والعاملون في الجمعية خلال الأعوام الماضية " من شهر تموز ١٩٩٣ " الى شهر تموز ١٩٩٦. وتحدث عن اللغة والعادات والتقاليد والاهتمام بالعادات الشركسية.

في شهر نيسان ١٩٩٤ قُبلت الجمعية الشركسية العالمية في اتحاد الشعوب والقوميات التي لا تتمتع بكيان الدول المستقله " UNPO ". كما أدرج على جدول الأعمال استصدار اعتراف بما لحق بالشراكسة من ظلم وعدوان واضطهاد في عهد القياصرة الروس في القرن التاسع عشر.

لقد ساهم العاملون في الجمعية في تسهيل مهمة عودة المهجّرين، كما أكّد دستور جمهورية الأديغيه بحرية عودة المهجّرين الى أرض الاجداد وقراراً مماثلابالنسبة للعائدين.

لقد إتخذت جمهورية قباردينو - بلقاريا قراراً بمساعدة العائدين واسكانهم.

ان الهيئة العليا والعاملين في الجمعية الشركسية العالمية يعترفون بأن بعض المواضيع لم تستكمل ولم يتم انجازها فمثلا لم يتم انجاز بعض المواضيع التي أقرت في الاجتماع الثاني للجمعية الشركسية العالمية حيث لم تتمكن من الاتصال وتمتين العلاقات مع الجمعيات في المهجر. كما لم تتمكن من تحضير وتجهيز تاريخ الشركس الحقيقي.

كما لم يتم توحيد الحروف الابجدية الشركسية.

القرارات:

١ - إقرار الأعمال التي قامت بها الهيئة العليا والعاملون في الجمعية.

٢ - إثارة وبحث موضوع ما لحق بالشراكسة من ظلم وعدوان واضطهاد اثناء الحروب القفقاسية في عهد القياصرة الروس في القرن التاسع عشر، مع المسؤولين في الفدرالية الروسية:

تتوجه الجمعية الشركسية الى رؤساء جمهوريات الأديغيه، والقباردينو بلقاريا والقرشاي تشيركيسك بالطلب لبحث هذا الموضوع مع رئيس الفدرالية الروسية السيد بوريس يلتسين خلال اجتماع مجلس اتحاد الفدرالية الروسية، لاستصدار قرار بالاعتراف بالأخطاء التي ارتكبت بحق الشراكسة ومالحق بهم من ظلم واضطهاد واعطاء صفة المهجرين لشراكسة الشتات.

٣ - ضرورة وضع برنامج عمل لاحياء القومية الشركسية يشتمل على ما يلي:

أ - تسهيل وزيادة عودة المهجرين.

ب - المحافظة على اللغة الشركسية وتنميتها وحمايتها.

ج - تربية الأجيال الناشئة وتعليمهم حسب التقاليد الشركسية.

٤ - الموافقة على احياء وتوحيد القبائل الشركسية " الاديغه، القباردي، التشركس، الشابسوغ، وقبيلة الأباظة."

٥ - الطلب من رئيس جمهورية الاديغيه جاريما أصلان ورئيس جمهورية القباردينو بلقاريا كوكوف محمد ورئيس جمهورية قرشاي تشيركيسك خوبييف فاليري:

أ - مقابلة حكومة الفدرالية الروسية والمطالبة باستصدار قرار " رد اعتبار

" للشراكسة مثل القرار رقم ٣٤٨ الصادر بتاريخ ٠٣ آذار عام ١٩٩٣ بحق الفنلنديين والأغور، والقرار رقم ٦٧٨ الصادر بتاريخ ٠٦/٠٥/١٩٩٤ بحق الاتراك.

ب - على حكومات الجمهوريات الثلاث العمل لتحضير مشروع نظام لتحسين احوال الأديغه والأباظه ضمن مشاريع الفدرالية للأعوام ١٩٩٦ - ١٩٩٧.

ج - على حكومات الجمهوريات الثلاث فتح مركز اقتصادي واجتماعي لدراسة اوضاع الشراكسة الاقتصادية والاجتماعية حالياً وفي المستقبل وتكليف المراكز دراسة علاقة الشراكسة بحكومة الفدرالية الروسية والوزارات المختصة بما اتفق عليه المجتمعون. كذلك وضع برنامج لاحياء وتنمية العلاقات بين قبائل الأديغه والقباردي والتشيركيس والشابسوغ والأباظه.

د - تكليف حكومات الجمهوريات الثلاث بوضع برنامج خاص لتمتين العلاقات بين الشراكسة والأباظه وتقديمه للوزارات المختصة في الفدرالية الروسية لدراسته واقراره خلال الاعوام ١٩٩٨- ٢٠٠٢.

٦ - إن اللغة هي أساس القومية، لذلك يعارض المجتمعون بشدة كل من يقف في طريق تعليم اللغة الشركسية.

وفي هذا الإطار يتوجه المجتمعون الى مسؤولي الجمهوريات الثلاث بالعمل الجاد لتوحيد الابجدية الشركسية في اسرع وقت ممكن.

٧ - يرى المجتمعون ضرورة الغاء التسميات المتعددة التي اطلقت على الشراكسة في زمن الاتحاد السوفييتي بغرض تفريقهم، وإعادة اطلاق تسمية " أديغه " كما كان الوضع قبل الف عام حيث أن اللغة والعادات والتقاليد واحدة.

كما انهم كانوا يعرفون في الخارج باسم " شركس " يأمل المجتمعون ويرجون السلطات التشريعية في الجمهوريات الثلاث ببذل جهودهم لإعادة اطلاق اسم " أديغه " على جميع الشراكسة.

٨ - إعادة كتابة تاريخ الأديغه الحقيقي، اضافة الى موسوعة تبين تاريخ شعوب الاديغه - القباردي - الشابسوغ - التشيركيس - والاباظه (ابخاز).

٩ - يعتبر المجتمعون الغاء محافظة الشابسوغ عام ١٩٤٤ خطأً فادحاً، وعليه فلا بد من

استعادة الأديغه المقيمين على شواطئ البحر الأسود " الشابسوغ " حريتهم واعادة بناء محافظتهم ومساعدتهم في ذلك.

١٠ - تكليف العاملين في الجمعية الشركسية العالمية الاتصال بالمسؤولين واصحاب العلاقة في محطات تلفزيون الاديغيه والقباردي وتشيركيسك إيصال بث برامج التلفزيون القومي الى الأديغه المقيمين في محافظة " لازاريف " في منطقة كراسنودار.

١١ - تكلييف العاملين في الجمعية الشركسية العالمية بالتعاون مع المسؤولين في الجمهوريات الشركسية الثلاث بالاحتفال بالذكرى الخامسة والعشرين لصدور كتاب " النارتيون " وبمرور ثلاثة آلاف عام على نشوء اساطير النارتيين.

١٢ - ضرورة شرح معنى مصطلح " " من باب دعم جهود الجمعية الشركسية العالمية والائتلاف القائم بين الأباظه والابخاز، وحثهم على بدء العمل لتمتين العلاقات بينهم، كما ترى الجمعية الشركسية العالمية ضرورة قيام علاقات عمل وتعاون بين الاكاديميين الشراكسة.

١٣ - ضرورة تأسيس صندوقين ماليين:

أ - صندوق دعم بمبلغ دولار امريكي واحد سنوياً من كل شركسي، بحيث يساعد هذا الصندوق على اظهار عدد الشراكسة.

ب - صندوق تبرعات. وتكليف نائب رئيس الجمعية الشركسية العالمية برئاسة هذين الصندوقين.

يتم هذا استناداً الى النظام الداخلي ولغايات تمكين العاملين في الجمعية من إنجاز مهام الجمعية.

١٤ - يرى المجتمعون ضرورة إرسال مذكرة الى رئيس الفدرالية الروسية يعبرون فيها عن قلقهم وانزعاجهم من الاعمال الحربية في بلاد الشيشان، ومن عدم تنظيم العلاقة بين الجورجيين والابخاز حتى الآن (مذكرة مرفقة تحت رقم ٢/٥).

١٥ - توجيه سؤال لوزارة دفاع الفدرالية الروسية عن سبب تشكيل القوات القوزاقية وتواجدها في مناطق وبلاد الشعوب الأخرى، وذلك لتمكين الشعوب من التفاهم والتعايش السلمي فيما بينها.

١٦ - تقرر الجمعية الشركسية العالمية مبالغ أقساط انتساب الجمعيات اليها كما يلي:

أ - ٥٠٠ دولار امريكي من مؤسسي الجمعية الشركسية العالمية المقيمين في الفدرالية الروسية.

ب - ١٠٠٠ دولار امريكي من مؤسسي الجمعية الشركسية العالمية المقيمين في بلدان الشتات.

ج - ٢٠٠٠ دولار أمريكي من اتحاد KAF - DER في تركيا.

على ان يتم دفع هذه الاقساط في موعده أقصاه شهر كانون الأول من كل سنة.

١٧ - يعقد اجتماع الجمعية الشركسية العالمية الرابع عام ١٩٩٨ في محافظة " لازاريف " بمقاطعة كراسنودار وفي اماكن تواجد الأديغه " الشابسوغ ".

١٨ - الموافقة على ان تكون مدينة " تشيركيسك " عاصمة جمهورية القرشاي تشيركيسك مركزاً رئيساً للجمعية الشركسية العالمية.

اكباش ب. ج

المؤتمر الرابع

اجتماعات الهيئة العمومية

من ٢٥ الى ٢٨/٠٦/١٩٩٨ - كراسنودار

القرارات:

١ - مواصلة العمل على استصدار اعتذار رسمي من الحكومة الروسية على الحروب التي شنت على الشراكسة في القرن التاسع عشر وادت الى قتل وتشريد الملايين منهم.

٢ - العمل على إعادة شراكسة كوسوفو الى موطنهم الأصلي في القفقاس[1]

٣ - المطالبة بتسهيل عودة المهجرين ومنح تصاريح الإقامة ووثائق الجنسية لهم.

(١) عاد شراكسة كوسوفو الى الوطن الأصلي (الأديغيه) يوم ٣١/٠٧/١٩٩٨.

٤ – المطالبة برفع الحصار عن جمهورية ابخازيا.

٥ – متابعة موضوع اقليم الشابسوغ.

٦ – اعتماد مشروع الموسوعة الشركسية المقدم من المؤرخ الأديغي أول مالك.

٧ – العمل على المحافظة على اللغة الشركسية ومتابعة الجهود لتوحيدها وكتابتها بالأحرف اللاتينية.

٨ – الموافقة على التقريرين المالي والإداري للجمعية عن اعمال السنتين الماضيتين.

٩ – اعتماد النشيد الوطني المقترح على المؤتمر وتأجيل إتخاذ شعار الى المؤتمر القادم لعدم ملاءمة النماذج المقدمة.

١٠ – رد مشروع تعديل النظام الأساسي المقدم من المجلس التنفيذي والعمل على تعديله خلال شهرين وفق مسودة التعديل التي وضعتها لجنة خاصة شكلت اثناء انعقاد المؤتمر الحالي.

١١ – رد طلب جمعية اصدقاء شراكسة القفقاس الأردنية بالانضمام الى الجمعية الشركسية العالمية بأغلبية الاصوات، وإقرار مبدأ تمثيل كل دولة بجمعية واحدة فقط.

١٢ – إعادة انتخاب السيد اكباش بوريس رئيساً للجمعية وتشكيل مكتب تنفيذي جديد من بين اعضائه السيد حسن خورما رئيس الجمعية الخيرية الشركسية – الأردن – وتشكيل مكتب رقابة مالية.

١٣ – عقد المؤتمر القادم بعد سنتين في مدينة سوخومي، عاصمة جمهورية ابخازيا.

المؤتمر الخامس

اجتماعات الهيئة العمومية

يومي ٢٧ و٢٨/٠٧/٢٠٠٠ – نالتشك – قباردينوبلقاريا

قرارات المؤتمر الخامس

١ – اعتماد تقرير رئيس الجمعية العالمية السابق السيد أكباش على أن المجلس السابق قد تمكن من تنفيذ بعض أهداف الجمعية العالمية وبشكل مقبول والمحافظة على اللجنة التنفيذية للجمعية العالمية او تركيبتها الإدارية والتي تضم اللجان التالية: لجنة التاريخ، لجنة المحافظة وتطوير اللغة الشركسية والاباظة، لجنة العمل مع الشباب، لجنة الاتصالات الخارجية، لجنة المعلومات، لجنة الاستثمار في أماكن تواجد الشراكسة.

٢ – المحافظة على الأمن والسلام والاستقرار في جميع أماكن تواجد الشراكسة والأباظه.

٣ – اعتبار عملية إنقاذ شراكسة يوغوسلافيا القاطنين في كوسوفو من أهم الإنجازات التاريخية المهمة للمجلس السابق.

٤ – الشكر والاحترام والتقدير لسمو الأمير علي بن الحسين حفظه الله ورعاه للفتة الكريمة بمساعدة منكوبي حرب يوغوسلافيا سابقاً من الشراكسة ومساهمته مادياً ومعنوياً والتي كان لها الأثر الكبير في تخفيف المعاناة.

٥ – تشجيع ودعم المؤتمرات والاجتماعات التاريخية والمتعلقة بمعاناة شعوب الشراكسة والاباظه لما فيه مصلحة هذه الشعوب لتعريف العالم والشعوب الأخرى بالحقائق التاريخية.

٦ – العمل على تطوير العلاقات التعاونية مع الجمعيات والمنظمات الأخرى ذات العلاقة بالقوميات ومن ضمنها منظمات الأمم المتحدة لما فيه مصلحة شعوب الشراكسة والاباظه.

٧ – اعتبار طباعة كتاب الاديغة والاديغة خابزه بواقع ٥٠٠٠ نسخة واحد من الإنجازات الهامة للجمعية الشركسية العالمية.

٨ – الموافقة على طباعة ١٠٠ صفحة من الموسوعة الشركسية ونشرها في عام ٢٠٠١.

٩ – دعم ومباركة عمل الكاتب المعروف السيد كوماخو محي الدين رئيس لجنة المحافظة وتطوير اللغة الشركسية في الجمعية العالمية الشركسية بنظام الحروف الأبجدية الجديدة للغة الشركسية والتي لاقت الاستحسان والرضى من قبل الكثير من علماء اللغة.

١٠ – الموافقة على إصدار خمسة أعداد من مجلة عالم الشراكسة التي تصدرها الجمعية العالمية الشركسية باللغات الإنجليزية والتركية والروسية.

١١ – توسيع نطاق الاتصالات بين شراكسة حوض البحر الأسود بما في ذلك الأباظه مع شراكسة مقاطعة كراسندار بما يخدم مصالح هؤلاء الشعوب الإدارية والمحلية.

١٢ – تقييم دور جمعية الرودينة في نالتشك على أنه فعال في اتصالاتها وتعاونها مع شراكسة المهجر.

١٣ – اعتبار مسيرة الأمير علي بن الحسين على الخيول بالتعاون والتنسيق مع اللجنة التنفيذية للجمعية العالمية الشركسية والجمعيات الشركسية والاباظيه في كل من الأردن وسوريا وتركيا من أهم الأعمال الداعمة للقضية الشركسية والاباظيه من حيث التهجير وتفرقة العالم في المعاناة التي عانتها تلك الشعوب.

١٤ – تقدير الدور الإيجابي الذي أدته الجمعية العالمية الشركسية في الوقوف مع الباظه خلال فترة الحصار الاقتصادي التي تعرضوا لها.

١٥ – تقدير الدور الإيجابي الذي قامت به اللجان المنتدبة من (ج. ش. ع) في مراقبتها للانتخابات الرئاسية التي أجريت في ابخازيا في شهر أكتوبر عام ١٩٩٩.

١٦ – اعتماد نتيجة التقرير المقدم من وزارة العدل الروسية، ودائرة الضرائب، والذي خلص إلى نتيجة مفادها أن جميع الأمور المالية ونشاطات وأهداف الجمعية تتماشى مع النظام الداخلي والقوانين الروسية السارية في روسيا الفدرالية والجمعية.

١٧ – العمل على الاستفادة من القرارات التي تعترف باضطهاد الشراكسة إبان الحرب الروسية القفقاسية على جميع الأصعدة.

١٨ – العمل على متابعة إعادة فتح فرع منطقة كدرسك في كراسندار ومنطقة اوسينيك كما

تم إعادة فتح فرع كسلافودسك ومدينة تالين في جمهورية استونيا.

١٩ – التشديد على الالتزام في دفع الاشتراكات السنوية لأعضاء الجمعية وذلك حتى تتمكن الجمعية من إنجاز الأعمال والأهداف المطلوبة منها.

٢٠ – التقدم بمشروع قانون مدني لتعويض المتضررين من الحرب الروسية القفقاسية السابقة.

٢١ – دعم وتشجيع جميع الإيداعات التي تساهم في جمع التاريخ الشركسي وتدوينه.

٢٢ – الطلب من كافة فروع الجمعية العالمية الشركسية في الوطن الأم بشرح الصورة الحقيقية لاهداف الجمعية وواجباتها ونفي جميع الشائعات التي ترددت في الآونة الأخيرة على ضوء الأحداث التي حدثت في قرشي شركيسك بين الشراكسة والقرشي.

٢٣ – الموافقة على الطلب الذي قدم من اللجنة التنفيذية السابقة والمتعلقة بحق الشعب الابخازي في تقرير المصير والاستقلال.

٢٤ – الموافقة على إقامة المهرجان الفلكلوري الشعبي الكبير تحت اسم (النارتيين) بمشاركة جميع شعوب الشراكسة عام ٢٠٠١.

٢٥ – الموافقة على إقامة مهرجان شبابي دولي من الأباظة والشراكسة من جميع أنحاء العالم عام ٢٠٠٢.

٢٦ – تكليف رئيس الجمعية العالمية الشركسية واللجنة التنفيذية في فترة لا تتجاوز شهرين بوضع خطة تشمل جميع نشاطات الجمعية العالمية خلال الفترة القادمة والترتيبات الإدارية.

٢٧ – متابعة الأمور المتعلقة بإصدار شعار الجمعية والنشيد الوطني للجنة التنفيذية الجديدة.

٢٨ – عقد المؤتمر السادس عام ٢٠٠٣ ولم يتم الاتفاق على الموقع وسيتم تحديده فيما بعد.

٢٩ – أحداث التعديلات على نظام الجمعية العالمية الشركسية

أ – نقل مقر الجمعية إلى نالتشك بشكل دائم.

ب - تحديد صلاحية عمل اللجنة التنفيذية من سنتين إلى ثلاث سنوات.

ج - عقد الكونجرس للجمعية الشركسية العالمية مرة كل ثلاث سنوات.

د - عقد اجتماع مجلس الجمعية العالمية الشركسية مرة كل عام على الأقل بمشاركة أعضاء المجلس أو من ينوب عن رؤساء الجمعيات في المهجر.

٣٠ - بمناسبة مرور ستين عام على مولد الموسيقار الكبير ارسلان داور نحت عمل تمثال له في قرشي تشركيسك والطلب من رؤوساء الجمهوريات الثلاث إجراء احتفال تكريمي له يشمل لقاءات ومحاضرات تثقيفية تبين دوره الكبير في نشر الثقافة الشركسية.

المصدر: ارشيف المتحف القومي لجمهورية الاديغيا

قرار المؤتمر السادس للجمعية العالمية الشركسية

"حول عمل الهيئة التنفيذية للجمعية العالمية الشركسية خلال فترة ما بين عامي ٢٠٠٠-٢٠٠٣"

بعد الاستماع إلى التقرير "حول عمل الهيئة التنفيذية للجمعية العالمية الشركسية خلال فترة ما بين عامي ٢٠٠٠-٢٠٠٣" الذي قدمه ز. أ. ناخوشف رئيس الجمعية العالمية الشركسية ومناقشته يشير المؤتمر إلى أن الجمعية حققت في الفترة الماضية إنجازات معينة تنفيذا لقرار المؤتمر الخامس والأهداف والمهام الأساسية التي أنشئت الجمعية من أجلها.

خلال الفترة الماضية عملت الهيئة التنفيذية على توحيد الجهود وتنسيق الأعمال بين الجمعيات الشركسية أعضاء الجمعية العالمية الشركسية من أجل حل القضايا الهامة والملحة.

ورغم صعوبة الأوضاع السياسية والاقتصادية القائمة فقد نجحت الهيئة التنفيذية في تنفيذ سلسلة من المهام التي وضعها المؤتمر السابق، كما أنها تمكنت من تنشيط عمل الجمعيات الشركسية (خاسا) وزيادة فاعليته والحفاظ على سمعة الجمعية كمنظمة محبة وصانعة للسلام.

من أبرز النشاطات وأهمها مهرجان الثقافة الشركسية الذي أقيم في مدينة كيسري التركية بالمشاركة من الجمعية العالمية الشركسية وكذلك النشاطات التي تقيمها لجنة تحرير جريدة "أديغه بساله" تحت شعار "سيبزه سيبسه سيدوني" (لغتي هي روحي وعالمي).

ومن أجل خلق ظروف أكثر ملاءمة للمواطنين الراغبين في العودة إلى الوطن التاريخي،وبمبادرة من الجمعية العالمية الشركسية سن في كل من جمهورية كباردينا بلقاريا والأديغيا وأبخازيا "قانون العائدين" في وقت قامت فيه حكومة كباردينا بلقاريا بوضع برنامج "الإجراءات الرئيسية في دعم المواطنين المقيمين في الخارج لفترة ما بين ٢٠٠٠-٢٠٠٣".

وانطلاقا من أهمية اللغة ودورها في بقاء الأمة وضمان تقدمها أقامت الهيئة التنفيذية في مدينة نالشك مؤتمرا علميا تحت عنوان "وضع اللغة الأم بين الأديغا" بمشاركة وفود من أبخازيا والأديغيا وكباردينا بلقاريا وقرشاي شركيسيا ومنطقة شابسوغ وتركيا وسوريا والأردن وألمانيا والولايات المتحدة الأمريكية.

كما أن عددا من اللجان عملت في الفترة الماضية بشكل مثمر وفعال، من بينها لجنة الإصدارات والنشر التي قامت بالتعاون مع صحف "أديغا ماق" و"اديغا بساله" و"شركس خاكو" بإصدار ١١ عددا جريدة "نارت". وبدعم من الجمعية العالمية الشركسية تم إصدار كتب ذات أهمية بالغة ومن ضمنها أبحاث علمية فريدة. كما وضعت اللجنة مشاريع لترجمة ونشر كتب تتحدث عن تاريخ أمتنا وثقافتها.

أما الأكاديمية العالمية الشركسية فقد أدت في السنوات الأخيرة دورا هاما في تأمين الجانب العلمي للقضايا التي تهم الجمعية العالمية الشركسية. وبفضل الجهود التي يبذلها أعضاء الأكاديمية يتم إعادة مواد أرشيفية خاصة بالشخصيات الشركسية البارزة من تركيا ومصر وسوريا والأردن والولايات المتحدة الأمريكية وفرنسا. مجال الدراسات التي يقوم بها الأكاديميون واسع جدا بدءا من أنتروبولوجيا واثنوغرافيا وانتهاء بالعلاقات الأممية في القوقاز.

في الوقت الحالي نحن بصدد نشر الجزء الأول من "تاريخ الأديغا" العمل الذي يحظى باهتمام واسع في الوطن الأم وخارجه.

كما أن الاتصالات بين الجمعيات الأعضاء في الجمعية - الروسية والأجنبية تزداد بشكل مستمر. كان للجمعية العالمية الشركسية عموما دور هام في الحفاظ على السلام في منطقة شمال غرب القوقاز.

في الفترة الماضية قامت عدة شخصيات علمية وثقافية وفنية بزيارة الدول حيث الشتات الشركسي، كما أن عددا من شباب تركيا قاموا بزيارة الجمهوريات الثلاث ضمن مجموعات سياحية، بالإضافة إلى معسكرات صيفية للأطفال تقام سنويا في كل من كباردينا بلقاريا وجمهورية الأديغيا. المنح الدراسية التي تقدمها جامعات الجمهوريات لأبناء الشتات هي عامل مهم في تعزيز العلاقات مع الشتات. سجل في هذه الجامعات خلال العامين الماضيين أكثر من ١٠٠ طالب من هذه الفئة.

تقدم الجمعية العالمية الشركسية دعما واسعا لمجموعات الأديغا المقيمة في المناطق الأخرى من الفدرالية الروسية، كما أن الجمعية العالمية الشركسية تتعاون مع هيئة الأمم المتحدة ومنظمة الأمن والتعاون في أوروبا ومنظمة الأمم والشعوب غير الممثلة. في شباط عام ٢٠٠١ شارك ممثلون عن الجمعية في الاجتماع السادس للجمعية العامة لهيئة الأمم المتحدة حيث أقر الإعلان العالمي لحقوق الشعوب.

ومع ذلك، يرى المؤتمر السادس أن الهيئة التنفيذية للجمعية العالمية الشركسية لم تتمكن من تحقيق كافة مشاريعها.

لم تتمكن الهيئة التنفيذية من تنسيق الجهود بين كافة أعضائها بالإضافة إلى قلة النشاط لدى بعض رؤساء اللجان وعدم التزامهم بالنظام الداخلي.

ما زال إعداد الموسوعة الشركسية غير مكتمل كما أن أعمال الصيانة في مقر الجمعية العالمية الشركسي لم تنته بعد.

بالإضافة إلى أننا لم نرق إلى المستوى المطلوب في توسيع العلاقات الاقتصادية مع الشركاء الأجانب وتأسيس المشاريع المشتركة.

هناك مخالفات داخل الجمعية حيث يتأخر بعض الأعضاء عن دفع اشتراكات العضوية مما يؤثر سلبا على أوضاع الجمعية المالية الصعبة في أساسها، ويحول دون تنفيذ المهام الأساسية للجمعية.

يقر المؤتمر السادس للجمعية العالمية الشركسية ما يلي:

١. تقدير عمل الهيئة التنفيذية للجمعية العالمية الشركسية في فترة ما بين عامي ٢٠٠٠-٢٠٠٣ بوصفه عملاً مقبولاً.

٢. على الهيئة التنفيذية أن تقوم بما يلي:

- المضي قدما في زيادة دور وهيبة الجمعية العالمية الشركسية وتنسيق الجهود بين الجمعيات الشركسية أعضاء الجمعية العالمية الشركسية والتي تعمل على إحياء وتطوير الإرث الثقافي والروحي للأمة الشركسية والحفاظ على هويتها ولغتها وعاداتها وتقاليدها وإعادة حقائقها التاريخية

- تنشيط الجهود في توسيع العلاقات الاقتصادية مع الشركاء الأجانب وتأسيس مشاريع مشتركة

- اتخاذ إجراءات لازمة لإكمال العمل على الموسوعة الشركسية ونشرها بالإضافة إلى الإصدارات الأخرى المخطط لها

- استمرار التعاون مع هيئة الأمم المتحدة ومنظمة الأمن والتعاون في أوروبا ومنظمة الأمم والشعوب غير الممثلة والمنظمات الإنسانية الدولية الأخرى

- تنظيم عمل أعضاء الهيئة التنفيذية وتحسين أدائهم من حيث الالتزام والمسؤولية

- تنفيذ الإجراءات الازمة لتحضير الألعاب الدولية للشباب الشراكسة المزمع إقامتها في تشرين الأول من العام الحالي في مدينة نالشك

- تركيز الاهتمام على العمل مع فئة الشباب وتربيتهم على أساس المسؤولية المترتبة على الانتماء للأمة الشركسية

- إقامة مهرجانات مختلفة من أجل تحقيق التقارب بين الشباب

- التأكيد على ضرورة سداد الديون لاشتراكات العضوية حتى نهاية عام ٢٠٠٣

- وضع خطة عمل للهيئة التنفيذية لعامي ٢٠٠٣-٢٠٠٤، وكذلك برنامج فعاليات بمناسبة ذكرى مرور ١٤٠ عاما على انتهاء الحرب القوقازية في مدة لا تتجاوز شهرين، ووضع خطة الإجراءات الواجب اتخاذها وفقا للملاحظات والاقتراحات المطروحة في المؤتمر السادس وتقديمها إلى لجان وأعضاء الجمعية العالمية الشركسية

- نشر هذا القرار في وسائل الإعلام وإرسال نسخة منه إلى كافة جمعيات "اديغا خاسا"

- إقامة المؤتمر السابع للجمعية العالمية الشركسية في عام ٢٠٠٦ في اسطنبول (تركيا).

رئيس الجمعية العالمية الشركسية

ز. أ. ناخوشف

رسالة إلى فخامة رئيس الفدرالية الروسية ف. ف. بوتين

من المشاركين في المؤتمر السادس للجمعية العالمية الشركسية

في ١٨ آب عام ٢٠٠٣

مدينة نالتشك

نحن المشاركين في المؤتمر السادس للجمعية العالمية الشركسية نعرب عن احترامنا لفخامتكم ونرجو التفهم لما ورد في هذه الرسالة.

من المعروف أن ما يزيد عن ٥ ملايين شركسي أصبحوا خارج وطنهم الأم نتيجة للحرب القوقازية التي وقعت في القرنين الثامن عشر والتاسع عشر، ويقيم الجزء الأكبر منهم حاليا في تركيا وسوريا والأردن وألمانيا والولايات المتحدة الأمريكية وإسرائيل وهولندا.

نحن اليوم قلقون إزاء الوضع الناتج عن اتخاذ الدوما الروسية القانون الفدرالي "حول جنسية الفدرالية الروسية"، والذي أصبح قيد التنفيذ.

إن التطورات الديمقراطية التي شهدها المجتمع الروسي، في السنوات الأخيرة وتعزيز وضع المؤسسات المدنية، واتخاذ القانون الفدرالي "حول سياسة الفدرالية الروسية تجاه المواطنين المقيمين في الخارج" في عام ١٩٩٩ لقيت ترحيبا من قبل مواطنينا المقيمين في الخارج. وبالرغم من المزايا التي تضمنها هذا القانون فلم يفتح باب العودة الجماعية للشراكسة إلى وطنهم الأم بل أصبح لديهم وبموجب هذا القانون فرصة لإقامة علاقات ثقافية قومية واقتصادية مع وطنهم التاريخي. ولو وجدت لديهم الإرادة لكان بإمكانهم حل مسألة الجنسية والعودة للإقامة الدائمة إلى أرض أجدادهم كمناطق كباردينا بلقاريا

والأديغيا وقرشاي شركيسيا وإقليم شابسوغ التابع لمقاطعة كراسندار.

القانون الفدرالي الجديد "حول جنسية الفدرالية الروسية" الذي أصبح قيد التنفيذ منذ ١ تموز عام ٢٠٠٢ وضع أمامهم حاجزا على طريق التقارب مع إخوانهم المقيمين في روسيا. نصت الفقرة ٤٤ من هذا القانون على إلغاء الفقرة ١١ الخاصة بمنح الجنسية للمواطنين المقيمين في الخارج للقانون الفدرالي "حول سياسة الفدرالية الروسية تجاه المواطنين المقيمين في الخارج" والتي تضمنت بعض المزايا لمن يعود أصلهم إلى روسيا وأبنائهم المباشرين عند حصولهم على جنسية الفدرالية الروسية. وبذلك، ففي حقيقة الأمر تم إلغاء فكرة دعم المواطنين ذاتها.

كما أن قانون الجنسية الروسية الجديد وضع أمام المواطنين عائقا جديدا باشتراطه ضرورة الإلمام اللغة الروسية وحدها. ينص القانون الفدرالي "حول لغات شعوب الفدرالية الروسية" على حق الجمهوريات في اختيار وإقرار لغات رسمية لها مع الاعتراف بحقوق متساوية لكافة اللغات وحق شعوب الفدرالية الروسية في الحفاظ على هذه اللغات وتطويرها، فمعرفة إحدى لغات شعوب روسيا بمستوى معين قد تكون كافية لكي يستطيع العائد إلى وطنه أن يؤدي واجباته كمواطن للفدرالية الروسية.

سبق وأعلن العديد من دوائر الحكم والمنظمات والمواطنين عن رفضهم لبعض فقرات قانون الجنسية الجديد كونها تتعارض والسياسة الفدرالية القومية، ولا تتفق مع مصالح روسيا الديموغرافية والثقافية والاقتصادية مما تم التأكيد عليه في خطاباتكم أيضا. نرى أن هذا الوضع يمكن تغييره عن طريق إعادة صياغة بعض بنود القانون مما سيسهم في إعادة العلاقات الاجتماعية بين روسيا وموطنيها المقيمين في الخارج، وكذلك سيعمل على تأسيس بنود القانون على مبادئ الديمقراطية الحقيقية والإنسانية.

وفي ضوء ما ورد أعلاه نرجو النظر في إمكانية تعديل الفقرة ١٤ لهذا القانون والخاصة بتقديم التسهيلات في الحصول على الجنسية الروسية بإضافة جزء جديد لها على النحو التالي:

"١-١. المواطنون المقيمون في الخارج (ذات المعنى الذي يعنيه القانون الفدرالي "حول سياسة الفدرالية الروسية تجاه المواطنين المقيمين في الخارج") والبالغون الثامنة عشر من عمرهم والقادرون على العمل لهم الحق في تقديم طلبات للحصول على الجنسية الروسية بإجراءات مبسطة ودون مراعاة الشروط المنصوص عليها في بندي "أ" و"ب" للجزء الأول

للفقرة ١٣ لهذا القانون الفدرالي على أن يكون هؤلاء الأشخاص يجيدون لغة أمتهم المقيمة في ارض روسيا تاريخيا. يتم تحديد المستوى المطلوب للإلمام باللغة ضمن القوانين الخاصة بمسألة منح الجنسية الروسية".

مع أطيب التمنيات

المشاركون في المؤتمر السادس للجمعية العالمية الشركسية

بيان

صادر عن الجمعية العالمية الشركسية

تتقدم الجمعية العالمية الشركسية بصفتها الممثلة للمصالح القومية والثقافية لملايين الشراكسة المقيمين، في الخارج (الشرق الاوسط وتركيا وأوروبا وأمريكا)، وفي الفدرالية الروسية (الأديغه والقباردي والشركس والشابسوغ والأباظه وغيرهم)، إثر قلقها من بعض النزعات الاجتماعية وحرصا منها على تعزيز وحدة الدولة الروسية وتعبيرا عن مصالح الشعوب الأصلية لمنطقة القوقاز الروسية إلى قادة دوائر الحكم العليا بما يلي:

١. لقد كان للقانون الفدرالي "حول جنسية الفدرالية الروسية" أثر سلبي على حق مواطنينا الشراكسة المقيمين في الخارج بالحصول على الجنسية الروسية وحق الإقامة فيها، بينما في حقيقة الأمر يعتبر ميلهم إلى العيش والعمل في روسيا شكلا من أشكال العودة، كما أن جميعهم يملكون مصادر رزق شرعية، ويحمل أغلبهم تخصصات ومؤهلات مطلوبة في الفدرالية الروسية. تشديد شروط إقامة ودمج شراكسة الشتات في المجتمع الروسي لا يبعث فقط بمصالح هذه الفئة من الأشخاص وبالمتطلبات القومية والثقافة لمئات الآلاف من مواطني روسيا - الأديغه بل تتعارض مع مصالح الفدرالية الروسية الاقتصادية والسياسية، كما أنه يعطي انطباعا بعدم اكتراث الدولة الروسية لطموحات مواطنيها ومواطني الدول الأخرى وشعورهم بالانتماء إلى وطنهم التاريخي - منطقة القوقاز الروسية.

٢.هناك تصريحات لبعض السياسيين والمسؤولين في إقليم جنوب روسيا جاءت في إطار حملة تهدف إلى إلغاء الكيانات القومية (الجمهوريات) وإعادة تنظيم الدولة الروسية

على أساس المقاطعات.

تعرب الجمعية العالمية الشركسية عن قناعتها بأن هذه الحملة لن تؤدي إلى تعزيز الدولة الروسية بل إلى كسر التركيبة الإدارية والسياسية لها مرة أخرى.

نظام المقاطعات لا يمكن أن يحمل سوى أهمية رمزية، ولن يحقق الطموحات الوهميه لبعض السياسيين الكبار، بينما قد يؤدي انتهاك المشاعر القومية لشعوب روسيا بأكملها إلى ظهور نزعات قومية تعصبية وانفصالية.

كما أن هناك تصريحات جديدة يطلقها بعض السياسيين والمسؤولين في الآونة الأخيرة وهي مضرة جدا بالوعي الاجتماعي للشعوب الشركسية المقيمة في روسيا وخارجها وتتعلق بخطة ضم جمهورية الأديغيه إلى إقايم كراسندار، فلا مبرر لمثل هذه المخططات حتى لو جاءت تحت غطاء الديمقراطية. نحن قلقون بشأن هذه التصريحات والنشرات كونها يمكن أن تتسبب في نشوب خلافات قومية وزعزعة الاستقرار السياسي في كافة مناطق إقامة الأديغه في شمال القوقاز. يجب ألا ننسى أن شراكسة شمال القوقاز أصبحوا أقلية قومية في أراضيهم التاريخية نتيجة لحرب الإبادة وتهجيرهم القسري إلى خارج الإمبراطورية الروسية.

نتقدم إلى قيادة الدولة الروسية بطلب اتخاذ خطوات لازمة لإدخال تعديلات في القانون الفدرالي " حول جنسية الفدرالية الروسية " فيما يخص شروط منح الجنسية الروسية (بند ١٣) على أن يتم تقليص فترة الإقامة المتواصلة المشروطة (للمواطنين الذين يحملون جنسيات أخرى إضافة من المترجم) من ٥ سنوات إلى سنة واحدة، وإلغاء شرط التخلي عن جنسية دولة أخرى، وإقرار شرط إلمام اللغة الروسية أو إحدى لغات شعوب روسيا الأصلية شرطا كافيا.

ترى الجمعية العالمية الشركسية أنه في حال إعلان القيادة الروسية موقفها إزاء فكرة نظام المقاطعات التي يطرحها ويلح عليها بعض السياسيين سوف يشكل خطوة هامة من أجل حل قضايا منطقة شمال القوقاز، وسوف يؤكد على تمسك الدولة الروسية بمبادئ وأحكام الدستور الروسي الحالي دستور دولة ذات نظام فدرالي.

رئيس الجمعية العالمية الشركسية ونائب الدوما الروسية

ز. أ. ناخوشف

أقر في اجتماع الهيئة التنفيذية للجمعية العالمية الشركسية

أرسل إلى:

مكتب الرئيس الروسي

الدوما الروسية

المجلس الفدرالي الروسي

مشروع

قرار المؤتمر السابع للجمعية العالمية الشركسية

"حول عمل الهيئة التنفيذية للجمعية العالمية الشركسية

خلال فترة ما بين عامي ٢٠٠٣-٢٠٠٦"

بعد الاستماع إلى التقرير " حول عمل الهيئة التنفيذية للجمعية العالمية الشركسية خلال فترة ما بين عامي ٢٠٠٣-٢٠٠٦" الذي قدمه ز. أ. ناخوشف رئيس الجمعية العالمية الشركسية ومناقشته يشير المؤتمر إلى أن الجمعية حققت في الفترة الماضية إنجازات معينة تنفيذا لقرار المؤتمر الخامس والأهداف والمهام الأساسية التي أنشئت الجمعية من أجلها.

خلال الفترة الماضية عملت الهيئة التنفيذية على توحيد الجهود وتنسيق الأعمال بين الجمعيات الشركسية أعضاء الجمعية العالمية الشركسية من أجل حل القضايا الهامة والملحة.

ورغم صعوبة الأوضاع السياسية والاقتصادية القائمة فقد نجحت الهيئة التنفيذية في تنفيذ سلسلة من المهام التي وضعها المؤتمر السابق، كما أنها تمكنت من تنشيط عمل الجمعيات الشركسية (خاسا) وزيادة فاعليته والحفاظ على سمعة الجمعية كمنظمة محبة وصانعة للسلام.

من أبرز الأحداث التي شهدتها الفترة الماضية وضع نصب تذكاري لضحايا الحرب القوقازية في نالشك وإقامة مهرجان الثقافة الشركسية في مدينة كيسري التركية وتنظيم مسابقة في المهارات اللغوية ومعرفة تاريخ الأمة وثقافتها تحت شعار "سيبزه سيبسه سيدوني" (لغتي هي روحي ودنياي). قد أسست هذه الفعالية بالمبادرة من الجمعية العالمية الشركسية وجريدة "أديغا بساله" ووزارة التربية لجمهورية كباردينا بلقاريا وتقام حاليا أيضا في الأديغيا وقرشاي شركيسيا.

ومن أجل خلق ظروف أكثر ملاءمة للمواطنين الراغبين في العودة إلى الوطن التاريخي وبالمبادرة من الجمعية العالمية الشركسية سن في كل من جمهورية كباردينا بلقاريا والأديغيا وأبخازيا "قانون العائدين" في وقت قامت حكومة كباردينا بلقاريا بوضع وإقرار برنامج "الإجراءات الرئيسية في دعم المواطنين المقيمين في الخارج لفترة ما بين ٢٠٠٣-٢٠٠٥". في الأيام القادمة سوف يتم تعديل هذه الوثيقة بإضافة بعض البنود لها لتنفيذها في فترة ما بين ٢٠٠٦-٢٠٠٨.

وانطلاقا من أهمية اللغة ودورها في بقاء الأمة وضمان تقدمها أقامت الهيئة التنفيذية في مدينة نالشك مؤتمرا علميا تحت عنوان "وضع اللغة الأم بين الأديغا" بمشاركة عدد كبير من ممثلي الجمعيات الشركسية والعلماء.

كما أن عددا من اللجان عملت، في الفترة الماضية، بشكل مثمر وفعال، من بينها لجنة الإصدارات والنشر التي قامت بالتعاون مع صحف "أديغا ماق" و"اديغا بساله" و"شركس خاكو" بإصدار ١١ عددا من جريدة "نارت". وبالدعم من الجمعية العالمية الشركسية تم نشر كتب ذات أهمية بالغة ومن ضمنها أبحاث علمية فريدة. كما وضعت اللجنة مشاريع لترجمة ونشر كتب تتحدث عن تاريخ أمتنا وثقافتها.

أما الأكاديمية العالمية الشركسية فقد اضطلعت في السنوات الأخيرة بدور مهم في تأمين الجانب العلمي للقضايا التي تهم الجمعية العالمية الشركسية. وبفضل الجهود التي يبذلها أعضاء الأكاديمية يتم إعادة مواد أرشيفية خاصة بالشخصيات الشركسية البارزة من تركيا ومصر وسوريا والأردن والولايات المتحدة الأمريكية وفرنسا. ان مجال الدراسات التي يقوم بها الأكاديميون واسع جدا بدءا من أنتروبولوجيا واثنوغرافيا وانتهاء بالعلاقات الأممية في القوقاز.

في الوقت الحالي نحن بصدد نشر الجزء الأول من "تاريخ الشراكسة" العمل الذي يحظى باهتمام واسع في الوطن الأم وخارجه.

كما أن الاتصالات بين الجمعيات الأعضاء في الجمعية - الروسية والأجنبية تزداد بشكل مستمر. كان للجمعية العالمية الشركسية عموما دور مهم في الحفاظ على السلام في منطقة شمال غرب القوقاز.

في الفترة الماضية قامت عدة شخصيات علمية وثقافية وفنية بزيارة الدول حيث الشتات الشركسي، كما أن عددا من شباب تركيا قاموا بزيارة الجمهوريات الثلاث ضمن مجموعات سياحية، بالإضافة إلى معسكرات صيفية للأطفال تقام سنويا في كل من كباردينا بلقاريا وجمهورية الأديغيا. تعتبر المنح الدراسية التي تقدمها جامعات الجمهوريات لأبناء الشتات عاملا مهماً في تعزيز العلاقات مع الشتات. الآن يبلغ عدد هؤلاء الطلاب ١٥٠ طالبا.

قامت الهيئة التنفيذية بتنظيم اجتماعات لها في كل من لازاريفسكويه ومايكوب واسطنبول ومزدوك، كما واصلت تقديم الدعم لمجموعات الأديغا المقيمة في المناطق الأخرى من الفدرالية الروسية، وفي الدول الأعضاء الكومنولث. وتتعاون الجمعية العالمية الشركسية، بشكل فعال، مع هيئة الأمم المتحدة، ومنظمة الأمن والتعاون في أوروبا، والمنظمات الإنسانية الدولية الأخرى.

في الفترة الماضية قامت الهيئة التنفيذية بتنظيم مؤتمرين اقتصاديين بمشاركة رجال أعمال من تركيا وكباردينا بلقاريا وكذلك شخصيات تمثل أوساط الأعمال من مناطق أخرى.

ومع ذلك، يشير المؤتمر السابع إلى أن الهيئة التنفيذية للجمعية العالمية الشركسية لم تتمكن من تحقيق كافة مشاريعها.

لم تتمكن الهيئة التنفيذية من إشراك كافة أعضائها في عمل الجمعية بالإضافة إلى قلة النشاط لدى بعض رؤساء اللجان وعدم إسهامهم في تحسين أداء الهيئة التنفيذية.

لم تجر مسابقة العازفين التي كان من المقرر إقامتها في الأردن بذكرى عابدة عمر.

لم تتمكن الهيئة التنفيذية من إجراء اولمبياد رياضي للشباب الشراكسة.

لم يكتمل إعداد الموسوعة الشركسية.

لم تنجح الهيئة التنفيذية في الحصول على اشتراكات العضوية من كافة مؤسسي الجمعية العالمية الشركسية مما يؤثر سلبا على الأوضاع الجمعية المالية الصعبة في أساسها ويحول دون تنفيذ المهام الأساسية للجمعية.

يقر المؤتمر السابع للجمعية العالمية الشركسية ما يلي:

١. تقدير عمل الهيئة التنفيذية للجمعية العالمية الشركسية في الفترة ما بين عامي ٢٠٠٠-٢٠٠٣ بوصفه عملاً مقبولاً.

٢. على الهيئة التنفيذية أن تقوم بما يلي:

- المضي قدما في زيادة دور وهيبة الجمعية العالمية الشركسية وتنسيق الجهود بين الجمعيات الشركسية أعضاء الجمعية العالمية الشركسية، والتي تعمل على إحياء وتطوير الإرث الثقافي والروحي للأمة الشركسية والحفاظ على هويتها ولغتها وعاداتها وتقاليدها وإحياء حقائقها التاريخية

- إنشاء هيئة لتفعيل الجهود من أجل توسيع العلاقات الاقتصادية مع الشركاء الأجانب وتأسيس مشاريع مشتركة

- الاستمرار في التعاون بين الجمعية العالمية الشركسية وهيئة الأمم المتحدة وغيرها من المنظمات الإنسانية الدولية

- تنظيم عمل أعضاء الهيئة التنفيذية وتحسين أدائهم من حيث الالتزام والمسؤولية

- تركيز الاهتمام على العمل مع فئة الشباب وتربيتهم على أساس المسؤولية المترتبة على الانتماء للأمة الشركسية

- إقامة مهرجانات وفعاليات رياضية مختلفة من أجل تحقيق التقارب بين الشباب

- التأكيد على ضرورة سداد الديون لاشتراكات العضوية حتى نهاية عام ٢٠٠٦

- وضع خطة عمل للهيئة التنفيذية لعامي ٢٠٠٦-٢٠٠٧ في مدة لا تتجاوز شهرين، وكذلك وضع خطة الإجراءات الواجب اتخاذها وفقا للملاحظات والاقتراحات المطروحة في المؤتمر السابع وتقديمها إلى لجان وأعضاء الجمعية العالمية الشركسية

- نشر هذا القرار في وسائل الإعلام وإرسال نسخة منه إلى كافة جمعيات "اديغا خاسا"
- إقامة المؤتمر الثامن للجمعية العالمية الشركسية في عام ٢٠٠٩ في مايكوب (جمهورية الأديغيا).

رئيس الجمعية العالمية الشركسية

السكرتير

نص الكلمة التي ألقاها السيد جيهان جانديمير

رئيس جمعية كاف - فيد، في اجتماع الهيئة العامة

للجمعية الشركسية العالمية / المؤتمر السابع

(يوم السادس من أيار عام ٢٠٠٦ - استنبول)

١ - رسالة ترحيب:

عزيزي الرئيس زاوربي، مندوبونا من البلدان المختلفة (من الفدرالية الروسية، وابخازيا، واوروبا، والولايات المتحدة الامريكية، والاردن، وسوريا، واسرائيل) ومن كافة انحاء العالم.

ضيوفنا الاعزاء الذين لبوا دعوتنا لمتابعة مجريات المجلس، والاعضاء الاعزاء لجمعيتنا:

اهلاً بكم جميعاً. عندما أجبر اسلافنا على النفي من اراضيهم التاريخية، أصبحت كلمة " استامبولاكوه " أي " المسافر الى استنبول " هي الرديف للنفي بالنسبة للكثيرين الذين استطاعوا ان ينجوا من عواصف البحر الأسود العنيفة، والجوع والأمراض حتى رسوا في استنبول. اضطر الناس الذين نزلوا الى البر في استنبول الى التفرق في أراضي الامبراطورية العثمانية ابتداءً، ثم في بلدان مختلفة في كل انحاء العالم.

في هذه المرة، تستقبل استنبول الشراكسة الذين جرى تفريقهم في انحاء العالم من استنبول قبل ١٤٢ عاماً. أنا أشكر كل المشاركين شخصياً وباسم اتحادنا، الذي أترأسه،

والذي تشكل من خمسين جمعية في تركيا، لانكم انضممتم إلينا وشاركتم حماسنا في يومنا التاريخي هذا.

٢ - أهمية اجتماع الجمعية الشركسية العالمية.

ضيوفنا الاعزاء، هذا اليوم مهم بالنسبة لنا، لأن شراكسة العالم اجتمعوا للمرة الأولى في لقاء " الاحتفال بذكرى مرور ١٢٥ عاماً على التهجير الشركسي "، أيضاً في تركيا يوم ٢١ تشرين الأول عام ١٩٨٩. دعا الناس الذين اجتمعوا في ذلك اليوم، الجمهور الى " تشكيل عالم، يجعل السلام والأخوة بين الأمم في هذا العالم أقوى، يجعل رياح السلام تمحو كلمة " حرب " من جميع اللغات.

ايها الناس الذين يقدرون الانسانية والسلام: دعونا جميعاً نزين الدنيا بالحب ".

واتخذوا الخطوات الأولى نحو تأسيس كاتحاد للشراكسة الذين يعيشون في الأقطار المختلفة. لقد استغرقت تحضيرات التأسيس سنتين. جرى تأسيس الجمعية الشركسية العالمية اثناء انعقاد المؤتمر الأول الذي عقد في نالتشك يومي ١٩ - ٢٠ أيار عام ١٩٩١. منذ تأسيسه عام ١٩٩١، انعقدت ستة مؤتمرات: في مايكوب عام ١٩٩٣، وفي تشيركيسك عام ١٩٩٨، وفي كراسنودار عام ١٩٩٨، وفي نالتشك عامي ٢٠٠٠ و ٢٠٠٣.

نحن الشراكسة الذين نعيش في اقطار مختلفة من العالم، والذين يمُتُّ الكثير منا بالقربى الى بعضهم بعضاً، نجتمع اليوم لنعقد مؤتمرنا السابع في استنبول، حيث تفرقنا في انحاء الدنيا. إن تركيا، حيث اتخذت قرارات التأسيس، تقوم باستضافة شراكسة العالم على أمل تشكيل رؤية جديدة للجمعية الشركسية العالمية وإقرار مهمة جديدة في هذه المرة.

لسوء الحظ، فقد تزامن توقيت تقديم الدعوات للاجتماع، مع الفترة التي تزايد فيها القتال ضد الجماعات الانفصالية في الجنوب الشرقي. قال البعض " لو انكم لم تعقدوا هذا الاجتماع في مثل هذا الوقت الحساس ". لكننا لم نستطع ان نتخلى عن قرار اتخذ في المؤتمر عام ٢٠٠٣، قبل ثلاث سنوات. لم يكن هناك سبب واحد للتردد أو حجة يمكن اتخاذها ضدنا، نحن الشراكسة، الذين نتعايش بسلام مع جميع الأمم الأخرى كمواطنين مفعمين بالكبرياء في كل بلد نقيم فيه. بل على العكس، نحن نعتقد أن هذا الإجتماع يمثل فرصة بالنسبة لنا. يقدم لنا هذا الاجتماع مناسبة نخاطب فيها العالم مرة أخرى بعد ١٧ سنة في هذا اليوم الذي يخشى فيه الناس من صراع الحضارات، ويجري قتل الناس فيه جراء

انعدام التسامح الديني، وقد عاد التميز العنصري الى الصعود، ويجري ضرب فنانينا الذين خدموا كوزراء حتى الموت، وينتشر الإرهاب.

نقول للعالم: " دعونا نشكّل عالماً، لتصبح الأخوة والسلام بين الأمم في هذا العالم اكثر قوة، لتمحو رياح السلام كلمة " حرب " من جميع اللغات. ايها الناس الذين يقدّرون الإنسانية والسلام: دعونا نزين العالم بالحب سوياً ". نحن نصلي لله سبحانه وتعالى بلغتنا قائلين " يا رب، ساعد جميع الأمم في الدنيا: ولكن، لاتنسانا نحن، الشراكسة ".

٣ - لأية غاية تأسست الجمعية الشركسية العالمية، وماذا يمكنها أن تفعل؟

اعزائي المندوبون والضيوف الاعزاء، لقد تم تدوين غايات الجمعية الشركسية العالمية في بند تأسيسها الأول كما يلي " لدى الداغستانيين، والأوسيتيين وشعوب الشيشان - الإنجوش سكان بكثافة في اراضيهم التاريخية، بينما عدد سكانهم في الشتات قليل نسبياً. وهكذا، فهم ليسوا بحاجة الى المزيد من السكان، وليست لديهم أي مشكلة في إعادة التوطين، أو ان هذه مشكلة صغيرة بالنسبة لهم. على العكس من ذلك، فان ٨٠ -٩٠ ٪ من شعوب الأديغه - الابخاز-الوبيخ في ابخازيا، قرشاي - تشيركيسيا، قباردينو - بلقاريا وخط الشابسوغ الساحلي قد تم نفيهم إجبارياً.

من الضروري بالنسبة لهم اكتساب حق إعادة التوطين، ومنع الذوبان والانقراض الثقافي عن طريق تحصيل هذا الحق التاريخي بسرعة "

لقد كان السبب الرئيس لتأسيس الجمعية الشركسية العالمية هو هذا. إن غايتها وواجباتها مكتوبة في القانون الداخلي كما يلي:

" غاية وواجبات الجمعية الشركسية العالمية ":

١ - تهدف الجمعية الشركسية العالمية الى إعادة تشكيل وتحسين شعوب الأديغه - الأبخاز، واداء العمل الضروري لتحقيق اهداف هذه الغاية والكفاح لتحسينها، والمساعدة على كشف التاريخ الحقيقي الكامل.

٢ - لتحقيق هذه الغاية، فان الجمعية الشركسية العالمية تقوم بالواجبات التالية:

أ – تحسين العلاقات وتقوية روابط الأخوّة بين الشراكسة في كل انحاء العالم والشراكسة الذين يعيشون على أرض وطنهم.

ب – تأكيد استخدام نفس الكتابة والأحرف من قبل جميع الشراكسة.

ج – تجميع اجزاء التراث الثقافي الشركسي المبعثر في انحاء العالم، ووسائل النشر في الوطن الأم، وتجميع كافة المنشورات عن الشراكسة.

د – العمل على ضمان تمكين جميع الشراكسة من الكتابة والقراءة بلغتهم الأم.

هـ- مساعدة الجمعيات على توحيد قواها، لضمان تنظيمها على شكل اتحاد.

و – التأكد من أن الشراكسة الذين يعيشون في البلدان المختلفة يعرفون بعضهم بعضاً، وأن يعثر الاقارب على بعضهم، وان تصبح الأجيال الفتية في حالة تضامن.

ز – محاولة جعل النفي والمذبحة الشركسية مقبولة رسمياً من خلال المنظمات الدولية، والحصول على حق ازدواجية المواطنة وجوازات السفر.

ح – مساعدة الشراكسة الذين يساء اليهم، والذين يعيشون، مبعثرين، في عدة اقطار، على العودة الى الوطن الأم بأسرع ما يمكن.

٣ – تفعيل إمكانية تعاون ابنائنا الذين يعيشون في بلدان غير وطننا الأم وتواصلهم في المسائل الاقتصادية.

٤ – التواجد في الولايات، والاتحادات الاقليمية والمنظمات عبر العالم في المسائل المتعلقة بالقضايا القومية والمباشرة بأخذ زمام المبادرات الضرورية.

مندوبينا الاعزاء، يجب ان نطرح الاسئلة التالية على انفسنا:

إلى أي حد، نحن كجمعية شركسية عالمية، قمنا بتنفيذ الأشياء التي كتبناها في النظام الداخلي والاشياء التي اضطررنا الى عملها؟ عندما نلقي نظرة على الماضي، ليس هناك أي انجاز كبير سوى التقاء الجمعيات ومدرائهم التنفيذيين عبر العالم، جعل منظمة الشعوب غير الممثلة UNPO تتخذ قراراً جيداً، وتحسن صغير في مسائل التاريخ الأديغي، الموسوعة الأديغه، واستخدام لغة واحدة. حتى الحماس والإثارة الزائدين اللذين كانا موجودين عند بداية تأسيس الجمعية الشركسية العالمية قد تناقصا بدرجة كبيرة. لم يكن بالإمكان عمل

أي شيء للغايات والاهداف المذكورة تالياً. إذا قمنا بعملية نقد ذاتي بعد عمل ١٥ سنة، فان النتائج ستكون كما يلي:

لم نتمكن من الوصول الى كتابة وحرف موحدين، ولم نتمكن من ابطاء عملية ذوبان لغتنا.

كان يفترض ان تكون إعادة السكان الى الوطن الأم مهمتنا الرئيسة لكنها لم تحصل. لم نتمكن من منع تردي قوانين الجنسية واعادة التوطين.

دخلنا الى المنظمات الدولية حتى نحل المشاكل القومية الشركسية ونأتي بمشاكلنا الى هذه المنظمات، ونحاول ان نحلها. استطعنا ان ندخل الى منظمة الأمم غير الممثلة، لكننا لم نستطع ان ندعم القرار الوحيد الذي اتخذ. والآن قام المجلس الشركسي بالمطالبة والإدعاء بهذه المسألة، والتي ابقيناها نحن باعتبارنا كاف - فيد، على برنامج عملنا للسنوات الثلاث الأخيرة، ويقوم المجلس الشركسي بمتابعة القرار.

لم نستطع حتى ان نحل مشكلة الجمعية العالمية الشركسية على مدى ١٥ عاماً. لقد بدأ العمل ب " صندوق التضامن الشركسي "، و " صندوق اعادة توحيد الشراكسة "، لكنهما لم يستمرا.

تم تشكيل برلمان مشترك بين الجمهوريات الثلاث، وبدأ الاعضاء يحضرون لاجتماعاتهم الأولى، لكن الأخطاء في تشيركيسك أبطلت هذه الفرصة المهمة .

لم يسدد رسوم الاشتراك سوى تركيا، والاردن وأمريكا، وقد تم ترحيل التزامات الآخرين دوماً الى الأمام بموجب قرارات بطريقة شركسية.

ان منظمتنا تعاني من أزمة مالية، ولاتستطيع ان تعمل.

لقد تأخر انشاء مبنى المركز الرئيس لمدة ثلاث الى اربع سنوات، لهذا السبب لم نتمكن من تفعيل الاتفاقيات الثقافية الثنائية بين تركيا وروسيا، وبدأنا نعاني من صعوبات باعتبارنا الاشخاص المقيمين في الشتات.

يجب ان نتواصل، بدون انقطاع، مع امتنا، عن طريق التعليم الديني واللغوي، وحملات القراءة والكتابة عبر النشر بتأسيس قناة تلفزيونية، لكننا لم نستطع.

في هذه الاثناء، كانت لدينا بعض المشاكل الخطيرة. لقد اقترفت بعض الاخطاء خلال الفترة التي كانت فيها رئاسة الجمعية الشركسية العالمية موجودة في قرشاي - تشيركيسيا.

فقد تدخلت الجمعية في سياسات غير متطابقة مع اهدافها. وقد مرت فترات صعبة خلال فترة التواجد في تشيركيسك، واثناء مؤتمر نالتشك. فقد عادينا بعض الاصدقاء الذين انطلقنا معهم في البداية، ولم نتمكن من العمل بحرية بسبب القوانين العرفية اثناء الحرب في بلاد الشيشان وما بعدها. كذلك فقد حالت الاحداث المقلقة في بيسلان ونالتشك بيننا وبين مجرد الالتقاء. يمكن التحدث عن كثير من الاحداث المشابهة غير المرغوب فيها.

ولكن، من الناحية الأخرى، كانت لدينا بعض الانجازات في الفترة الماضية. حصل بعض التقدم المهم في تركيا بشأن عملية الدخول الى الاتحاد الاوروبي.

اتخذت بعض الخطوات الهامة باتجاه التحول نحو الديمقراطية. رغم انها لم تطبق كلياً بعد، الا ان جمعياتنا تتمتع بقدر اكبر من الحرية وقد توسعت مجالات عملها. ومع ان هذا لا يكفي، الا اننا قادرون على العمل بميزانيات اكبر. لدينا مكتب مستقل مثل الجمعية الشركسية العالمية. لدينا رؤساء جمهوريات مثل قانوقه أرسين و شوفمين حازرت اللذين يحاولان ان يفعلا شيئاً لمجتمعاتهما في قباردينو - بلقاريا والأديغيه.

٤ - ماذا نتوقع من الجمعية الشركسية العالمية؟

نحن مجتمعون اليوم، في تركيا، مرة أخرى، حيث تأسست الجمعية الشركسية العالمية.

نحن في عام ٢٠٠٦ وقد تغيرت أمور كثيرة في عالمنا. لقد فقدنا بعضاً من الاشخاص الذين ساهموا في تأسيس الجمعية الشركسية العالمية قبل سبعة عشر عاماً. ندعو الله ان يتغمدهم برحمته. أيضاً، لايزال بعض من الناس الذين اسهموا في تأسيس الجمعية قبل سبعة عشر عاماً معنا. ندعو الله أن يمنحهم العمر المديد.

الآن، لدينا كلنا مهمة جديدة. يتحتم علينا أن نبدأ عصراً جديداً في تركيا بنفس حماس ما قبل سبعة عشر عاماً. أولاً، يجب علينا أن نعيد تشكيل الجمعية الشركسية العالمية حتى ننجز مستقبلاً ما يتحتم علينا عمله وما لم نتمكن من عمله في السابق. علينا أن نشكل جهازاً وظيفياً أصغر سناً، واكثر ديناميكية. علينا ان نجعل من الجمعية الشركسية العالمية منظمة تمتلك قوة اقتصادية.

يجب ان نعيد النظر في الماضي، ونستمد الدروس منه اثناء قيامنا بذلك.

بعد كل هذه التفسيرات والنقد الذاتي، فان رغباتنا واعتباراتنا فيما يتعلق بالمستقبل باعتبارنا كاف – فيد، هي كما يلي:

١ – أولا وقبل كل شيء، نريد أن نخدمكم، بشكل لائق، وننفذ مؤتمراً يتم اتخاذه مثالاً يحتذى .

٢ – نريد أن نتخذ قرارات تسمح بالعودة الى النظام الداخلي السابق للجمعية الشركسية العالمية عند تأسيسها.

٣ – نريد أن نتعامل مع مشاكلنا القومية بدون الإساءة الى علاقات تركيا والفدرالية الروسية، وان نقدم موقفاً متماسكاً. نحن نعترف بان القفقاس بحاجة الى فلاحة اراضيها الخصيبة، والى رجال أعمال للاستثمار في الإقليم، وذلك لتطويره اقتصادياً. لدينا الامكانات البشرية الكافية لذلك. نحن نرى أن عودة العدد الكافي من القوى البشرية الى وطنهم الأصلي بأسلوب إعادة التوطين مفيد لكلا البلدين.

٤ – نريد قيام عمل كفؤ للحفاظ على لغتنا حية.

٥ – نريد للحرب الشيشانية التي دفعت بلاد القفقاس الى حالة عدم الاستقرار، ان تنتهي على الفور بسلام مشرف. نريد أن تتقدم جميع الأمم، في شمال القفقاس وان تعيش فيما بينها بسلام.

٦ – في حزيران عام ١٩٩٨، أنهى السيد جاريم أصلان، رئيس جمهورية الاديغيه، كلمته بعد العديد من الملاحظات بقوله " المسألة الأخيرة التي أريد قولها هي: إن حوض الكوبان وطن يخصنا كلنا. لهذا السبب، أتمنى لو أنكم تشعرون بانكم في وطنكم في هذا الوطن وان تنهوا عملكم بسلام وان تعودوا الى بيوتكم بأمان ". نحن لا نريد لبوابات هذا البيت، الذي يحلم البعض منا بالعودة اليه، ان تغلق. نحن نتوقع جهوداً فعالة للحفاظ على الحقوق الممنوحة لجمهورياتنا القائمة مقابل حقوقها التاريخية.

٧ – نحن لا نريد الإرهاب في القفقاس، ونتوقع مبادرات ملائمة تؤدي الى تحسين الوضع في الفدرالية الروسية. ضمن هذا المحتوى، نحن نعتقد ان إعادة جثث اولئك الذين قتلوا اثناء احداث نالتشك ستشكل اسهاماً ايجابياً.

٨ – نريد ان يرفع الخطر المفروض على ابخازيا بشكل كامل.

٩ – نريد ان نتجه الى اهدافنا الأولية من البدايات الأولى بتأسيس فريد بدلاً من منظمات بديلة وهزيلة بإزالة الحظر والخلاف مع الناس الذين استثنوا من مؤتمر نالتشك للعام ٢٠٠٠.

نأمل ان نتمكن من تحقيق هذه الأمنيات والأفكار مع منظمتنا العليا، الجمعية الشركسية العالمية، خلال الفترات القادمة. بغير ذلك، فان وجود الجمعية الشركسية العالمية بوضعها الحالي الذي لا يستطيع ان يوفر الحلول لمشاكل المجتمع، سيكون له مجرد معنى رمزي.

اتمنى ان يسفر هذا المؤتمر عن نتائج مرغوبة متوافقة مع غاياتنا وامانينا. اشكر جميع المشاركين مرة أخرى.

أريد أن انهي خطابي بكلمات المرحوم قالموق يورا. إن التصريح الذي اطلقه الرئيس قالموق يورا لصحيفة " أديغه ماق " (صوت الشراكسة) عند نهاية المؤتمر العام سنة ١٩٩٣ يبدو وكأنه يخاطب هذا اليوم. في ذلك اليوم، قال العزيز قالموق يورا:

" إن التفوه بكلمات جميلة، والتحدث كثيراً، واتخاذ قرارات طيبة ثم الافتراق، لا يفيد. لقد حان وقت شد الأحزمة والانطلاق الى العمل الجاد. على كل شخص أن يعمل حسب قدرته حتى تستعيد أمتنا ما اجبرنا على فقدانه في الماضي. علينا ان نقوي صلاتنا مع إخوتنا الذين مازالوا يعيشون في المنفى. أعرف ان إدارة الجمعية الشركسية العالمية لا تقدر على حل جميع المشاكل القومية. يجب ان يسهم جميع الرؤساء، والحكومات، والبرلمانات والناس الذين يشعرون بالمسؤولية، في حل المشاكل القومية. سيكون التعاون وحسن الاداء للاشخاص الذين انتخبوا للفروع الادارية للجمعية الشركسية العالمية عاملاً مهماً في حل المشاكل القومية. هذا ليس زمن الشكوى، بل زمن العمل.

يجب ان تعلموا أن الحل لأي من المشاكل القومية ليس سهلاً ولا بسيطاً ".

كاف - فيد

العمل في المجال الثقافي الشركسي[1]

المؤتمر الدولي الأول للغة الشركسية مثالاً

عمان ١٥ - ١٦ تشرين الأول ٢٠٠٨

بمبادرة من الجمعية الخيرية الشركسية في الأردن، عقد هذا المؤتمر المهم في عمان، وقد حضره لفيف من علماء اللغة والنشطاء والمهتمين باللغة الشركسية والحفاظ عليها وتطويرها، جاءوا من الوطن الأم وسوريا وتركيا، وفلسطين المحتلة والولايات المتحدة الامريكية.

هذا وقد عقد المؤتمر تحت الرعاية الملكية السامية، حيث افتتحه صاحب السمو الملكي الأمير علي بن الحسين مندوباً عن جلالة الملك عبدالله الثاني بن الحسين المعظم ورافقته صاحبة السمو الملكي الأميرة عالية بنت الحسين.

وقد أجمع المشاركون في المؤتمر بكلماتهم واوراق عملهم التي قدموها، على ضرورة الحفاظ على اللغة الشركسية وتطوير أبجدية كتابتها.

من بين الآراء التي طرحت:

١ - الأستاذ قادر ناتخو من الولايات المتحدة الامريكية: عبرَّ في كلمته عن قوة الانتماء الى اللغة الشركسية وأهميتها في تحديد الهوية، كما اشار الى مخاطر اندثارها اذا لم تنتقل الى الأجيال الناشئة.

٢ - دولة السيد مراد كومبيليف، رئيس وزراء جمهورية الأديغي:

تحدث عن الترابط الأبدي بين اللغة والوطن " ليس عبثاً ان نسمي لغة الشعب باللغة الأم، ونحمل الحب تجاهها كما نحب امهاتنا ووطننا ". كما اشار الى دور جمهورية الأديغي في المحافظة على اللغة الشركسية، والى ما حققته دراسة اللغة الاديغية من نجاح في بنية الكتابة ووضع قواعد اللغة وتأليف معاجم مختلفة ودراسة جميع لهجات لغة الأديغه . كما ذكر أن لغة الاديغه تستخدم في المراسلات الرسمية مثل اللغة الروسية، ويستخدمها ابناء القوميات الأخرى.

٣ - عطوفة السيد كاجاروف، رئيس ديوان رئاسة جمهورية قباردينو بلقاريا:

---

(١) مجلة نارت - الصادرة عن الجمعية الخيرية الشركسية - المركز ، العدد الخاص ٩٤

شدد على أهمية اللغة الشركسية، وأشاد بجهود جمهورية قباردينو بلقاريا في هذا الصدد، بالعمل على نشرها وتعليمها لتتمكن من اداء دورها كلغة قومية لكل الشراكسة ووطنية لكافة ابناء الجمهورية.

٤ – عطوفة السيد اسحق مولا، رئيس الجمعية الخيرية الشركسية -المركز، ورئيس المؤتمر:

قال في كلمته لدى افتتاح المؤتمر:

" اللغة وعاء الوجود، ودليل الحضور، فهي - اي اللغة - حاملة الفكر والوجدان، ولا وجود للإنسان خارج اللغة، فكما قيل " الإنسان كائن يقيم في اللغة ". ثم عدد محاور المؤتمر والتي تجسدت في:

أ – وسائل توحيد لغة الشراكسة جميعاً.

ب – اعادة هيكلة الألفباء الشركسية المستعملة وتطويرها.

ج – منهجية نشر اللغة وتعلمها، ووسائل زيادة استعمال اللغة.

د – واقع اللغة وآفاق تطورها في البلدان المختلفة.

هـ - بحث إقامة مؤسسات دائمة تعنى بشؤون اللغة الشركسية وآدابها.

٥ – الدكتور محي الدين قندور - الأردن: اشار الى ضرورة اتفاق الأديغه على لغة أدبية واحدة بغض النظر عن اختلاف اللهجات، كما شرح مزايا وسلبيات استخدام كلا الحرفين السيريلي واللاتيني، داعياً الى التوسع في استخدام الأخير للأسباب التالية:

أ – سيكون استعماله اسهل على شراكسة الشتات.

ب – يعيش في الشتات أديغه اكثر مما يوجد في القفقاس.

ج – سيكون تعليم اطفالنا اللغة عملياً اكثر مع الحرف اللاتيني المألوف.

د – ستكون منشورات الأعمال الشركسية في الشتات اسهل بالحرف اللاتيني.

رغم توفر الحرف السيريلي في البرمجيات الحديثة، الا ان الناشرين من غير الروس أو

الأديغه يجدون صعوبة في التعامل معها.

كما تحدث عن تأسيس صندوق لدعم الثقافة الشركسية، يتم تمويله من دخل الكتب التي يؤلفها الدكتور محي الدين قندور باللغة الانجليزية وتتم ترجمتها الى اللغات العربية والروسية والتركية وغيرها، وقد سمى المستفيدين من هذا الصندوق: المؤلفون، الشعراء، العلماء والصحفيون الذين يكتبون باللغة الشركسية الكلاسيكية. ثم الفنانون، المؤلفون الموسيقيون، والمغنون وكل الذين عملوا وشددوا على قيم الأديغه لثقافتنا التقليدية في شمال القفقاس ".

٦ - الأستاذه الدكتوره ليلى ابو بكر- قرشاي تشيركيسك: أرجعت الثقافة التاريخية للأديغه، والمثاليات والقيم والنزعة القومية الى تقاليد الملاحم الاسطورية الأديغية.

كما اعتبرت دراسة التقاليد الملحمية التاريخية بالرجوع الى اساطير النارتيين والفلكلور والاتيكيت الشركسي وفن التحدث، كلها مسائل ضرورية وحديثة بنفس مستوى دراسة الهوية الروحية للأمة الشركسية. كما شرحت دور الأتيكيت الأساسي في أصل ونشأتها الثقافة الشركسية. كذلك اوضحت ارتباط اصول التعامل بدرجة أساسية مع ثقافة الأديغه وفلسفة اساطير النارتيين.

٧ - الشاعرة الدكتورة لوبا بالاغوفا قندور - الأردن:

عالجت في ورقتها ضرورة إدخال الانتاج الفكري لادباء الشتات الأديغي في جملة الانتاج الفكري لادباء الأديغه، مستندة في رأيها الى ان انتاج هؤلاء في اللغات المختلفة لا يخرج عن كونه انتاجاً فكرياً للأمة التي ينتمون اليها، طالما ان الفكر مرتبط بكينونة الانسان او بما يسميه الأديغه " ثلابسه " وان روح الانسان الشركسي تظهر في كتاباته بغض النظر عن اللغة التي يكتب بها.

٨ - الاستاذ عادل عبد السلام - سوريا - عضو اكاديمية العلوم العالمية الشركسية:

اكدَّ في مقدمة ورقته قدم الآثار المادية الشاهدة على معرفة الأديغه للكتابة، وان هذه المعرفة ترجع الى الألف الثالث قبل الميلاد، واستخدام الأديغه للحروف اليونانية القديمة كما تحدث عن تأثير الزحف الروسي على الإرث الثقافي الشركسي، والادوار التي مرت بها كتابة لغة الأديغه في العصر الحديث. ثم بينَّ تأثير افتقار الشركس في العالم كله الى دولة حرة

مستقلة ذات سيادة في الوطن الأم، وتأثير كونهم مواطنين يحملون جنسيات بلدان الشتات على لغتهم وثقافتهم، ومساعيهم للاتفاق على لغة أدبية موحدة والف باء يجمع عليها الأديغه كلهم.

٩ - الاستاذ عز الدين سطاس - سورية:

أرجع سبب تراجع لغة الأديغه الى الاحتلال الروسي، ومخرجاته المأساوية على الأمة، واستعرض علاقة الاحتلال باللغة معتبراً أن لغة الأديغه هي واحدة رغم تعدد اللهجات، وتعود اصولها وجذورها الى اللغة التي كان قدماء الأديغه يتحدثون بها قبل ان تتفرع الى عدة لهجات. وقد انقرض بعضها نتيجة تعرض ابناءها للإبادة. كما اكد أن اللهجات جميعها تمتلك امكانات توحدها في لغة واحدة لفظاً وكتابة. ثم استعرض المسؤوليات الملقاة على عاتق جهات متعددة ذات علاقة أساسية في الحفاظ على لغة الأديغه، واكّد أن لغة الأديغه ليست في حالة سكون مطلق، لكنها، مثل الناطقين بها، جاء تطورها بطيئاً وصعباً.

١٠ - الاستاذ جميل اسحاقات حلاشته - الأردن:

تضمنت ورقته تحليلاً لواقع لغة الأديغه في الشتات، وتحولها الى لغة ثانية. فحدد الأسباب والمشكلات التي تتعرض لها، وتأثير المحيط الذي يعيش فيه الأديغه على لغتهم. ثم ذكر هيمنة اللغات الأغنى ثقافياً واقتصادياً والأثر السيء للمتأثرين بالثقافات الشتاتية والاحتلالية. وهم الذين يتفاخرون بها،علناً، ويستميتون في الدفاع عنها، معارضين الاهتمام بلغة الأديغه ومشككين في قدرتها على النهوض بالثقافة، متجاهلين حقيقة أن قدرة اللغة على تحقيق الانجازات منوطة بقدرات اصحابها.

١١ - الأستاذ نجدت حَطام - مايكوب:

قدّم بحثاً عملياً حول واقع لغة الأديغه والنتائج السلبية لاختلاف سبل التعامل مع الحرف السيريلي بتعدد اللهجات، وصعوبة التعامل مع الواقع الحالي ونتائجه السلبية على تعلم اللغة. كما بين ضرورة اجراء تعديلات على الالفباء الحالية، وقدّم شروحاً لمقترحاته، في هذا المجال، موضحاً أن التعديلات المقترحة سوف تسهل عملية تعلُّم الأجيال الصاعدة للغتها، وستقرِّب بين اللهجات لتصبح بداية لانتشار لغة أدبية واحدة.

١٢ – الاستاذ ايونف زاوال حاجي مراتفيتش- نالتشك :

قدّم موجزاً عن تاريخ كتابة لغة الأديغه في العصور الحديثة، وتحدث عن وجود شورا بكمرزا نوغموف وقازي اتاجوكن وغيرهما لوضع أبجدية اللغة الأم. ثم استعرض محاولات كتابة الحرف بلغات مختلفة هي: العربية واللاتينية والسيريلية. كما أكد ان المحاولات الأولى لم تكن تميز بين لهجة واخرى، بل كانت تنظر الى اللغة على أنها واحدة لذا كانت الأحرف معممة على جميع اللهجات. ثم انتقل الى الحديث عن الوضع الحالي للكتابة والاختلاف الظاهر بين مؤيدي الانتقال الى الحرف اللاتيني والمصرين على الاستمرار في استخدام الحرف السيريلي.

١٣ – الأستاذ شئة جوقوه ظافر - تركيا:

استهل ورقته بتوضيح أهمية اللغة في حياة الإنسان اليومية، ثم استعرض معوقات استعادة اللغة الأديغه. وشرح حالة اللغة في تركيا والمعيقات التي تضعها الحكومة التركية في وجه الجمعيات التي تعمل على نشر اللغة الشركسية وتعليمها. كما عرض على المؤتمرين مجموعة من التوصيات التي تساعد على تحقيق أهداف المؤتمر، وأكد ضرورة تعاون الأديغه اينما تواجدوا على استخدام الوسائل المتاحة لإعادة احياء لغتهم.

١٤ – الاستاذ امين حافظ - سورية:

استهل ورقته بالحديث عن التغريب الذي يتعرض له الكثير من لغات العالم، ولغة الأديغه بشكل خاص، واسباب هذا التغريب. كما ذكر تأثير سياسات العداء تجاه الاقليات، وحجب حقوقها الثقافية والقومية في البلدان ذات التوجهات الشمولية والأصولية السلفية. كما عدد النتائج السلبية لغياب لغة أدبية موحدة للأديغه. وبيّن ان تعدد اللهجات ليس ضعفاً لأن الثقافة الشركسية لم تُبنَ على قاعدة قبلية منعزلة عن بعضها بعضاً. بل ظلت متكاملة حتى في فترات الغزوات والحروب بين قبائل الأديغه.

١٥ – الاستاذ عدنان موسى غوركظ - الريحانية:

قدّم في ورقته ايجازاً عن قريتي الريحانية وكفركما في فلسطين المحتلة، كما بيّن تاريخ وصول الشراكسة الى القريتين، وعن النسيج الاجتماعي فيهما. وقد اوضح أن لغة الأديغه كانت المهيمنة في الفترة الأولى التي وصل فيها الشراكسة الى القريتين، لكنها تراجعت لاحقاً

امام اللغات المهيمنة الأخرى.

١٦ - الدكتور بيرسر باتربي محمودفيتش - مايكوب :

استعرض غنى القفقاس بلغته، واشار الى المجموعات اللغوية السائدة في القفقاس، وبيّن أوجه الاختلاف بين الأصيلة والدخيلة. ثم شرح الصلة الوثيقة بين لغة الأديغه واللغة الابخازية. كما شرح تشابه طرق العد وكلمات وصف النمو والتشابه في اشتقاقات كلمة قلب ثم ذكر وفرة المفردات المتشابهة في اللفظ والمعنى، مثل مفردات:

الاقارب، اسماء الاطعمة البسيطة التي تؤكد وحدة مصادر اللغتين.

١٧ - الاستاذ باكوخان كري الياسيفيتش - نالتشك:

عالجت ورقة الاستاذ باكو خان مشكلة الحفاظ على اللغة والثقافة الشركسية. فأوضح ان هناك احساساً واضحاً بالخطر الذي يتهدد لغة الأديغه. وبيّن أن الأديغه عرفوا الكتابة منذ فترات موغلة في القدم. فمن أيام دولة السند، استخدم الأديغه الأحرف اليونانية حتى القرن الثامن عشر. وقال أن الكتابة الحالية هي وحدها التي جرى تثبيتها منذ العهد السوفييتي وحتى الآن. ثم قال انه لم تكن لدى الشراكسة أي حكومة اثناء العهد القيصري، وان الحكم القيصري لم يكن يهتم بالمحافظة على لغات الأمم الصغيرة الواقعة تحت حكمه. وان هذه المشكلة لم تحل الا بفعل السياسة اللينينيه القومية. كما يرى أن مسؤولية المحافظة على اللغة وتنميتها في دول الشتات، منوطة بالمؤسسات الاجتماعية الشركسية هناك.

١٨ - الاستاذ كَشَركوه باريس طاهروفيتش - نالتشك:

تحدث عن الصعوبة التي يواجهها الأديغه في التواصل اللغوي، وعن الحديث المتنامي حول ضرورة الاتفاق على لغة أدبية موحدة، وعن تأثير استخدام وسائل الاتصال الحديثة المعتمدة بدرجة اساسية على الحرف اللاتيني في توجه ابناء دول الشتات، بشكل خاص، الى استخدام الحرف اللاتيني. ويرى أن أفضل الحلول يكمن في اتباع الاسلوب الانجلو - سكسوني لحل الاختلافات بين اللهجتين الامريكية والبريطانية، والمتمثل بتأليف موسوعة توضح أوجه التشابه والإختلاف بين اللهجات.

١٩ - الاستاذ الدكتور محمد خير مامسر - الأردن:

قدّم في ورقته دراسة عن تطوير استخدام اللغة الشركسية في المجتمع الأردني، والتطورات

التي طرأت على اللغة الشركسية منذ وصول الأديغه الى الاراضي الاردنية منذ العام ١٨٧٨ وحتى الآن. كما أوضح مسألة تراجع استخدام الأديغه للغتهم في الحياة اليومية، وتضاؤل خصائص المجتمع الشركسي خلال المراحل الزمنية الأربع التي حددها في دراسته.

٢٠ - الأستاذ جينوف محمد عباسوفيتش - قرشاي تشيركيسك:

تحدث عن المشاكل التي تعاني منها الاقليات الراغبة في الحفاظ على لغاتها، وخاصة في ظروف العولمة وتأثير التكنولوجيا الحديثة على لغات الاقليات، واللغة الشركسية بدرجة خاصة. كما بحث موضوع البوم العائلة والبوم الشراكسة كوسيلة للحفاظ على اللغة واستقطاب العائلة لمشاهدة هذين الألبومين، وتأثير ذلك في احياء اللغة داخل العائلة بشكل عام.

البيان الختامي[1]

يتوجه المؤتمر الدولي الأول للغة الشركسية بالشكر والتقدير العميق لصاحب الجلالة الهاشمية الملك عبدالله الثاني بن الحسين المعظم على رعايته المؤتمر الدولي الأول للغة الاديغه.

ولايفوته في هذا المقام أن يتقدم بكامل التقدير لصاحب السمو الملكي الأمير علي بن الحسين لتفضله بافتتاح المؤتمر مندوباً عن جلالته. ويثني بالشكر للحكومة الأردنية لما بذلته لإقامة المؤتمر واستضافته. كما يتوجه بالشكر الى رؤساء جمهوريات الأديغه الثلاث: فخامة رئيس جمهورية قباردينوبلقاريا ارسين بشيرافيتش قانوقوف، وفخامة رئيس جمهورية الاديغي اصلان تشيري تحاكوشينه، وفخامة رئيس جمهورية قرشاي تشير كيسك بوريس صفاروفيتش ابزيف. ولا ينبغي ان نغفل عن شكر السفارة الروسية في الاردن بكامل أركانها.

وبعد واجب الشكر لمجلس إدارة الجمعية الخيرية الشركسية وجميع من ساهم أو شارك ليصل المؤتمر لغاياته واهدافه، فاننا نضع بين ايديكم التوصيات التي توصل اليها المشاركون في المؤتمر:

١ - انشاء صندوق ومركز دولي في عمان - الاردن يعنى بلغة الأديغه وثقافتهم.

٢ - التوجه الى رؤساء الجمهوريات الثلاث: قباردينوبلقاريا والأديغي وقرشاي تشير كيسك

(١) مجلة نارت - الصادرة عن الجمعية الخيرية الشركسية - المركز، العدد الخاص ٩٤

بالأمور التالية:

أ – العمل على توحيد لغة الأديغه والفباءها.

ب – رعاية اصدارات أدب الاطفال ودعمها، واستخدام الوسائل والوسائط الحديثة المختلفة لنشر اللغة بين الأطفال.

ج – اصدار مجلة جامعة للأديغه تهتم بشؤون اللغة الشركسية وثقافتها.

د – تشجيع رجال الاعمال الأديغه على تقديم الدعم المادي لانشاء محطة فضائيه للاديغه.

هـ – تنظيم التعاون والشراكة بين مؤسسات التعليم العالي والمكتبات في الوطن الأم، وشراكسة الشتات.

و – العمل على تفعيل اللغات القومية – الذي تم اقرار سابقاً – واستعمالها في جمهوريات الاديغه.

٣ – التوجه الى رؤساء الجمهوريات الثلاث ومنظمات الأديغه في بلدان الشتات بطلب:

أ – العمل على تأمين احدث الاصدارات التعليمية الخاصة بلغة الأديغه وتبادلها بين الشراكسة في انحاء العالم عبر وسائل الإتصال الحديثة.

ب – العمل على انشاء رابطة دولية للأدباء الأديغه.

٤ – الطلب من الجمعية الخيرية الشركسية – الاردن تشكيل لجنة دائمة لمتابعة توصيات هذا المؤتمر والتحضير للمؤتمر القادم وترتيب انعقاده مرة كل سنتين على الأقل في عمان.

وللجنة ان تجتمع في اي مكان حسب ما تقتضيه الظروف.

الفصل السادس

اسلوب العمل المطلوب

حتى يمكن تحقيق الاهداف السامية التي تصبو اليها الأمة الشركسية، وتحقيق مطالبها وغاياتها العليا، لابد من تنظيم العمل ووضعه على أسس علمية مدروسة.

أول هذه الأسس هو التأكيد على انتهاج الاسلوب السلمي في التعامل مع الفدرالية الروسية بجميع الأحوال، وذلك للأسباب التالية:

١- ليس هناك أي مسوغ منطقي للعنف، بل على العكس من ذلك، هناك العديد من الأسباب والبراهين والأدلة والامكانات القائلة بان الشراكسة قادرون على التوصل الى جميع اهدافهم ومطالبهم بالتدريج وباعتماد المنطق السليم والنهج العلمي الهادئ طويل النفس في التعامل مع الدولة الروسية.

٢- إذا اريد للعمل على القضية ان يكون علنياً ومعروفاً للقاصي والداني، فأن ذلك يعني أنه سيكون سلمياً بالضرورة،لأن اي عمل صدامي أوتخريبي وبأي صفة عسكرية، سوف يقابل بالرفض والممانعة من كافة الدول المضيفة للشراكسة، حفاظاً منها على العلاقات الودية مع الفدرالية الروسية. كذلك يجب أخذ الوضع السياسي والإعلامي العام الذي خلفته الثورة الشيشانية، فهناك قطاع كبير من الرأي العام العالمي مقتنع بان الثوار الشيشان إرهابيون جراء الدعم الامريكي لروسيا في هذا المجال. اضافة الى اخفاق الثورة الشيشانية في المجال الإعلامي الدولي، وعدم وجود حليف سياسي – عسكري، أو امتداد جغرافي يمكنها الاستناد اليه أو الاحتماء به.

٣- لا توجد ظروف موضوعية على الأرض تخدم أو تساعد على تبني العنف،لأن معظم أراضي جمهوريات الحكم الذاتي الشركسية لاتتمتع بما يكفي من الحماية الطبيعية لاسلوب

حرب العصابات، كما أن المدن الشركسية صغيرة ومخترقة ومسيطر عليها بالكامل من قبل الفدرالية الروسية بحيث لاتستطيع أن تستوعب اسلوب حرب المدن.

٤- لن يلقى اسلوب المجابهة والعنف تأييداً واسعاً لدى الشراكسة في الخارج بسبب التعاطف السابق مع روسيا والاتحاد السوفييتي، فالمواطن الشركسي في الاردن أو سورية أو حتى تركيا، لايحمل أية ضغينة- في الأعم - ضد الشعب الروسي، وذلك بسبب مواقف الاتحاد السوفييتي في التصدي للدول الأستعمارية ودفاعه عن قضايا الشعوب.

٥- أي عمل يحمل صفة العنف سوف يقابل برد فعل يسبب أذى جسيماً للشراكسة في الوطن الأم، وهو أمر غير مستحب، وغير مقبول، لأن نتائجه ستكون عكسية وربما تؤدي - اذا تفاقم الوضع- الى الغاء المكتسبات الشركسية في الوطن الأم.

لذلك، يجب أن يتدرج العمل في التنظيم والأهداف والاسلوب بحيث يتلاءم مع الظروف الموضوعية والتأثيرات المحلية والاقليمية والدولية، وأن يأخذ في اعتباره الحقائق التالية:

أ- مدى استجابة الفدرالية الروسية للمطالب التي يتم تقديمها بشكل طبيعي وبدون اللجوء الى أي ضغوط سياسية أو قانونية أوغيرها.

ب - في حالة عدم الاستجابة، يمكن اللجوء الى الهيئات الإنسانية، ومنظمات حقوق الانسان، ومحكمة العدل الدولية، والمحكمة الاوروبية، ومنظمة الأمم المتحدة، وبرلمانات الدول الديمقراطية، خاصة ذات العضوية الدائمة في مجلس الأمن، وكافة مجموعات الضغط واللوبيات الدولية التي تتعاطف مع القضية.

ج- العمل على استمالة الرأي العام العالمي عن طريق الإعلام المرئي والمسموع والمكتوب، وكذلك باستمالة القوى الليبرالية في روسيا الفدرالية.

د- استغلال كل الندوات والمؤتمرات والمناسبات السياسية العالمية، ذات العلاقة، للتذكير بالقضية والعمل على ابقائها حية ونابضة في الوجدان والذاكرة العالميين، ولكن بالقدر المدروس الذي يضمن اداء تلك الأعمال للغاية المقصودة منها بدون مبالغة أو تهاون، لأن كليهما مضر بالقضية.

هـ - اطلاق حملات دعائية على الجدران واللوحات الإعلانية وعمل ملصقات على السيارات والقمصان وغيرها من الوسائل والاماكن الفعالة.

القصد من كل هذه الإجراءات والانشطة هو خلق حالة وعي وتعاطف عالميين مع القضية الشركسية، وإيصال صوت الحق المهدور الى اكبر عدد من الناس، لأن ذلك هو أحد السبل الكفيلة بخلق تفاعل إيجابي، يمثل البداية لحصول القضية على الدعم السياسي والمالي اللازمين لبعث القضية وتقدمها نحو تحقيق اهدافها.

و- التمويل: لايخفى على أحد ان كل الأعمال والجهود والمساعي التي سبق ذكرها، بحاجة الى التمويل الكافي حتى تتحقق، لأنه بدون المال لن يكتب لأي من هذه الانشطة ان ترى النور. وإذا اقتنع الشراكسة في لحظة ما بأن لديهم قضية تستحق الدعم والتضحية والعمل من أجلها، فأن واجبهم الأساس هو جمع الأموال - الكثير منها - لإطلاق هذا المشروع الحيوي الذي يهدف الى:

١ - اعتراف الفدرالية الروسية والعالم كله بمأساة الأمة الشركسية.

٢ - استعادة حقوق الشعب الشركسي في وطنه الأم.

٣ - ضمان اكبر قدر من الأمان لمن يرغب من الجيل الحالي والاجيال القادمة من الشراكسة في العودة الى وطنهم الأصلي.

٤ - بداية التخطيط المبرمج على أسس علمية سليمة للإرتقاء بمستوى العمل الشركسي الوطني والسياسي نحو القدرة على التعامل مع تحديات المستقبل وتعقيداته وأخطاره المحتملة.

هناك العديد من الأفكار، بعضها في منتهى البساطة، لكنه عملي وفعال، أحدها هو المقترح الذي يقضي بتحصيل دولار واحد سنوياً من كل شركسي في العالم، وهو مبلغ يقع ضمن قدرات أي فرد مهما تدنى وضعه المادي، فاذا افترضنا وجود أفراد آخرين متحمسين للقضية وقادرين على بذل المزيد من المال، فأننا نتحدث عن مبالغ ستكون كافية لتمويل العديد من الأفكار والانشطة.

وهنا لابد من التاكيد على الرفض القاطع للتمويل الخارجي- الدولي - في حالة تطبيق قاعدة الدولار السنوي، وهذا أمر في غاية الأهمية أذا اريد للقضية أن تبقى خارج التأثيرات السياسية الدولية أو جهة معينة ما، إذ لايخفى ان الجهة التي تمنح المال، سوف تملي- في لحظة ما- وجهة وطريقة إنفاق ذلك المال.

جدير بالقول أن بعض الهيئات الشركسية تتحفظ حالياً على مبدأ جمع الاموال لكونه محفوفاً بالمحاذير القانونية بسبب تركيبة النظم الداخلية لهذه الهيئات، الأمر الذي يدعو الى

تأسيس صندوق قومي غايته الوحيدة جمع الأموال ضمن إطار قانوني رقابي يوضح هذه الغاية بجلاء ومشروعية، أو ايلاء عملية جمع الأموال الى الهيئة التي لا يحظر القانون عليها ذلك.

في هذه الحالة، يفترض أن يشكل الشراكسة هيئة او مجلساً يشرف على تنفيذ أهداف واعمال القضية ويتابع اعمالها اليومية العادية، ويجب ان تكون هذه الهيئة منتخبة بشكل مباشر من قبل شراكسة كل قطر خارج الوطن الأم، واذا تعذر الانتخاب لأي سبب سياسي أو أمني، فيمكن للهيئات العاملة في ذلك القطر أن تقوم بتسمية مندوبيها أو ممثليها في المجلس المقترح، ويجب هنا التأكيد على مايلي:

١ - أن يمثل الاعضاء المنتخبون قطاعاً عريضاً من الأمة الشركسية في منطقتهم.

٢- ان يكون العضو المنتخب مستعداً للتفرغ للعمل لأجل القضية بشكل كامل، وان يتعهد بالتفرغ.

٣- ان يتلقى راتباً ومصاريف كافية لتأمين معيشته ومصاريف عائلته بمستوى محترم ضمن المجتمع الذي يعيش في وسطه.

٤- أن تكون عضويته في الهيئة / المجلس مدى الحياة، وذلك لضمان استمرارية السياسات المشاريع والأعمال التي يتابعها المجلس بأعلى درجة من الكفاءة، مالم يقم سبب صحي او قانوني يمنع العضو من الاستمرار في العمل، او يرغب هو نفسة في التغيير أو الاستقالة

٥- ان يتقن العضو اللغة الشركسية - محادثة على الأقل- اضافة الى لغة عالمية واحدة على الأقل.

٦- يتفق الأعضاء فيما بينهم على مقر هذه الهيئة/ المجلس ويوزِّعون المناصب التنفيذية فيما بينهم.

٧ - يكون موقع المجلس /الهيئة في احدى البلدان المضيفة التي تتمتع بأفضل مناخ سياسي من حيث ارتفاع سقف الحرية، وسهولة الحصول على سمات الدخول والإقامة والتنقل الخ، مع التأكيد على عدم اختيار اي من جمهوريات الحكم الذاتي الشركسي، حتى لايتعرض اعضاؤه لأي ضغوط سياسية أوأمينة من الفدرالية الروسية، في حال توترت العلاقة معها لأي سبب.

وفي هذا الإطار، لابد من إعادة النظر في انجازات الجمعية الشركسية العالمية على مدى قرابة عقدين من العمل: قرارات مفعمة بالأمل، لم يتحقق منها سوى النزر اليسير، وجمل انشائية مصوغة ببلاغة لفظية جميلة، لكنها تتوقف عند ذلك الحد. إن ضآلة الإنجاز بالمقارنة مع ضخامة التوقعات وجسامة الاعباء، يحتمان علينا التفكير الجدي بنقل مقر

الجمعية الشركسية العالمية خارج مناطق نفوذ الفدرالية الروسية - هذا في حال استمرار اقتناعنا بأنها الإطار الصحيح والملائم لحمل الأمانة وقيادة العمل القومي الشركسي - وإلاّ، فالبدائل الأخرى جديرة بالاعتبار.

٨- يشترط في اعضاء الهيئة / المجلس ان يشكلوا مجموعة متجانسة من اصحاب الخبرة والدراية في مختلف جوانب القضية: السياسية، والاجتماعية، والاقتصادية و القانونية، اضافة الى خبراء في ترسيم الحدود، الأرشيف، والتاريخ: أي كل مايلزم لقيادة الكفاح والعمل الجاد الطويل، من المهم ان لايتوقع أحد من المجلس أية نتائج فورية، فهذه القضية قديمة ولم يتم تناولها بشكل علمي مدروس إلا في مناسبات متباعدة وعن طريق افراد متحمسين بجهود مبعثرة.

٩- أن يشهر المجلس ويوصل اعضاؤه الى صفة العالمية، عن طريق الأجهزة والأساليب الإعلامية، أهمها ايجاد موقع عنكبوتي وتغذيته باستمرار بكافة التطورات والأخبارعن العمل القائم حول القضية وتأسيس برنامج مراسلات وحوارات مع جميع الهيئات الإنسانية والسياسية ذات التأثير العالمي (حزب الخضر، المنظمة العالمية لحقوق الإنسان، اليونيسف.. إلخ).

١٠ - أن يقوم المجلس /الهيئة بتحضير ملف متكامل يشتمل على:

أ- لمحة تاريخية حول تواجد الشراكسة في منطقة الشمال الغربي من القففاس على مدى التاريخ، وأثبات تواجدهم المستمر منذ فجر التاريخ بكافة الأدلة: سواء عن طريق سجلات الأرشيف في مختلف دول العالم، أو بالأدلة الحسية الموجودة على ارض القفقاس، أو بشهادات العلماء وخبراء التاريخ والآثار والعلوم الأخرى.

ب- الأدلة والاثباتات التي تشهد وتؤكد على طرد الشراكسة من بلادهم، والاساليب المختلفة التي لجأت اليها روسيا القيصرية والسلطنة العثمانية بتآمر بريطاني فرنسي يوناني.

ج- تحديد مطالب الأمة الشركسية في الوطن الأم وخارجه والتي تشمل حق العودة والتملك والمواطنة والإقامة والتعويض على احفاد كل الذين فقدوا اراضيهم او بيوتهم أو أي املاك اخرى.

د- وضع آلية التنفيذ لبدء المفاوضات مع الفدرالية الروسية، وفي حال تعثرها: البحث في الاساليب الأخرى المتاحة.

هـ - بدء العمل على دراسة تفصيلية شمولية لوضع تصور لحجم المطالب المترتبة للشراكسة لدى الفدرالية الروسية.

١١ - يتطلب الارتقاء بالعمل على القضية الشركسية لإيصاله الى مستوى الاعتراف الدولي والمباشرة في المطالبة بالحقوق، أسلوباً جديداً في العمل وفي مستوى العاملين.

فقد ظل العمل حتى الآونة الأخيرة تطوعياً، في معظمه، واتخذ شكل الانخراط في العمل الخيري أو التراثي أو الفني، وحتى عندما اتخذ العمل الشركسي صفة سياسية، في بعض الأحيان، بقي تطوعياً في الجوهر.

وهنا لا بد من التنويه الى ان جميع الذين خدموا العمل الشركسي في كافة الميادين، قدموا جهوداً مباركة مشكورة، صادقة وطيبة، وبذلوا من أنفسهم واموالهم ووقتهم الكثير مما نراه حولنا من انجازات، سواء في الوطن الأم أو في دول الشتات المضيفة، وأن الأمة الشركسية مدينة لهم بالكثير الكثير، وستظل اسماء هؤلاء العاملين، وجلهم جنود مجهولون، مدونة في قلوب الشراكسة وضمائرهم بأسطر من الذهب.

لكن لابد من الاعتراف بان للعمل التطوعي حدوده ومعيقاته التي من أهمها:

١ - المتطوع شخص يقدم جزءاً من وقته وليس كامل الوقت اللازم للعمل.

٢ - لا يمكن محاسبة المتطوع على معظم اشكال التقصير، اذا حصلت.

٣ - المتطوع غير مختص في الواجب الذي يتولاه - على الأغلب.

٤ - المتطوع في العادة شخص متقاعد، وهو بهذه الصفة كبير السن وغير قادر على العطاء الكامل بسبب كبر سنه.

٥ - المتطوع غير المتقاعد صغير السن فعلاً، لكنه في الغالب مهني أو مستخدم لدى القطاع العام أو الخاص، الأمر الذي يحد من عطائه، خاصة حينما يتعلق الأمر بالسفر للعمل خارج بلد الإقامة.

كل هذا لا يمنع وجود هيئة اشراف عليا من كبار السن، اصحاب الخبرات المتعمقة العريضة في شتى الميادين، تعمل بصفة تطوعية.

لكن العمل التنفيذي في كل مراحله، يجب أن يوكل الى افراد ومجموعات من هم في أوج عطائهم، ويتمتعون بالمؤهلات والخبرات التي تمكنهم من النهوض باعباء العمل بأعلى درجات الكفاءة. ويجب أن يحصل هؤلاء على رواتب وبدلات تعادل ما يتقاضاه أمثالهم في اسواق العمل الأخرى.

كلمة أخيرة

من غير المتوقع ان يتفق جميع القراء مع ما يذهب اليه هذا الكتاب في ضرورة إطلاق عمل سياسي منظم هدفه استعادة الحقوق المسلوبة والتعويض على الأمة الشركسية عن المآسي التي حلت بها، مما تمت الإشارة اليه، واكثر.

فقد يرى فريق ان الوقت غير ملائم، ويقول فريق آخر بعدم جدوى عمل كهذا، بينما يتخوف فريق ثالث من أن تحركاً كهذا حقيق بأن يسيء الى اوضاع الشراكسة المقيمين في الوطن الأم، ويؤدي الى حرمانهم من بعض أو جميع المزايا والحقوق والحريات التي يتمتعون بها حالياً. ولعل فريقاً رابعاً يرى في مطالبة الفدرالية الروسية والشكوى عليها في المحافل الدولية أو حتى اقامة الدعاوى القانونية – اذا تطلب الأمر ذلك – نشاطاً يصب في منظومة الانشطة التي تمارسها الولايات المتحدة الامريكية وحلف الناتو وبعض الدول الغربية الأخرى - وتهدف الى اضعاف الفدرالية الروسية وحرمانها من العودة الى تقاسم الهيمنة على شؤون العالم مع الولايات المتحدة، وهو الوضع الذي فقده الاتحاد السوفييتي إذ تفكك، ولم ترثه الفدرالية الروسية بسبب ما رافق التفكك من انهيار اقتصادي.

مثل هذا الخلاف ضروري ومطلوب بل هو مفيد، لأنه يخلق حالة من التنوع الفكري ضمن إطار الإهتمام. فالخلاف – مهما تعددت اسبابه ودواعيه – مصدره واحد: الحرص على مصلحة الأمة الشركسية وقضيتها العادلة.

المهم في هذا التوجه، هو ان يتحول هذا الإهتمام والحرص والغيرة على مصلحة الأمة، الى نشاط وحوار ايجابيين فاعلين، وأن يخلق ديناميكية يتم تداولها عبر وسائل الإتصال والإعلام المتنوعة وفي جميع الأوقات، الأمر الذي سيؤسس للمزيد من الوعي بالقضية ويدفع اعداداً من غير الشراكسة في انحاء العالم، الى البحث والتقصي عن قضيتنا العادلة، ويحولهم تدريجياً الى حلفاء ومناصرين للأمة الشركسية النبيلة التي حرمت من حقها في التطور والتقدم وبناء هويتها الثقافية على أرضها الحرة المستقلة، وتنفيذ إرادة شعبها في اقامة دولتها وممارسة حياتها السياسية والاجتماعية كاملة.

يؤمل من هذا الاختلاف ان يحافظ على علمانيته ورؤيته الواضحة المحددة لمصلحة الأمة، بعيداً عن التجريح والمهاترات، وان يتم التعبير عنه باساليب منطقية مستندة الى التوثيق المطمئن والحقائق التاريخية المثبتة، وان تظل الغاية منه تحقيق كل مايخدم القضية الشركسية.

وان لا يفقد هذه الرؤية في أية مرحلة من مراحل العمل.

فالاختلاف لا يفسد للود قضية، وهو ضروري لإشعال النقاشات والوصول بها الى اعماق متباينة ضمن منظومة البحث عن الحقيقة وإظهارها وخدمتها، ويتحتم عليه ان يمنح كل من يهتم بهذه المسألة، بعداً جديداً في زاوية النظر اليها.

إن تعدد الآراء وتباينها مفيدان للقضية، طالما بقيا ضمن دائرة الإيمان بالقاعدة الأساس.

ولعل من المفيد أن نستشهد هنا برأي العلامة الدكتور مصطفى الزرقا، الذي قال ما مفاده " إن تعدد المذاهب في الدين الإسلامي هو بمثابة وجود كراسي متعددة ذات مقاييس متنوعة في الغرفة الواحدة، يختار المسلم من بينها ما يرتاح في الجلوس عليه ".

كذلك، فان لنا في جيراننا الأرمن خير دليل على نجاعة تعدد وجهات النظر الى قضيتهم القومية. لقد وظفوا هذا التعدد في الرؤية والاسلوب، لتسليط اضواء الإهتمام عليها، وهذا ما ينبغي على الشراكسة وكل اصحاب الضمائر الحرة في انحاء العالم، ان يحرصوا على توظيفه في خدمة قضيتنا.

وفقنا الله جميعاً، ولتبدأ المسيرة بثقة وتعقل ورويِّة وأمل، فالشراكسة اصحاب حق، وكما قال المثل " لا يضيع حق وراءه مطالب ".

" تحه ويغبسو تيقش ازوقه محمد"

" و تعني باللغة العربية شكراً يا اخ محمد ازوقه "

لقد حققت طموحات الكثيرين بهذا الكتاب الشامل لتاريخ الشراكسة / الاديغه منذ البدايات الاولى قبل آلاف السنين حيث تواجدوا في القفقاس و حتى اليوم كما يتواجدون في اكثر من اربعين دولة حول العالم.

لطالما تحدثنا عن ضرورة وجود ملف للقضية الشركسية يشمل التفاصيل عن الوجود الشركسي في القفقاس و حتى بدايات الحرب القفقاسية ثم التهجير و الابادة التي تعرض لها هذا الشعب بعد حرب ضروس دامت لاكثر من مائة عام و التعريف بالشراكسه في اوطانهم التي يعيشون فيها و ما تحقق حتى الان في سبيل استعادة الحق الشركسي في ارض الاجداد، اضافة الى التواصل و التعاون و الوفاق بين الجميع هنا و هناك. فلقد وضعت اللبنة الاولى

لصياغة دستور جديد في التعامل مع القضية الشركسية و هذا ما كنا نصبو اليه.

اتمنى على الشباب الاردني الشركسي ان يقرأ هذا الكتاب الذي يلبي رغباتهم الأكيدة في التعرف على القضية الشركسية و يحقق طموحاتهم للمشاركة في رسم الطريق لبلوغ الاهداف و الغايات التي نصبو اليها جميعاً.

نثمن و نقدر لك الجهد الموصول و المعاناة القاسية لاخراج هذا الكتاب الى حيز الوجود مع تقديرنا و تمنياتنا لكم لاستكمال ما بدأتم وفقكم الله.

حسن داود خورما

Printed in the United States
By Bookmasters